AVALIAÇÃO PSICOLÓGICA NO CONTEXTO ORGANIZACIONAL E DO TRABALHO

A945 Avaliação psicológica no contexto organizacional e do trabalho
/ Organizadores, Claudio Simon Hutz... [et al.]. – Porto
Alegre : Artmed, 2020.
275 p. il. ; 25 cm.

ISBN 978-85-8271-575-8

1. Psicologia – Avaliação. 2. Psicodiagnóstico. I. Hutz,
Claudio Simon.

CDU 159.91

Catalogação na publicação: Karin Lorien Menoncin – CRB 10/2147

AVALIAÇÃO PSICOLÓGICA NO CONTEXTO ORGANIZACIONAL E DO TRABALHO

Claudio Simon HUTZ
Denise Ruschel BANDEIRA
Clarissa Marceli TRENTINI
Ana Claudia S. VAZQUEZ

ORGANIZADORES

artmed

Porto Alegre
2020

© Artmed Editora Ltda., 2020.

Gerente editorial: Letícia Bispo de Lima

Colaboraram nesta edição:
Editora: Paola Araújo de Oliveira
Capa: Paola Manica
Preparação de originais: Maria Lúcia Badejo
Leitura final: Marquieli de Oliveira
Editoração: TIPOS – design editorial e fotografia

Reservados todos os direitos de publicação à
ARTMED EDITORA LTDA., uma empresa do GRUPO A EDUCAÇÃO S.A.
Av. Jerônimo de Ornelas, 670 – Santana
90040-340 – Porto Alegre – RS
Fone: (51) 3027-7000 Fax: (51) 3027-7070

Unidade São Paulo
Rua Doutor Cesário Mota Jr., 63 – Vila Buarque
01221-020 – São Paulo – SP
Fone: (11) 3221-9033

É proibida a duplicação ou reprodução deste volume, no todo ou em parte, sob quaisquer formas ou por quaisquer meios (eletrônico, mecânico, gravação, fotocópia, distribuição na Web e outros), sem permissão expressa da Editora.

SAC 0800 703-3444 – www.grupoa.com.br

IMPRESSO NO BRASIL
PRINTED IN BRAZIL

AUTORES

Claudio Simon Hutz. Psicólogo. Professor titular da Universidade Federal do Rio Grande do Sul (UFRGS) e coordenador do Laboratório de Mensuração do Programa de Pós-graduação (PPG) em Psicologia da UFRGS. Mestre e Doutor pela University of Iowa, Estados Unidos, e Pós-doutorado na Arizona State University, Estados Unidos. Foi presidente da Associação Nacional de Pesquisa e Pós-graduação em Psicologia (ANPEPP), do Instituto Brasileiro de Avaliação Psicológica (IBAP) e da Associação Brasileira de Psicologia Positiva (ABP+). Participou em comissões da Coordenação de Aperfeiçoamento de Pessoal de Nível Superior (Capes), Conselho Nacional de Desenvolvimento Científico e Tecnológico (CNPq), Instituto Nacional de Estudos e Pesquisas Educacionais Anísio Teixeira (Inep), Fundação de Amparo à Pesquisa do Estado do Rio Grande do Sul (Fapergs) e Fundação de Amparo à Pesquisa do Estado de São Paulo (Fapesp). Foi chefe de Departamento, coordenador do PPG em Psicologia, coordenador do Curso de Graduação em Psicologia e diretor do Instituto de Psicologia da UFRGS.

Denise Ruschel Bandeira. Psicóloga. Professora titular do Instituto de Psicologia da UFRGS. Coordenadora do Grupo de Estudo, Aplicação e Pesquisa em Avaliação Psicológica (GEAPAP) da UFRGS. Pesquisadora 1C do CNPq. Especialista em Diagnóstico Psicológico pela Pontifícia Universidade Católica do Rio Grande do Sul (PUCRS). Mestra e Doutora em Psicologia pela UFRGS. Membro do Comitê Assessor (Psicologia e Serviço Social) do CNPq.

Clarissa Marceli Trentini. Psicóloga. Professora dos Cursos de Graduação e Pós-graduação em Psicologia da UFRGS. Coordenadora do Núcleo de Estudos em Avaliação Psicológica e Psicopatologia (NEAPP) da UFRGS. Pesquisadora 1C do CNPq. Especialista em Avaliação Psicológica pela UFRGS. Mestra em Psicologia Clínica pela PUCRS. Doutora em Ciências Médicas: Psiquiatria pela UFRGS.

Ana Claudia S. Vazquez. Psicóloga. Professora adjunta de Psicologia Organizacional e do Trabalho da Universidade Federal de Ciências da Saúde de Porto Alegre (UFCSPA). Pró-reitora de Gestão com Pessoas da UFCSPA. MBA em Recursos Humanos pela Universidade de São Paulo (USP). Mestra em Saúde Coletiva pela Universidade Estadual do Rio de Janeiro (UERJ). Doutora em Administração: Gestão de Pessoas pela UFRGS.

AUTORES

Adriana D'Almeida. Psicóloga e administradora. Professora assistente e coordenadora acadêmica de Pós-graduação *lato sensu* da Universidade Salvador. Especialista em Gestão de Pessoas pela Faculdade Ruy Barbosa. Mestra em Psicologia pela Universidade Federal da Bahia (UFBA).

Adriano de Lemos Alves Peixoto. Psicólogo e administrador. Professor adjunto do Instituto de Psicologia da UFBA. Especialista em Direitos Humanos pela Escola Superior do Ministério Público da Bahia. Mestre em Administração pela UFBA. Ph.D. em Psicologia pela Universidade de Sheffield, Inglaterra.

Aline de Sousa Nascimento. Pedagoga e psicóloga social do trabalho. Especialista em Administração de Empresas pela Fundação Getúlio Vargas (FGV). Mestra e Doutora em Psicologia Social, do Trabalho e das Organizações pela Universidade de Brasília (UnB).

Ana Junça Silva. Professora auxiliar do Instituto Universitário de Lisboa (ISCTE), Portugal. Professora adjunta convidada do Instituto Politécnico de Tomar, Portugal. Especialista em Gestão de Recursos Humanos/Psicologia. Mestra em Psicologia Social e das Organizações pelo ISCTE. Doutora em Gestão e Desenvolvimento de Recursos Humanos pelo ISCTE.

Antonio Virgílio Bittencourt Bastos. Psicólogo organizacional e do trabalho. Doutor em Psicologia Social, do Trabalho e das Organizações pela UnB.

Carolina Villa Nova Aguiar. Psicóloga organizacional. Mestra e Doutora em Psicologia pela UFBA.

Clarissa Pinto Pizarro de Freitas. Psicóloga. Professora do Curso de Pós-graduação em Psicologia da Universidade Salgado de Oliveira (Universo). Mestra e Doutora em Psicologia pela UFRGS.

Claudia Simone Antonello. Professora e pesquisadora. Professora do PPG em Administração da UFRGS. Mestra e Doutora em Administração pela UFRGS.

Cora Efrom. Psicóloga. Especialista em Direito Médico pela Uniasselvi. Mestra em Administração: Gestão de Pessoas e Relações de Trabalho pela UFRGS.

Emília dos Santos Magnan. Psicóloga. Líder na área de Gestão de Pessoas. Especialista em Gestão de Pessoas pela FGV. Mestra em Psicologia Social pela PUCRS.

Fabiana Queiroga. Professora titular de Psicologia Organizacional do Centro Universitário de Brasília. Especialista em Matemática e Estatística pela Universidade Federal de Lavras (UFLA). Doutora em Psicologia Social, do Trabalho e das Organizações pela UnB.

Fernanda Drummond Ruas Gaspar. Psicóloga. Especialista em Gestalt Terapia pelo Instituto de Gestalt Terapia da Bahia (IGT-Ba). MBA em Gestão de Pessoas pela Devry Brasil. Mestra em Psicologia Social, do Trabalho e das Organizações pela UnB. Doutoranda em Psicologia Social, do Trabalho e das Organizações na UnB.

Flávia Marcelly de Sousa Mendes da Silva. Psicóloga. Mestra em Psicologia Social pela Universidade Federal da Paraíba (UFPB). Doutoranda em Psicologia Social na UFPB.

Gabriella Cidreira Sabino. Administradora. Analista de correios jr. na Empresa Brasileira de Correios e Telégrafos. Gestora do Absenteísmo na Superintendência Estadual de Operações dos Correios do Paraná. Especialista em Psicologia Positiva pela UFRGS.

Gardênia da Silva Abbad. Psicóloga. Professora associada IV do Departamento de Psicologia Social, do Trabalho e das Organizações da UnB. Mestra e Doutora em Psicologia Social, do Trabalho e das Organizações pela UnB.

Helenides Mendonça. Psicóloga. Professora titular de Psicologia da Pontifícia Universidade

Católica de Goiás (PUC Goiás). Mestra em Filosofia Política pela Universidade Federal de Goiás (UFG). Doutora em Psicologia pela UnB. Pós-doutorado no Instituto Universitário de Lisboa, Portugal.

Juliana Cerentini Pacico. Psicóloga. Especialista em Psicologia Organizacional pela UFRGS. Mestra e Doutora em Psicologia pela UFRGS. Doutoranda em Educational Measurement and Statistics pela University of Iowa, Estados Unidos. Research assistant nos Iowa Testing Programs (ITP), University of Iowa, Estados Unidos.

Karina da Silva Oliveira. Psicóloga. Especialista em Neuropsicologia Aplicada à Neurologia Infantil pela Universidade Estadual de Campinas (Unicamp). Mestra e Doutora em Psicologia pela Pontifícia Universidade Católica de Campinas (PUC-Campinas).

Laila Leite Carneiro. Psicóloga. Professora do Centro Universitário Jorge Amado. Mestra e Doutora em Psicologia pela UFBA.

Manoela Ziebell de Oliveira. Psicóloga. Professora adjunta de Psicologia da PUCRS. Consultora de carreira e membro do núcleo de pesquisa da Produtive Carreira e Conexões com o Mercado. Mestra e Doutora em Psicologia pela UFRGS.

Márcio Reis. Professor de Gestão do Centro Universitário Celso Lisboa e do Professor Márcio Reis Cursos e Treinamentos. Mestrando em Psicologia das Organizações na Universo.

Marina Zago Santos. Psicóloga. Analista de recursos humanos.

Mayte Raya Amazarray. Psicóloga. Professora adjunta da UFCSPA. Docente no PPG em Psicologia e Saúde da UFCSPA. Mestra em Psicologia Social e Institucional pela UFRGS. Doutora em Psicologia pela UFRGS.

Priscila Zaia. Psicóloga. Mestra em Psicologia como Profissão e Ciência pela PUC-Campinas. Doutoranda na linha de pesquisa "Instrumentos e Processos em Avaliação Psicológica" na PUC-Campinas.

Rayana Santedicola Andrade. Psicóloga organizacional e do trabalho. Professora adjunta de Psicologia no Instituto Multidisciplinar em Saúde da UFBA. Especialista em Administração de Empresas pela UFBA. Mestra e Doutora em Psicologia Social do Trabalho pela UFBA.

Rildésia Silva Veloso Gouveia. Psicóloga clínica. Professora titular do Centro Universitário de João Pessoa. Doutora em Psicologia Social pela UFPB.

Rita Pimenta de Devotto. Pedagoga. Professora do Curso de Administração da FACAMP – Campinas. Professora convidada do IAE Business School. Executive Master of Business Administration pela IAE Business School, Argentina. Master of Science in Creativity and Problem Solving pela New York State University, Estados Unidos. Mestra em Psicologia pela PUC-Campinas. Doutoranda em Psicologia na PUC-Campinas.

Sandro Trescastro Bergue. Administrador. Auditor público externo do Tribunal de Contas do Estado do Rio Grande do Sul. Mestre em Administração Pública pela UFRGS. Doutor em Administração pela UFRGS.

Solange Muglia Wechsler. Psicóloga. Professora pesquisadora de Psicologia da PUC-Campinas. Mestra em Psicologia Escolar pela University of Georgia, Estados Unidos. Doutora em Psicologia Educacional pela University of Georgia, Estados Unidos. Pós-doutorado em Criatividade no Torrance Center of Creative Studies e na Creative Education Foundation, Estados Unidos.

Sonia Maria Guedes Gondim. Psicóloga organizacional e do trabalho. Professora titular do Instituto de Psicologia da UFBA. Especialista em Gerência de Recursos Humanos pela Fundação Machado Sobrinho em parceria com a FGV. Mestra em Psicologia pela Universidade Gama Filho. Doutora em Psicologia pela UFRJ.

Tatiana de Cassia Nakano. Psicóloga. Docente do Curso de Pós-graduação *stricto sensu* em Psicologia da PUC-Campinas. Mestra em Psicologia Escolar pela PUC-Campinas. Doutora em Psicologia pela PUC-Campinas. Pós-doutorado em Psicologia na Universidade São Francisco.

Thiago Medeiros Cavalcanti. Psicólogo. Mestre em Psicologia Social pela UFPB.

Valdiney V. Gouveia. Psicólogo. Professor titular de Psicologia Social da UFPB. Especialista em Psicometria pela UnB. Mestre em Psicologia Social, do Trabalho e das Organizações pela UnB. Doutor em Psicologia Social pela Universidad Complutense de Madrid, Espanha.

Wilmar Schaufeli. Psicólogo. Professor titular de Psicologia Organizacional e do Trabalho na Utrecht University, Holanda, e professor pesquisador na KU Leuven, Bélgica. Em 2014 recebeu da Thomson Reuters o prêmio Highly Cited Researcher. Membro da Academia Europeia de Psicologia da Saúde Ocupacional. Desenvolve pesquisas em saúde na Área Organizacional e do Trabalho, com foco na Psicologia Positiva e nos temas de engajamento no trabalho, adição laboral, *burnout* e saúde ocupacional, tendo mais de 400 publicações.

PREFÁCIO

A área da psicologia organizacional e do trabalho se desenvolveu muito nos últimos anos, e o papel da avaliação psicológica se tornou ainda mais importante nesse contexto. Com 19 capítulos inéditos produzidos por especialistas, este livro visa a aprimorar a formação de psicólogos e o trabalho desses profissionais em sua área, permitindo que façam uma atualização nos métodos e nas técnicas de avaliação no contexto organizacional e do trabalho.

Uma das dificuldades na área é a utilização de instrumentos que não apresentam evidências sólidas de validade e normas nacionais. O primeiro capítulo tratará exatamente dessa questão e auxiliará na escolha adequada dos instrumentos a serem utilizados. É importante destacar que a avaliação psicológica não consiste apenas no uso de testes. É, também, um processo complexo que envolve um conjunto de métodos e técnicas.

Nos primeiros oito capítulos desta obra são discutidas as especificidades da avaliação da saúde do trabalhador. Esses capítulos abordam a avaliação de fatores psicossociais no trabalho; o redesenho do trabalho (*job crafting*); questões que envolvem recursos pessoais no trabalho; a avaliação do bem-estar, do absenteísmo e do assédio moral no trabalho; e, finalmente, um novo instrumento, a Escala Multidimensional de Conflito Trabalho-Família.

Nos capítulos 9 a 17, são abordadas especificidades da avaliação em comportamento organizacional. Esses capítulos contemplam uma série de questões centrais, como processos de gestão e avaliação em diversos contextos: avaliação de talentos; avaliação no processo de seleção; avaliação do engajamento no trabalho; avaliação de valores humanos; avaliação em treinamento, desenvolvimento e educação corporativa. Por fim, os últimos capítulos apresentam dois instrumentos de avaliação inéditos: Escala de Silêncio nas Organizações e Escala de Voz nas Organizações.

Avaliação psicológica no contexto organizacional e do trabalho traz muitas informações inéditas e certamente será ferramenta útil tanto para psicólogos em sua prática profissional quanto para professores e estudantes de graduação e pós-graduação, além de pesquisadores da área. Boa leitura!

Claudio Simon Hutz
Denise Ruschel Bandeira
Clarissa Marceli Trentini
Ana Claudia S. Vazquez

SUMÁRIO

1. Elaboração ou adaptação de instrumentos de avaliação psicológica para o contexto organizacional e do trabalho: cuidados psicométricos ... 13
   Denise Ruschel Bandeira
   Claudio Simon Hutz

2. Avaliação de fatores psicossociais no trabalho ... 19
   Cora Efrom
   Ana Claudia S. Vazquez
   Claudio Simon Hutz

3. Ações de redesenho do trabalho: conceito, avaliação e desenvolvimento ... 38
   Rita Pimenta de Devotto
   Solange Muglia Wechsler

4. Recursos pessoais no trabalho: definição, impacto e estratégias para avaliá-los ... 54
   Clarissa Pinto Pizarro de Freitas
   Márcio Reis

5. Avaliação do bem-estar no trabalho ... 68
   Ana Junça Silva
   Helenides Mendonça

6. Como utilizar a avaliação de recursos pessoais positivos na prevenção do absenteísmo no trabalho ... 86
   Juliana Cerentini Pacico
   Gabriella Cidreira Sabino
   Marina Zago Santos
   Ana Claudia S. Vazquez

7. Avaliação do assédio moral no contexto de trabalho ... 100
   Mayte Raya Amazarray

8. Escala Multidimensional de Conflito Trabalho-Família: evidências de validade e recomendações de uso ... 114
   Carolina Villa Nova Aguiar
   Antonio Virgílio Bittencourt Bastos

9. Cartografando: uma alternativa teórico-metodológica para o mapeamento de competências ... 124
   Claudia Simone Antonello

10. Processo de avaliação de desempenho individual no trabalho ... 142
    Adriano de Lemos Alves Peixoto

11 Avaliação dos processos de gestão no serviço público: uma abordagem crítica sobre a gestão de desempenho   153
Sandro Trescastro Bergue

12 Avaliação de talentos nas organizações   166
Tatiana de Cassia Nakano
Karina da Silva Oliveira
Priscila Zaia

13 Desenho do trabalho: avaliação de contextos organizacionais e características do trabalho   178
Emília dos Santos Magnan
Manoela Ziebell de Oliveira

14 Avaliação em seleção de pessoas   187
Fabiana Queiroga
Sonia Maria Guedes Gondim

15 Avaliação de valores humanos no trabalho e nas organizações   200
Valdiney V. Gouveia
Rildésia Silva Veloso Gouveia
Thiago Medeiros Cavalcanti
Flávia Marcelly de Sousa Mendes da Silva

16 Avaliação do engajamento no trabalho   217
Ana Claudia S. Vazquez
Wilmar Schaufeli

17 Avaliação em treinamento, desenvolvimento e educação corporativa   226
Gardênia da Silva Abbad
Aline de Sousa Nascimento
Fernanda Drummond Ruas Gaspar

18 Escala de Silêncio nas Organizações   247
Antonio Virgílio Bittencourt Bastos
Rayana Santedicola Andrade
Laila Leite Carneiro
Carolina Villa Nova Aguiar
Adriana D'Almeida

19 Escala de Voz nas Organizações   257
Antonio Virgílio Bittencourt Bastos
Laila Leite Carneiro
Rayana Santedicola Andrade
Carolina Villa Nova Aguiar
Adriana D'Almeida

Índice   268

ELABORAÇÃO OU ADAPTAÇÃO DE INSTRUMENTOS DE AVALIAÇÃO PSICOLÓGICA PARA O CONTEXTO ORGANIZACIONAL E DO TRABALHO: CUIDADOS PSICOMÉTRICOS

Denise Ruschel Bandeira
Claudio Simon Hutz

Trabalhar com instrumentos de avaliação psicológica é um constante desafio, já que pressupõe necessariamente a atualização de conhecimentos por parte do psicólogo. A todo momento, novos testes são lançados, exigindo envolvimento do psicólogo com esses novos instrumentos, seja por meio de estudo, supervisão ou cursos práticos. Além disso, o uso de testes demanda conhecimentos básicos sobre medida em psicologia, ou seja, psicometria, área muitas vezes vista com preconceito por psicólogos, uma vez que envolve certo conhecimento lógico-matemático. Ao conhecer a psicometria, o profissional tem mais condições de avaliar o quanto pode ou não confiar no resultado do teste.

Essa necessidade de atualização não está relacionada somente ao usuário do instrumento, mas também aos responsáveis por sua construção ou adaptação. Devemos nos preocupar com os fundamentos psicométricos dos instrumentos que construímos/adaptamos, pois é preciso que estes gerem interpretações válidas. Além disso, o desenvolvimento da ciência proporciona novas formas de análise estatística dos dados de um teste, obrigando o desenvolvedor a atualizar-se também.

No Brasil, poderíamos dizer que o desafio é maior, visto que carecemos de instrumentos de avaliação com todos esses requisitos. A proposta de avaliação dos instrumentos pelo Conselho Federal de Psicologia é relativamente recente (Conselho Federal de Psicologia [CFP], 2003), bem como a preocupação da área com esses fundamentos (Hutz, 2006). Portanto, ainda precisamos percorrer um longo caminho. Conforme os Standards for Educational and Psychological Testing (American Educational Research Association [AERA], American Psychological Association [APA], & National Council on Measurement in Education [NCME], 2014), um guia internacional para construção e avaliação de instrumentos e práticas de avaliação, nem todos os instrumentos são bem desenvolvidos ou bem interpretados, porém existem aqueles que o são. Testes bem construídos e que apresentam evidências de validade, ou seja, evidenciam que a interpretação de seus resultados está baseada em pesquisas e aspectos teóricos consistentes, são benéficos tanto para os avaliados quanto para os avaliadores.

Atualmente, há uma diversidade de testes que são utilizados na área da psicologia organizacional e do trabalho (POT). São instrumentos utilizados em processos de seleção e avaliação de desempenho. Entre eles, destacam-se a Bateria Fatorial de Personalidade (BFP) (Nunes, Hutz, & Nunes, 2010) e a Escala Vazquez-Hutz de Avaliação de Desempenho (EVHAD) (Vazquez & Hutz, 2008). No entanto, inúmeros testes são utilizados em processos de seleção, principalmente testes de personalidade (inclusive testes projetivos) e de inteligência. Recentemente, vários instrumentos que avaliam construtos da psicologia positiva começaram a ser utilizados, sobretudo para verificar e melhorar condições de trabalho, satisfação e engajamento no trabalho e *flow*. Também recentemente, instrumentos que avaliam esperança começaram a ser utilizados. Alguns estudos constataram que há uma correlação elevada entre esperança e criatividade, e, portanto, instrumentos que avaliam esperança podem ser utilizados para uma avaliação indireta de criatividade (Hutz, 2017). Mais informações sobre esses instrumentos e como utilizá-los estão disponíveis em Hutz (2014, 2016) e Vazquez e Hutz (2018).

Contudo, é preciso cautela na escolha do instrumento. É importante salientar que vêm sendo utilizados vários instrumentos que não foram devidamente adaptados para uso no Brasil, ou mesmo validados para o contexto organizacional. Mais uma vez, apontamos para a necessidade de o psicólogo ter conhecimentos básicos de psicometria, de forma a entender o que é dito nos manuais dos testes, e mesmo ler estudos recentes que utilizam os instrumentos do seu interesse.

Dessa forma, abordaremos, neste capítulo, alguns pontos que consideramos relevantes para esse conhecimento, auxiliando na prática profissional do psicólogo, tanto na psicologia aplicada quanto na adaptação ou construção de instrumentos.

ADAPTAÇÃO DE INSTRUMENTOS DE AVALIAÇÃO PSICOLÓGICA

Diante da realidade de instrumentos não adaptados ou da sua escassez para alguns construtos importantes na área de POT, o caminho natural é a construção ou a adaptação de instrumentos de avaliação psicológica. Em primeiro lugar, temos de tomar esta decisão: devo construir um novo instrumento ou adaptar um já existente? Pela nossa experiência, podemos dizer que vários aspectos devem ser considerados para chegar a essa resposta: a real necessidade do instrumento, os recursos pessoais e financeiros existentes, a capacidade de atingir diferentes regiões do Brasil, a necessidade de contar com uma editora de testes, entre outros. A decisão final dependerá das respostas às questões anteriores para a condução de processos de adaptação ou construção. Conforme Borsa, Damasio e Bandeira (2012, p. 424), a vantagem de adaptar um instrumento está relacionada com a possibilidade de comparar os dados em "[...] diferentes amostras, de diferentes contextos, permitindo uma maior equidade na avaliação, uma vez que se trata de uma mesma medida, que avalia o construto a partir de uma mesma perspectiva teórica e metodológica". Em contrapartida, construir o próprio instrumento oferece maior liberdade de escolha da teoria a ser selecionada como base, assim como do formato das questões/dos itens que vão compô-lo. A desvantagem da segunda escolha inclui tempo e recursos a serem investidos nessa construção.

Decidindo-se pela adaptação, o primeiro passo é escolher o instrumento a ser adaptado. Sugerimos que seja realizada uma extensa busca em bases indexadoras de artigos, por meio de revisões sistemáticas ou narrativas, envolvendo estudos internacionais e brasileiros. Nessa busca, deve-se considerar não só a existência de instrumentos do construto de interesse, mas também sua qualidade. A fim de se verificar a qualidade do instrumento, podem-se avaliar os seguintes aspectos: ele tem uma teoria de base? O estudo que apresenta sua construção está publicado e é de boa qualidade? São encontrados estudos que conferem evidências de validade a esse instrumento? Há adaptações do instrumento para outras línguas que não sejam o português?

Tendo-se escolhido o instrumento, o próximo passo é o contato com os autores/editores responsáveis por ele. As novas *diretrizes* da International Test Comission (2016) mostram a importância desse contato, tendo em vista que existem direitos de propriedade intelectual por trás de qualquer material produzido, os quais devem ser respeitados, tanto por respeito a quem desenvolve produtos quanto por exigência legal. Portanto, ao decidirmos pela adaptação de um instrumento e ao obtermos a autorização do seu autor/editora, temos de respeitar seu formato, promovendo somente mudanças advindas do processo de adaptação, quando esta for autorizada.

Quanto ao processo de adaptação, existem alguns passos que devem ser seguidos. Vários autores já publicaram textos sobre o assunto, e neles não há uniformidade na sequência ou na existência de todos os passos (Beaton, Bombardier, Guillemin, & Ferraz, 2000; Borsa et al., 2012; Epstein, Santo, & Guillemin, 2015). Contudo, são unânimes ao defender a necessidade de haver um processo de adaptação transcultural. Entendemos que existem seis etapas a serem cumpridas:

1. Tradução do instrumento do idioma de origem para o idioma-alvo.
2. Síntese das versões traduzidas.
3. Avaliação da síntese por juízes especialistas.
4. Avaliação do instrumento pelo público-alvo.
5. Tradução reversa.
6. Estudo-piloto.

Um artigo com todos esses passos detalhados está disponível em português e em inglês (Borsa et al., 2012), mas gostaríamos de reforçar a importância de alguns deles, que entendemos como cruciais nesse processo, pois garantem a utilização do instrumento no Brasil. Em primeiro lugar, é necessário que as traduções da etapa 1 sejam realizadas por tradutores falantes nativos do idioma-alvo e fluentes no idioma de origem do instrumento, sendo de valor que um deles tenha conhecimento da temática do instrumento.

Em segundo lugar, acreditamos que a avaliação do instrumento pelo público-alvo (etapa 4) seja essencial para uma boa tradução, ou seja, o público-alvo deve compreender a mensagem, e a leitura deve ser fluida, dando a impressão de que a frase/item foi escrita originalmente em português. Então, somente após esse passo, o instrumento deverá ser retrotraduzido, devendo ser avaliado pelo autor da versão original. De modo ideal, devem ser realizados grupos focais com amostras do público-alvo para verificar se os respondentes entendem os itens e se teriam sugestões de como apresentar o mesmo conteúdo em uma linguagem mais simples.

Por último, o estudo-piloto deve confirmar, de forma preliminar, se todo processo até então realizado foi bem feito. Não existe um número ideal de participantes para isso, uma vez que depende das análises estatísticas que serão realizadas. Se forem necessárias mudanças nessa fase, é interessante que elas sejam discutidas com o comitê de especialistas. Após tais mudanças, ainda podem ser conduzidos mais estudos-piloto, caso o pesquisador sinta essa necessidade (Borsa et al., 2012).

Outro ponto importante na adaptação de instrumentos é o cuidado com questões envolvendo evidências de validade de conteúdo. Para tanto, não basta simplesmente utilizar juízes para verificar se estes concordam ou não com a pertinência do item. De modo ideal, devem ser feitos estudos com amostras da população-alvo para verificar se todas as facetas do construto, na nossa realidade, estão presentes no instrumento. Isso foi feito na validação de uma escala de esperança e mostrou a necessidade de incluir novos itens (Pacico, Zanon, Bastianello, Reppold, & Hutz, 2013). Nesses casos, a adaptação do instrumento se torna um pouco mais ampla, e os itens do instrumento adaptado acabam não sendo totalmente equivalentes aos do original. Todas essas questões devem ser tratadas entre os autores do instrumento original e os autores da adaptação.

Descrevemos, aqui, aspectos básicos do processo de adaptação. Todavia, é importante observar que, muitas vezes, mesmo havendo testes equivalentes no exterior, pode ser mais interessante construir um novo teste, devido a diferenças culturais. Um exemplo disso foi a decisão de construir uma nova bateria para a avaliação da personalidade no modelo dos cinco grandes fatores (BFP) (Nunes et al., 2010). Embora esse modelo de personalidade seja perfeitamente replicável no Brasil, um exame dos itens do principal teste internacional para essa avaliação (NEO-PI) mostrou que muitos eram típicos e característicos da cultura norte-

-americana. Por isso, o próximo tópico abordará o tema da construção de instrumentos.

CONSTRUÇÃO DE INSTRUMENTOS DE AVALIAÇÃO PSICOLÓGICA

Tendo em vista a falta de instrumentos na nossa realidade, o psicólogo pode optar por construir um novo instrumento. Borsa e Seize (2017) apontam que há outros motivos que podem levar o psicólogo a optar pela construção, tais como a falta de instrumentos adequados ou mesmo com propriedades psicométricas confiáveis, além da dificuldade de obter instrumentos de livre acesso.

Optando-se pela construção, os autores do novo instrumento devem seguir um processo mais longo e trabalhoso do que o de adaptação transcultural, para o qual entendemos como fundamental a existência de uma base teórica consistente. A base teórica servirá não apenas para a criação dos itens do instrumento, mas também para subsidiar a tomada de várias decisões durante o processo de construção, como o número de fatores, a maneira de responder ao instrumento e o público-alvo.

O primeiro passo, portanto, é verificar se existe algum instrumento no Brasil que avalie o construto de interesse. Mais uma vez, é importante fazer uma busca em bases indexadoras. Contudo, lembre-se de que nem sempre os estudos científicos são publicados, e, quando são, eventualmente seu processo de publicação é lento. Portanto, sugerimos que as buscas também sejam realizadas no Catálogo de Teses e Dissertações da Capes, ou em outros *sites*, como a Plataforma Brasil, a Plataforma Lattes ou mesmo *sites* de programas de pós-graduação de referência em construção de instrumentos.

Verificando a necessidade de construção de um instrumento, pode-se partir para uma aprofundada revisão teórica do construto de interesse. Dessa forma, pode-se ter uma ideia da definição teórica do construto, assim como do número de dimensões que o compõem. Sugerimos, também, uma busca de instrumentos que avaliem esse construto, de modo a confirmar o número de dimensões e a servir de base/exemplo para o novo instrumento que está sendo criado. Boas referências para os diversos passos que podem ser tomados na construção de instrumentos podem ser encontradas em Damasio e Borsa (2017), DeVellis (2016), Hutz, Bandeira e Trentini (2015) e Pasquali (2010).

Nesse processo de construção, alguns cuidados importantes são necessários. Em primeiro lugar, deve-se optar pelo rigor em todos os momentos. O rigor nas diferentes etapas previne futuros problemas no instrumento. De início, o rigor aparecerá na conceituação do construto, primeira etapa nesse processo, conforme diferentes autores da área (Borsa & Seize, 2017; Pasquali, 2010). Por isso, indicamos a realização tanto de buscas sistemáticas como de revisões narrativas sobre o construto de interesse. Além disso, a consulta a outros instrumentos que meçam o mesmo construto como inspiração também auxilia.

Para a elaboração das dimensões e dos itens que irão compor o instrumento, podemos contar com a colaboração de diversas pessoas, os chamados juízes especialistas. Diferentes visões, diferentes olhares, promoção de debates/discussões sobre as dimensões/os itens que compõem o instrumento, tudo isso coordenado pelos autores do instrumento, enriquece, em muito, o processo, bem como confere mais rigor ao instrumento final. Dessa forma, a possibilidade de errar diminui, o que deverá garantir que as análises estatísticas posteriores junto aos dados coletados com o instrumento possam ser mais confiáveis. Vale lembrar, ainda, que juízes, embora fundamentais, não são suficientes, e é importante realizar também outros procedimentos para garantir validade do conteúdo, conforme mencionado anteriormente. Uma sugestão, conforme Pasquali (2010), seria avaliar os itens com pessoas de classe socioeconômica mais baixa, com discussões em grupo, como *brainstorms* ou grupos focais. O grupo, em comparação com entrevistas individuais, promove mais discussão em torno dos itens, o que favorece novos ajustes.

Para finalizar, após os itens do instrumento estarem prontos para a testagem-piloto, o rigor está relacionado com as análises empíricas do novo instrumento, no qual é preciso confiar. Quando falamos em confiar nos dados coletados, nos referimos a evidências de validade e fidedignidade. Conforme os Standards for Educational and Psychological Testing (AERA et al., 2014), as evidências de validade referem-se ao quanto a evidência e a teoria embasam as interpretações dos resultados de um teste, considerando-se o uso para o qual é proposto. Fica claro, então, o quão importante é que haja estudos diversos sobre um instrumento em diferentes contextos, e o quão importante é a formação de quem avalia os resultados de um teste. Se pensarmos em um teste de análise mais simples, não há grande necessidade de formação, porém, ao pensarmos em instrumentos como as Escalas de Inteligência Wechsler ou o Teste de Rorschach, que exigem a interpretação dos resultados, a formação faz toda a diferença. Ou seja, ela também contará para a validade do teste.

Já a fidedignidade, que também pode ser um indicador de evidência de validade, está relacionada tanto ao quanto um teste é consistente e coerente em sua estrutura, quanto à informação de que seus resultados são estáveis no tempo. Dependendo do construto, esse tempo pode ser de uma semana ou de quatro meses. Existem diversas formas fazer a análise, conforme os Standards for Educational and Psychological Testing (AERA et al., 2014).

Para uma revisão mais apropriada das diferentes evidências de validade e fidedignidade, ou mesmo de como se analisar estatisticamente os resultados de um instrumento que está sendo construído, sugerimos algumas referências básicas, como Hutz e colaboradores (2015), em particular os capítulos de validade (recentemente revisado – Pacico, Hutz, Scheneider, & Bandeira, 2015) e fidedignidade (Zanon & Hauck Filho, 2015). Damasio e Borsa (2017), em seu *Manual de desenvolvimento de instrumentos psicológicos*, também apresentam, de forma mais aprofundada, informações sobre o processo de construção de instrumentos.

Atualmente, inúmeras são as técnicas estatísticas disponíveis na área para avaliar evidências de validade no processo de construção. Além disso, o acompanhamento de um estatístico sempre é interessante quando não se tem domínio dessas análises. Inclusive, entendemos que a união entre pessoas com diferentes *expertises* em um processo de construção, tanto do ponto de vista teórico quanto do metodológico, contribui para o rigor do processo.

Para finalizar o instrumento, deve-se pensar em normas, ou seja, dados que indiquem o quanto o avaliando está próximo ou afastado daquilo que se espera em termos do construto avaliado, considerando-se a população representada pela norma. Com relação às normas, há técnicas estatísticas avançadas para sua constituição, como o uso da teoria de resposta ao item, na qual é possível comparar o nível de habilidade do examinando em uma determinada variável latente em relação à dificuldade e ao conteúdo dos itens, escalonando, assim, seu comportamento (Kolen & Brennan, 2014; Primi, 2004). No entanto, o ideal é que sejam coletados dados em todas as regiões do país, para que tenhamos normas nacionais (ver sugestão da Resolução nº 9, CFP, 2018). É importante também verificar se ocorrem diferenças entre homens e mulheres. Pode ser necessário fazer normas para cada sexo, caso essas diferenças existam.

Todavia, há outros cuidados que devem ser tomados. As normas podem variar com idade, nível socioeconômico e educacional. Os estudos devem ser feitos para verificar se esse é o caso e se são necessárias normas diferenciadas. Mesmo com todos esses cuidados, podem surgir problemas. Um exemplo interessante foi o que aconteceu com a adaptação da Escala de Autoestima de Rosenberg (Hutz & Zanon, 2011). Todos os procedimentos listados foram realizados, porém, como essa escala é muito utilizada na área organizacional e do trabalho, começamos a receber questionamentos. A maioria dos executivos, gerentes e administradores de várias empresas apresentava um percentil muito elevado de autoestima. Um exame mais minucioso da amostra de normatização revelou que a maioria dos adultos era estudante universitário. O estudo foi refeito com adultos que já haviam concluído o ensino superior ou que não frequentaram universidades, mas estavam trabalhando (Hutz, Zanon, & Vazquez,

2014). O resultado foi surpreendente. A autoestima de universitários é efetivamente mais baixa do que dos graduados. Inclusive é mais baixa do que a de estudantes secundaristas. Estudos ainda devem ser feitos para explicar melhor esse fenômeno, mas fica evidente a importância de se realizar estudos específicos para garantir que as normas são adequadas para o público-alvo.

CONSIDERAÇÕES FINAIS

Neste capítulo, tivemos como objetivo informar um pouco a respeito dos cuidados psicométricos que devem ser tomados ao se adaptar ou construir um instrumento de avaliação psicológica. O fato de o instrumento ser do contexto organizacional ou do trabalho não faz diferença quanto aos diferentes passos que são necessários para se chegar a um instrumento cujos resultados sejam confiáveis. Sem dúvida, um instrumento bem construído/adaptado gerará resultados mais confiáveis se o psicólogo que utilizá-lo o fizer de forma adequada, seguindo corretamente as instruções do manual, e tiver formação teórico-prática suficiente para compreender os resultados. Em outras palavras, ele precisará ser um psicólogo válido (Bandeira, 2015).

Quando houver interesse em construir/adaptar um instrumento, acreditamos que o primeiro passo deva ser aproximar-se de pesquisadores com esse conhecimento. Contar com um grupo de pessoas também é algo que deva ser considerado, já que se trata de uma tarefa bastante trabalhosa. E, por último, nos parece essencial poder contar, na equipe, com pessoas conhecedoras das diversas técnicas de análise psicométrica.

REFERÊNCIAS

American Educational Research Association [AERA], American Psychological Association [APA], & National Council on Measurement in Education [NCME]. (2014). *Standards for educational and psychological testing*. Washington: AERA.

Bandeira, D. R. (2015). Prefácio. In S. M. Barroso, F. Scorsolini-Comin, & E. Nascimento (Eds.), *Avaliação psicológica: da teoria às aplicações* (pp. 7-8). Rio de Janeiro: Vozes.

Beaton, D. E., Bombardier, C., Guillemin F., & Ferraz, M. B. (2000). Guidelines for the process of cross-cultural adaptation of self-report measures. *Spine, 25*(24), 3186-3191.

Borsa, J. C., Damásio, B. F., & Bandeira, D. R. (2012). Adaptação e validação de instrumentos psicológicos entre culturas: algumas considerações. *Paidéia (Ribeirão Preto), 22*(53), 423-432.

Borsa, J. C., & Seize, M. M. (2017). Construção e adaptação de instrumentos psicológicos: dois caminhos possíveis. In B. Damasio, & J. C. Borsa (Orgs.), *Manual de desenvolvimento de instrumentos psicológicos* (pp. 15-38). São Paulo: Vetor.

Conselho Federal de Psicologia [CFP]. (2018). *Resolução nº 9, de 25 de abril de 2018*. Brasília: CFP.

Damasio, B. F., & Borsa, J. C. (Orgs.) (2017). *Manual de desenvolvimento de instrumentos psicológicos*. São Paulo: Vetor.

DeVellis, R. F. (2016). *Scale development: theory and applications* (4th ed.). Thousand Oaks: Sage.

Epstein, J., Santo, R. M., & Guillemin, F. (2015). A review of guidelines for cross-cultural adaptation of questionnaires could not bring out a consensus. *Clinical Epidemiology, 68*(4), 435-441.

Hutz, C. S. (2006). *Avaliação psicológica no Brasil: avanços e desafios*. II Congresso Brasileiro Psicologia: Ciência e Profissão, São Paulo.

Hutz, C. S. (2014). (Org.). *Avaliação em psicologia positiva*. Porto Alegre: Artmed.

Hutz, C. S. (2016). *Avaliação em psicologia positiva: técnicas e medidas*. São Paulo: Hogrefe.

Hutz, C. S. (2017). *Esperança e criatividade: questões teóricas e aplicações à prática profissional*. Conferência no II Congresso Internacional de Criatividade e Inovação, Campinas.

Hutz, C. S., & Zanon, C. (2011). Revisão da adaptação, validação e normatização da Escala de Autoestima de Rosenberg. *Avaliação Psicológica, 10*(1), 41-49.

Hutz, C. S., Zanon, C., & Vazquez, A. C. (2014). Escala de Autoestima de Rosenberg. In C. S. Hutz (Org.), *Avaliação em psicologia positiva* (pp. 85-94). Porto Alegre: Artmed.

Hutz, C. S., Bandeira, D. R., & Trentini, C. S. (2015). *Psicometria*. Porto Alegre: Artmed.

International Test Commission. (2016). *The ITC Guidelines for Translating and Adapting Tests (Second edition)*. Recuperado de: https://www.intestcom.org/

Kolen, M. J., & Brennan, R. L. (2014). *Test equating, scaling, and linking: methods and practices* (3rd ed.). New York: Springer.

Nunes, C. H., Hutz, C. S., & Nunes, M. O. (2010). *Bateria fatorial de personalidade*. São Paulo: Casa do Psicólogo.

Pacico, J. C., Hutz, C. S., Schneider, A. M. A., & Bandeira, D. R. (2015). Validade. In C. S. Hutz, D. R. Bandeira, & C. S. Trentini. *Psicometria* (pp. 67-78). Porto Alegre: Artmed.

Pacico, J. C., Zanon, C., Bastianello, M. R., Reppold, C. T., & Hutz, C. S. (2013). Adaptation and validation of the Brazilian version of the Hope Index. *International Journal of Testing, 13*(3), 193-200.

Pasquali, L. (2010). *Instrumentação psicológica: fundamentos e práticas*. Porto Alegre: Artmed.

Primi, R. (2004). Avanços na interpretação de escalas com a aplicação da Teoria de Resposta ao Item. *Avaliação Psicológica, 3*(1), 53-58.

Vazquez, A. C., & Hutz, C. S. (2008). *Escala Vazquez-Hutz de avaliação de desempenho*. São Paulo: Casa do Psicólogo.

Vazquez, A. C., & Hutz, C. S. (2018). *Aplicações da psicologia positiva: trabalho e organizações*. São Paulo: Hogrefe.

Zanon, C., & Hauck Filho, N. (2015). Fidedignidade. In C. S. Hutz, D. R. Bandeira, & C. S. Trentini. *Psicometria* (pp. 79-89). Porto Alegre: Artmed.

2
AVALIAÇÃO DE FATORES PSICOSSOCIAIS NO TRABALHO

Cora Efrom
Ana Claudia S. Vazquez
Claudio Simon Hutz

A avaliação de fatores psicossociais no trabalho ganhou importância devido às robustas evidências científicas sobre os impactos de tais fatores na saúde laboral das pessoas e, mais recentemente, à sua relação com o bem-estar dos trabalhadores e os resultados organizacionais (Schaufeli, 2017a; Vazquez, Efrom, & Hutz, 2018). Desde 1980, os fatores psicossociais no trabalho (FPTs) são um tema de destaque na área. Em 1984, a Organização Internacional do Trabalho (OIT) e a Organização Mundial da Saúde (OMS) trabalharam em um comitê conjunto, em Genebra, e publicaram, em seguida, um dos primeiros relatórios sobre o tema (International Labour Office [ILO], 1986). Já nesse documento, FPTs são definidos como um fenômeno complexo de interação entre variáveis psicológicas e sociais no contexto laboral, em suas diferentes formas de organização em processos de trabalho e na gestão destes. O conceito centra-se não apenas nos fatores psicossociais em si, mas em sua relação interativa com o ambiente laboral, constituída na troca das pessoas com as organizações e destas com os processos de trabalho desenhados na sociedade em que atuam. A definição enfatiza que:

A interação negativa entre condições ocupacionais e fatores humanos pode levar a distúrbios emocionais, a problemas comportamentais e a mudanças bioquímicas e neuro-hormonais, o que eleva os riscos de adoecimento mental e físico [...] um balanceamento ótimo entre fatores humanos e condições ocupacionais sugere uma situação psicossocial de trabalho com influência positiva, especialmente no que se refere à saúde. (ILO, 1986, p. 3).

Observa-se que essa definição emerge no mesmo momento histórico em que o movimento da psicologia positiva se consolida; justamente quando os estudos em saúde ocupacional buscam compreender o funcionamento ótimo das pessoas pelo desenvolvimento de fatores protetivos, para além das ações de prevenção e promoção da saúde (Pacico & Bastianello, 2014; Schaufeli, 2017a). Nesse sentido, o documento da OIT-OMS defende que a avaliação dos fatores psicossociais deve se direcionar para os seus efeitos em aspectos como satisfação no trabalho, bem-estar subjetivo, características laborais e sintomas fisiológicos e psicossomáticos (ILO, 1986). Na contramão dessas orientações, porém, desde o início das avaliações dos fatores psicossociais na prática profissional e na produção científica, pesquisadores se dedicaram intensamente a produzir evidências sobre as patogenias e os riscos psicossociais do trabalho, estes últimos entendidos como agravos e danos aos trabalhadores (Vazquez, Pianezolla, & Hutz, 2018). Há carência, ainda, de maior investimento em estudos sobre os FPTs que podem conduzir aos desfechos positivos, atuando como protetivos na saúde ocupacional.

Essa discussão é ainda mais delicada no Brasil, pois trata-se de fatores psicossociais da área da saúde e segurança no trabalho, que são regulados por dispositivos legais do País. Este capítulo tem como objetivo discutir a avaliação dos FPTs frente ao cenário das principais legislações mundiais vigentes em comparação às do Brasil, bem como as bases teóricas da aplicação prática dessas mensurações em âmbito individual, organizacional e nacional em vários países. Será apresentado um breve panorama comparativo das definições de FPT incorporadas às legislações de diferentes entidades internacionais, regionais e nacionais. Além disso, destacaremos, em nossa discussão, a maneira como tais fatores são associados à legislação nacional e ao contraste da realidade brasileira com a de outros países. Finalmente, serão discutidos os principais modelos teóricos e os instrumentos utilizados para avaliar esses fatores.

FATORES PSICOSSOCIAIS DO TRABALHO NO BRASIL E NO MUNDO

Majoritariamente, os FPTs são definidos, avaliados e tratados em sua relação com os riscos associados a danos, agravos e injúrias (Baruki, 2015). Por exemplo, destaca-se a definição no *site* do Canadian Center for Occupational Health and Safety (CCOHS), segundo a qual são "fatores que influenciam o grau de risco", que "incluem o quanto uma pessoa está exposta a uma coisa perigosa ou condição, como ela está exposta (p. ex., respirando um vapor, pelo contato com sua pele) e quão severos são os efeitos sob as condições de exposição". Fatores de risco psicossociais, portanto, são aspectos que interferem, provocam, afetam a intensidade e a gravidade dos prejuízos (CCOHS, 2017). Essa definição muda a expressão para fatores de risco psicossociais no trabalho (FRPT) ao buscar objetivar e generalizar um entendimento técnico e claro. Ao fazer isso, porém, adota um conceito de risco que representa apenas uma parte daquilo que os fatores psicossociais no trabalho são.

Por outro lado, a OIT e a OMS são sujeitos globais que abordam temas que concernem ao trabalho e à saúde em um panorama macro, produzindo normas, orientações e estudos sobre os mais variados tópicos. Apesar de originadoras de normas, suas determinações não têm eficácia direta, como as leis criadas em âmbito nacional. As normas da OIT e da OMS (tratados, convenções) necessitam ser internalizadas por um país para que tenham aplicação prática e gerem ao Estado a obrigação do seu cumprimento, podendo este responder internacionalmente, se comprovada sua violação. A OIT possui cerca de 180 convenções e um número ainda maior de recomendações sobre uma diversidade de assuntos. O Brasil, por exemplo, tem 96 convenções da OIT ratificadas. Ocorre que algumas convenções, em certos temas, demoram mais do que outras para serem ratificadas. Esta morosidade nacional decorre de interesses políticos, adequação legal e trâmites formais legislativos mais rigorosos para que um tratado ou convenção seja internalizado.

As convenções da OIT ratificadas no Brasil e em vigor no plano nacional relacionadas aos FRPT estão descritas no Quadro 2.1. Destacamos o relatório da 104ª Conferência Internacional do Trabalho como documento de relevância ao tema, uma vez que nele é abordada a associação entre os riscos psicossociais e o estresse laboral como fatores que causam a incapacidade laboral. Do ponto de vista jurídico, a análise de causalidade de FRPT com prejuízo incapacitante é importante para consolidar a necessidade de observação destes no contexto organizacional e do trabalho. Isso repercute também na responsabilidade da incapacidade, como abordaremos mais adiante neste capítulo.

QUADRO 2.1
Documentos de destaque da Organização Internacional do Trabalho

Sujeito	Documentos	Características	Conteúdos de destaque
OIT	Convenção nº 155: Segurança e Saúde do Trabalhador	Publicada em 1981 pela OIT e ratificada no Brasil em 1992.	• Parte IV, Art. 16 – 1. Deverá ser exigido dos empregadores que, à medida que for razoável e possível, garantam que os locais de trabalho, o maquinário, os equipamentos, as operações e os processos que estiverem sob seu controle são seguros e não envolvem risco algum para a segurança e a saúde dos trabalhadores (Organização Internacional do Trabalho [OIT], 1981a).
	Convenção nº 161: Serviços de Saúde do Trabalho	Publicada em 1985 pela OIT e ratificada em 1990.	• Serviço de saúde no trabalho é aquele que é investido de funções essencialmente preventivas e encarregado de aconselhar o empregador, os trabalhadores e seus representantes na empresa em apreço, sobre: I) os requisitos necessários para estabelecer e manter um ambiente de trabalho seguro e salubre, de modo a favorecer uma *saúde física e mental ótima* em relação ao trabalho; II) *a adaptação do trabalho às capacidades dos trabalhadores, levando em conta seu estado de sanidade física e mental* (OIT, 1985, grifo nosso). • Artigo 3: aborda a necessidade de especificidade, ou seja, de que os riscos no trabalho sejam considerados conforme a empresa. • Artigo 5: destaca a necessidade de os serviços de saúde e segurança ofertados *identificarem e avaliarem riscos, vigiarem fatores do meio e das práticas de trabalho, prestarem assessoria, elaborarem programas para a saúde do trabalhador, além de acompanharem e adaptarem o trabalho aos trabalhadores, e não os trabalhadores ao trabalho* (OIT, 1985, grifo nosso).
	Recomendação nº 164	Publicada em 1981.	• Segurança e saúde dos trabalhadores no ambiente de trabalho: cita por diversas vezes prevenção, controle, identificação e eliminação de riscos (OIT, 1981b).
	Lista de Doenças Ocupacionais	Revisada em 2010.	• Constam doenças mentais e ocupacionais, além do amplo repertório de enfermidades provocadas por agentes físico-químicos e biológicos (doenças causadas por agentes de exposição), respiratórias, dermatológicas, musculoesqueléticas (doenças que afetam sistemas e órgãos), câncer e outras doenças (classificação que permite o enquadramento de outras doenças específicas causadas por ocupações ou processos não mencionados, em que é possível uma associação direta, determinada cientificamente, por métodos adequados, entre a exposição decorrente das atividades de trabalho e doenças dos trabalhadores).

Continua

QUADRO 2.1
Documentos de destaque da Organização Internacional do Trabalho

Sujeito	Documentos	Características	Conteúdos de destaque
	104ª Conferência Internacional do Trabalho	Realizada em junho de 2014.	• Relatório IV, sexto item da agenda: "Em longo prazo, os riscos psicossociais e de estresse relacionados ao trabalho também podem contribuir para perturbações musculoesqueléticas e outras formas de problemas de saúde, como hipertensão, úlceras pépticas e doenças cardiovasculares. O estresse no trabalho pode contribuir ainda mais para uma incapacidade de lidar com o trabalho. Enquanto muitos países já incluíram referências aos riscos psicossociais em sua legislação de segurança e saúde do trabalho (p. ex., Colômbia e República Bolivariana da Venezuela), essas disposições têm, muitas vezes, um alcance restrito (p. ex., concentram-se sobre o *bullying* e o assédio), lidando com os sintomas, em vez de com as causas subjacentes e a falta de procedimentos de inspeção e fiscalização adequados" (OIT, 2015, p. 39).

Além disso, o tema dos FPTs também foi discutido como tendência e desafio no XIX Congresso Mundial de Segurança e Saúde no Trabalho da OIT, em 2011, exemplificando alguns elementos que o compõe:

> Fatores psicossociais, como o estresse, o assédio e a violência no trabalho, têm um impacto significativo sobre a saúde dos trabalhadores [...] são suscetíveis de serem mais significativos quando o emprego se torna mais precário e as cargas de trabalho e horas de trabalho muitas vezes aumentam para aqueles que permanecem no emprego. Todos os setores de emprego estão em risco, incluindo aqueles com menores e tradicionais riscos a segurança e saúde, como os setores financeiros e de serviços e administração pública. Uma pesquisa recente mostra ainda que estresse no trabalho e a alta autoridade de decisão aumentam o risco de depressão e alcoolismo e distúrbios relacionados com o uso de drogas. Tudo isso aponta para a necessidade de que os riscos psicossociais sejam devidamente tratados e medidas preventivas adequadas sejam postas em prática. (OIT, 2011, p. 8).

Já a OMS volta seu olhar para a saúde ocupacional ao tratar dos FRPT, mesmo tendo apontado originalmente os possíveis desfechos positivos e a necessidade de avaliar aspectos do bom funcionamento. Essa organização internacional considera a saúde do trabalhador afetada por diferentes determinantes, entre eles os FPTs, que podem levar ao adoecimento, não só físico, mas psíquico e social. O Quadro 2.2 lista alguns documentos propostos pela OMS.

Em um breve panorama regional, destaca-se a União Europeia (UE), na qual os direitos e os deveres laborais estão em permanente discussão e cujas construções consensuais entre os Estados-membros são por estes obrigatoriamente adotadas. O caráter dinâmico das repercussões das ações aplicadas no contexto do trabalho da UE cria um ambiente regional ininterrupto de ponderação, sem que haja tamanha influência de interesses políticos vigentes a cada tempo e em cada nação. Para essas reflexões constantes, a UE criou a European Agency for Safety and Health at Work, com a sigla EU-OSHA. Nessa agência europeia de saúde e segurança laboral, que contribuiu, em grande parte, para o Acordo-Quadro estratégico da UE para a saúde e a segurança no trabalho 2014-2020, desenvolvem-se diferentes

QUADRO 2.2
Documentos de destaque da Organização Mundial da Saúde

Sujeito	Documentos	Características	Conteúdos de destaque
OMS	Proteção da saúde do trabalhador (*Protecting Workers' Health*)	Guia norteador, sem força vinculante aos Estados, mas que destaca preocupações.	• nº 3. Trabalho e estresse organizacional. • nº 4. Aumentando a sensibilização sobre o assédio psicológico no trabalho. • nº 5. Prevenindo distúrbios musculoesqueléticos no trabalho. • nº 6. Aumentando a sensibilização sobre o estresse no trabalho em países em desenvolvimento: um perigo moderno em um ambiente tradicional de trabalho. • nº 9. Guia de gestão de risco psicossocial no âmbito europeu. • nº 11. Construindo ambientes de trabalho saudáveis e igualitários para homens e mulheres.
OMS e OIT	Saúde mental e trabalho: impacto, as questões e as boas práticas	Publicado em 2000.	Destaca a importância da detecção precoce de fatores de risco e doenças no ambiente laboral, salientando a necessidade de elucidar os fatores de risco psicossociais, as condutas que poderiam ocorrer por meio de programas de prevenção e a promoção de saúde mental (OMS & OIT, 2000).
OMS	Declaração de Saúde do Trabalhador	Oriunda de um encontro mundial realizado em 2006, contando com a colaboração de 45 centros de saúde ocupacional de 32 países.	A declaração assinalou o progresso da área de saúde ocupacional e destacou que: "[...] o objetivo de garantir que todos os trabalhadores do mundo inteiro desfrutem de completa saúde física e mental está longe de ser alcançado. Estamos preocupados porque, apesar da disponibilidade de intervenções eficazes de saúde ocupacional, muitos trabalhadores ainda estão expostos a níveis inaceitáveis de riscos ocupacionais e são vítimas de doenças ocupacionais e acidentes de trabalho, perdem a sua capacidade de trabalho e potencial de renda, e ainda muito poucos têm acesso aos serviços de saúde ocupacional" (OMS, 2006, p. 1).

programas. A EU-OSHA atua com o fim de orientar, sugerir ações e promover estudos, bem como opera de maneira consultiva, evidenciando situações às demais esferas e estruturas da UE. Um dos exemplos de suas práticas é o European Risk Observatory, que, em 2009, produziu um relatório sobre o efeito do estresse laboral. Também se destaca a região do Reino Unido, que conta com ativa monitoração governamental em FPT por meio do laboratório Health and Safety Executive (HSE), que é ligado ao Departament of Work and Pensions. O Quadro 2.3 sintetiza os principais documentos em FRPT na UE e no Reino Unido.

Ainda em um contexto regional, mas com uma dessemelhança em diversos aspectos e competências em relação à UE, temos o Mercado Comum do Sul (Mercosul). O Brasil é membro pleno do bloco, que elabora declarações para guiar as práticas nacionais de cada país. Entre elas está a Declaração Sociolaboral do Mercosul, de julho de 2015, que, em seus aspectos norteadores, dá destaque à proteção da saúde física e psíquica e ressalta o privilégio de ações coletivas para medidas de proteção de riscos ocupacionais (Mercosul, 2015). A dúvida que surge no tocante a essa declaração é: de que forma ela poderia gerar repercus-

QUADRO 2.3
Documentos de destaque da União Europeia e do Reino Unido

Sujeito	Documentos	Características	Conteúdos de destaque
UE	Tratado de Amsterdã	Tratado internacional multilateral que foi assinado em 2 de outubro de 1997 e entrou em vigor em 1º de maio de 1999.	Terceira parte (políticas comunitárias), no título 13, sobre saúde pública, artigo 152: aborda a necessidade de garantir o alto nível de proteção à saúde humana (European Union [UE], 1997).
	Diretiva nº 89/391, de 12 de junho de 1989	Diretiva relativa à aplicação de medidas destinadas a promover a melhoria da segurança e da saúde dos trabalhadores no trabalho.	Segundo o artigo 1º, § 2, a diretiva inclui *"princípios gerais relativos à prevenção dos riscos profissionais e à proteção da segurança e da saúde, à eliminação dos fatores de risco e acidente*, [...]" (UE, 1989, grifo nosso). No artigo 6º do mesmo diploma legal, aborda-se a responsabilidade patronal quanto aos riscos.
	Diretiva nº 90/270, de maio de 1990	Diretiva sobre equipamentos dotados de visor.	Traz em seu texto a necessidade de considerar o estresse mental na avaliação dos riscos (UE, 1990).
	Diretiva nº 2003/88, de novembro de 2003	Determina requerimentos mínimos das organizações no que concerne ao tempo de trabalho.	Aborda a proteção do trabalhador das consequências negativas à saúde derivadas das jornadas, das horas noturnas de trabalho e das horas trabalhadas em certos tipos de emprego (UE, 2003).
	Orientação sobre o estresse relacionado com o trabalho: tempero da vida ou beijo da morte?	Publicada em 2000, aborda o fenômeno do estresse no trabalho.	Apresenta histórico, definições, fatores influenciadores, desafios sobre a temática e medidas de prevenção. A orientação sobrevém ao Relatório sobre o estresse relacionado com o trabalho do Comitê Consultivo para a Segurança, Higiene e Saúde no Trabalho (UE, 2000).
	Acordo sobre autonomia europeia sobre estresse no trabalho	Foi assinado em 2004 por: Confederação Europeia dos Sindicatos (CES), União das Indústrias dos Empregadores das Confederações da Europa, Associação Europeia do Artesanato de Pequenas e Médias Empresas (UEAPME), Centro Europeu das Empresas com Participação Pública e das Empresas de Interesse Econômico Geral (CEEP).	Parceria para a execução de adequações necessárias em relação ao estresse no trabalho.
	Acordo sobre assédio e violência no trabalho	O acordo aponta que diferentes formas de assédio e violência afetam o local de trabalho e	Tem por fim "[...] aumentar a consciência e a compreensão de empregadores, trabalhadores e seus representantes sobre o assédio moral e violência no trabalho;

Continua

QUADRO 2.3
Documentos de destaque da União Europeia e do Reino Unido

Sujeito	Documentos	Características	Conteúdos de destaque
		destaca, entre elas, o assédio e a violência físicos, psíquicos e sexuais. Foi assinado por: CES, Confederação das Empresas Europeias (BUSINESSEUROPE), UEAPME e CEEP.	fornecer a empregadores, trabalhadores e seus representantes, em todos os níveis, uma estrutura orientadora de ações para identificar, prevenir e gerir problemas de assédio e violência no trabalho" (European Trade Union Confederation [ETUC], 2007).
	Pacto Europeu para Saúde Mental e Bem-Estar	Publicado em junho de 2008.	Acordo assinado pelos participantes da Alta Conferência da União Europeia Juntos pela Saúde Mental e pelo Bem-Estar. Convidou os sujeitos sociais e políticos a tomarem medidas de saúde mental no ambiente de trabalho (UE, 2008).
Reino Unido	Health and Safety at Work Act, de 1974	Primeiro documento da Grã-Bretanha em que se regularam as questões de saúde e segurança no trabalho.	Tem como base um princípio simples: aqueles que criam os riscos estão em melhor posição para controlá-los. Cabe ao empregador a responsabilidade pelos riscos no trabalho (United Kingdom, 1974).
Reino Unido e OIT	Mental health in workplace: situation analysis, United Kingdom	Publicado em 2000, destacou que a área da saúde mental é uma das mais subdesenvolvidas dentro da promoção de saúde no Reino Unido.	Informa que mais de 91 milhões de dias de trabalho são perdidos por conta de dificuldades de saúde mental no trabalho (Liimatainen & Gabriel, 2000).
Reino Unido	Health and Safety (Offences) Act	Publicado em 2008.	Aumenta as penas e fornece aos tribunais maiores poderes de condenação para aqueles que infringem a lei de saúde e segurança (United Kingdom, 2008).

sões em um plano nacional, inclusive quanto ao seu conteúdo amplo e não regulatório, do ponto de vista da prática? Dessa forma, a declaração tem um caráter de discussão sobre o tema entre países, para, eventualmente, ser introduzida como uma ajuda, sem qualquer caráter normativo, nos planos nacionais. Sem a intenção de mudança e sem a adequação das leis nacionais às decisões do Mercosul, o tratado fica no campo da reflexão.

Cabe mencionar, ainda, alguns países que se destacam no plano internacional. O Quadro 2.4 apresenta os principais documentos relacionados aos FPTs nas Américas. Atente-se, aqui, que, em alguns desses países, não há mais a utilização da palavra "risco" na expressão. Isso reflete a compreensão de que os fatores psicossociais podem influenciar não apenas o grau de risco que gera um dano, lesão ou agravo consequente à saúde do trabalhador; eles também podem, por exemplo, influenciar o grau de *coping* e, portanto, atuar como promotores da saúde no trabalho, como fatores de proteção, em pelo menos quatro efeitos: redução ou mitigação do impacto do risco; minimização de suas consequências negativas; manutenção ou estabelecimento do funcionamento ótimo com desenvolvimento positivo; e oportunização de potencialidades diferenciadas para lidar com situações adversas que conduzam ao ajusta-

QUADRO 2.4
Documentos de destaque das Américas

Sujeito	Documento	Características	Conteúdos de destaque
Canadá	Canada Labour Code	É o código trabalhista canadense.	Na parte 2, há determinações específicas quanto à segurança e à saúde ocupacionais, entre as quais se listam dezenas de obrigações específicas do empregador no que toca à prevenção de riscos e danos.
	Canadian Occupational Health and Safety Regulations	Refere-se à saúde e à segurança ocupacional.	Faz determinações específicas quanto aos diferentes tipos de trabalho, conforme o Código Trabalhista Canadense (SOR/86-304).
	National Standard for Psychological Health & Safety in the Workplace	Publicado em 2013. Criado pela Comissão de Saúde Mental do Canadá (MHCC), Canadian Standards Association (CSA) e Bureau de Normalização de Quebec (BNQ).	"Um conjunto voluntário de diretrizes, instrumentos e recursos voltados para a promoção da saúde psicológica dos empregados e para a prevenção de danos psicológicos devido a fatores do local de trabalho" (Mental Health Commission of Canada, 2013).
Estados Unidos	Occupational Safety and Health Act, de 1970	Cria a Occupational Safety and Health Administration.	Aborda fatores psicológicos como envolvidos na noção de saúde e segurança no trabalho. Um trabalho que garante segurança e saúde permite preservar os recursos humanos. O documento trata de outras questões sobre o tema (United States, 1970).
Mercosul	Declaração Sociolaboral do Mercosul	Publicada em 2015.	"A integração regional não pode confinar-se à esfera comercial e econômica, mas deve abranger a temática social, tanto no que diz respeito à adequação dos marcos regulatórios trabalhistas às novas realidades configuradas por essa mesma integração e pelo processo de globalização da economia, quanto ao reconhecimento de um patamar mínimo de direitos dos trabalhadores no âmbito do Mercosul, correspondente às convenções fundamentais da OIT" (Mercosul, 2015).
Colômbia	Decreto 586	Publicado em 1983.	Cria o Comitê de Salud Ocupacional (Colômbia, 1983).
	Resolução nº 2.646	Publicada em 2008.	"Establecen disposiciones y se definen responsabilidades para la identificación, evaluación, prevención, intervención y monitoreo permanente de la exposición a factores de riesgo psicosocial en el trabajo y para la determinación del origen de las patologías causadas por el estrés ocupacional" (Colômbia, 2008).
Chile	Código del Trabajo	Publicado em 1968.	Título VII sobre Prevención de riesgos profesionales.
	Resolução nº 336	Promulgada pelo Ministério da Saúde em 12 de junho de 2013.	Aprova o Protocolo de Vigilancia de Riegos Psicosociales em el Trabajo (Chile, 2013).

mento psicológico e social (Rutter, 1987; Vazquez et al., 2018b). Os países que já incorporaram essas reflexões são Canadá, Austrália, Colômbia e Chile, conforme apresentado a seguir.

O Canadá recentemente elaborou um documento em parceria com diferentes órgãos e determinou "um conjunto voluntário de diretrizes, instrumentos e recursos voltados para a promoção da saúde psicológica dos empregados e para a prevenção de danos psicológicos devido a fatores do local de trabalho" (Mental Health Commission of Canada, 2013). A partir dessa perspectiva, o país avalia 13 FPTs: apoio psicológico; cultura organizacional; liderança e expectativas claras; civilidade e respeito; adequação psicológica ao cargo; crescimento e desenvolvimento; reconhecimento e recompensa; envolvimento e influência; carga de trabalho; engajamento; equilíbrio; proteção psicológica; proteção da segurança física. Nessa visão diferenciada, tais fatores podem repercutir de maneira positiva ou negativa no trabalho, sendo ambos os desfechos passíveis de consideração. A determinação nítida de elementos e definições dessa natureza torna o país um dos vanguardistas no mundo no valimento desse tema e, principalmente, na compreensão aprofundada das implicações práticas reais dos FPTs.

A Austrália, por sua vez, pôs a sua agência Safe Work Australia como responsável por pesquisar e desenvolver melhorias à saúde e à segurança do trabalhador. Em um desses estudos, Kawakami, Park, Dollard e Dai (2014) descobriram que a má saúde psicológica (p. ex., sofrimento psíquico, exaustão emocional, depressão) repercute negativamente na produtividade. Com tais achados no país, a discussão de FRPT transfere os custos com previdência e saúde dos trabalhadores afastados e doentes da esfera pública para a esfera privada, que é onerada financeiramente com um trabalhador não sadio, outro marco na ponderação de fatores que afetam a saúde psicossocial dos trabalhadores. O relatório *The australian workplace barometer: report on psychosocial safety climate and worker health in Australia*, de 2012, destaca, no final:

Os resultados também indicam que as estratégias de trabalho seguro e as intervenções no local de trabalho serão mais eficazes se direcionadas para reduzir as demandas emocionais e a pressão do trabalho, melhorar o equilíbrio entre o trabalho e a vida pessoal e abordar de forma proativa questões de *bullying* e assédio, promovendo o comportamento apropriado no local de trabalho. As organizações e os empregadores também se beneficiarão de atender aos níveis de recompensa organizacional proporcionados aos empregados incentivando os empregadores a considerar a importância que o respeito, o reconhecimento, a segurança no emprego e a oportunidade de desenvolvimento de carreira podem ter para melhorar a produtividade e o bem-estar dos funcionários. [...] Outros fatores influentes incluem o apoio ao supervisor, a justiça organizacional e o aumento do controle dos funcionários sobre a forma como utilizam suas habilidades e sua capacidade de influenciar os processos de tomada de decisão. (Safe Work Australia, 2012, p. 70).

Percebe-se que o relatório propõe, como intervenções para eliminar os efeitos dos fatores de risco sobre a saúde do trabalhador, práticas que foquem em aspectos que promovam seu bem-estar. Já a Colômbia foi citada como país referência na 104ª Conferência Internacional do Trabalho da OIT por ter ido além de incorporar os riscos psicossociais à sua legislação. Na Resolução nº 2.646, de 2008, o país define esses riscos como "condições psicossociais cuja identificação e avaliação mostram efeitos negativos sobre a saúde dos trabalhadores ou o trabalho" (Colômbia, 2008). Ao mesmo tempo, adota formalmente o conceito de fatores de proteção psicossociais como "condições de trabalho que promovem a saúde e o bem-estar do trabalhador" (Colômbia, 2008). O artigo 5º da Resolução nº 2.646 apresenta outro componente interessante, que distingue aspectos intra e extralaborais como influenciadores da saúde e do desempenho do trabalhador. Finalmente, em um exame das práticas desenvolvidas ao longo dos anos, o Chile é mais um dos países em destaque nessa perspectiva vanguardista. O Protocolo de Vigilância de Riscos Psicossociais no Trabalho afirma:

> Dependendo de como interagem, os fatores psicossociais no trabalho podem ser elementos positivos, que levam ao bem-estar dos trabalhadores, e, secundariamente, ao aumento do desempenho no trabalho, bem como elementos negativos, constituindo, nesse caso, riscos para a saúde, relacionados, entre outros, ao absenteísmo, à motivação e ao desempenho. Nesse sentido, os fatores de risco têm efeitos sobre a empresa, o trabalho e o trabalhador. (Chile, 2013, p. 7).

O Chile apresenta em suas discussões a necessidade de diferenciação entre FPTs e FRPTs. Os primeiros são definidos como: "[...] situações e condições inerentes ao trabalho e relacionadas ao tipo de organização, ao conteúdo laboral e à execução da tarefa e que têm a capacidade de afetar, positivamente ou negativamente, o bem-estar e a saúde (física, mental ou social) do trabalhador e suas condições de trabalho" (Chile, 2013, p. 18). Entre os fatores listados como influenciadores psicossociais no trabalho estão: organização e condições de trabalho; trabalho ativo; desenvolvimento de habilidades; demandas psicológicas; violência e assédio; relações internas no trabalho e dupla jornada.

No Brasil, por sua vez, não há incorporação de normas internacionais (ver Quadro 2.1), mas faltam reexame da matéria e clareza sobre as nomenclaturas utilizadas quanto aos FPTs, que são um tema sem tanta visibilidade em nossa realidade. O Quadro 2.5 lista os principais documentos associados à temática no País. Observa-se que, em termos das legislações nacionais, os aspectos da incapacidade de trabalho remetem-se majoritariamente à reparação do dano no plano do judiciário. Por vezes, o Estado brasileiro instaura ação regressiva para que o empregador seja afetado financeiramente pelo dano já causado aos trabalhadores, como forma de reparação à Previdência Social. Não há, de forma explícita, uma política para promover fatores saudáveis ou protetivos no contexto do trabalho em nossa prática. Essa política, no entanto, não é papel do Judiciário, mas dos poderes Executivo e Legislativo.

Por outro lado, a legislação nacional possibilita múltiplas interpretações quanto a que norma aplicar e em quais circunstâncias; e, ainda, há carência de conceito e de entendimento comum, ou até mesmo da expressão direta do que são os FPTs nos documentos legais. Por exemplo, na descrição da insalubridade e da periculosidade do Sistema Brasileiro de Escrituração Digital das Obrigações Fiscais, Previdenciárias e Trabalhistas (eSocial) encontram-se "causas organizacionais, inclusive psicossociais" associadas à ergonomia: E2.1. Trabalho em turno e noturno; E2.2. Monotonia e repetitividade; E2.3. Situações de estresse; E2.4. Controle rígido de produtividade; E2.5. Outros (Brasil, 2015). Essa atribuição conecta os benefícios referidos aos fatores ergonômicos sem que os empregadores sejam compelidos a adotar práticas saudáveis concernentes aos FPTs associados.

Ainda nesse campo, o Ministério da Saúde definiu uma conceituação para risco e fator de risco no Caderno de Atenção Básica nº 5: Saúde do Trabalhador. Neste, entende-se que o conceito de risco é inobservável, ao passo que o perigo e os fatores de risco associados são situações passíveis de observação (Brasil, 2001). E a norma regulamentadora do Ministério do Trabalho (NR) 10 cita que risco é a "[...] capacidade de uma grandeza com potencial para causar lesões ou danos à saúde das pessoas" e que perigo remete à "situação ou condição de risco com probabilidade de causar lesão física ou dano à saúde das pessoas por ausência de medidas de controle" (Brasil, 2004). Nessa regulamentação, destaca-se como o risco é passível de ser evitado e pode causar agravos ou danos à saúde caso certas medidas não sejam tomadas. Isso deixa clara a obrigação de o empregador fazer algo para que não ocorra o dano, sem maiores especificações. Apenas a NR 36 do Ministério do Trabalho, de 2013, aplicada a em-

QUADRO 2.5
Documentos de destaque do Brasil

Sujeito	Documentos	Características	Conteúdos de destaque
Brasil	Constituição Federal	Promulgada em 1988.	Dispõe sobre garantias mínimas. Direitos sociais, individuais, a segurança e o bem-estar estão no preâmbulo. O Artigo 7º, nos incisos XXII e XXVIII, menciona riscos e acidentes de trabalho; Art. 196 e 197 (Brasil, 1988).
	Consolidação das Leis Trabalhistas (CLT)	Criada pelo Decreto-lei nº 5.452, de 1943.	Unifica as leis trabalhistas. Destacam-se os artigos 161, 162, 163 e 189 (Brasil, 1943).
	Código Civil Brasileiro (CC)	Reformulado em 2002.	Art. 186 – "Aquele que, por ação ou omissão voluntária, negligência ou imprudência, violar direito e causar dano a outrem, ainda que exclusivamente moral, comete ato ilícito". Também se destacam os artigos 927, 949, 950 e 951 (Brasil, 2002a).
	Código Penal Brasileiro	É o código aglutinador das normas da esfera penal.	Art. 132 – "Expor a vida ou a saúde de outrem a perigo direto e iminente: pena – detenção de três meses a um ano, se o fato não constitui crime mais grave" (Brasil, 1940).
	Lei nº 8.213/1991	Dispõe sobre planos de benefícios da Previdência Social.	Destaque aos artigos sobre acidente do trabalho, artigos 119 e 121 (Brasil, 1991).
	Decreto nº 4.552/2002	Aprova o Regulamento da Inspeção do Trabalho.	Art. 18 – Aborda as competências dos auditores-fiscais "I – verificar o cumprimento das disposições legais e regulamentares, inclusive as relacionadas à segurança e à saúde no trabalho, no âmbito das relações de trabalho e de emprego [...]." (Brasil, 2002b).
	Normas regulamentadoras	Relativas à segurança e à medicina do trabalho.	A NR 17, sobre ergonomia no ambiente de trabalho, aborda ambientes psicofisiológicos. A NR 36, em seu dispositivo 1º, cita a garantia de segurança, saúde e qualidade de vida no trabalho e dispõe sobre aspectos psicossociais (Brasil, 2013). As NRs são de observância obrigatória pelas empresas privadas e públicas, pelos órgãos públicos da administração direta e indireta e pelos órgãos dos Poderes Legislativo e Judiciário.

presas de abate e processamento de carnes ou derivados, levou em consideração os aspectos psicossociais, determinando ações no nível organizacional:

36.14.8 Aspectos psicossociais 36.14.8.1 Os superiores hierárquicos diretos dos trabalhadores da área industrial devem ser treinados para buscar no exercício de suas atividades: a) facilitar a compreensão das atribuições e responsabilidades de cada função; b) manter aberto o diálogo, de modo que os trabalhadores possam sanar dúvidas quanto ao exercício de suas atividades; c) facilitar o trabalho em equipe; d) conhecer os procedimentos para prestar auxílio em caso de emergência ou mal-estar; e) estimular tratamento justo e respeitoso nas relações pessoais no ambiente de trabalho. [...] Anexo I, glossário 15. Características psicofisiológicas: englobam o que constitui o caráter distintivo, particular de uma pessoa, incluindo suas capacidades sensitivas, motoras, psíquicas e cognitivas, destacando, entre outras, questões relativas aos reflexos, à postura, ao equilíbrio, à coordenação motora e aos mecanismos de execução dos movimentos que variam intra e interindivíduos. Inclui, no mínimo, o conhecimento antropológico, psicológico e fisiológico relativo ao ser humano. Englobam, ainda, temas como níveis de vigilância, sono, motivação, emoção, memória e aprendizagem. (Brasil, 2013).

A NR 36 dá um salto qualitativo na discussão brasileira quanto à incorporação de elementos subjetivos e individuais, ampliando a análise dos riscos e seus fatores. Contudo, o faz no contexto específico de uma legislação de caráter prático para o ambiente de trabalho no setor dos frigoríficos. Observa-se que, apesar de referências aos efeitos da exposição a FPTs, já extensamente trabalhados nos documentos internacionais e na literatura científica, na legislação brasileira, essa discussão está limitada à menção genérica em seus documentos (ver Quadro 2.5). O tema dos FPTs é opaco no País, sobretudo em relação aos riscos físicos, químicos e biológicos que comprometem a saúde e o bem-estar do trabalhador e são identificados de forma objetiva. Essa falta de clareza no Brasil, por sua vez, deixa a critério das organizações e de profissionais responsáveis a escolha subjetiva de fontes de informação a ser utilizadas como diretrizes para as avaliações dos FPTs.

É notório que alguns países já adotaram princípios e recomendações internacionais, especificando o tema dos FPTs na sua realidade nacional. O conhecimento dessas experiências pode servir como aprendizado para outros países, inclusive para o Brasil, sem que seja feita uma transposição direta, mas adequando-as a cada realidade. Há, no mundo, como foi visto, diversos exemplos de como incorporar a preocupação de analisar os fatores psicossociais no contexto laboral, a fim de evitar danos, promover a saúde e desenvolver fatores de proteção para o funcionamento ótimo na organização do trabalho. O Brasil, contudo, ainda está nos seus primeiros passos nessa jornada. No intuito de colaborar para avanços nessa área, a próxima seção tratará dos estudos internacionais acerca de como avaliar os FPTs.

AVALIAÇÃO DE FATORES PSICOSSOCIAIS NO TRABALHO: MODELOS TEÓRICOS E INSTRUMENTOS

Nesta seção, serão descritos três níveis de avaliação dos FPTs, conforme suas bases teóricas e seus instrumentos de mensuração aplicados: individual, organizacional e nacional. Em primeiro lugar, destacam-se as ações para avaliar o nível individual da relação dos trabalhadores com suas atividades laborais, principalmente quanto aos aspectos ergonômicos, psicológicos e sociais. As interpretações das evidências obtidas nas avaliações, bem como na construção de instrumentos de medida, têm como foco predominante as análises dos FRPTs associadas aos danos, aos agravos e às injúrias aos trabalhadores (Baruki, 2015; Chor et al., 2008).

Schaufeli (2017a) demonstra, porém, que inúmeros instrumentos foram elaborados para produzir dados sobre os diferentes FPTs pela assimilação de diferentes construtos em suas mensurações. A questão apontada pelo autor é que, nesses instrumentos, não há um modelo teórico mais compreensivo para análise e verificação dos FPTs em suas aplicações em saúde ocupacional ou avaliação do desempenho profissional:

> [...] por exemplo, o Questionnaire on the Experience and Evaluation of Work (QEEW), o Copenhagen Psychosocial Questionnaire (COPSOQ), o Nordic Questionnaire for Psychosocial and Social Factors at Work (QPSNordic) e o Health and Safety Executive's Management Standards Indicator Tool (HSE MSIT) foram todos desenvolvidos nos anos 1990, no noroeste da Europa. Embora esses

questionários incluam vários recursos e demandas de trabalho em seus itens, eles não estão nem embasados no modelo teórico Job Demand and Resources nem em nenhuma outra teoria sobre estresse laboral que seja relevante. Mais do que serem dimensões deduzidas a partir de um arcabouço conceitual e científico abrangente, elas foram sendo desenvolvidas indutivamente, de tal modo que a massa de dados produzida nessas avaliações é difícil de ser interpretada. (Schaufeli, 2017a, p. 122).

Por outro lado, em uma revisão sistemática da produção científica em avaliação de FPT, Vazquez e colaboradores (2018b) evidenciaram a influência majoritária dos modelos teóricos Job Demand Control and Social Support (JDC+SS) e Effort-Reward Imbalance and Overcommitment[1] (ERI+OC) para interpretação de resultados quanto à patogênese e a agravos à saúde dos trabalhadores. Destacam-se, nesse estudo, os seguintes construtos na produção científica dessas linhas interpretativas: *job strain*,[2] controle do trabalho, demandas laborais, *overcommitment*, falta de suporte social e *workability*.[3] Em concordância com os achados de Schaufeli (2017a), os autores apontam que os instrumentos de avaliação dos FPTs listam diferentes variáveis presentes nessas teorias e as avaliam em conjunto com outros construtos, de diferentes origens epistemológicas, sem que se constituam em uma teoria integrativa a ser testada.

Entendemos que os avanços obtidos nesse tipo de avaliação indutiva dos FPTs referem-se à demonstração de robustas evidências da relação entre diferentes variáveis e seus possíveis efeitos na saúde dos trabalhadores. A produção internacional recente tem se concentrado mais em testar estatisticamente o quanto cada fator (psicológico, social, químico, biológico, físico ou ergonômico) contribui para a vulnerabilidade ou o dano à saúde do trabalhador. Os riscos físicos prevalentes identificados na produção científica são as doenças musculoesqueléticas (LER/DORT, dores lombares), cardiovasculares e suas associações com dor crônica, hipertensão, diabetes e obesidade (Das, Mukhopadhyay, & Koilakuntl, 2015; Garg et al., 2012; Gelfman, Beebe, Amadio, Larson, & Basford, 2010). Os FPTs têm sido estudados quanto à capacidade funcional dos trabalhadores e sua relação com o risco do estresse laboral, que tem como foco os sintomas de depressão, medo, irritação, ansiedade e frustração (Lakke et al., 2013; Moraes & Bastos, 2013). E os fatores sociais mais estudados, embora não sejam os mais frequentes, têm enfatizado a insegurança no trabalho, as desigualdades de gênero, o conflito com a família e as questões de aposentadoria nos tempos atuais (Burgard & Lin, 2013).

Vistos em conjunto, observa-se que os estudos destacam o fator "controle do trabalho" como significativo para compreender a saúde ocupacional em âmbito individual, cuja ausência ou inadequação é agravada quando há *job strain* ou insegurança no contexto organizacional. Tais variáveis estão solidamente associadas às reações neuroendócrinas e às complicações cardiovasculares em trabalhadores, como cita o estudo de Burgard e Lin (2013), que demonstra que mulheres em cargos com elevado estresse e baixo suporte social apresentam altos níveis de fibrinogênio, substância que aumenta o risco de doenças cardiovasculares.

---

[1] Termo sem tradução adequada, caracteriza um padrão motivacional do trabalhador em direção a um vínculo excessivo de comprometimento com metas de desempenho laborais; conceito que remete ao estresse laboral como desfecho negativo (Chor et al., 2008).

[2] Termo sem tradução adequada que significa mais do que pressão estressora ou tensão negativa; o conceito remete à percepção subjetiva do trabalhador sobre o contexto de trabalho que restringe, obriga, molda e direciona ações inevitáveis para que o processo de produção seja considerado eficiente. A associação entre *job strain* e carência de suporte social no trabalho tem sido comprovada como efeito negativo de maior vulnerabilidade para a saúde do trabalhador (Vazquez et al., 2018a).

[3] Fator psicossocial multideterminado que avalia a saúde laboral com competência, valores, ambiente de trabalho e relações sociais dos trabalhadores. O nível baixo de *workability* dos trabalhadores, segundo esses estudos, pode predizer tanto a incapacidade futura quanto a duração do absenteísmo por adoecimento (Mazloumi et al., 2012).

Não obstante aos avanços obtidos, parece-nos que já não é mais suficiente para os estudos da área apenas identificar os FPTs e seus riscos associados (Schaufeli, 2017a). Faz-se necessária uma base teórica para interpretar as evidências de modo integrativo, a fim de testar seus diferentes efeitos na prática profissional e as possíveis intervenções em saúde ocupacional e organização dos processos de trabalho de maneira específica. Por outro lado, há estudos em FPT a nível individual com foco no bom funcionamento preconizado pela psicologia positiva.

Estão em crescente destaque as publicações que enfatizam os FPTs que conduzem a desfechos positivos, com evidências de que estes se constituem em fatores de promoção ou proteção à saúde laboral, relacionados ao bem-estar subjetivo e no trabalho e com efeito positivo no desempenho profissional. Taris e Schaufeli (2016) realizaram uma revisão de nove estudos sobre o tema e identificaram os seguintes FPTs nas avaliações realizadas pelos diferentes instrumentos: 30 variáveis de demandas laborais, 31 de recursos de trabalho, 12 de recursos pessoais e 22 de resultados/desempenho, sendo criticadas as sobreposições conceituais de vários construtos (p. ex., coesão da equipe e harmonia da equipe de trabalho). A partir dos achados, frente à relevância prática e às relações significativas com o trabalho, Schaufeli (2015, 2017a) propôs o Job Demand and Resources Questionnaire (JDR-Q)[4] com base no modelo teórico de Recursos e Demandas no Trabalho (RDT) da psicologia positiva. Essa teoria explicativa tem como desfecho positivo central em saúde laboral o engajamento no trabalho, que produz efeitos de balanceamento ótimo na elevação do desempenho profissional, da intensa realização e do bem-estar dos trabalhadores e da otimização de resultados organizacionais. O JDR-Q avalia os FPTs em relação às seguintes dimensões e construtos:

1. **Demandas laborais**: quantitativas (sobrecarga, subcarga e ritmo), qualitativas (emocional, mental, física e relação trabalho-vida) e organizacionais (ritmo de mudanças, burocracia, conflito de papéis, conflitos interpessoais, assédio laboral e reciprocidade).
2. **Recursos de trabalho**: sociais (clareza de papéis, suporte social de colegas e de supervisores, reconhecimento, expectativas, espírito de equipe e efetividade da equipe de trabalho); conteúdo do trabalho (variedade de tarefas, uso de habilidades, controle do trabalho, acesso a equipamentos/ferramentas, encaixe pessoal nas atividades e participação nas decisões); desenvolvimento profissional (*feedback* de desempenho, oportunidades de aprendizagem e carreira), pessoais (autodesenvolvimento, reconhecimento de forças, potencialidades de limitações individuais e orientação profissional); organizacionais (remuneração, congruência de valores, alinhamento, justiça organizacional, confiança e comunicação); e papel da liderança (inspiradora, fortalecedora, de conexão e de empoderamento).
3. **Fatores associados**: bem-estar do trabalhador (satisfação no trabalho, engajamento, *burnout*, tédio/monotonia, adição laboral, distúrbios do sono e psicossomáticos e insegurança no trabalho) e resultados (comprometimento organizacional, absenteísmo, rotatividade, *workability* e desempenho intra e extrapapel).

Schaufeli (2017a) testou a validade da avaliação dos FPTs por meio do JDR-Q com 77 mil trabalhadores em 29 países; dados obtidos em várias amostras de suas pesquisas. O autor encontrou, entre outros indicadores psicométricos, um índice de consistência interna de $\alpha = 0,87$, além de correlações de $r > 0,80$ entre o engajamento no trabalho e os FPTs de recursos, demandas e resultados. Há robustas evidências

---

[4]Esse questionário está sendo adaptado e validado para o Brasil pelo Núcleo de Estudos em Psicologia Organizacional e do Trabalho da UFCSPA, coordenado pela profa. Dra. Ana Cláudia Souza Vazquez, em parceria com o Laboratório de Mensuração do Instituto de Psicologia da UFRGS (www.ufrgs.br/psico-laboratorio), coordenado pelo prof. Dr. Claudio Simon Hutz.

de qualidade psicométrica desse instrumento na avaliação de FPTs, o que vem acrescido de um modelo teórico largamente comprovado na literatura internacional.

O segundo nível de análise dos FPTs é o organizacional, cuja ênfase está na gestão dos fatores e riscos psicossociais no trabalho (FRPTs). Veloso Neto (2015) argumenta que a gestão organizacional dos FRPTs é uma realidade inegável, com avanços consistentes, sobretudo na UE. O autor defende, porém, a necessidade de que as organizações e os profissionais em saúde e segurança no trabalho passem a adotar práticas efetivas de intervenção. A principal intervenção em gestão de riscos psicossociais identificada pela Agência Europeia para a Segurança e Saúde no Trabalho [AESST] (2010) em organizações da UE é a formação em ações de saúde e segurança no trabalho (uso de equipamentos, ginástica laboral, cuidados em saúde e higiene, etc.). Veloso Neto (2015, p. 15) critica a gestão que se concentra quase exclusivamente nas intervenções formativas para resolver tudo, pois "[...] pode acabar por não ter os efeitos desejados, caso as ações não sejam devidamente ajustadas e complementadas com outras estratégias de natureza mais operacional (modelos processuais e de organização do trabalho)".

Outras ações em gestão de FPTs identificadas pela AESST (2010) foram: mudanças na organização do trabalho (40%), redesenhos do trabalho (37%), aconselhamento confidencial (34%), mudanças nos horários de trabalho (29%) e definição de procedimentos de resolução de conflitos (23%). Observa-se que a gestão dos FPTs se faz em diferentes esferas de intervenção, sendo destacadas: a importância de relações contratuais estáveis, justas e transparentes; o enriquecimento das atividades laborais, especialmente quanto à organização do processo laboral e ao delineamento dos conteúdos de trabalho; e a participação dos trabalhadores nos processos decisórios, em diferentes níveis. Por outro lado, a agência Health and Safety Executive (HSE), do Reino Unido, identifica o conceito de *elasticity* para se referir a padrões de gerenciamento dos FPTs, nos quais a organização tem a capacidade de se adaptar às mudanças ambientais sem perder sua capacidade original de produção, mesmo em tempos críticos. Magnavita (2012) argumenta que fatores mecânicos, fadiga, monotonia e carga de trabalho são atributos laborais que podem ser gerenciados pelas organizações, de modo a priorizar a saúde e a segurança de seus trabalhadores, sem que isso diminua sua competitividade.[5] E, no setor de produção industrial, destacam-se os estudos sobre o sistema *lean*, que visa à produção enxuta. Esse modelo de gestão afeta diretamente a organização do trabalho quanto ao ritmo, à produtividade e às trocas entre os trabalhadores (carga laboral, suporte social, gestão de conflitos, *workability*, etc.). Koukoulaki (2014) analisa a questão, argumentando que:

> Pesquisas recentes sobre a produção *lean* demonstram seus efeitos negativos no trabalho. Mais especificamente em relação às práticas de produção enxuta do *just in time*, que foram padronizadas em seus processos de trabalho, elas se associam fortemente tanto com a exposição a fatores mecânicos como aos psicossociais [...] o modelo *lean*, porém, tem seu maior impacto no estresse laboral em comparação com as desordens musculoesqueléticas. Isso ocorre porque as características da produção enxuta influenciam de modo contínuo vários fatores de risco psicossociais que têm efeitos diretos nos trabalhadores. (Koukoulaki, 2014, p. 200).

Hasle (2014), por sua vez, afirma que não há o que contestar nas evidências de que a intensificação do trabalho no modelo de gestão da produção enxuta gera efeitos negativos na saúde e no bem-estar dos trabalhadores. O autor, porém, argumenta sobre o possível efeito positivo que é obtido pelo redesenho das práticas do *lean manufacturing* para a saú-

---

[5] Para mais informações sobre os diferentes níveis de análise nas principais agências e órgãos governamentais no mundo, ver Vazquez e colaboradores (2018b).

de dos trabalhadores e para os resultados organizacionais. Para tanto, é necessário que os FPTs sejam considerados como centrais para a organização saudável do trabalho. Nesse caso, o efeito positivo se garante com a participação dos profissionais na tomada de decisões sobre tais aspectos.

Embora ainda mínimo, observa-se um movimento para que os FPTs comecem a ser percebidos como relevantes para avaliar a organização e o desenho do trabalho nas organizações, considerando-se os possíveis efeitos positivos ou negativos para a saúde dos trabalhadores e para os resultados organizacionais. No entanto, há uma lacuna expressiva nos estudos sobre o impacto dos diferentes modelos de gestão e suas reestruturações produtivas. Sem evidências científicas, a tomada de decisões nesse campo se direcionará apenas para interesses organizacionais.

Em último lugar, alguns estudos trazem reflexões iniciais, porém críticas, no nível nacional de análise dos FPTs. Parte deles está centrada na importância de incluir os diferentes atores sociais cujo escopo de decisão tenha impacto nas intervenções em FPT. Nessa linha, Leka e colaboradores (2015, p. 64) afirmam que: "[...] a questão crítica se refere aos riscos que cada um de nós deseja tomar – enquanto trabalhador, gestor, empresário, político ou indivíduo. A resposta dependerá do contexto de cada um, em sua experiência, que será associado a pressões, necessidades e valores". Os autores argumentam que é preciso uma reflexão profunda desde o nível nacional sobre os FPTs, visto que cada decisão tomada pelos diferentes atores sempre terá justificativas, conforme as informações disponíveis, que serão adequadas aos seus papéis sociais. O enfoque diferenciado nessa análise está em trazer outros atores importantes para a discussão, além dos técnicos na área, que criam as políticas públicas e as regulamentações, bem como empresários e proprietários de organizações, entre eles, o Estado. A ideia central é gerar processos de participação nas decisões sobre a produtividade laboral, tendo como fator crítico de sucesso do país e da organização a proteção psicossocial dos trabalhadores.

Por outro lado, uma linha de estudo recente, com base na psicologia positiva, tem pesquisado o engajamento no trabalho de nível nacional como fator psicossocial no trabalho com desfecho positivo. Schaufeli (2017b) pesquisou o engajamento de 43.850 trabalhadores de 35 países europeus em relação ao tipo de economia, governança e indicadores culturais, por meio da 6ª European Working Conditions Survey. É importante observar que o engajamento aqui é visto não apenas como um fenômeno individual, mas como um processo imbricado no coletivo e nos vários significados atribuídos aos indicadores econômicos e socioculturais.

Schaufeli (2017b) evidenciou que, quanto mais os trabalhadores de um país são engajados, maiores são a atividade econômica e a produtividade nacionais. O nível de engajamento foi mais elevado em países com menor centralidade do trabalho e que valorizam o lazer e o descanso; bem governados, com democracia fortalecida, que apresentam alto nível de integridade, baixo índice de corrupção e igualdade de gênero; e com menor distância de poder e maior valorização das necessidades humanas em suas políticas. Embora sejam dados recentes, mesmo considerando-se a representatividade da sua amostra, o estudo referido demonstra a relação entre fatores de proteção aos trabalhadores e desfechos positivos de engajamento no trabalho. Há muito em que avançar quanto às pesquisas que evidenciem intervenções efetivas de âmbito nacional, especialmente no Brasil. Não obstante, avaliar os diferentes níveis de análise de forma multifatorial, por meio de uma teoria abrangente e validada cientificamente, trará conhecimentos robustos e aplicações práticas adequadas às realidades de cada país.

CONSIDERAÇÕES FINAIS

O objetivo deste capítulo foi apresentar o contexto de avaliação dos FPTs em relação às legislações vigentes no mundo em comparação às do Brasil, às suas bases teóricas e aos níveis de análise e instrumentos de avaliação. Consideramos que os dados de pesquisas científicas permitem compreender não apenas o dano ao trabalhador em si, embora os avanços nesse nível de análise sejam notáveis e robustos. Combinar os diferentes níveis de análise em FPT (individual, organizacional e nacional) por meio de modelos teóricos consistentes e instrumentos de avaliação adequados permitirá avanços significativos em direção às transformações necessárias nas práticas de trabalho que conduzam a processos de produção saudáveis e de promoção e proteção do bem-estar dos trabalhadores.

Os achados em avaliação dos FPTs demonstram com clareza que elaborar planos de reestruturação produtiva ou de mudança organizacional sem que se saiba antecipadamente o quanto eles modificam o controle que as pessoas têm do trabalho e a influência de outros fatores psicossociais associados afetará diretamente o desempenho e a prática profissional. Fica claro que, sem essa análise, que avalia os FPTs como centrais para a organização do trabalho na gestão dos negócios, é muito mais provável que as ações pensadas como estratégias positivas ou efetivas acabem por resultar em maior probabilidade de risco de agravo e dano à saúde dos trabalhadores. E, consequentemente, conduzirão também a resultados organizacionais negativos ou abaixo do esperado.

REFERÊNCIAS

Agência Europeia para a Segurança e Saúde no Trabalho [AESST]. (2010). *European survey of enterprises on new and emerging risks: Managing safety and health at work.* Recuperado de https://osha.europa.eu/en/publications/reports/esener1_osh_management/view

Baruki, L. V. (2015). *Riscos psicossociais e saúde mental do trabalhador: por um regime jurídico preventivo.* São Paulo: LTR.

Brasil, Ministério da Saúde. (2001). *Cadernos de atenção básica: Programa saúde da família: Saúde do trabalhador.* Recuperado de http://bvsms.saude.gov.br/bvs/publicacoes/cd03_12.pdf

Brasil. (1940). *Decreto-lei nº 2.848, de 7 de dezembro de 1940.* Recuperado de http://www.planalto.gov.br/ccivil_03/decreto-lei/Del2848compilado.htm

Brasil. (1943). *Decreto-lei nº 5.452, de 1º de maio de 1943.* Recuperado de http://www.planalto.gov.br/ccivil_03/decreto-lei/Del5452.htm

Brasil. (1988). *Constituição da República Federativa do Brasil de 1988.* Recuperado de http://www.planalto.gov.br/ccivil_03/constituicao/constituicao.htm

Brasil. (1991). *Lei nº 8.213, de 24 de julho de 1991.* Recuperado de http://www.planalto.gov.br/Ccivil_03/leis/L8213cons.htm

Brasil. (2002a). *Lei no 10.406, de 10 de janeiro de 2002.* Recuperado de http://www.planalto.gov.br/CCivil_03/leis/2002/L10406.htm

Brasil. (2002b). *Decreto nº 4.552 de 27 de dezembro de 2002.* Recuperado de http://www.planalto.gov.br/ccivil_03/decreto/2002/d4552.htm

Brasil. (2004). *NR 10: Segurança em instalações e serviços em eletricidade.* Recuperado de http://www.ccb.usp.br/arquivos/arqpessoal/1360237189_nr10atualizada.pdf

Brasil. (2013). *NR 36: Segurança e saúde no trabalho em empresas de abate e processamento de carnes e derivados.* Recuperado de http://sislex.previdencia.gov.br/paginas/05/mtb/36.htm

Brasil. (2015). *Manual de orientação do eSOCIAL.* Recuperado de http://portal.esocial.gov.br/noticias/manual-de-esocial-e-resolucao-do-comite-gestor-sao-publicadas

Burgard, S. A., & Lin, K. Y. (2013). Bad Jobs, Bad Health? How work and working conditions contribute to health disparities. *American Behavior Science, 57*(8), 1105-1127.

Canadian Center for Occupational Health and Safety [CCOHS]. (2017). *Answers fact sheets.* Recuperado de https://www.ccohs.ca/oshanswers/hsprograms/hazard_risk.html

Chile. (2013). *Protocolo de vigilancia de riesgos psicosociales en el trabajo.* Recuperado de http://www.dt.gob.cl/1601/w3-article-109081.html

Chor, D., Werneck, G. L., Faerstein, E., Alves, M. G. M. & Rotenberg, L (2008). The Brazilian version of the effort-reward imbalance questionnaire to assess job stress. *Cadernos de Saúde Pública, 24(1)*, 219-224.

Colômbia. (1983). *Decreto 586 de 1983.* Recuperado de http://www.corponor.gov.co/NORMATIVIDAD/DECRETO/Decreto%20586%20de%201983.pdf

Colômbia. (2008). *Resolución número 2646 de 2008.* Recuperado de http://copaso.upbbga.edu.co/legislacion/resolucion_2646_2008_Factores%20de%20Riesgo%20Sicosocial.pdf

Das, S. K., Mukhopadhyay, S., & Koilakuntla, M. (2015). Analytic hierarchy process to rate risk factors associated with WMSDs in general physicians. *Journal of Health Management, 17*(2), 241-247.

European Trade Union Confederation [ETUC]. (2007). *Framework agreement on harassment and violence at work.* Recuperado de https://drive.google.com/file/d/0B9RTV08-rjErYURTckhMZzFETEk/view?pli=1

European Union [UE]. (1989). *Directiva 89/391/CEE do Conselho, de 12 de Junho de 1989, relativa à aplicação de medidas destinadas a promover a melhoria da segurança e da saúde dos trabalhadores no trabalho.* Recuperado de http://eur-lex.europa.eu/legal-content/PT/TXT/?uri=celex%3A31989L0391

European Union [UE]. (1990). *Directiva 90/270/CEE do Conselho, de 29 de Maio de 1990, relativa às prescrições mínimas de segurança e de saúde respeitantes ao trabalho com equipamentos dotados de visor (quinta Directiva especial na acepção do nº 1 do artigo 16º da Directiva 89/391/CEE).* Recuperado de http://eur-lex.europa.eu/legal-content/PT/TXT/?uri=celex:31990L0270

European Union [UE]. (1997). *Treaty of Amsterdam.* Recuperado de https://europa.eu/european-union/sites/europaeu/files/docs/body/treaty_of_amsterdam_en.pdf

European Union [UE]. (2000). *Guidance on work-related stress spice of life or kiss of death?* Luxembourg: Office for Official Publications.

European Union [UE]. (2003). *Directiva 2003/88/CE del Parlamento Europeo y del Consejo de 4 de noviembre de 2003: Relativa a determinados aspectos de la ordenación del tiempo de trabajo.* Recuperado de http://eur-lex.europa.eu/LexUriServ/LexUriServ.do?uri=OJ:L:2003:299:0009:0019:es:PDF

European Union [UE]. (2008). *European pact for mental health and well-being.* Recuperado de http://ec.europa.eu/health/ph_determinants/life_style/mental/docs/pact_en.pdf

Garg, A., Hegmann, K. T., Wertsch, J. J., Kapellusch, J., Thiese, M. S., Bloswick, D., ... WISTAH Hand Study Team. (2012). The WISTAH hand study: a prospective cohort study of distal upper extremity musculoskeletal disorders. *BMC Musculoskeletal Disorders, 13*, 90-107.

Gelfman, R., Beebe, T. J., Amadio, P. C., Larson, D. R., & Basford, J. R. (2010). Correlates of upper extremity disability in medical transcriptionists. *Journal of Occupational Rehabilitation, 20(3)*, 340-348.

Hasle, P. (2014). Lean Production, an evaluation of the possibilities of an employee supportive lean practice. *Human Factors and Ergonomics in Manufacturing & Services Industries, 24 (1)*, 40-56.

International Labour Office [ILO]. (1986). *Psychosocial factors at work: recognition and control. Report of the Joint ILO/WHO Committee on Occupational Health.* Recuperado de: https://www.who.int/occupational_health/publications/ILO_WHO_1984_report_of_the_joint_committee.pdf

Kawakami, N., Park, J., Dollard, M. F., & Dai, J. (2014). National status of psychosocial factors at work in Japan, Korea, Australia, and China. In M. F. Dollard, A. Shimazu, R. Bin Nordin, P. Brough, & M. R. Tuckey (Eds.), *Psychosocial factors at work in the Asia Pacific* (pp. 27-52). London: Springer.

Koukoulaki, T. (2014). The impact of lean production on musculoskeletal and psychosocial risks: an examination of sociotechnical trends over 20 years. *Applied ergonomics 45(2)*, 198-202.

Lakke, S. E., Soer, R., Geertzen, J. H., Wittink, H., Douma, R. K., Van Der Schans, C. P., & Reneman, M. F. (2013). Construct validity of functional capacity tests in healthy workers. *BMC Musculoskeletal Disorders, 14(180)*, 2-13.

Leka, S., Jain, A., Iavicoli, S., & Di Tecco, C. (2015). An evaluation of the policy context on psychosocial risks and mental health in the workplace in the European Union: achievements, challenges, and the future. *BioMed research international*, Article ID 213089.

Liimatainen, M.-R., & Gabriel, P. (2000). *Mental health in workplace: situation analysis: United Kingdom.* Recuperado de http://www.ilo.org/wcmsp5/groups/public/---ed_emp/---ifp_skills/documents/publication/wcms_108226.pdf

Mazloumi, A., Postamabedi, A., Saraji, G. N. & Foroushani, A. R. (2012). Work Ability Index (WAI) and its association with psychosocial factors in one of the petrochemical industries in Iran. *Journal of Occupational Health, 54* (2), 112-118.

Mental Health Commission of Canada. (2013). *National standard.* Recuperado de https://www.mentalhealthcommission.ca/English/national-standard

Mercado Comum do Sul [Mercosul]. (2015). *Declaração Sociolaboral do Mercosul de 2015.* Recuperado de http://www.itamaraty.gov.br/pt-BR/notas-a-imprensa/10519-declaracao-sociolaboral-do-mercosul--de-2015-i-reuniao-negociadora-brasilia-17-de-julho-de-2015

Moraes, P. W. T., & Bastos, A. V. B. (2013). The RSI/WMSD and the psychosocial factors. *Arquivos Brasileiros de Psicologia, 65(1)*, 2-20.

Organização Internacional do Trabalho [OIT]. (1981a). *C155: Segurança e saúde dos trabalhadores.* Recuperado de http://www.ilo.org/brasilia/convencoes/WCMS_236163/lang--pt/index.htm

Organização Internacional do Trabalho [OIT]. (1981b). *Recomendação OIT nº 164 de 22-06-1981.* Recuperado de https://sogi8.sogi.com.br/Arquivo/Modulo113.MRID109/Registro31913/recomenda%C3%A7%C3%A3o%20oit%20n%C2%BA%20164,%20de%2022-06-1981.pdf

Organização Internacional do Trabalho [OIT]. (1985). *Convenção nº 161.* Recuperado de http://www.trtsp.jus.br/geral/tribunal2/LEGIS/CLT/OIT/OIT_161.html

Organização Internacional do Trabalho [OIT]. (2011). *ILO Introductory report: global trends and challenges on occupational safety and health. XIX World Congress on Safety and Health at Work: Istanbul.* Recuperado de http://www.ilo.org/wcmsp5/groups/public/@ed_protect/@protrav/@safework/documents/publication/wcms_162662.pdf

Organização Internacional do Trabalho [OIT]. (2015). *Labor protecting in a transforming world of work.* Recuperado de http://www.ilo.org/wcmsp5/groups/public/---ed_norm/---relconf/documents/meetingdocument/wcms_358295.pdf

Organização Mundial da Saúde [OMS]. (2006). *Ambientes de trabalho saudáveis: Um modelo para ação: para empregadores, trabalhadores, formuladores de política e profissionais.* Brasília: SESI.

Organização Mundial da Saúde [OMS], & Organização Internacional do Trabalho [OIT]. (2000). *Mental health and work: impact, issues and good practices.* Recuperado de http://www.who.int/mental_health/media/en/712.pdf

Pacico, J. C., & Bastianello, M. R. (2014). Instrumentos para avaliação da esperança: Escala de esperança disposicional e escala de esperança cognitiva. In C. S. Hutz. (Org.), *Avaliação em psicologia positiva* (pp. 101-110). Porto Alegre: Artmed.

Rutter, M. (1987). Psychosocial resilience and protective mechanisms. *American Journal of Orthopsychiatry, 57(3)*, 316-331.

Safe Work Australia. (2012). *The Australian workplace barometer: Report on psychosocial safety climate and worker health in Australia.* Recuperado de https://www.safeworkaustralia.gov.au/system/files/documents/1702/the-australian-workplace-barometer-report.pdf

Schaufeli, W. B. (2015). Engaging leadership in the job demands-resources model. *Career Development International, 20(5)*, 446-463.

Schaufeli, W. B. (2017a). Applying the job demands-resources model: a 'how to' guide to measuring and tackling work engagement and burnout. *Organizational Dynamics, 46*, 120-132.

Schaufeli, W. B. (2017b). Work engagement in Europe: relations with national economy, governance, and culture. *Organizational Dynamics, 47*, 99-106.

Taris, T.W. & Schaufeli, W.B. (2016). The Job Demands-Resources model. In: S. Clarke, T.M. Probst, F. Guldenmund & J. Passmore (Eds.). *The Wiley Blackwell handbook of the psychology of occupational safety and workplace health* (pp. 157-180). Chichester: John Wiley.

United Kingdom. (1974). *Health and Safety at Work Act 1974.* Recuperado de http://www.legislation.gov.uk/ukpga/1974/37/pdfs/ukpga_19740037_en.pdf

United Kingdom. (2008). *Health and Safety (Offences) Act 2008.* Recuperado de https://www.legislation.gov.uk/ukpga/2008/20/contents

United States. (1970). *Law and regulations.* Recuperado de https://www.osha.gov/law-regs.html

Vazquez, A. C. S., Efrom, C., & Hutz, C. S. (2018a). Violência no trabalho e os danos à saúde dos trabalhadores. In A. C. F. Paulo, & G. C. Leivas (Orgs.), *Dossiê: Direitos humanos e saúde* (pp. 221-260). Porto Alegre: UFCSPA.

Vazquez, A. C. S., Pianezolla, M., & Hutz, C. S. (2018b). Avaliação dos fatores psicossociais no trabalho. *Estudos Psicológicos, 35(1)*, 5-13.

Veloso Neto, H. (2015). Estratégias de gestão e intervenção sobre riscos psicossociais no trabalho. *International Journal of Working Conditions, 9*, 2-21. Disponível em: https://s3.amazonaws.com/academia.edu.documents/44605860/gestao_dos_riscos_psicossociais.pdf?AWSAccessKeyId=AKIAIWOWYYGZ2Y53UL3A&Expires=1551534534&Signature=%2FNJdu%2BU3zMjKOgBSLA3lEbC38Kc%3D&response-content-disposition=inline%3B%20filename%3DGestao_dos_riscos_psicossociais.pdf

LEITURAS RECOMENDADAS

Brasil. (1978). *Portaria nº 3.214, 08 de junho de 1978*. Recuperado de http://www.trtsp.jus.br/geral/tribunal2/ORGAOS/MTE/Portaria/P3214_78.html

Brasil. (1991). *Decreto no 127, de 22 de maio de 1991*. Recuperado de http://www.planalto.gov.br/ccivil_03/decreto/1990-1994/D0127.htm

Cassitto, M. G., Fattorini, E., Gilioli, R., & Rengo, C. (2003). *Raising awareness to psychological harassment at work* (Protecting workers' health series, n. 4). Recuperado de https://www.who.int/occupational_health/publications/en/pwh4e.pdf?ua=1

European Union [UE]. (1994). *Council Regulation (EC) No 2062/94 of 18 July 1994 establishing a European Agency for Safety and Health at Work*. Recuperado de http://eur-lex.europa.eu/legal-content/EN/TXT/PDF/?uri=CELEX:31994R2062&rid=1

European Union [UE]. (2008). *Implementation of the European autonomous framework agreement on work-related stress*. Recuperado de http://erc-online.eu/wp-content/uploads/2014/04/2009-01163-E.pdf

European Union [UE]. (c2019). *European standards*. Recuperado de http://ec.europa.eu/growth/single-market/european-standards_en

Houtman, I., & Jettinghoff, K. (2007). *Raising awareness of stress at work in developing countries: A modern hazard in a traditional working environment: Advice to employers and worker representatives*. Recuperado de http://www.who.int/occupational_health/publications/raisingawarenessofstress.pdf?ua=1

Luttmann, A., Jäger, M., & Griefahn, B. (2003). *Preventing musculoskeletal disorders in the workplace*. Geneva: WHO.

Organização Mundial da Saúde [OMS]. (2006). *Declaration on Workers Health, Stresa, Italy, June 2006*. Recuperado de http://www.who.int/occupational_health/publications/declaration2006/en/#

Organização Mundial da Saúde [OMS]. (2008). *Guidance on the European framework for psychosocial risk management*. Recuperado de http://www.who.int/occupational_health/publications/PRIMA-EF%20Guidance_9.pdf?ua=1

Organização Mundial da Saúde [OMS]. (2011). *Building healthy and equitable workplaces for women and men: A resource for employers and worker representatives*. Recuperado de http://www.who.int/occupational_health/publications/Protecting_Workers_Health_Series_No_11/en/

Paulino, D. (1996). Ação regressiva contra as empresas negligentes quanto à segurança e à higiene do trabalho. *Revista da Previdência Social, 182*. Recuperado de http://www.pgt.mpt.gov.br/publicacoes/seguranca/acidentedanielpulino.pdf

Peduzzi, M. C. I. (2005). *Aplicabilidade da declaração Sociolaboral do Mercosul nos Estados-Partes*. Recuperado de http://www.stf.jus.br/imprensa/pdf/peduzzi.pdf

Stavroula, L., Griffiths, A., & Cox, T. (2004). *Work organization and stress*. Recuperado de http://www.who.int/occupational_health/publications/pwh3rev.pdf?ua=1

3

AÇÕES DE REDESENHO DO TRABALHO: CONCEITO, AVALIAÇÃO E DESENVOLVIMENTO

Rita Pimenta de Devotto
Solange Muglia Wechsler

> "Isso não faz parte do meu trabalho, mas isso é parte de mim."
> (Profissional da limpeza de um hospital norte-americano)

O *job crafting*, ou ações de redesenho do trabalho, faz referência aos comportamentos individuais proativos ascendentes que buscam modificar o trabalho para torná-lo mais envolvente, gratificante e significativo ou para otimizar seus recursos e suas demandas. Este capítulo introduz o conceito de ações de redesenho do trabalho e os modelos teóricos existentes, bem como apresenta formas de avaliar as ações de redesenho do trabalho, discutindo seus desfechos positivos e sugerindo iniciativas para promover e desenvolver ações de redesenho do trabalho nas organizações.

PERSPECTIVAS PROATIVAS DE DELINEAMENTO DO TRABALHO

Atualmente, o trabalho ocupa um terço da experiência consciente do indivíduo (Slemp & Vella-Brodrick, 2014) e representa um âmbito fundamental da vida adulta, no qual o indivíduo estabelece relações interpessoais, desenvolve suas competências e um senso de propósito e identidade profissional (Berg, Dutton, & Wrzesniewski, 2008). A forma como o trabalho é delineado, organizado e assignado ao indivíduo pode moldar significativamente a maneira como ele experiencia o significado do seu próprio trabalho (Berg, Dutton, & Wrzesniewski, 2013a).

O campo de estudo do delineamento do trabalho (em inglês, *job design*) investiga como "[...] trabalhos, tarefas e papéis são estruturados, postos em prática e modificados e qual o impacto dessas estruturas, realizações e modificações nos resultados individuais, grupais e organizacionais" (Grant & Parker, 2009, p. 5). As descrições das funções (em inglês, *job descriptions*) foram tradicionalmente delineadas a partir de uma perspectiva descendente, na qual a gestão definia a função com uma lista fixa de responsabilidades e relações hierárquicas assignadas ao indivíduo (Ilgen & Hollenbeck, 1991). Entretanto, a transformação das economias fabris em economias de serviço e de conhecimento, a intensificação e a aceleração da mudança organizacional e o consequente aumento da interdependência e da incerteza nas funções alteraram a natureza do trabalho

(Grant & Parker, 2009). Esses fatores impõem dificuldades à definição de descrições de funções precisas pelos gestores.

Os delineamentos tradicionais têm sido criticados por posicionarem os trabalhadores como recipientes passivos de suas funções (Wrzesniewski, LoBuglio, Dutton, & Berg, 2013) e por não considerarem fatores individuais na definição dos trabalhos, produzindo ineficiência e inadequação (p. ex., baixo engajamento, subutilização de habilidades) (Demerouti, 2014). As perspectivas do delineamento do trabalho, que enfatizam o papel proativo do indivíduo em moldar suas condições e ambiente laborais, vêm ganhando terreno na pesquisa científica e impulso na prática organizacional (Bakker, 2015). Não se trata de eliminar as descrições das funções, nem de preconizar o *laissez-faire*, mas de dar espaço e valorizar os comportamentos proativos ascendentes dos trabalhadores para recriar seu próprio trabalho dentro das fronteiras da organização. Os gestores necessitam contar com a participação dos funcionários para antecipar, adaptar e introduzir mudanças na natureza do trabalho e nos métodos para realizá-lo (Grant & Parker, 2009).

Dentro das perspectivas proativas de delineamento laboral, o *job crafting* é o conceito que captura o processo de redefinir o próprio trabalho. A terminologia "redesenho do trabalho" (Chinelato, Ferreira, & Valentini, 2015) tem sido utilizada em português para fazer referência ao *job crafting*. Esse redesenho compreende as ações individuais ascendentes que modificam as características e o ambiente social do trabalho. Tais ações têm o potencial de complementar os delineamentos tradicionais "de cima para baixo" e podem resolver inadequações entre indivíduo e posto de trabalho (Demerouti, 2014). Especificamente, as ações de redesenho se distinguem de outros comportamentos proativos, uma vez que sua finalidade é melhorar o ajuste entre o posto de trabalho e o indivíduo e aumentar sua motivação para o trabalho. Tais ações não estão necessariamente direcionadas à melhoria da efetividade organizacional (Tims, Bakker, & Derks, 2012), mas também trazem desfechos positivos para a organização, como explicitaremos adiante.

SURGIMENTO DO CONCEITO DE REDESENHO DO TRABALHO

A ideia de que os trabalhadores realizam ações autodirigidas não planejadas para modificar suas funções e resolver problemas da organização tem sido proposta e discutida há alguns anos em diversos estudos na literatura científica (Van Wingerden, Bakker, & Derks, 2017a). Entretanto, o surgimento do construto *job crafting* na literatura científica ocorreu em 2001, quando as pesquisadoras Amy Wrzesniewski e Jane Dutton cunharam o conceito. *Crafting* é um termo que remete à mudança e à transformação de materiais (p. ex., argila, madeira, outros elementos da natureza, etc.) em algo (p. ex., objeto, produto) por meio de um processo de autoexpressão. Nesse processo de transformação, o artesão utiliza suas habilidades especiais, talentos e motivação para o trabalho. A metáfora do "*crafting*" serve para explicar como os trabalhadores podem recriar seus trabalhos para gerar maior adaptabilidade, envolvimento e significado.

Wrzesniewski e Dutton (2001) estudaram profissionais qualificados e trabalhadores de setores menos valorizados (p. ex., limpadores de hospital) e propuseram que o redesenho do trabalho está presente em diferentes tipos de trabalho. As pesquisadoras constataram, por exemplo, que os limpadores de hospital mais proativos haviam reformulado sua própria concepção da função do limpador para percebê-la como parte de um todo integrado, em vez de como um conjunto de tarefas restritas (i.e., limpeza das salas e dos corredores do hospital). Esses trabalhadores lograram uma percepção mais ampla do fluxo de trabalho da unidade hospitalar, ajustaram suas tarefas e construíram relações (com pacientes, enfermeiras e visitantes) em resposta a essa visão mais interdependente. Além disso, eles agregaram outras tarefas para dar maior significado ao seu trabalho e incluíram pequenas atitudes para ajudar os pacientes e suas famílias (p. ex., estar atento ao estado de ânimo dos pacientes, ter conversas diárias, dar oportunidades de desabafo, etc.). Alguns deles descreveram sua função como a de um curador (*healer*) ou de um "embaixador da ala hospitalar". Declararam, ainda, se sentirem responsáveis não somente por manter os ambientes estéreis e limpos (descrição da função), mas também por ajudar no processo de cura do paciente, facilitar o trabalho dos enfermeiros e estabelecer boas relações com os visitantes e os familiares. Uma das limpadoras contou que mudava frequentemente a posição dos quadros e enfeites no quarto de um paciente em coma como forma de alterar seu ambiente e gerar uma provocação positiva na percepção do paciente. Quando os pesquisadores lhe perguntaram se isso era parte da descrição da sua função, ela respondeu: "Isso não faz parte do meu trabalho, mas isso é parte de mim" (Inspiring Yale, 2015). Quando questionados sobre suas responsabilidades na função, os limpadores de hospital mais proativos relataram um maior número e uma complexidade de tarefas e interações no trabalho. Essas descrições refletiram uma consciência muito mais ampla do contexto da unidade hospitalar em que trabalhavam, quando comparada à descrição funcional daqueles trabalhadores que seguiam sem desvios a lista de responsabilidades fixas da função de limpador da ala hospitalar.

A partir do trabalho seminal de Wrzesniewski e Dutton (2001), a pesquisa empírica sobre as ações de redesenho do trabalho cresceu rapidamente, em virtude de ser uma alternativa promissora às teorias tradicionais de delineamento do trabalho (Rudolph, Katz, Lavigne, & Zacher, 2017). Nas próximas seções, buscaremos aprofundar seu conceito, descrever dois modelos teóricos existentes, apresentar formas de avaliar o construto e possíveis ações de desenvolvimento do *job crafting* nas organizações.

AÇÕES DE REDESENHO DO TRABALHO: IDENTIDADE POSITIVA E TRABALHO SIGNIFICATIVO

O *job crafting* tem sido descrito como um processo ascendente de ações autodirigidas que produzem mudanças materiais e cognitivas nas tarefas e nas relações de trabalho (Wrzesniewski & Dutton, 2001). Parte-se da crença de que os indivíduos não respondem passivamente ao ambiente de trabalho no qual estão inseridos, mas são proativos para moldar sua própria experiência de trabalho. Assim, busca-se capturar as diferentes ações dos indivíduos para alinhar o trabalho aos seus motivos, suas fortalezas e suas paixões, a fim de torná-lo mais envolvente e gratificante (Berg et al., 2008).

Wrzesniewski e Dutton (2001) propuseram que os indivíduos mais proativos modificam seu trabalho por meio de três tipos de estratégias, listadas a seguir.

1. Ações de redesenho da tarefa (*task crafting*): incluem as mudanças materiais (tangíveis) no conjunto de tarefas que o indivíduo considera ser seu trabalho (p. ex., número, escopo e tipo de tarefa).
2. Reformulações cognitivas (*cognitive crafting*): envolvem mudanças intangíveis no significado e no propósito atribuídos pelo indivíduo ao seu trabalho (p. ex., percepção do trabalho não apenas como um conjunto de tarefas concatenadas, mas como parte significativa de um todo).
3. Ações de redesenho das relações (*relational crafting*): englobam as mudanças na quantidade e na qualidade das interações no trabalho (p. ex., com colegas, superiores, clientes, fornecedores).

Portanto, o redesenho do trabalho compreende um conjunto variado de ações adaptativas, que incluem não apenas mudanças tangíveis nas tarefas e nas relações, mas também mudanças na forma de perceber o trabalho, o que, por sua vez, pode influenciar novas ações de redesenho das tarefas e das relações. Sugere-se que o "trabalho está sendo recriado e moldado (*crafted*) o tempo todo" (Wrzesniewski & Dutton, 2001, p. 181). De acordo com essa perspectiva teórica, quais seriam as motivações que levam os indivíduos a modificar o seu trabalho? Como a orientação individual em relação ao próprio trabalho influencia as ações tangíveis e intangíveis de redesenho do trabalho?

As motivações individuais que suscitam as ações de redesenho do trabalho estariam alinhadas às três necessidades básicas propostas pela teoria da autodeterminação (Deci & Ryan, 2000). Os indivíduos buscam continuamente exercer controle sobre o trabalho e seu significado (necessidade de autonomia), estabelecer uma autoimagem positiva no trabalho (necessidade de competência) e conectar-se com outros (necessidade de estabelecer vínculos). Para atender a esses três tipos de necessidades básicas, os indivíduos se engajam em ações de redesenho do trabalho. As ações de redesenho são moderadas por dois fatores: 1) a oportunidade percebida para redesenhar o trabalho (p. ex., condições situacionais e características do trabalho); e 2) pela orientação motivacional do indivíduo em relação ao trabalho (condições disposicionais). Assim, maiores níveis de motivação intrínseca no trabalho, presentes nas orientações de carreira (Wrzesniewski, McCauley, Rozin, & Schwartz, 1997), geram ações de redesenho mais expansivas. Em contrapartida, orientações ao trabalho com maiores níveis de motivação extrínseca (p. ex., emprego) levam a comportamentos mais limitados de modificação da tarefa e das interações no trabalho.

Em termos de efeitos específicos, as mudanças na tarefa e no ambiente social do trabalho geram mudanças no significado do trabalho e na construção de uma identidade mais positiva dele. De acordo com essa perspectiva teórica, os indivíduos se engajam em ações de redesenho para satisfazer às suas necessidades básicas (p. ex., autonomia, competência e relacionamento) (Slemp & Vella-Brodrick, 2014), para aumentar o seu bem-estar no trabalho (Slemp, Kern, & Vella-Brodrick, 2015) e para construir uma identidade mais positiva no trabalho e torná-lo mais significativo (Berg et al., 2008; Berg, Grant, & Johnson, 2010; Wrzesniewski & Dutton, 2001). Esse modelo teórico propõe uma retroalimentação, conforme mostrado na Figura 3.1. O ganho de significado no trabalho gera novas necessidades básicas a serem atendidas e novas ações de redesenho do trabalho.

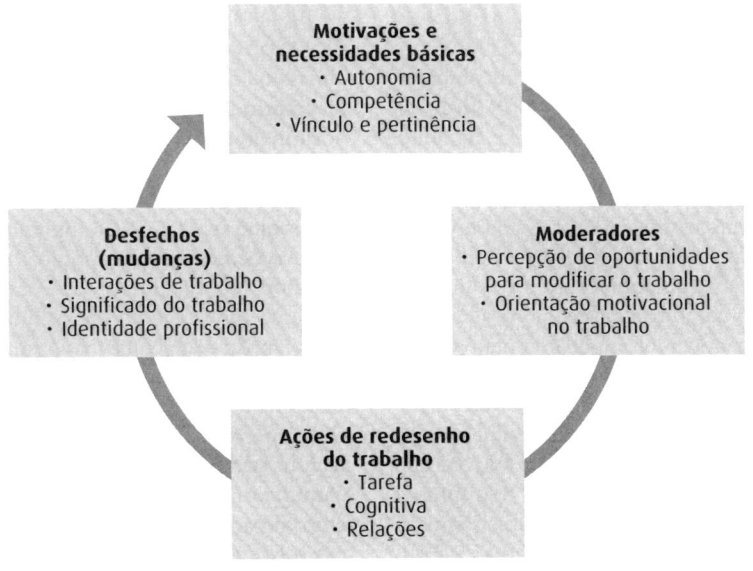

Figura 3.1 Modelo de ações de redesenho do trabalho (*job crafting*).
Fonte: com base em Wrzesniewski e Dutton (2001).

AÇÕES DE REDESENHO DO TRABALHO COMO OTIMIZAÇÃO DE RECURSOS E DEMANDAS NO TRABALHO

O *job crafting* também pode ser entendido como uma reorganização individual do trabalho (em inglês, *individual job redesign*) para equilibrar demandas e recursos do trabalho. Essa ideia tem sua origem no modelo de demandas e recursos no trabalho (DRT) (Bakker & Demerouti, 2016). O modelo DRT especifica como o bem-estar e o desempenho no trabalho podem ser produzidos pelo equilíbrio entre os recursos do trabalho (fatores motivacionais) e as demandas de trabalho (fatores de desgaste). As ações de redesenho do trabalho são uma forma específica de comportamento proativo, na qual o indivíduo inicia mudanças no âmbito das demandas e dos recursos de trabalho para lograr um equilíbrio entre ambos e suas necessidades e recursos pessoais, conforme apresentado na Figura 3.2 (Tims & Bakker, 2010). As mudanças proativas que os indivíduos fazem para redesenhar seu trabalho incluem comportamentos para:

1. Aumentar seus recursos do trabalho (p. ex., autonomia, suporte dos colegas e supervisor, *feedback*).
2. Aumentar as demandas de trabalho desafiadoras (p. ex., assumir novas responsabilidades, iniciar um novo projeto, aprender uma nova habilidade).
3. Diminuir as demandas de trabalho que impedem o alcance dos resultados individuais (p. ex., reduzir sobrecarga de trabalho e burocracia) (Tims & Bakker, 2010; Tims et al., 2012).

Ao incorporar os comportamentos proativos de redesenho do trabalho ao modelo DRT, considera-se que trabalhadores motivados tendem a usar comportamentos de redesenho do trabalho, os quais conduzem a maiores níveis de recursos pessoais e recursos do trabalho. Estes, por sua vez, conduzem a maiores níveis de motivação (Bakker & Demerouti, 2016). Este efeito recíproco desencadeado no processo motivacional é observado de forma similar no processo de adoecimento e desgaste. Trabalhadores que estão sob pressão intensa podem apresentar comportamentos autodepreciativos, os quais criam obstáculos que podem minar seu desempenho (Bakker & Demerouti, 2016). A pressão no trabalho leva à exaustão, que, por sua vez, gera mais pressão, devido ao aumento no nível de demandas. Portanto, o modelo DRT diferencia os comportamentos de redesenho do trabalho dos comportamentos autodepreciativos, visto que ambos pertencem a processos psicológicos distintos. Observa-se que, neste modelo teórico do redesenho do trabalho, enfatizam-se as mudanças tangíveis na tarefa e nas relações de trabalho e desconsidera-se a dimensão da reformulação cognitiva (em inglês, *cognitive crafting*), dado que esta implica mudanças intangíveis na percepção do indivíduo sobre seu trabalho (Lichtenthaler & Fischbach, 2016).

AVALIAÇÃO DAS AÇÕES E DOS COMPORTAMENTOS DE REDESENHO DO TRABALHO

Na seção anterior, apresentamos duas conceitualizações sobre o *job crafting*, ou redesenho do trabalho:

1. A proposta por Wrzesniewski e Dutton (2001), que enfatiza a construção de uma identidade mais positiva no trabalho e a busca por um trabalho mais significativo.
2. A proposta por Tims e Bakker (2010), que entende os comportamentos de redesenho como estratégias para otimizar os recursos e as demandas no trabalho.

As duas maneiras de conceituar o construto produziram diferentes formas de avaliar suas dimensões. Recentemente, identificamos na literatura científica internacional sobre *job crafting* 11 medidas para avaliá-lo, sendo quatro medidas originais e sete instrumentos adaptados. Dois tipos de medidas originais foram operacionalizadas de acordo com o modelo DRT (Bakker & Demerouti, 2016; Tims & Bakker, 2010): a Job Crafting Scale (JCS) (Tims et al., 2012) e o Job Crafting Question-

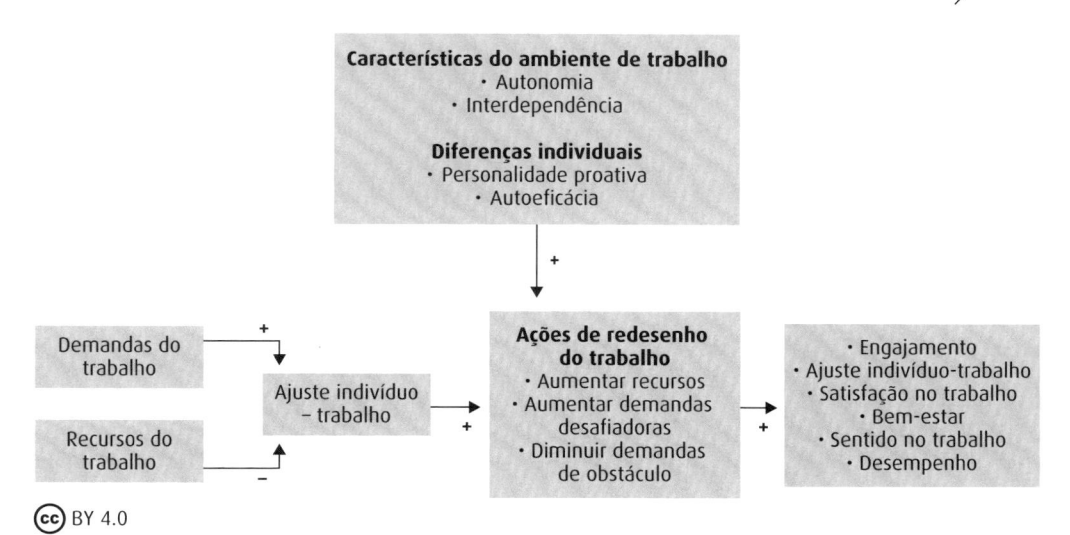

Figura 3.2 / Modelo de ações de redesenho do trabalho baseado no modelo de demandas e recursos no trabalho.
Fonte: adaptada de Tims e colaboradores (2012).

naire (JCRQ) (Nielsen & Abildgaard, 2012), sendo esta última adequada para contextos de trabalho operacional. Outras duas medidas, o Job Crafting Questionnaire (JCQ) (Slemp & Vella-Brodrick, 2013) e a Job Crafting Scale (Niessen, Weseler, & Kostova, 2016) utilizaram a formulação teórica de Wrzesniewski & Dutton (2001). Dessas quatro medidas originais, três (Nielsen & Abildgaard, 2012; Slemp & Vella-Brodrick, 2013; Tims et al., 2012) foram validadas para outros idiomas e contextos, em alguns casos replicando a estrutura fatorial original das escalas adaptadas. A Job Crafting Scale (Tims et al., 2012) foi a escala que mais produziu estudos (N = 5) de adaptação e validação para outros contextos (p. ex., África do Sul, Alemanha, Brasil, Itália e Japão) (Pimenta de Devotto & Wechsler, 2017).

De maneira geral, os estudos de adaptação e validação das medidas de redesenho do trabalho buscaram fontes de evidências de validade baseadas na estrutura interna. Fontes de evidências baseadas em variáveis externas consideraram a relação do *job crafting* com seus antecedentes individuais (p. ex., personalidade proativa, iniciativa pessoal, necessidades psicológicas básicas, autoeficácia, capital psicológico positivo) e com seus antecedentes contextuais (p. ex., autonomia, demandas e recursos do trabalho). Avaliou-se também o *job crafting* em relação aos seus desfechos positivos de bem-estar ocupacional (p. ex., engajamento no trabalho, satisfação no trabalho, afetos positivos) e de desempenho, e em relação aos desfechos negativos (p. ex., *burnout*, afeto negativo). As fontes de precisão foram investigadas principalmente pelo alfa de Cronbach. Portanto, considera-se que as diferentes medidas de *job crafting* disponíveis na literatura científica internacional seguem os padrões internacionais de validade e precisão, podendo ser esse construto avaliado tanto na pesquisa como na prática organizacional (Pimenta de Devotto & Wechsler, 2017).

AVALIAÇÃO DO REDESENHO DO TRABALHO NO CONTEXTO BRASILEIRO

No Brasil, podemos contar com duas medidas válidas e fidedignas adaptadas para nosso contexto:

1. Escala de Comportamentos de Redesenho do Trabalho (Chinelato et al., 2015): operacionalizou o construto de acordo com a formulação teórica de Tims e Bakker (2010).
2. Escala de Ações de Redesenho do Trabalho (Pimenta de Devotto & Machado, 2016): operacionalizou o construto de acordo com o modelo teórico Wrzesniewski e Dutton (2001).

A seguir, descreveremos brevemente os estudos de adaptação e validação de ambos os instrumentos, a fim de que o profissional interessado em avaliar o redesenho do trabalho possa fazer a escolha de que instrumento utilizar.

Escala de Comportamentos de Redesenho do Trabalho

A versão brasileira da Job Crafting Scale, nomeada Escala de Comportamentos de Redesenho do Trabalho (CRT) (Chinelato et al., 2015), reuniu evidências de validade (N = 491) por meio de análises fatoriais confirmatórias. A CRT é composta de 14 itens de autorrelato, cujo conteúdo avalia comportamentos de redesenho do trabalho em três dimensões: aumento dos recursos estruturais, aumento dos recursos sociais e aumento das demandas desafiadoras. A quarta dimensão da escala original – diminuição das demandas de obstáculo – foi excluída por não apresentar carga fatorial satisfatória. A chave de respostas é uma escala Likert de 5 pontos, na qual as âncoras 1 e 5 correspondem aos valores "nunca" e "sempre", respectivamente, ao passo que os números intermediários representam outros níveis de frequência dos comportamentos descritos. O indivíduo assinala um número que corresponde à frequência em que ele considera se comportar no trabalho da maneira descrita no item. São exemplos de comportamentos avaliados: "Procuro usar minhas capacidades ao máximo" (aumento dos recursos estruturais); "Peço aos outros *feedback* sobre meu desempenho" (aumento dos recursos sociais); "Quando não há muito para fazer, vejo isso como uma oportunidade de iniciar novos projetos" (aumento das demandas desafiadoras). Quanto mais próximo de "5", mais frequentemente o indivíduo redesenha (*craft*) o seu trabalho.

As fontes de evidências baseadas nas relações da CRT com variáveis externas revelaram correlações positivas com o engajamento no trabalho, com o desempenho intrapapéis de trabalho, com os afetos positivos no trabalho e com o capital psicológico positivo. Houve também correlações negativas baixas entre aumento dos recursos estruturais e afetos negativos no trabalho e neuroticismo. Correlações negativas baixas também foram observadas entre o aumento das demandas desafiadoras e o neuroticismo (Chinelato et al., 2015). Para obter o instrumento CRT, recomenda-se leitura do artigo e consulta aos autores.

Escala de Ações de Redesenho do Trabalho

A Escala de Ações de Redesenho do Trabalho (EART) (Pimenta de Devotto & Machado, 2016; ver Apêndice deste capítulo) é a versão brasileira do JCQ (Slemp & Vella-Brodrick, 2013). Suas propriedades psicométricas foram investigadas em dois estudos, sendo o primeiro com uma amostra (N = 261) e o segundo (N = 152) com funcionários de uma organização privada do interior paulista. Os resultados de ambos os estudos corroboram a estrutura interna do instrumento por meio de técnicas exploratórias (análise fatorial exploratória e análise de rede) e análise fatorial confirmatória. A EART é composta de 15 itens respondidos em uma escala tipo Likert de 6 pontos, na qual os extremos são "raramente" (1) e "com muita frequência" (6). Os itens avaliam a frequência com que o indivíduo se engaja em ações de redesenho do trabalho para tornar seu trabalho mais envolvente, gratificante e significativo. As três subescalas (cada uma com cinco itens) avaliam as ações de redesenho na tarefa (*task crafting*) e nas relações (*relational crafting*) e as reformulações cognitivas (*cognitive crafting*). Exemplos de itens: "Muda a abrangência (escopo) ou os tipos de tarefas que você realiza no trabalho" (tarefa), "Organiza ou frequenta atividades sociais relacionadas com seu trabalho" (relações) e "Pensa em como seu trabalho lhe traz sentido e propósito na vida" (cognitiva) (Pimenta de Devotto & Machado, 2016).

No Estudo 1, os três fatores (redesenho da tarefa, reformulação cognitiva e redesenho das relações) estiveram significativamente associados, e seus índices de consistência interna foram satisfatórios. O Estudo 2 confirmou, por meio da análise fatorial confirmatória, a estrutura de três fatores encontrada no Estudo 1 em uma amostra independente. Em ambos os estudos, destacou-se a saliência da dimensão cognitiva em termos da sua primazia na extração de fatores, da sua variância explicada e da sua confiabilidade (Pimenta de Devotto & Machado, 2016). A interpretação dos resultados deve ser feita produzindo-se a média ponderada dos itens que compõem cada dimensão do construto (p. ex., a dimensão redesenho da tarefa é formada pelos itens de 1 a 5). Quanto mais próxima de 6 for a média na dimensão, maior a frequência com que o indivíduo se engaja em ações para redesenhar suas tarefas, suas relações e o significado de seu próprio trabalho.

Independentemente da escolha do instrumento para avaliar o redesenho do trabalho na organização, é importante ressaltar alguns cuidados que o profissional deve ter:

- Ambas as escalas são de domínio público e não são privativas do psicólogo organizacional. Podem ser utilizadas por profissionais de outras áreas.
- Recomenda-se pedir autorização para os autores das escalas se a finalidade da utilização envolver ganhos econômicos (p. ex., consultoria). A utilização não autorizada com finalidade econômica constitui o crime de contrafação.
- Ambos os instrumentos podem ser úteis para o processo de coleta de informações sobre o redesenho do trabalho, uma vez que permitem capturar uma faceta da proatividade do comportamento laboral. Em conjunto com outras escalas (p. ex., engajamento no trabalho), podem indicar oportunidades de desenvolvimento e treinamento. A CRT e a EART não devem ser utilizadas para fazer diagnósticos psicológicos ou de outra natureza.
- Devem-se seguir os procedimentos éticos específicos de um processo de avaliação, como o uso do instrumento em ambiente e situação adequada, a confidencialidade dos resultados individuais e o compartilhamento dos resultados de forma ética (p. ex., *feedback* individual ou grupal orientado ao desenvolvimento, e nunca à punição).

ANTECEDENTES E DESFECHOS DAS AÇÕES E DOS COMPORTAMENTOS DE REDESENHO DO TRABALHO

O crescente avanço da pesquisa empírica sobre o redesenho do trabalho tem revelado diferentes antecedentes e desfechos do redesenho do trabalho. A Figura 3.3 apresenta um esquema integrador dos antecedentes e desfechos das ações e dos comportamentos de redesenho do trabalho.

Sabe-se que os comportamentos de redesenho do trabalho são influenciados por fatores individuais e situacionais (características do trabalho e contexto). Indivíduos proativos estão mais inclinados a promover mudanças no seu ambiente de trabalho, mobilizando seus recursos e alterando suas demandas (Bakker, Tims, & Derks, 2012). O vínculo com a organização é outro antecedente dos comportamentos de redesenho do trabalho. Assim, o forte vínculo organizacional mobiliza a utilização de estratégias individuais para atingir metas e melhorar o desempenho. Por outro lado, trabalhadores com baixo nível de capital social interno necessitam incrementar sua inserção organizacional e seu comprometimento com a organização, a fim de estimular comportamentos de redesenho do trabalho (Qi, Li, & Zhang, 2014).

Alguns contextos de trabalho são mais propícios aos comportamentos de redesenho do trabalho. Sabe-se que a autonomia (recurso) e os desafios (demandas) e uma combinação de ambos são fatores que estimulam o redesenho

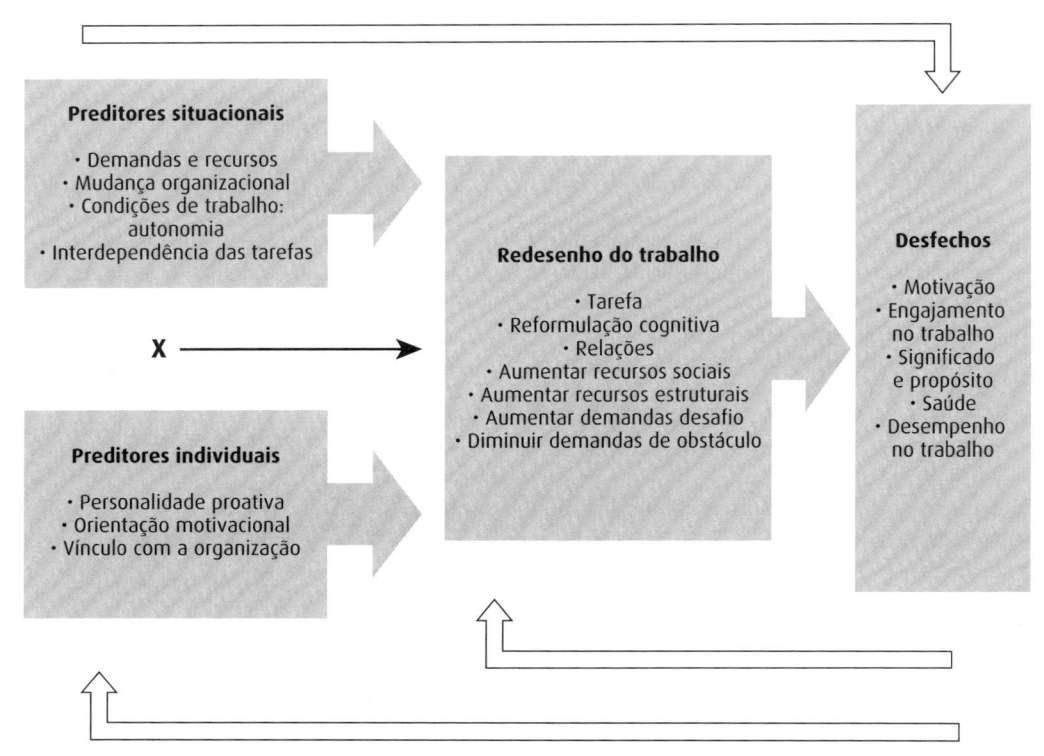

Figura 3.3 Modelo integrador dos antecedentes e desfechos do redesenho do trabalho.
Fonte: adaptada, com permissão, do European Psychologist 2014; Vol. 19 (4): 237–247. © 2014 Hogrefe Publishing DOI: 10.1027/1016-9040/a000188 www.hogrefe.com.

do trabalho. As flutuações diárias de maior nível de autonomia e pressão no trabalho foram acompanhadas por comportamentos proativos para aumentar recursos e diminuir as demandas de obstáculos (Petrou, Demerouti, Peeters, Schaufeli, & Hetland, 2012).

O redesenho do trabalho está presente em diferentes níveis hierárquicos da organização. É um processo proativo e adaptativo moldado pela localização estrutural dos indivíduos na organização. A natureza dos desafios percebidos de funcionários com maior e menor nível hierárquico está relacionada aos movimentos adaptativos que estes fazem para superá-los, de modo que os funcionários de maior hierarquia adaptam suas próprias expectativas e seus comportamentos para redesenhar o trabalho, ao passo que os funcionários de menor escalão se adaptam às expectativas de outros para criar oportunidades de redesenho do trabalho (Berg, Wrzesniewski, & Dutton, 2010).

Outro fator situacional que pode estimular o redesenho do trabalho é a percepção dos trabalhadores sobre o nível das mudanças organizacionais e suas atitudes em relação a essas mudanças. Os trabalhadores que mais se adaptam às mudanças organizacionais são aqueles que buscam mais recursos e desafios. Essas estratégias ajudam a criar e a sustentar um ambiente motivador, necessário para sobreviver e aproveitar as oportunidades da mudança (Petrou, Demerouti, & Schaufeli, 2015), bem como fortalecer a capacidade sustentável dos indivíduos de se adaptarem às demandas dinâmicas das organizações em processo de mudança (Kira, van Eijnatten, & Balkin, 2010).

Estudos transversais e longitudinais têm produzido evidências da efetividade dos comportamentos de redesenho do trabalho (Bakker & Demerouti, 2016). Por exemplo, Petrou e colaboradores (2012) reportaram que as flutuações diárias de ações de redesenho do trabalho estão associadas às flutuações diárias de engajamento no trabalho. As iniciativas de trabalhadores para aumentar seus recursos e suas demandas desafiantes predisseram mudanças positivas no ambiente de trabalho e, indiretamente, produziram aumento no nível de engajamento no trabalho e diminuição no *burnout* (Tims, Bakker, & Derks, 2014). Um estudo com recepcionistas e *concierges* taiwanesas confirmou que os comportamentos de redesenho do trabalho foram o melhor preditor do engajamento na função, e a adequação à função (*person-job fit*) mediou essas relações (Chen et al., 2013). Outro estudo correlacional, com profissionais no Brasil, revelou que o redesenho do trabalho foi um preditor do engajamento no trabalho e do bem-estar dos profissionais. Estimou-se que o incremento de uma unidade padrão na "reformulação cognitiva" (*cognitive crafting*) poderia corresponder ao aumento de quase 24% no engajamento no trabalho e de 16% no bem-estar social (funcionamento ótimo do indivíduo em seu grupo de trabalho e em sua comunidade de referência) (Pimenta de Devotto, 2016).

A literatura científica também apresenta evidências sobre a relação positiva e indireta entre o redesenho do trabalho e o desempenho na função. Bakker, Tims e Derks (2012) constataram que os comportamentos de redesenho do trabalho foram preditores das avaliações de colegas sobre o desempenho na função (*in-role performance*). Demerouti, Bakker e Halbesleben (2015) detectaram que a busca diária por recursos esteve positivamente associada ao desempenho diário na tarefa, uma vez que os indivíduos aumentaram sua autonomia e estiveram mais engajados em seu trabalho.

Recentemente, intervenções de *job crafting*, definidas como treinamentos ou métodos destinados a estimular ou desenvolver comportamentos de redesenho do trabalho nos empregados, obtiveram resultado positivo e produziram diversos desfechos favoráveis em relação ao bem-estar e ao desempenho no trabalho (Demerouti, Xanthopoulou, Petrou, & Karagkounis, 2017; Kooij, Van Woerkom, Wilkenloh, Dorenbosch, & Denissen, 2017; Sakuraya, Shimazu, Imamura, Namba, & Kawakami, 2016; Van den Heuvel, Demerouti, & Peeters, 2015; Van Wingerden, Bakker, & Derks, 2016; Van Wingerden, Bakker, & Derks, 2017abc). Tais intervenções foram eficazes em estimular diferentes tipos de ações e comportamentos de redesenho do trabalho. Em geral, o aumento dos recursos estruturais no trabalho foi uma estratégia importante para obter recursos, sendo considerada uma estratégia preferida de redesenho do trabalho (Van Wingerden et al., 2017c). Em linha com as proposições do modelo DRT (Bakker & Demerouti, 2016), o redesenho orientado à redução de demandas foi uma estratégia útil para manter a saúde do indivíduo (Van Wingerden et al., 2017c) e seu bom funcionamento em condições de trabalho desfavoráveis, devido às medidas de austeridade (Demerouti et al., 2017). A redução das demandas não teve efeito sobre o engajamento no trabalho (Van Wingerden et al., 2017c).

Esses estudos empíricos de intervenções de *job crafting* também produziram evidências sobre aumentos significativos no nível dos recursos pessoais (p. ex., autoeficácia, satisfação das necessidades de autonomia, competência e vinculação, abertura para a mudança), no nível dos recursos do trabalho (p. ex., oportunidades de desenvolvimento, busca por *feedback*), no engajamento no trabalho, no bem-estar (p. ex., afeto positivo) e no desempenho no trabalho. As intervenções para estimular o redesenho do trabalho também levaram à diminuição na tensão (p. ex., sofrimento psicológico e afeto negativo) (Pimenta de Devotto & Wechsler, 2017).

Ainda nesses estudos de intervenção de *job crafting*, foram observados efeitos não significativos em alguns tipos de comportamento de redesenho do trabalho (p. ex., redesenho da tarefa) (Pimenta de Devotto & Wechsler, 2017). Sugere-se que mudanças tangíveis no trabalho podem requerer mais tempo para serem efetivadas (Sakuraya et al., 2016). Além disso, condições situacionais de diferentes grupos ocupacionais podem limitar o desenvolvimento de certos comportamentos de redesenho do trabalho (p. ex., professores e profissionais de saúde têm poucas oportunidades para aumentar seus recursos sociais do trabalho) (Van Wingerden et al., 2016, Van Wingerden et al., 2017b).

Por outro lado, algumas pesquisas evidenciaram que os comportamentos de redesenho do trabalho nem sempre apresentaram desfechos positivos. Tims, Bakker e Deks (2015) reportaram que a estratégia de redução de demandas consideradas obstáculos para o indivíduo estiveram positivamente relacionadas à sobrecarga e ao conflito entre colegas, e por sua vez ao *burnout* dos colegas de trabalho. Já as estratégias de redesenho do trabalho que visam a reduzir as demandas foram prejudiciais para o altruísmo e para o desempenho na tarefa (Demerouti et al., 2015). As reduções das demandas de obstáculo não tiveram efeitos significativos no engajamento no trabalho (Van Wingerden et al., 2017ac).

PROMOÇÃO E DESENVOLVIMENTO DO REDESENHO DO TRABALHO NAS ORGANIZAÇÕES

Os indivíduos sentem a necessidade de modificar suas funções continuamente para adequá-las aos seus motivos, suas fortalezas e suas paixões (Berg et al., 2013a). A ideia de que o trabalho seja um âmbito de autodesenvolvimento, com o potencial de gerar engajamento, prazer e significado para o indivíduo, tem ganhado terreno na pesquisa e na prática. Postos e funções de trabalho bem delineados, além de ambientes com disponibilidade de recursos, estimulam a motivação dos indivíduos e podem ser funcionais para atitudes e comportamentos favoráveis no trabalho (Demerouti & Bakker, 2014). Trabalhadores engajados mantêm um bom desempenho e podem ser agentes promotores de inovação e adaptabilidade no trabalho.

O modelo DRT propôs o redesenho do trabalho como uma forma de intervenção individual no delineamento do trabalho, enfatizando a iniciativa individual para mudar o *status quo* (Bakker & Demerouti, 2016). Wrzesniewski e Dutton (2001) indicaram que o processo de redesenho do trabalho não é inerentemente "bom" nem "ruim" para a organização, e serve, antes de tudo, ao indivíduo para criar mais significado no seu próprio trabalho. A pesquisa empírica sobre o redesenho do trabalho tem avançado no sentido de distinguir entre as estratégias de redesenho do trabalho produntes e contraprodutivas (Demerouti et al., 2015), porém fica evidente que o saldo do redesenho do trabalho tem sido positivo para o indivíduo e para a organização.

Ambientes organizacionais conducentes a maiores níveis de engajamento e desempenho sustentável caracterizam-se por delinear funções que equilibram estrutura e liberdade (p. ex., autonomia) e interdependências entre metas assignadas aos empregados, proporcionando ao indivíduo oportunidades para otimizar demandas e recursos do trabalho. Por outro lado, em contextos laborais desfavoráveis, o indivíduo deve ser protagonista para, ativamente, alterar as demandas e os recursos do trabalho (Tims et al., 2013) e para redesenhar seu trabalho, de forma a buscar um melhor ajuste e um maior significado (Berg et al., 2013a).

O redesenho do trabalho não é a "panaceia" para todos os problemas do contexto de trabalho, mas pode complementar os delineamentos "de cima para baixo", pois os indivíduos podem melhorar sua própria adaptabilidade no trabalho (Demerouti, 2014). Por exemplo, em contextos de baixo nível de autonomia e controle do trabalho, baixa interdependência, intensa supervisão e sistemas que reforçam a eficiência, os comportamentos de redesenho do trabalho podem ser um meio para flexibilizar os delineamentos mais mecanicistas (McClelland, Leach, Clegg, & McGowan, 2014).

As evidências empíricas sugerem que o redesenho do trabalho é um forte preditor do engajamento no trabalho ao longo do tempo. Trabalhadores motivados se engajam em comportamentos de redesenho para aumentar recursos, demandas e o significado de seu trabalho. Esses ganhos em recursos, desafios e significado elevam os níveis individuais de engajamento e motivação. Logo, trabalhadores engajados em contextos exigentes e com disponibilidade e variedade de recursos podem criar sua própria "espiral de ganhos" de recursos e engajamento (Bakker & Demerouti, 2016). Por outro lado, sabe-se que é mais difícil e menos frequente que os trabalhadores alterem suas demandas de trabalho (Tims et al., 2012).

Portanto, como é possível estimular comportamentos de redesenho do trabalho conducentes a maiores níveis de engajamento, bem-estar e desempenho no trabalho? Primeiro, é necessário reconhecer a espontaneidade e a informalidade de sua essência, para, então, criar espaços organizacionais para a promoção do redesenho do trabalho. Algumas formas de promover o redesenho na organização são:

1. Delinear funções com maior autonomia e flexibilidade para permitir a ocorrência dos comportamentos de redesenho do trabalho. O equilíbrio entre estrutura e liberdade permite que o indivíduo e as equipes façam os ajustes necessários.
2. Conscientizar os gestores sobre os benefícios e os efeitos positivos das ações de redesenho do trabalho, para que eles sejam facilitadores de comportamentos ascendentes e para evitar a sua restrição ou punição (McClelland et al., 2014).
3. Encorajar estratégias de redução de demanda, as quais podem ter efeitos contraproducentes no engajamento do trabalho e no bem-estar de colegas de trabalho, por meio de caminhos construtivos e funcionais (p. ex., gestão do tempo, delegação responsável, otimização do processo de trabalho, etc.) (Petrou et al., 2015).
4. Promover intervenções de redesenho do trabalho com o objetivo de informar sobre o conceito, identificar oportunidades e estratégias de redesenho e treinar as habilidades para construir metas de redesenho alcançáveis. Especificamente, recomenda-se estimular comportamentos de redesenho do trabalho orientados ao ganho de recursos (p. ex., aumento de recursos sociais e estruturais, redesenho da tarefa, redesenho das relações) e ao aumento do significado no trabalho (p. ex., reformulação cognitiva).

Os treinamentos e métodos que estimulam os comportamentos de redesenho do trabalho podem ser uma ferramenta útil para promover adaptabilidade e inovação no trabalho, bem como aumentar os níveis de engajamento no trabalho, o bem-estar e o desempenho. Tais intervenções reconhecem a importância do indivíduo no processo de delineamento do trabalho, valorizam o seu conhecimento sobre as especificidades do seu próprio trabalho e sobre como melhorar seu ajuste à função e o ajuste da função às suas forças e motivações. As intervenções podem incentivar a mobilização de recursos próprios, a busca por novos desafios, a criação de um ambiente rico em recursos, a ressignificação do trabalho, entre outras ações que contribuem para desfechos positivos no trabalho.

Várias das intervenções de *job crafting* reportadas na literatura científica basearam-se no Job Crafting Exercise (Berg, Dutton, & Wrzesniewski, 2013b). Essa metodologia parte do princípio da maleabilidade do trabalho, dado que a função é considerada um conjunto flexível de blocos (tarefas), sendo o indivíduo o arquiteto do próprio trabalho. Em primeiro lugar, faz-se uma análise da função (p. ex., tempo, energia e atenção empregados nas diversas tarefas). Na sequência, o participante realiza uma autoanálise sobre seus motivos, suas fortalezas e suas paixões no trabalho. Então, ambas as análises são comparadas, para identificar oportunidades de redesenho do trabalho, e arma-se um plano de metas alcançáveis, baseadas em diferentes estratégias de redesenho do trabalho e no conceito de melhorias incrementais (Berg et al., 2013b). Empresas como Google, Logitech e VMware estão utilizando exercícios de *job crafting* para investir em times mais produtivos, mais funcionais e mais engajados (Giang, Bakker, A. B., & Demerouti, 2016). Trata-se de criar trabalhos com significado, propósito e mais alinhados ao *job crafter*.

Jane Dutton sintetiza: "O *job crafting* faz parte da inovação e da adaptabilidade do trabalho. Ele alinha as pessoas de forma mais clara com os seus talentos, interesses e pontos fortes. No longo prazo, se isso acontecer como parte da cultura de um ambiente de trabalho, pode-se fazer que toda a organização atue de forma mais eficaz, simplesmente porque as pessoas estão bem alocadas de maneira a contribuir mais" (Giang, 2016).

CONSIDERAÇÕES FINAIS

Este capítulo buscou introduzir o conceito de redesenho do trabalho, propor medidas válidas e fidedignas para avaliá-lo, informar sobre os resultados de pesquisas empíricas sobre o construto, bem como propor caminhos para estimular comportamentos de redesenho do trabalho nas organizações. Dada a complexidade do contexto de trabalho atual, o indivíduo necessita ser cada vez mais protagonista na construção do seu próprio trabalho. A perspectiva proativa do redesenho do trabalho pode ser um caminho para viabilizar organizações com trabalhadores autônomos, engajados, produtivos e inovadores.

REFERÊNCIAS

Bakker, A. B. (2015). Top-down and bottom-up interventions to increase work engagement. In P. J. Hartung, M. L. Savickas, & B. W. Walsh. (Eds.), *APA handbook of career intervention: applications* (vol. 2, pp. 427-438). Washington: APA.

Bakker, A. B., Tims, M., & Derks, D. (2012). Proactive personality and job performance: the role of job crafting and work engagement. *Human relations*, 65(10), 1359-1378.

Bakker, A. B., & Demerouti, E. (2016). Job demands–resources theory: taking stock and looking forward. *Journal of occupational health psychology*, 22(3), 273-285.

Berg, J. M., Dutton, J. E., & Wrzesniewski, A. (2008). *What is job crafting and why does it matter*. Recuperado de: http://positiveorgs.bus.umich.edu/wp-content/uploads/What-is-Job-Crafting-and-Why-Does-it-Matter1.pdf

Berg, J. M., Dutton, J. E., & Wrzesniewski, A. (2013a). Job crafting and meaningful work. In Dik, B. J., Byrne, Z. S., & Steger, M. F. (Eds.), *Purpose and meaning in the workplace* (pp. 81-104). Washington: APA.

Berg, J. M., Dutton, J. E., & Wrzesniewski, A. (2013b). *Job crafting exercise*. Ann Arbor: Regents of the University of Michigan.

Berg, J. M., Grant, A. M., & Johnson, V. (2010). When callings are calling: crafting work and leisure in pursuit of unanswered occupational callings. *Organization Science*, 21(5), 973-994.

Berg, J. M., Wrzesniewski, A., & Dutton, J. E. (2010). Perceiving and responding to challenges in job crafting at different ranks: when proactivity requires adaptively. *Journal of Organizational Behavior*, 31(2-3), 158-186.

Chen, C. Y., Yen, C. H., & Tsai, F. C. (2014). Job crafting and job engagement: the mediating role of person-job fit. *International Journal of Hospitality Management*, 37, 21-28.

Chinelato, R. S. D. C., Ferreira, M. C., & Valentini, F. (2015). Evidence of validity of the job crafting behaviors scale. *Paidéia (Ribeirão Preto)*, 25(62), 325-332.

Deci, E. L., & Ryan, R. M. (2000). The 'what' and 'why' of goal pursuits: human needs and the self-determination of behavior. *Psychological Inquiry*, 11(4), 227-268.

Demerouti, E. (2014). Design your own job through job crafting. *European Psychologist*, 19 (4), 237-247.

Demerouti, E., & Bakker, A. B. (2014). *Job crafting: an introduction to contemporary work psychology*. New York: John Wiley & Sons.

Demerouti, E., Bakker, A. B., & Halbesleben, J. R. (2015). Productive and counterproductive job crafting: a daily diary study. *Journal of Occupational Health Psychology*, 20(4), 457-469.

Demerouti, E., Xanthopoulou, D., Petrou, P., & Karagkounis, C. (2017). Does job crafting assist dealing with organizational changes due to austerity measures? Two studies among Greek employees. *European Journal of Work and Organizational Psychology*, 26(4), 574-589.

Giang, V. (2016). Why innovative companies like google are letting employees craft their own jobs. *Fastcompany*. Recuperado de: https://www.fastcompany.com/3059345/why-innovative-companies-like-google-are-letting-employees-craft-their-own-jobs

Grant, A. M., & Parker, S. K. (2009). Redesigning work design theories: the rise of relational and proactive perspectives. *The Academy of Management Annals*, 3(1), 317-375.

Ilgen, D. R., & Hollenbeck, J. R. (1991). The structure of work: job design and roles. In M. D. Dunnette & L. M. Hough (Eds.), *Handbook of industrial and organizational psychology* (2nd ed., vol. 2, pp.165-

Kira, M., van Eijnatten, F. M., & Balkin, D. B. (2010). Crafting sustainable work: development of personal resources. *Journal of Organizational Change Management*, 23 (5), 616-632.

Kooij, D. T. A. M., van Woerkom, M., Wilkenloh, J., Dorenbosch, L., & Denissen, J. J. A. (2017). Job crafting towards strengths and interests: the effects of a job crafting intervention on person–job fit and the role of age. *Journal of Applied Psychology*, 102(6), 971-981.

Lichtenthaler, P. W., & Fischbach, A. (2016). The conceptualization and measurement of job crafting. *Zeitschrift für Arbeits-und Organisationspsychologie A&O*, 60, 173-186.

McClelland, G. P., Leach, D. J., Clegg, C. W., & McGowan, I. (2014). Collaborative crafting in call centre teams. *Journal of Occupational and Organizational Psychology*, 87(3), 464-486.

Nielsen, K., & Abildgaard, J. S. (2012). The development and validation of a job crafting measure for use with blue-collar workers. *Work & Stress*, 26(4), 365-384.

Niessen, C., Weseler, D., & Kostova, P. (2016). When and why do individuals craft their jobs? The role of individual motivation and work characteristics for job crafting. *Human Relations*, 69(6), 1287-1313.

Petrou, P., Demerouti, E., & Schaufeli, W. B. (2015). Job crafting in changing organizations: antecedents and implications for exhaustion and performance. *Journal of Occupational Health Psychology*, 20(4), 470-480.

Petrou, P., Demerouti, E., Peeters, M. C., Schaufeli, W. B., & Hetland, J. (2012). Crafting a job on a daily basis: contextual correlates and the link to work engagement. *Journal of Organizational Behavior*, 33(8), 1120-1141.

Pimenta de Devotto, R. (2016). *Adaptação e validação do Questionário de Job Crafting e sua relação com estados positivos no trabalho* (Dissertação de mestrado, Pontifícia Universidade Católica de Campinas, Campinas).

Pimenta de Devotto, R., & Machado, W. L. (2016). *Evidências de validade da versão brasileira do Job Crafting Questionnaire*. Manuscristo submetido para publicação.

Pimenta de Devotto, R., & Wechsler, S. M. (2017). *Job crafting interventions: systematic review*. Manuscristo submetido para publicação.

Qi, J., Li, J., & Zhang, Q. (2014). How organizational embeddedness and affective commitment influence job crafting. *Social Behavior and Personality: an International Journal*, 42(10), 1629-1638.

Rudolph, C. W., Katz, I. M., Lavigne, K. N., & Zacher, H. (2017). Job crafting: a meta-analysis of relationships with individual differences, job characteristics, and work outcomes. *Journal of Vocational Behavior*, 102, 112-138.

Sakuraya, A., Shimazu, A., Imamura, K., Namba, K., & Kawakami, N. (2016). Effects of a job crafting intervention program on work engagement among Japanese employees: a pretest-posttest study. *BMC Psychology*, 4(1):49.

Slemp, G. R., & Vella-Brodrick, D. A. (2013). The job crafting questionnaire: a new scale to measure the extent to which employees engage in job crafting. *International Journal of Wellbeing*, 3(2), 126-146.

Slemp, G. R., & Vella-Brodrick, D. A. (2014). Optimising employee mental health: the relationship between intrinsic need satisfaction, job crafting, and employee well-being. *Journal of Happiness Studies*, 15(4), 957-977.

Slemp, G. R., Kern, M. L., & Vella-Brodrick, D. A. (2015). Workplace well-being: the role of job crafting and autonomy support. *Psychology of Well-being*, 5(1), 7.

Tims, M., & Bakker, A. B. (2010). Job crafting: Towards a new model of individual job redesign. *Journal of Industrial Psychology*, 36(2), 1-9.

Tims, M., Bakker, A. B., & Derks, D. (2012). Development and validation of the job crafting scale. *Journal of Vocational Behavior*, 80(1), 173-186.

Tims, M., Bakker, A. B., & Derks, D. (2013). The impact of job crafting on job demands, job resources, and well-being. *Journal of Occupational Health Psychology*, 18(2), 230-240.

Tims, M., Bakker, A. B., & Derks, D. (2015). Examining job crafting from an interpersonal perspective: is employee job crafting related to the well-being of colleagues? *Applied Psychology: An International Review*, 64(4), 727-753.

Van den Heuvel, M., Demerouti, E., & Peeters, M. C. W. (2015). The job crafting intervention: effects on job resources, self-efficacy, and affective well-being. *Journal of Occupational and Organizational Psychology*, 88(3), 511-532.

Van Wingerden, J., Bakker, A. B., & Derks, D. (2016). A test of a job demands-resources intervention. *Journal of Managerial Psychology*, 31(3), 686-701.

Van Wingerden, J., Bakker, A. B., & Derks, D. (2017a). The longitudinal impact of a job crafting intervention. *European Journal of Work and Organizational Psychology*, 26(1), 107-119.

Van Wingerden, J., Bakker, A. B., & Derks, D. (2017b). Fostering employee well-being via a job crafting intervention. *Journal of Vocational Behavior*, 100, 164-174.

Van Wingerden, J., Derks, D., & Bakker, A. B. (2017c). The impact of personal resources and job crafting interventions on work engagement and performance. *Human Resource Management*, 56(1), 51-67.

Wrzesniewski, A., & Dutton, J. E. (2001). Crafting a job: revisioning employees as active crafters of their work. *Academy of Management Review*, 26 (2), 179-201.

Wrzesniewski, A., LoBuglio, N., Dutton, J. E., & Berg, J. M. (2013). Job crafting and cultivating positive meaning and identity in work. In A. B. Bakker (Ed.), *Advances in positive organizational psychology: advances in positive organizational psychology* (vol. 1, pp. 281-302). Bingley: Emerald Group.

Wrzesniewski, A., McCauley, C., Rozin, P., & Schwartz, B. (1997). Jobs, careers, and callings: people's relations to their work. *Journal of Research in Personality*, 31(1), 21-33.

LEITURAS RECOMENDADAS

Demerouti, E. (2015). Strategies used by individuals to prevent burnout. *European Journal of Clinical Investigation*, 45(10), 1106-1112.

Pimenta de Devotto, R., & Wechsler, S. M. (2018). Job crafting: conceituação e qualidade científica das medidas. *Avaliação Psicológica*, 17(3), 351-361.

APÊNDICE

ESCALA DE AÇÕES DE REDESENHO DO TRABALHO (EART)[1]

Os empregados frequentemente se deparam com oportunidades para tornar seu trabalho mais envolvente e gratificante. Essas oportunidades podem ser tão simples quanto fazer mudanças sutis nas suas tarefas para aumentar seu prazer pessoal em realizá-las, criar oportunidades de relacionar-se com mais pessoas no ambiente de trabalho, ou simplesmente tentar ver o trabalho sob outra perspectiva, a fim de torná-lo mais significativo. Embora algumas ocupações ofereçam maiores oportunidades desse tipo, todos os trabalhos oferecem situações nas quais é possível fazer mudanças sutis para torná-los mais envolventes e gratificantes. Indique, por favor, a frequência com que você se engaja nos comportamentos a seguir, de acordo com a seguinte escala: 1 = raramente e 6 = com muita frequência.

Observação: com muita frequência significa tão frequentemente quanto seja possível em seu ambiente de trabalho.

	1	2	3	4	5	6
Faz as coisas de forma diferente para melhorar o seu trabalho.						
Muda a abrangência (escopo) ou os tipos de tarefas que você realiza no trabalho.						
Introduz novas tarefas ou atividades no trabalho que você acredita se adequarem melhor às suas habilidades ou aos seus interesses.						
Escolhe assumir tarefas adicionais no trabalho.						
Dá preferência às tarefas de trabalho adequadas às suas habilidades ou aos seus interesses.						
Pensa em como seu trabalho lhe traz sentido e propósito na vida.						
Mantém sempre em mente o significado que seu trabalho tem para o sucesso da organização.						
Mantém sempre em mente a importância do seu trabalho para a comunidade onde você está inserido.						

Continua

---

[1] Pimenta de Devotto & Machado, 2016.

	1	2	3	4	5	6
Pensa sobre as maneiras em que seu trabalho influencia positivamente a sua vida.						
Reflete sobre o papel que seu trabalho tem para o seu bem-estar geral.						
Empenha-se em conhecer bem as pessoas no trabalho.						
Organiza ou frequenta atividades sociais relacionadas com seu trabalho.						
Organiza eventos especiais no ambiente de trabalho (p. ex., a comemoração do aniversário de um colega de trabalho).						
Escolhe ser o mentor (supervisor) de novos empregados (oficialmente ou não).						
Faz amizades com pessoas no trabalho cujas habilidades ou interesses são semelhantes aos seus.						

Observação: redesenho da tarefa (*task crafting*): itens de 1 a 5; reformulação cognitiva (*cognitive crafting*): itens de 5 a 10; redesenho das relações (*relational crafting*): itens de 11 a 15.

4

RECURSOS PESSOAIS NO TRABALHO: DEFINIÇÃO, IMPACTO E ESTRATÉGIAS PARA AVALIÁ-LOS

Clarissa Pinto Pizarro de Freitas
Márcio Reis

Na organização social atual, o trabalho tem-se constituído como uma dimensão relevante na vida dos indivíduos. Estima-se que as pessoas passem em média de um quarto a um terço de seu tempo desenvolvendo atividades laborais (Harter, Schmidt, & Keyes, 2002). Devido à complexidade da relação do profissional com seu trabalho, diversos estudos têm investigado quais características do ambiente ocupacional e do profissional estão associadas ao seu bem-estar no trabalho (Bakker & Demerouti, 2017; Schaufeli & Taris, 2014).

Os fatores do ambiente ocupacional que têm o potencial de promover o bem-estar no trabalho podem ser compreendidos a partir do Modelo de Recursos e Demanda no Trabalho (JD-R) (Bakker & Demerouti, 2017; Demerouti, Bakker, Nachreiner, & Schaufeli, 2001). Nesse modelo, apesar de cada profissional ter características específicas, referentes à função que desempenha e à organização à qual está vinculado, estas podem ser categorizadas como demanda ou recursos pessoais e do trabalho (Bakker & Demerouti, 2017).

Neste capítulo, serão apresentados os principais recursos pessoais no trabalho, bem como os instrumentos disponíveis para avaliá-los. Os recursos pessoais são características dos profissionais que estão relacionadas aos índices de bem-estar no trabalho (Bakker & Demerouti, 2017; Xanthopoulou, Bakker, Demerouti, & Schaufeli, 2009). Estes podem ser entendidos como as crenças do profissional acerca do controle que possui sobre suas atividades laborais e o impacto de suas ações sobre seu ambiente de trabalho (Xanthopoulou et al., 2009). Em razão disso, podem constituir-se como fatores protetivos dos efeitos negativos das demandas de trabalho e desempenhar um papel na promoção da motivação interna e externa dos profissionais (Bakker & Demerouti, 2017; Xanthopoulou et al., 2009). Os recursos pessoais que têm apresentado relações significativas com os índices de bem-estar no trabalho são autoeficácia, autoestima, esperança e otimismo (Desrumaux et al., 2015; Leão et al., 2017; Lu, Xie, & Guo, 2018; Sezgin & Erdogan, 2015).

DIMENSÃO PSICOSSOCIAL NO TRABALHO: MODELO DE RECURSOS E DEMANDA NO TRABALHO

A dimensão psicossocial do trabalho refere-se às suas condições, tais como tempo para realizar as tarefas, a quantidade e o conteúdo destas e a relação com os colegas e os supervisores (Demerouti et al., 2001; Schaufeli & Taris, 2014). Entre as propostas teóricas desenvolvidas para investigar as condições de trabalho dos profissionais, o modelo JD-R tem-se constituído como uma referência (Bakker & Demerouti, 2017), tendo sido originalmente desenvolvido como uma tentativa de compreender os antecedentes do *burnout* (Demerouti et al., 2001). O modelo JD-R propõe que, apesar de as características do trabalho serem específicas a cada profissão e contexto laboral, estas podem, de modo geral, ser categorizadas em duas dimensões: a demanda e os recursos do trabalho. A interação dessas dimensões molda a relação do profissional com o seu trabalho, de forma a repercutir nos índices de bem-estar do profissional no trabalho, na saúde, no desempenho laboral, na motivação, na possibilidade de desenvolver múltiplas tarefas, na intenção de deixar o trabalho, entre outros (Bakker & Demerouti, 2017; Demerouti et al., 2001; Schaufeli & Taris, 2014).

As demandas de trabalho referem-se aos aspectos do contexto de trabalho que sobrecarregam as capacidades pessoais dos profissionais. Estas podem se caracterizar por demandas físicas, psicológicas, sociais ou organizacionais, as quais requerem o investimento de esforços ou habilidades físicas ou psicológicas (cognitivas e emocionais) e, portanto, estão associadas a certos custos fisiológicos e/ou psicológicos. A demanda pode causar prejuízos aos profissionais, quando, devido à sobrecarga, ocorre uma drenagem da energia dos indivíduos, os quais podem vivenciar um estado de ruptura ou exaustão (Bakker & Demerouti, 2017; Schaufeli & Taris, 2014). Exemplos de demanda são uma alta pressão de trabalho e interações emocionalmente desgastantes com clientes, sobrecarga de trabalho, conflito interpessoal e insegurança no trabalho.

Devido à ausência de consistência das relações entre as demandas e os índices de bem-estar no trabalho (p. ex., engajamento), foi sugerido que as demandas fossem diferenciadas em duas categorias, conforme a Figura 4.1 (Crawford, LePine, & Rich, 2010).

As demandas que prejudicam a saúde, impedem o funcionamento ideal, drenam a energia dos funcionários e provocam emoções negativas são categorizadas como demandas de obstáculo ou impeditivas. Elas se caracterizam como constrangimentos ameaçadores que suscitam um estilo de enfrentamento focado na emoção. Tais demandas tendem a provocar emoções negativas (medo, ansiedade, raiva) e têm o potencial de promover um bloqueio do crescimento do profissional e um estilo passivo de enfrentamento. Exemplos de demandas de obstáculos são conflito de papéis, política organizacional, burocracia e aborrecimentos (Crawford et al., 2010).

As demandas desafiadoras são semelhantes às demandas impeditivas ou de obstáculos ao exigir esforço, esgotar energia e resultar em tensão, mas variam em termos de respostas psicológicas, promovendo o engajamento, ao passo que as impeditivas estão associadas com níveis inferiores de engajamento (Crawford et al., 2010). As demandas desafiadoras de trabalho, mesmo necessitando de energia, são obstáculos estimulantes, os quais podem ser superados com um estilo de enfrentamento focado no problema. As demandas de desafio tendem a provocar emoções positivas (entusiasmo, excitação, alegria), com o potencial de promover o crescimento do funcionário e um estilo ativo de enfrentamento. Os desafios de trabalho compreendem tanto características exigentes quanto estimulantes de energia, podendo, portanto, gerar relações positivas e negativas para o funcionamento e o bem-estar dos funcionários (Crawford et al., 2010). Exemplos de demandas de desafios são altos níveis de responsabilidade pessoal e pressão do tempo.

Outro aspecto que deve ser ressaltado é que a compreensão da relação entre demandas e os índices de bem-estar dos profissionais (p. ex., engajamento) depende da natureza da demanda. As demandas de desafios poderiam ser interpretadas pelos profissionais ou conceituadas como "recursos" quando são valorizadas positivamente por eles. Assim, excluindo-se as demandas desafiadoras, sobrariam as demandas de trabalho (i.e., os obstáculos ou demandas impeditivas), que estão relacionadas negativamente com o bem-estar no trabalho (p. ex., engajamento no trabalho) e positivamente com

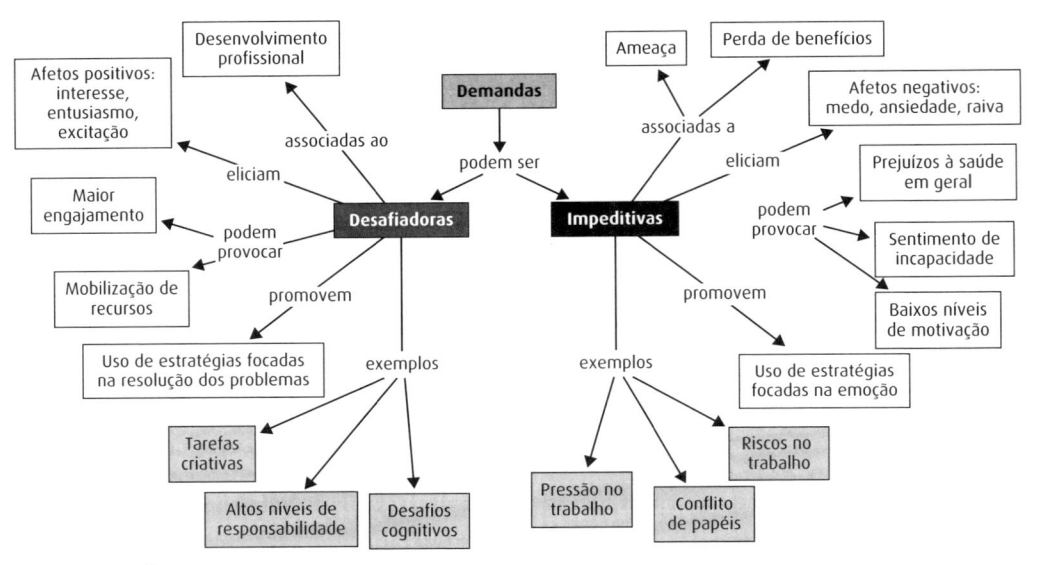

Figura 4.1 / Demandas desafiadoras e impeditivas.

altos índices de tensão ocupacional (p. ex., *burnout*) (Schaufeli, Dijkstra, & Vazquez, 2013; Schaufeli & Taris, 2014).

Os recursos do trabalho, por sua vez, constituem-se como os elementos que contribuem para o profissional alcançar seus objetivos, auxiliam na redução dos efeitos negativos da demanda de trabalho, bem como podem estimular o seu desenvolvimento pessoal e a busca de qualificação profissional (Bakker & Demerouti, 2017; Demerouti et al., 2001; Schaufeli et al., 2013). Os recursos podem ser considerados fatores de proteção à saúde, e referem-se aos aspectos físicos, psicológicos, sociais ou organizacionais do trabalho, que podem ajudar no alcance dos resultados, no estímulo ao desenvolvimento do profissional e na redução do impacto negativo da demanda (Demerouti et al., 2001).

Os recursos podem ser classificados quanto aos seus efeitos e à sua origem. Quanto aos efeitos, podem ser intrínsecos (p. ex., quando contribuem para o desenvolvimento de habilidades técnicas e o alcance de objetivos) ou extrínsecos (p. ex., quando amenizam o impacto negativo das demandas de trabalho) (Bakker & Demerouti, 2017).

Quanto à origem, os recursos podem ser classificados como pessoais ou organizacionais. Exemplos de recursos pessoais são autoeficácia, autoestima, esperança e otimismo (Desrumaux et al., 2015; Leão et al., 2017; Lu et al., 2014; Sezgin & Erdogan, 2015). Exemplos de recursos organizacionais são participação na tomada de decisão, *feedback* sobre o desempenho, apoio social, clareza de papel e variedade nas tarefas (ver Figura 4.2).

Observa-se que os profissionais que têm mais recursos disponíveis no contexto laboral podem alcançar melhores resultados ao lidar com as demandas de trabalho. O modelo JD-R assume que a falta de recursos de trabalho está diretamente relacionada com o baixo engajamento, que, por sua vez, pode causar um impacto negativo no desempenho laboral e nos resultados organizacionais (Bakker & Demerouti, 2017; Demerouti et al., 2001; Schaufeli & Taris, 2014). Os recursos disponíveis podem, ainda, variar de acordo com o contexto da organização. Uma empresa que passa por mudanças organizacionais, por exemplo, pode ter como recursos importantes a confiança na gestão e uma boa comunicação. Nas empresas cuja finalidade é produzir ou vender, recursos im-

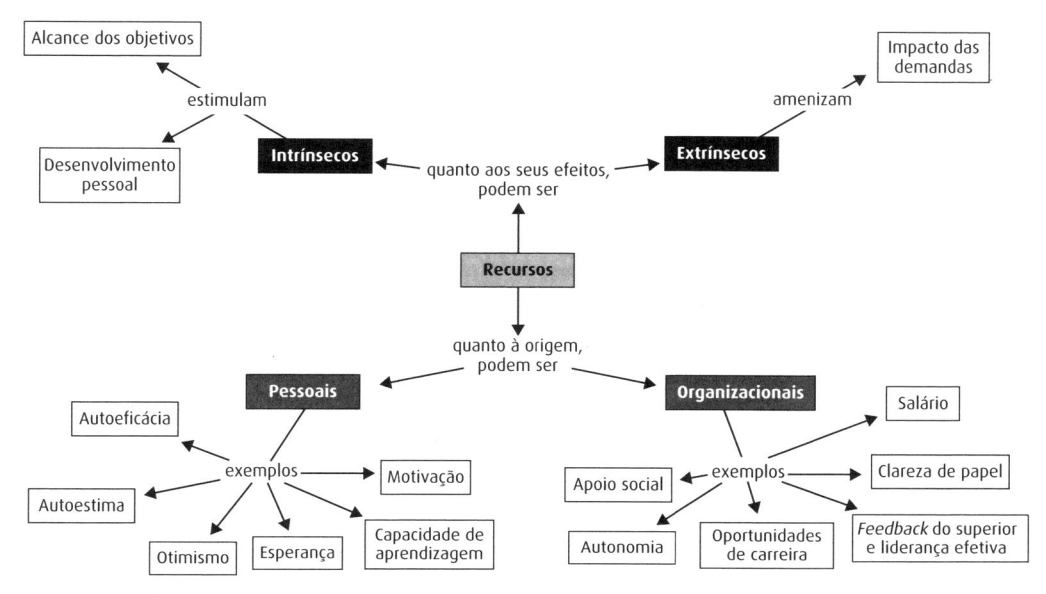

Figura 4.2 / Recursos no trabalho.

Recursos — quanto aos seus efeitos, podem ser:
- **Intrínsecos** — estimulam → Alcance dos objetivos; Desenvolvimento pessoal
- **Extrínsecos** — amenizam → Impacto das demandas

Quanto à origem, podem ser:
- **Pessoais** — exemplos: Autoeficácia, Autoestima, Otimismo, Esperança, Motivação, Capacidade de aprendizagem
- **Organizacionais** — exemplos: Apoio social, Autonomia, Oportunidades de carreira, Salário, Clareza de papel, Feedback do superior e liderança efetiva

---

portantes podem ser recompensas financeiras e *feedback*.

O modelo JD-R propõe que as condições de trabalho podem originar dois processos:

1. O processo de adoecimento (resultados negativos), no qual altas demandas de trabalho podem levar à tensão ocupacional (p. ex., *burnout*) e ao comprometimento da saúde.
2. O processo motivacional (resultados positivos), no qual altos recursos levam a uma maior motivação (p. ex., engajamento) e a um melhor desempenho laboral (Bakker & Demerouti, 2017; Schaufeli & Taris, 2014).

O processo de adoecimento pode ocorrer quando as demandas de trabalho são elevadas, e, para atingir seus objetivos e evitar a queda de desempenho, os profissionais dedicam um esforço adicional. A fadiga, o cansaço e a irritabilidade são exemplos desses custos físicos e psicológicos. Quando não há uma recuperação adequada dessa energia extra que foi despendida pelo profissional, pode ocorrer esgotamento físico e/ou emocional. O modelo JD-R propõe que essas demandas de trabalho excessivas a longo prazo, sem a recuperação adequada da energia que foi gasta, podem resultar na exaustão, no *burnout* e no comprometimento da saúde (Schaufeli & Taris, 2014). Por exemplo, um professor que trabalha lecionando desde o início da manhã até o final da noite (alta carga de trabalho), fazendo poucas pausas, não tendo momentos de descanso (recuperação inadequada de energia), provavelmente ficará esgotado ao final de um dia de trabalho. Um profissional recém-contratado para realizar atividades administrativas e, ao mesmo tempo, atendimento ao público, e que não tenha recebido nenhum treinamento sobre os processos e as rotinas de trabalho, poderá dedicar mais energia para compensar a falta de informação e uma possível ambiguidade de papéis, estando sujeito ao esgotamento.

Por outro lado, os recursos de trabalho e pessoais podem promover o processo de motivação, que levam ao engajamento no trabalho e ao melhor desempenho. Os recursos de trabalho podem desempenhar um papel motivacional extrínseco, ao reduzir as demandas e promover a realização de metas, e um papel intrínseco, ao satisfazer as necessidades humanas relacionadas, por exemplo, à autonomia e aos relacionamentos. A disponibilidade de recursos no ambiente ocupacional também pode potencializar o desenvolvimento e a aprendizagem dos profissionais. O processo de motivação pode ser reconhecido nos altos índices de comprometimento organizacional, nos baixos índices de despersonalização e no excelente desempenho laboral. O *feedback* pode, por exemplo, promover a aprendizagem, ao passo que o apoio social satisfaz as necessidades de relacionamento (Bakker & Demerouti, 2017). Esses recursos estimulam um estado mental positivo e promovem resultados também positivos, como o comprometimento organizacional e o melhor desempenho organizacional (Schaufeli & Taris, 2014).

RECURSOS PESSOAIS NO TRABALHO: DEFINIÇÃO E RELEVÂNCIA

O estudo dos recursos pessoais iniciou-se nas pesquisas sobre estresse e *coping* (Hobfoll, Johnson, Ennis, & Jackson, 2003; Van den Heuvel, Demerouti, Bakker, & Schaufeli, 2010). Nos primeiros estudos, foi investigado como estes mediavam as relações dos eventos estressores com os desfechos positivos (p. ex., desenvolvimento de processos de resiliência) e negativos (p. ex., estresse). Observa-se que as pesquisas sobre os recursos pessoais também impulsionam o campo da psicologia positiva, tendo em vista que esta se propõe a entender o desenvolvimento do ser humano a partir de suas potencialidades (Snyder & Lopez, 2009). Além disso, os recursos pessoais se constituem como um dos três pilares da psicologia positiva, juntamente com as experiências e os afetos positivos e as instituições e as comunidades positivas (Snyder & Lopez, 2009).

Com base nas relações propostas por Hobfoll e colaboradores (2003), diversos pesquisadores investigaram o papel dos recursos pessoais no modelo JD-R, integrando-os como uma das fontes de recursos dos profissionais (Bakker & Demerouti, 2017; Schaufeli & Taris, 2014; Xanthopoulou et al., 2009). O modelo JD-R possibilitou que os recursos pessoais fossem avaliados de forma sistemática como uma dimensão influente da relação do profissional com o seu trabalho, permitindo uma maior compreensão do impacto das características pessoais e laborais sobre os desfechos positivos e negativos que os trabalhadores apresentam (Bakker & Demerouti, 2017; Schaufeli & Taris, 2014; Van den Heuvel et al., 2010).

Observa-se que, na psicologia organizacional, os estudos sobre recursos pessoais tornaram-se mais frequentes nos últimos 15 anos (Bakker & Demerouti, 2017). Nos estudos com base no modelo JD-R, tem sido evidenciado que os recursos pessoais (p. ex., autoeficácia, autoestima, esperança e otimismo) impactam as relações dos recursos de trabalho (p. ex., autonomia, apoio social, participação nas decisões) e da demanda (p. ex., quantidade de trabalho, desgaste físico e/ou mental) com os índices de bem-estar no trabalho (p. ex., engajamento, *burnout*, comprometimento organizacional) (Bakker & Demerouti, 2017; Desrumaux et al., 2015; Leão et al., 2017; Lu et al., 2014; Sezgin & Erdogan, 2015). O indivíduo que conhece seus recursos pessoais vivencia experiências de desenvolvimento ótimo com maior frequência (Keyes & Haidt, 2003) e maiores índices de bem-estar no trabalho (Bakker & Demerouti, 20017; Schaufeli et al., 2013; Van den Heuvel et al., 2010).

As habilidades e avaliações positivas do indivíduo sobre sua capacidade de controlar e produzir um impacto sobre o contexto em que vive, seu ambiente de trabalho e suas relações interpessoais constituem os recursos pessoais, os quais também são descritos como as características intrínsecas, geralmente associadas ao desenvolvimento de processo de resiliência (Hobfoll et al., 2003; Van den Heuvel et al., 2010). Segundo Van den Heuvel e colaboradores (2010), os recursos pessoais são características do indivíduo que envolvem um conjunto de crenças positivas sobre si (p. ex., autoeficácia, autoestima) e sobre o mundo (p. ex., otimismo, esperança) que motivam e contribuem para os indivíduos alcançarem suas metas pessoais ou externas, mesmo em situações desafiadoras ou adversas.

Os recursos pessoais são intrínsecos, podem ser avaliados por meio de traço ou estado e constituem-se por dimensões cognitivas e afetivas. Além disso, esses recursos se caracterizam como dimensões independentes, não são fixos, podem ser desenvolvidos, contribuem para o manejo adaptativo de situações adversas, são influenciados por mudanças no ambiente e podem contribuir para o desenvolvimento de espirais de ganho (Bakker & Demerouti, 2017; Van den Heuvel et al., 2010).

Ao propor-se que os recursos pessoais são intrínsecos, pode-se compreender que estes são uma das dimensões que diferenciam os trabalhadores entre si e a forma que eles se relacionam com as demandas e os recursos do trabalho (Bakker & Demerouti, 2017; Van den Heuvel et al., 2010). Os recursos pessoais se caracterizam como as particularidades de cada profissional. Em razão disso, tais recursos interferem na avaliação que os profissionais realizam de suas demandas de trabalho. Por exemplo, dois vendedores de uma loja de calçados desenvolvem a mesma função, mas apenas o primeiro vendedor consegue superar suas metas de venda, busca participar de cursos para sua qualificação profissional e interage frequentemente com os clientes e colegas de trabalho. O outro vendedor dificilmente alcança suas metas de venda, evita participar de cursos para aumentar sua qualificação profissional, atende aos clientes apenas quando solicitado e raramente interage com os colegas de trabalho. As diferenças entre os dois vendedores, expostos às mesmas condições de trabalho, se devem às características pessoais, como proatividade, iniciativa à mudança, autoeficácia e outros recursos pessoais.

A escolha de avaliar os recursos como traços ou estados depende do objetivo do estudo e da intervenção que será realizada. Observa-se que, de modo geral, os estudos avaliam os recursos compreendidos como estado (p. ex., autoeficácia, autoestima) (Van den Heuvel et al., 2010), visto que os resultados podem ser generalizados a outros grupos ocupacionais. Ao avaliar os recursos pessoais como um estado, compreende-se que estes podem ser influenciados pelas experiências dos indivíduos e podem ser potencializados por meio de intervenções (Bakker & Demerouti, 2017; Van den Heuvel et al., 2010). Por exemplo, um estudo com 505 profissionais (75% do sexo feminino) de diferentes estados brasileiros demonstrou que a motivação intrínseca no trabalho media a relação dos índices de autoeficácia ocupacional e autonomia com o engajamento no trabalho, indicando a relevância de os trabalhadores estarem motivados para o desenvolvimento de atividades laborais, a fim de engajarem-se na realização dessas tarefas (Silva & Freitas, 2018).

A avaliação dos recursos pessoais por meio de traços requer a compreensão de que a contribuição desses recursos para o desenvolvimento e o alcance das metas dos profissionais depende do contexto em que estes estão e das avaliações dos profissionais sobre a situação enfrentada (p. ex., adversidades, demandas, recursos externos) (Van den Heuvel et al., 2010). A dependência de os traços atuarem como recursos pessoais em cada contexto e às percepções dos indivíduos sobre diferentes aspectos torna essa avaliação extremamente complexa, assim como limita as possibilidades de os dados serem utilizados como evidências para intervenções em outros grupos ocupacionais. Dalanhol, Freitas, Machado, Hutz e Vazquez (2017) demonstraram a complexidade de avaliar os recursos pessoais como traços em uma pesquisa com oficiais de justiça. Nesse estudo, foi demonstrado que, apesar de o neuroticismo estar frequentemente associado a desfechos negativos, a dimensão desajustamento psicossocial do neuroticismo esteve positivamente associada ao engajamento entre oficiais de justiça. A dimensão desajustamento psicossocial está associada à apresentação de comportamentos agressivos e à maior probabilidade de se expor a situações de risco. Considerando o contexto de trabalho dos oficiais de justiça, como a exposição a situações de violência e o enfrentamento de adversidades no seu cotidiano, compreende-se por que a presença de maiores índices de desajustamento psicossocial estava positivamente associada ao engajamento nessa amostra.

Os recursos pessoais possuem componentes afetivos e cognitivos. O componente cognitivo dos recursos pessoais refere-se às avaliações que os indivíduos realizam sobre suas habilidades de modificar ou impactar no contexto e nas situações que estão vivenciando (Hobfoll et al., 2003; Van den Heuvel et al., 2010). Já a dimensão afetiva está relacionada ao estado afetivo produzido pelas avaliações da presença de altos índices dos recursos pessoais (Van den Heuvel et al., 2010). Como exemplo, pode-se citar um indivíduo que possua altos índices de autoeficácia. Nessa proposição, está intrínseco que ele percebe que possui habilidades para manejar diferentes situações em sua vida e pode planejar suas ações de forma adequada. Associada a essa avaliação positiva, esse indivíduo tem alta probabilidade de apresentar maiores índices de afetos positivos, uma vez que percebe o seu autovalor.

Além de os recursos pessoais serem características específicas de cada indivíduo, eles devem ser compreendidos como dimensões independentes (Bakker & Demerouti, 2017; Van den Heuvel et al., 2010). Os recursos pessoais apresentam relações positivas de alta magnitude entre si (Bakker & Demerouti, 2017; Schaufeli & Taris, 2014). Apesar disso, a presença de um recurso pessoal não indica que o indivíduo tenha altos índices em outros recursos pessoais. Por exemplo, a autoeficácia é um recurso pessoal que apresenta relações de alta magnitude com o otimismo (Besser & Zeigler-Hill, 2014; Hutz, Midgett, Pacico, Bastianello, & Zanon, 2014), entretanto, um profissional que apresente altos índices de autoeficácia não necessariamente tem altos índices de otimismo, e vice-versa. Em razão disso, ao avaliar um recurso pessoal, devem-se utilizar instrumentos confiáveis e que se proponham a avaliar o referido recurso pessoal, e não dimensões similares ou relacionadas a ele.

Outra característica dos recursos pessoais é que eles não são fixos (Bakker & Demerouti, 2017; Luthans, Youssef, & Avolio, 2007; Van den Heuvel et al., 2010). Assim, a capacidade de serem modificados indica que estes podem ser potencializados, assim como extinguidos. Os recursos pessoais podem ser potencializados em contextos laborais em que os profissionais são expostos a demandas desafiadoras, têm autonomia e oportunidades de aprendizagem. Esses contextos promovem o desenvolvimento do profissional, assim como os processos de motivação, citados no modelo JD-R (Bakker & Demerouti, 2017; Schaufeli & Taris, 2014). Profissionais inseridos em contextos de trabalho favoráveis ao seu desenvolvimento pessoal e profissional podem vivenciar um aumento nos seus recursos pessoais, como, por exemplo, em seus índices de autoeficácia. O mesmo pode ocorrer em relação à extinção dos recursos pessoais, que tem maior probabilidade de acontecer em contextos de condições de trabalho precárias, como a presença de assédio moral e altos níveis de demanda-obstáculo. Essas condições de trabalho estão associadas ao processo de adoecimento, conforme descrito no modelo JD-R. Esse processo de adoecimento pode levar a uma gradativa diminuição dos recursos pessoais dos profissionais, como no caso da síndrome de *burnout*. Observa-se que, conforme a síndrome se torna crônica e se acentua, os índices de autoeficácia do profissional gradativamente diminuem, e ele acredita menos em suas habilidades para manejar as suas demandas de trabalho.

Tendo em vista que os recursos pessoais podem ser potencializados ou extintos, a depender dos eventos e contextos de trabalho aos quais os profissionais são expostos, compreende-se que tais recursos podem ser desenvolvidos por ações externas ou por meio das experiências dos indivíduos (Bakker & Demerouti, 2017; Van den Heuvel et al., 2010). As ações externas para a promoção de recursos pessoais podem ser desenvolvidas na modalidade individual ou em grupo. As intervenções externas têm sido baseadas no modelo JD-R, visando a promover uma psicoeducação sobre o que são demandas, recursos e o modelo JD-R. Essas intervenções contribuem para que os profissionais desenvolvam estratégias para buscar recursos no trabalho, vivenciar índices de recursos pessoais mais altos, reduzir as demandas de obstáculo e aumentar suas demandas de desafio (Gordon et al., 2018; Sakuraya, Shimazu, Imamura, Namba, & Kawakami, 2016; van Wingerden, Bakker, & Derks, 2017). Já o desenvolvimento dos recursos pessoais por meio de experiências dos indivíduos está relacionado a diferentes fatores pessoais e às particularidades das experiências. Apesar da subjetividade presente no aumento dos recursos pessoais por meio de experiências pessoais, observa-se que um fator comum a essas diferentes experiências é o contexto de trabalho positivo, o qual permite que os profissionais desenvolvam processos de motivação (Bakker & Demerouti, 2017).

Em relação ao papel dos recursos pessoais no enfrentamento de situações adversas, observa-se que eles podem ser compreendidos como subsídios que os profissionais têm para manejar situações estressantes. Os recursos ganham especial importância nas situações adversas nas quais os indivíduos já utilizaram outros recursos (p. ex., autonomia, apoio social, habilidades técnicas), porém estes não foram suficientes para o desenvolvimento de um desfecho positivo (Van den Heuvel et al., 2010). Ou seja, em uma situação na qual o profissional enfrenta altos índices de demanda, a presença de altos índices de autoeficácia (p. ex., a crença de que será bem-sucedido no gerenciamento dessas demandas) pode contribuir para que ele vivencie menores índices de estresse e maneje as demandas de forma efetiva. Observa-se que as mudanças no ambiente de trabalho estão associadas ao desenvolvimento dos recursos pessoais. Os recursos pessoais influem nas mudanças contextuais, pois contribuem para o profissional se adaptar a um novo contexto, investir em seu desenvolvimento pessoal, auxiliar no alcance de metas externas, desenvolver estratégias adaptativas para enfrentar situações adversas e/ou minimizar aspectos estressores do contexto em que está inserido (Van den Heuvel et al., 2010). Em um cenário fictício, pode-se observar que profissionais que tenham altos índices de autoeficácia criativa, mesmo após perderem o emprego, podem planejar soluções empreendedoras e lucrativas como uma alternativa para sua fonte de renda financeira. Por outro lado, profissionais com baixos índices de autoeficácia criativa podem ter dificuldades em desenvolver ações alternativas para obter renda financeira.

Outro aspecto relevante é que os profissionais que têm altos índices de recursos pessoais contam com habilidades para melhorar as condições de trabalho às quais estão expostos. O potencial dos recursos pessoais para ampliar a capacidade de os profissionais lidarem com situações de adversidades corrobora para que esses recursos possam originar espirais de ganho (Van den Heuvel et al., 2010). A espiral de ganho no trabalho pode ser definida como um processo cíclico, no qual diferentes dimensões positivas estão relacionadas (p. ex., autoeficácia e otimismo), e os benefícios associados a essas dimensões aumentam com o passar do tempo (p. ex., desempenho laboral, relações interpessoais positivas, aumento da autoeficácia) (Hobfoll et al., 2003). Em razão dos benefícios produzidos pelas espirais de ganho, os trabalhadores que possuem diversos recursos pessoais apresentam maiores chances de criar ou potencializar outros recursos ao enfrentarem situações desafiadoras e adversas, nas quais a disponibilidade de recursos pode estar reduzida (Hobfoll et al., 2003; Van den Heuvel et al., 2010).

A descrição dos recursos pessoais demonstra que estes assumem um papel motivador na relação dos profissionais com suas demandas de trabalho e contribuem para que eles apresentem desfechos adaptativos no enfrentamento de situações adversas, no desenvolvimento de espirais de ganho, no seu desenvolvimento pessoal e no alcance das metas organizacionais. O potencial dos recursos pessoais para motivar os profissionais e contribuir para que eles tenham uma relação positiva com o seu trabalho indica que esses recursos podem assumir um papel protetivo em relação ao desgaste originado pelas demandas de trabalho (Bakker & Demerouti, 2017; Van den Heuvel et al., 2010). Por exemplo, profissionais com altos índices de autoeficácia, ou seja, que confiam em suas habilidades e conseguem planejar suas atividades laborais de forma efetiva, podem avaliar altos índices de demandas de trabalho como desafios e vivenciar maiores níveis de engajamento e menores índices de *burnout*. Por outro lado, aqueles que duvidam de suas habilidades e têm dificuldades de planejar suas atividades de trabalho, avaliados como indivíduos com baixos índices de autoeficácia, apresentam mais chances de vivenciarem maiores índices de *burnout* e menores índices de engajamento (Llorens-Gumbau & Salanova-Soria, 2014).

AVALIAÇÃO DE RECURSOS PESSOAIS: OTIMISMO, AUTOESTIMA, AUTOEFICÁCIA E ESPERANÇA

A avaliação dos recursos pessoais tem-se tornado uma ação prioritária nas organizações, visto que esses recursos podem atuar como fatores protetivos em relação ao desgaste causado pelas demandas de trabalho, contribuir para que os profissionais apresentem melhores desempenhos em suas atividades laborais e tenham relações interpessoais positivas com seus colegas (Bakker & Demerouti, 2017; Van den Heuvel et al., 2010). Em um contexto de constantes mudanças e insegurança econômica, como o do Brasil (Organisation for Economic Co-operation and Development [OECD], 2017), é provável que os profissionais vivenciem situações desafiadoras, adversas ou que exijam mudanças em sua maneira de interagir com os outros e manejar diversas situações de seu cotidiano e do trabalho. Dessa forma, em um país como o Brasil, os profissionais que têm consciência de seus recursos pessoais podem utilizá-los para se adaptar a diferentes contextos, ser bem-sucedidos no enfrentamento de situações desafiadoras e adversas e vivenciar maiores índices de bem-estar no trabalho.

As informações sobre os recursos pessoais dos profissionais podem ser benéficas aos gestores, os quais poderão realizar intervenções para a promoção dos recursos pessoais, adaptar o estilo de trabalho às potencialidades dos profissionais e contribuir para o aumento do desempenho laboral deles, bem como para o desenvolvimento da organização. Tomemos como exemplo uma situação na qual o gestor precise delegar projetos a dois profissionais. O primeiro trabalha bem sob pressão, mas perde o interesse rapidamente pelas atividades que desenvolve. Por outro lado, o segundo profissional tem um estilo de trabalho metódico, mas geralmente enfrenta dificuldades ao ser pressionado com prazos curtos para a entrega dos resultados. Caso o primeiro projeto exija um planejamento detalhado, com reuniões frequentes e uma intervenção de longo prazo, o gestor deve delegá-lo ao trabalhador com o segundo perfil descrito. Já para um projeto que requeira que o profissional trabalhe sob pressão e encontre soluções rápidas para diferentes situações, o gestor deve perceber que o projeto será desenvolvido com mais eficiência pelo profissional com o primeiro perfil.

Evidências têm indicado que a relação dos recursos de trabalho (p. ex., autonomia, apoio social, participação nas decisões) e demanda (p. ex., quantidade de trabalho, desgaste físico e/ou mental) com os índices de bem-estar no trabalho é influenciada pelos recursos pessoais do profissional (Bakker & Demerouti, 2017; Schaufeli & Taris, 2014). Otimismo, autoestima, autoeficácia e esperança têm sido identificados como recursos pessoais que desempenham um papel crucial nos índices de bem-estar no trabalho (Desrumaux et al., 2015; Leão et al., 2017; Lu et al., 2014; Sezgin & Erdogan, 2015).

A seguir, abordaremos cada um desses recursos.

Otimismo

O otimismo tem sido identificado como uma tendência de a pessoa acreditar que suas experiências de vida serão positivas e de que será bem-sucedida no desenvolvimento de suas tarefas (Carver & Scheier, 2001). Constitui-se como uma característica disposicional que abrange uma faixa contínua, de um polo de altos índices de otimismo ao polo oposto, de baixos níveis de otimismo (Bastianello, Pacico, & Hutz, 2014; Carver & Scheier, 2001).

As pessoas que apresentam altos índices de otimismo realizam avaliações positivas sobre os desfechos de suas ações, bem como de experiências passadas (Bastianello, Pacico, & Hutz, 2014; Carver & Scheier, 2001). Assim, os otimistas geralmente apresentam maiores índices de motivação para desenvolver as atividades necessárias para alcançar um objetivo, uma vez que têm maior probabilidade de avaliar positivamente o desfecho da situação (Carver & Scheier, 2001). Pessoas com altos níveis de otimismo podem compreender que têm maior controle sobre as situações enfrentadas, assim como sobre os resultados positivos de suas ações. Por outro lado, pessoas com baixos índices de otimismo apresentam uma tendência para avaliar negativamente o futuro e, geralmente, acreditam que suas ações não alcançarão os resultados necessários (Bastianello, Pacico, & Hutz, 2014; Carver & Scheier, 2001).

O otimismo tem sido indicado como um recurso pessoal relacionado positivamente aos índices de bem-estar (Desrumaux et al., 2015) e engajamento (Xanthopoulou et al., 2009), e negativamente, ao estresse (Desrumaux et al., 2015) e à exaustão emocional (Mäkikangas & Kinnunen, 2003). Está relacionado ao uso de estratégias de *coping* adaptativo e a altos níveis de bem-estar (Scheier, Carver, & Bridges, 1994), atitudes positivas em relação ao trabalho e engajamento (Lu et al., 2014; Xanthopoulou et al., 2009). Altos índices de otimismo contribuem para que os gestores influenciem os colaboradores a também vivenciar altos níveis de engajamento (Lu et al., 2014).

A avaliação do otimismo no contexto laboral pode ser realizada pela Escala de Orientação da Vida (LOT-R, do inglês Life Orientation Test-Revised). A LOT-R foi proposta por Scheier e colaboradores (1994) e adaptada para o contexto brasileiro por Bastianello e colaboradores (2014). Trata-se de uma escala de autorrelato, composta por 10 itens, dos quais 6 investigam as expectativas dos indivíduos sobre o futuro, e os 4 restantes são neutros, a fim de minimizar aspectos relacionados à desejabilidade social da escala. A aplicação da LOT-R pode ser realizada de forma coletiva ou individual, e os profissionais respondentes são orientados a indicar o quanto concordam com ou discordam de cada item por meio de uma escala Likert de 5 pontos (1 = discordo totalmente a 5 = concordo totalmente) (Bastianello & Pacico, 2014). O estudo de Bastianello e Pacico (2014) apresenta as normas para o levantamento e a interpretação da LOT-R.

Autoestima

A autoestima caracteriza-se como um fenômeno multidimensional e se refere às percepções dos indivíduos sobre suas capacidades, suas competências e seu valor pessoal (Rosenberg, 1989). Esse recurso pessoal se constitui pelas avaliações do indivíduo sobre si mesmo, as quais podem ser positivas (altos índices de autoestima) ou negativas (baixos índices de autoestima) (Hutz et al., 2014; Rosenberg, 1989).

Os altos níveis de autoestima podem desempenhar um papel motivacional para que os indivíduos desenvolvam suas ações de forma efetiva, persistam na sua realização e alcancem suas metas. Altos índices de autoestima têm o potencial de promover o aumento da motivação dos indivíduos; aqueles que avaliam ter as habilidades e recursos necessários para ser bem-sucedidos costumam persistir no desenvolvimento de suas ações (Hutz et al., 2014).

As pessoas com altos níveis de autoestima podem vivenciar eventos positivos com maior frequência, pois possuem os recursos necessários para ser bem-sucedidas, realizar suas metas e estabelecer objetivos realistas. Ao vivenciarem eventos positivos com frequência, provavelmente apresentarão altos níveis de satisfação com a vida e de afetos positivos e baixos índices de afetos negativos. Além disso, a autoestima se relaciona positivamente ao otimismo e à esperança (Hutz et al., 2014).

Em relação ao contexto organizacional, os níveis de autoestima estiveram positivamente relacionados ao ajuste psicológico no contexto laboral e a maiores índices de energia (Liu, Zhang, Chang, & Wang, 2017), e negativamente, à exaustão emocional (Mäkikangas & Kinnunen, 2003). Observa-se que profissionais com altos índices de autoestima tendem a vivenciar experiências de ostracismo com menor frequência. Além disso, a autoestima pode amenizar o impacto negativo do ostracismo sobre o desempenho laboral dos profissionais (Ferris, Lian, Brown, & Morrison, 2015).

A fim de avaliar os índices de autoestima, Rosenberg (1989) desenvolveu a Escala de Autoestima de Rosenberg. Hutz e Zanon (2011) investigaram as evidências de validade dessa escala, composta por 10 itens. Em 6 questões, os participantes indicam o quanto concordam ou discordam de afirmativas positivas sobre si, e em 4 questões indicam o quanto concordam com afirmações negativas sobre si. Os 10 itens são respondidos por meio de uma escala Likert de 4 pontos (1 = discordo totalmente a 4 = concordo totalmente). As orientações sobre as normas e interpretações dos escores da Escala de Autoestima de Rosenberg no contexto brasileiro podem ser encontradas no estudo de Hutz, Zanon e Vazquez (2014).

Autoeficácia

A autoeficácia refere-se às crenças que o indivíduo tem sobre suas habilidades de planejar e persistir no desenvolvimento das ações que lhe possibilitarão alcançar seus objetivos e os resultados almejados em diferentes tarefas e em diversas situações. Em razão de determinar os investimentos que serão realizados, esse recurso pessoal também impacta os níveis de motivação e o envolvimento dos indivíduos no desenvolvimento das atividades planejadas (Bandura, 1997; Xanthopoulou et al., 2009).

O potencial motivador da autoeficácia tem sido considerado um elemento determinante no envolvimento do profissional em seu trabalho (Bandura, 1997; Xanthopoulou et al., 2009). Além disso, esse recurso pessoal assume um papel crucial no desenvolvimento do engajamento no trabalho (Xanthopoulou et al., 2009).

Foi evidenciado que a autoeficácia pode auxiliar os profissionais no enfrentamento de suas demandas e moderar as relações entre condições de trabalho e níveis de bem-estar (Xanthopoulou et al., 2009). Também está positivamente relacionada aos níveis de engajamento (Chan et al., 2017; Lu et al., 2014).

A demanda pode repercutir na relação dos índices de autoeficácia com o engajamento de maneira similar à observada nas associações dos recursos de trabalho, demanda e engajamento (Xanthopoulou, Bakker, & Fischbach, 2013). Altos níveis de autoeficácia têm o potencial de amenizar o impacto negativo dos altos índices de demanda sobre o engajamento, ao passo que, em situações de baixos índices de demanda, tanto a demanda como a autoeficácia não apresentam efeitos sobre os níveis de engajamento. Ao analisar o papel preditor da autoeficácia sobre o engajamento, observa-se que esse recurso pessoal contribui na explicação do engajamento quando associado a altos níveis de demanda. Entretanto, em contextos em que há baixos índices de demanda, a presença de altos níveis de autoeficácia pode estar negativamente relacionada ao engajamento (Xanthopoulou et al., 2013).

Os índices de autoeficácia podem ser avaliados por meio da Escala de Autoeficácia Geral, desenvolvida por Pacico, Ferraz e Hutz (2014), composta por 20 itens, sendo 14 de orientação positiva e 6 de orientação negativa. A escala pode ser aplicada de forma individual ou coletiva. Ao receber a escala, o respondente deve ser orientado a indicar o quanto a afirmativa representa uma crença ou um comportamento seu. As afirmativas são avaliadas em uma escala Likert de 5 pontos (1 = sempre falsa a 5 = sempre verdadeira). As instruções para o levantamento dos escores e a interpretação dos resultados podem ser consultadas no trabalho de Pacico e colaboradores (2014).

Esperança

O recurso pessoal esperança pode ser definido como o conjunto de crenças de um indivíduo de que os seus objetivos podem ser alcançados. Assim, a esperança se caracteriza como o pensamento dirigido às metas e aos objetivos das pessoas (Snyder et al., 1991). Esse recurso pessoal constitui-se por duas dimensões: as rotas (*pathways*) e o agenciamento (*agency*) (Pacico & Bastianello, 2014; Snyder et al., 1991).

As rotas são o componente cognitivo da esperança e podem ser compreendidas como as habilidades cognitivas dos indivíduos para planejar diferentes caminhos, a fim de alcançar suas metas e seus objetivos (Snyder et al., 1991). Os caminhos que compõem as rotas devem ser factíveis e contribuir para os indivíduos serem bem-sucedidos no desenvolvimento e na obtenção dos objetivos e das metas desejados (Pacico & Bastianello, 2014; Snyder et al., 1991). Ao pensar no caso fictício de um gestor que tenha como meta motivar seus profissionais para que eles se engajem no trabalho, as estratégias que ele utilizará caracterizam as rotas. Alguns exemplos de rotas podem ser: planejar como melhorar as condições de trabalho dos colaboradores, fornecer *feedback* aos colaboradores e ampliar a autonomia de trabalho deles.

O agenciamento caracteriza-se como a dimensão motivacional da esperança, responsável por impulsionar os indivíduos na busca de seus objetivos e suas metas. O agenciamento também abrange as crenças dos indivíduos em suas habilidades para alcançar seus objetivos e suas metas por meio das rotas planejadas (Pacico & Bastianello, 2014; Snyder et al., 1991). Dessa forma, o agenciamento é o que motiva os indivíduos a buscar suas metas e seus objetivos, e sua ausência sugere que, mesmo que o indivíduo tenha metas ou desenvolva rotas, não estará motivado a realizá-las. Retornando ao caso fictício do gestor que deseja aumentar os índices de engajamento dos seus colaboradores, ele pode desejar que os seus colaboradores estejam mais engajados no trabalho e planejar as rotas para alcançar esse objetivo, mas a falta de agenciamento impossibilita que ele aja em direção ao seu objetivo.

A avaliação da esperança requer que as rotas e o agenciamento sejam investigados simultaneamente, apesar de esses conceitos serem apresentados separadamente (Snyder et al., 1991). Isso se deve ao fato de a esperança se constituir como um recurso pessoal que se origina da interação do agenciamento e das rotas, ou seja, para o indivíduo apresentar altos índices de esperança, ele deve ter altos índices de rotas e de agenciamento (Pacico & Bastianello, 2014; Snyder et al., 1991). Além disso, a esperança deve ser compreendida como uma tendência intrínseca dos indivíduos a buscar a realização de seus objetivos e suas metas, e não se origina da exposição do indivíduo a metas ou objetivos externos que o motivam a agir. Pelo contrário, caracteriza-se pela disposição (agenciamento) e pelo planejamento (rotas) do indivíduo na busca de metas e objetivos que ele considera relevantes (Snyder et al., 1991).

Foi observado que indivíduos com altos índices de esperança tendem a ter altos níveis de otimismo, autoestima e relações interpessoais positivas (Snyder, Cheavens, & Sympson, 1997). No contexto organizacional, a esperança esteve positivamente associada ao desempenho laboral e à autoeficácia (Sezgin & Erdogan, 2015).

A fim de investigar os índices de esperança, avaliando os níveis dos indivíduos nas dimensões de rotas e agenciamento, Snyder et al. (1991) desenvolveu a Escala de Esperança Disposicional para Adultos (ADHS, do inglês *Adult Dispositional Hope Scale*), adaptada ao contexto brasileiro por Pacico e colaboradores (2012). A ADHS pode ser aplicada de forma individual ou coletiva e possui 12 itens: 4 itens investigam os níveis de agenciamento, 4, os índices de rotas, e 4, os distratores. Ao receberem a escala, os respondentes devem ser orientados a indicar o quanto percebem que a afirmação representa um comportamento ou crença próprios em uma escala Likert de 5 pontos (1 = totalmente falsa a 5 = totalmente verdadeira). As orientações para a interpretação dos escores dos participantes podem ser encontradas no estudo de Pacico e Bastianello (2014).

CONSIDERAÇÕES FINAIS

As relações apresentadas entre os recursos pessoais e as condições de trabalho (demanda e recursos do trabalho) e os índices de bem-estar no trabalho expõem o papel dos recursos pessoais no desenvolvimento dos processos de motivação (Bakker & Demerouti, 2017; Schaufeli & Taris, 2014; Van den Heuvel et al., 2010). Neste capítulo, buscou-se também demonstrar como a avaliação e o conhecimento sobre os recursos pessoais dos colaboradores podem contribuir para que os profissionais e os gestores aproveitem ao máximo o capital humano da organização.

Além disso, destacou-se a relevância de autoeficácia, autoestima, otimismo e esperança para o desenvolvimento do profissional e o impacto desses recursos pessoais na organização (Desrumaux et al., 2015; Leão et al., 2017; Lu et al., 2014; Sezgin & Erdogan, 2015), bem como foram apresentadas estratégias para investigar esses recursos (Bastianello & Pacico, 2014; Hutz et al., 2014; Pacico & Bastianello, 2014; Pacico et al., 2014).

A avaliação dos recursos pessoais no contexto organizacional avançou nos últimos anos de pesquisa na área. Entretanto, são necessários mais esforços, a fim de que instrumentos adequados e normatizados para a avaliação de recursos pessoais sejam disponibilizados para a avaliação desses recursos em diferentes organizações. Além disso, são necessários estudos que analisem em profundidade o papel dos recursos pessoais nos níveis de bem-estar no trabalho e no desempenho laboral dos profissionais. As pesquisas nessas áreas permitirão o desenvolvimento de intervenções que auxiliem os profissionais no seu desenvolvimento profissional e no enfrentamento efetivo de situações adversas.

REFERÊNCIAS

Bakker, A. B., & Demerouti, E. (2017). Job demands–resources theory: taking stock and looking forward. *Journal of Occupational Health Psychology*, 22(3), 273-285.

Bandura, A. (1997). *Self-efficacy: the exercise of control*. New York: Freeman.

Bastianello, M. R., & Pacico, J. C. (2014). Otimismo. In C. S. Hutz (Ed.), *Avaliação em psicologia positiva* (pp. 31-51). Artmed: Porto Alegre.

Bastianello, M. R., Pacico, J. C., & Hutz, C. S. (2014). Optimism, self-esteem and personality: adaptation and validation of the Brazilian Version Of The Revised Life Orientation Test (LOT-R). *Psico-USF*, 19(3), 523-531.

Besser, A., & Zeigler-Hill, V. (2014). Positive personality features and stress among first-year university students: implications for psychological distress, functional impairment, and self-esteem. *Self and Identity*, 13(1), 24-44.

Carver, C. S., & Scheier, M. F. (2001). Optimism, pessimism, and self-regulation. In E. C. Chang (Ed.), *Optimism and pessimism: implications for theory, research, and practice* (pp. 31-51). Washington: American Psychological Association.

Chan, X. W., Kalliath, T., Brough, P. O'Driscoll, M., Siu, O.-L., & Timms, C. (2017). Self-efficacy and work engagement: test of a chain model. *International Journal of Manpower*, 38(6), 819-834.

Crawford, E. R., LePine, J. A., & Rich, B. L. (2010). Linking job demands and resources to employee engagement and burnout: a theoretical extension and meta-analytic test. *Journal of Applied Psychology*, 95(5), 834-848.

Dalanhol, N. D. S., Freitas, C. P. P. de, Machado, W. D. L., Hutz, C. S., & Vazquez, A. C. S. (2017). Engajamento no trabalho, saúde mental e personalidade em oficiais de justiça. *Psico*, 48(2), 109-119.

Demerouti, E., Bakker, A. B., Nachreiner, F., & Schaufeli, W. B. (2001). The job demands-resources model of burnout. *Journal of Applied psychology*, 86(3), 499-512.

Desrumaux, P., Lapointe, D., Ntsame Sima, M., Boudrias, J.-S., Savoie, A., & Brunet, L. (2015). The impact of job demands, climate, and optimism on well-being and distress at work: what are the mediating effects of basic psychological need satisfaction? *Revue Européenne de Psychologie Appliquée/European Review of Applied Psychology*, 65(4), 179-188.

Ferris, D. L., Lian, H., Brown, D. J., & Morrison, R. (2015). Ostracism, self-esteem, and job performance: when do we self-verify and when do we self-enhance? *Academy of Management Journal*, 58(1), 279-297.

Gordon, H. J., Demerouti, E., Le Blanc, P. M., Bakker, A. B., Bipp, T., & Verhagen, M. A. M. T. (2018). Individual job redesign: job crafting interventions in healthcare. *Journal of Vocational Behavior*, 104, 98-114.

Harter, J. K., Schmidt, F. L., & Keyes, C. L. (2002). Well-Being in the workplace and its relationship to business outcomes: a review of the Gallup studies. In C. L. Keyes & J. Haidt (Eds.), *Flourishing: the positive person and the good life* (pp. 205-224). Washington: American Psychological Association.

Hobfoll, S. E., Johnson, R. J., Ennis, N., & Jackson, A. P. (2003). Resource loss, resource gain, and emotional outcomes among inner city women. *Journal of Personality and Social Psychology*, 84(3), 632-643.

Hutz, C. S., & Zanon, C. (2011). Revisão da adaptação, validação e normatização da Escala de Autoestima de Rosenberg. *Avaliação Psicológica*, 10(1), 41-49.

Hutz, C. S., Midgett, A., Pacico, J. C., Bastianello, M. R., & Zanon, C. (2014). The relationship of hope, optimism, self-esteem, subjective well-being, and personality in brazilians and americans. *Psychology*, 5(06), 514-522.

Hutz, C. S., Zanon, C., & Vazquez, A. C. S. (2014). Escala de autoestima de Rosenberg. In C. S. Hutz (Ed.), *Avaliação em psicologia positiva* (pp. 31-51). Artmed: Porto Alegre.

Keyes, C. L. M., & Haidt, J. (2003). *Flourishing: positive psychology and a life well lived*. Washington: American Psychological Association.

Leão, E. R., Dal Fabbro, D. R., Oliveira, R. B. de, Santos, I. R. dos, Victor, E. da S., Aquarone, R. L., ... Ferreira, D. S. (2017). Stress, self-esteem and well-being among female health professionals: a randomized clinical trial on the impact of a self-care intervention mediated by the senses. *PLOS ONE*, 12(2), e0172455.

Liu, H., Zhang, X., Chang, R., & Wang, W. (2017). A research regarding the relationship among intensive care nurses' self-esteem, job satisfaction and subjective well-being. *International Journal of Nursing Sciences*, 4(3), 291-295.

Llorens-Gumbau, S., & Salanova-Soria, M. (2014). Loss and gain cycles? A longitudinal study about burnout, engagement and self-efficacy. *Burnout Research*, 1(1), 3-11.

Lu, X., Xie, B., & Guo, Y. (2018). The trickle-down of work engagement from leader to follower: the roles of optimism and self-efficacy. *Journal of Business Research*, 84, 186-195.

Luthans, F., Youssef, C. M., & Avolio, B. J. (2007). *Psychological capital: developing the human competitive edge*. Oxford: Oxford University.

Mäkikangas, A., & Kinnunen, U. (2003). Psychosocial work stressors and well-being: self-esteem and optimism as moderators in a one-year longitudinal sample. *Personality and Individual Differences*, 35(3), 537-557.

Organisation for Economic Co-operation and Development [OECD]. (2017). How's life? At a glance. In OECD, how's life? OECD; 2017. Recuperado de http://www.oecd.org/statistics/how-s-life-23089679.htm

Pacico, J. C., & Bastianello, M. R. (2014). Instrumentos para avaliação da esperança: escala de esperança disposicional e escala de esperança cognitiva. In C. S. Hutz (Ed.), *Avaliação em psicologia positiva* (pp. 31-51). Artmed: Porto Alegre.

Pacico, J. C., Ferraz, S. B., & Hutz, C. S. (2014). Autoeficácia- *Yes we can!* In C. S. Hutz (Ed.), *Avaliação em psicologia positiva* (pp. 31-51). Artmed: Porto Alegre.

Rosenberg, M. (1989). *Society and the adolescent self-image*. Middletown: Wesleyan University.

Sakuraya, A., Shimazu, A., Imamura, K., Namba, K., & Kawakami, N. (2016). Effects of a job crafting intervention program on work engagement among Japanese employees: A pretest-posttest study. *BMC Psychology*, 4(1), 49.

Schaufeli, W. B., Dijkstra, P., & Vazquez, A. C. (2013). *Engajamento no trabalho*. São Paulo: Casa do Psicólogo.

Schaufeli, W. B., & Taris, T. W. (2014). A critical review of the Job Demands-Resources Model: Implications for improving work and health. In G. Bauer, & O. Hämmig (Eds.), *Bridging occupational, organizational and public health* (pp. 43-68). Dordrecht: Springer.

Scheier, M. F., Carver, C. S., & Bridges, M. W. (1994). Distinguishing optimism from neuroticism (and trait anxiety, self-mastery, and self-esteem): a reevaluation of the Life Orientation Test. *Journal of Personality and Social Psychology*, 67(6), 1063-1078.

Sezgin, F., & Erdogan, O. (2015). Academic optimism, hope and zest for work as predictors of teacher self-efficacy and perceived success. *Educational Sciences: Theory & Practice*, 15(1), 7-19.

Silva, L. S., & Freitas, C. P. P. (2018). Papel mediador da motivação intrínseca no trabalho na relação dos recursos e engajamento no trabalho. *Manuscrito submetido*.

Snyder, C. R., & Lopez, S. J. (2009). *Psicologia positiva: uma abordagem científica e prática das qualidades humanas*. Porto Alegre: Artmed.

Snyder, C. R., Cheavens, J., & Sympson, S. C. (1997). Hope: An individual motive for social commerce. *Group Dynamics: theory, research, and practice*, 1(2), 107-118.

Snyder, C. R., Harris, C., Anderson, J. R., Holleran, S. A., Irving, L. M., Sigmon, S. T., ... Harney, P. (1991). The will and the ways: development and validation of an individual-differences measure of hope. *Journal of Personality and Social Psychology*, 60(4), 570-585.

Van den Heuvel, M., Demerouti, E., Bakker, A. B., & Schaufeli, W. B. (2010). Personal resources and work engagement in the face of change. In J. Houdmont, & S. Leka (Orgs.), *Contemporary occupational health psychology* (pp. 124-150). Oxford: Wiley-Blackwell.

Van Wingerden, J., Bakker, A. B., & Derks, D. (2017). The longitudinal impact of a job crafting intervention. *European Journal of Work and Organizational Psychology*, 26(1), 107-119.

Xanthopoulou, D., Bakker, A. B., Demerouti, E., & Schaufeli, W. B. (2009). Work engagement and financial returns: A diary study on the role of job and personal resources. *Journal of Occupational and Organizational Psychology*, 82(1), 183-200.

Xanthopoulou, D., Bakker, A. B., & Fischbach, A. (2013). Work engagement among employees facing emotional demands: the role of personal resources. *Journal of Personnel Psychology*, 12(2), 74-84.

LEITURA RECOMENDADA

Pacico, J. C., Zanon, C., Bastianello, M. R., & Hutz, C. S. (2011). Adaptation and validation of the hope index for Brazilian adolescents. *Psicologia: reflexão e crítica*, 24(4), 666-670.

5

AVALIAÇÃO DO BEM-ESTAR NO TRABALHO

Ana Junça Silva
Helenides Mendonça

Ser e estar bem são aspectos cruciais para as pessoas e para as sociedades (Diener, 2006). O bem-estar ocupa um lugar central nas necessidades e nas motivações de qualquer pessoa ao longo do seu ciclo de vida. O sentido e a experiência da felicidade e do bem-estar têm atraído a atenção de reconhecidos filósofos, como Platão e Aristóteles, desde a antiguidade. Contudo, nas décadas mais recentes, o bem-estar tem sido estudado por áreas que se preocupam com a qualidade de vida das pessoas: as ciências da saúde, a economia, a sociologia e a psicologia (p. ex., Alston, Lowe, & Wrigley, 1974; Diener, Suh, Lucas, & Smith, 1999; Hodge, 1970; Kahneman, Diener, & Schwarz,1999; Layard, 2005; Ryff, 1989).

A linha de investigação tradicional sobre o bem-estar focou, ao longo de muitos anos, no estudo da doença, da depressão, do estresse e de outras experiências psicológicas negativas. Essa tendência se preocupou, sobretudo, em compreender as consequências desses estados e/ou experiências negativas. Por oposição a essa perspectiva, surgiu recentemente uma linha de investigação, denominada psicologia positiva, que veio legitimar e realçar a necessidade de se estudar os estados psicológicos positivos. A psicologia positiva tem demonstrado que não só é importante olhar para os estados ou experiências negativas, mas também compreender as experiências positivas e a forma como contribuem para o bem-estar dos indivíduos (Seligman & Csikszentmihalyi, 2000).

O QUE É BEM-ESTAR?

O bem-estar tem sido conceituado de diferentes formas. Existem duas perspectivas para compreendê-lo: o bem-estar objetivo e o bem-estar subjetivo.

O bem-estar objetivo tem sido definido de acordo com um conjunto de parâmetros socioeconômicos, que permitem diferenciar sociedades, grupos ou indivíduos e que podem ser objetivamente mensuráveis, como a saúde, a educação, a segurança, o emprego, os rendimentos, etc. Esses e outros indicadores exprimem níveis de qualidade de vida geralmente utilizados para comparar países e culturas ou grupos em uma mesma sociedade (Caetano & Silva, 2011). Ou seja, o bem-estar objetivo está ligado às condições de vida de uma pessoa, e são estas que permitem identificar se ela está bem ou não. Assim, de acordo com essa perspectiva, uma pessoa feliz é aquela que possui um bom rendimento, tem um *status* socioeconômico elevado, é saudável, tem uma boa formação acadêmica e um emprego estável, que lhe permite residir em uma sociedade rica e ter acesso a outros bens materiais (p. ex., comida, bens luxuosos, educação, etc.) (Warr & Inceoglu, 2012).

Contudo, o bem-estar é mais abrangente do que indicadores econômicos ou materiais. Existem elementos subjetivos que indicam como as condições objetivas são percebidas e avaliadas pelas pessoas. Assim, o bem-estar subjetivo diz respeito à avaliação cognitiva e afetiva que uma pessoa faz da sua própria vida e tem uma longa tradição de pesquisas sociopsicológicas. Ou seja, está conceituado como a avaliação que a pessoa faz acerca do grau de satisfação com a sua vida – satisfação em geral ou com domínios específicos (p. ex., trabalho, relações, saúde, tempo livre) –, e relacionado à experiência frequente de emoções positivas e à menor frequência de emoções negativas (Diener et al., 1999; Schimmack, 2008). Segundo essa perspectiva, uma pessoa feliz é aquela que avalia favoravelmente a sua vida e tem uma preponderância de experiências emocionais positivas sobre as experiências emocionais negativas.

A ideia generalizada de que o bem-estar objetivo influencia o bem-estar subjetivo tem recebido algum suporte da investigação empírica, mas não de um modo linear (p. ex., Smith & Clay, 2010). Em uma perspectiva macrossocial, constata-se que existem, por exemplo, correlações elevadas entre os níveis de desenvolvimento e de qualidade de vida dos países e as médias de bem-estar subjetivo dos seus habitantes. Todavia, o aumento dos rendimentos das pessoas não implica diretamente no aumento do seu bem-estar subjetivo. As pessoas podem estar satisfeitas com suas vidas, mesmo que pareçam pobres em termos de medidas objetivas (p. ex., ter um trabalho precário, ou ter baixa formação). Alguns estudos têm demonstrado que pessoas com rendimentos abaixo da média têm níveis mais elevados de bem-estar subjetivo, quando comparadas a pessoas com rendimentos superiores (Smith & Clay, 2010). Ou seja, podemos dizer que esse é o lado subjetivo do bem-estar, em que importa mais o que a pessoa valoriza em termos de ser e estar (Easterlin, 2001).

Ambas as perspectivas parecem ser relevantes para o estudo e a compreensão das questões associadas à problemática do bem-estar. Não obstante seja importante não perder de vista uma perspectiva holística sobre o bem-estar das pessoas, recentemente investigadores organizacionais têm aproveitado a tendência da psicologia positiva para aprofundar o estudo do bem-estar das pessoas no trabalho. Essa tendência tem assumido um novo campo de investigação, com enfoque no comportamento organizacional positivo (Fineman, 2006; Hackman, 2009; Luthans & Avolio, 2009).

A psicologia positiva tem contribuído de modo significativo para o estudo do bem-estar. Contudo, ainda não parece haver consenso empírico conceitual sobre as dimensões que o compõem, assim como sobre seus antecedentes e consequentes. Na busca de consenso sobre as dimensões que compõem o bem-estar, sob o ponto de vista sociopsicológico, Ryan e Deci (2001) propõem a organização dos estudos com base em duas perspectivas filosóficas distintas: a hedonista e a eudaimonista. Na concepção hedonista, o bem-estar vincula-se ao prazer ou à felicidade, ao passo que a concepção eudaimonista defende que o bem-estar está relacionado à autorrealização, às potencialidades humanas e à verdadeira natureza dos indivíduos.

Com base na perspectiva hedonista, Diener (Diener, 1984; Diener & Suh, 1997; Diener et al., 1999) aborda o bem-estar subjetivo a partir das dimensões cognitiva e afetiva. A dimensão cognitiva diz respeito ao julgamento das pessoas sobre a satisfação com a vida em geral e com seus diferentes domínios, como trabalho, família, lazer, saúde e finanças. A dimensão afetiva refere-se às reações emocionais dos indivíduos aos eventos mais gerais, como, por exemplo, a morte de um ente querido, o casamento, o desemprego, entre outros, e aos eventos mais específicos ou diários, como, por exemplo, ter uma discussão com alguém, receber um *feedback* positivo, etc. Tais eventos podem ser avaliados positivamente e desencadear reações afetivas positivas nas pessoas, como alegria, orgulho e contentamento. Contudo, também podem ser avaliados negativamente, levando a pessoa a experienciar reações afetivas negativas, como tristeza, depressão ou inveja (Junça-Silva, Caetano, & Rueff-Lopes, 2017). Alguns estudos têm mostrado, de forma consistente, que a dimensão mais importante para a descrição de experiências emocionais é o contínuo prazer-desprazer (Bakker, 2014; Watson, Wiese, Vaidya, & Tellegen, 1999). Por exemplo, o modelo circunflexo do afeto, proposto por Russell (1980, 2003), identifica a felicidade como o maior extremo positivo do contínuo prazer-desprazer.

De acordo com essa perspectiva, o bem-estar, ou felicidade, seria alcançado quando as pessoas experimentam um alto grau de afetos positivos e de satisfação com a sua própria vida, e um baixo grau de afetos negativos. Diener e colaboradores (1999) consideram, ainda, que os diferentes componentes do bem-estar subjetivo sofrem a influência de múltiplos determinantes, entre os quais se incluem a hereditariedade, a personalidade e os recursos ambientais.

A concepção eudaimonista postula que a felicidade está relacionada ao bem-estar psicológico, ou seja, com a prática de ações virtuosas, honestas, moralmente corretas, com significado, e que, em última instância, promovem o crescimento pessoal (Ryan & Deci, 2001; Ryff & Singer, 2003). Assim, uma pessoa feliz é aquela que faz o que é correto e virtuoso e procura ativamente atingir objetivos com significado pessoal relevante, que permitam e estimulem o crescimento pessoal, bem como se esforça para usar e desenvolver suas competências, capacidades e conhecimentos, independentemente das emoções vivenciadas nesse processo (Seligman, 2002; Warr & Inceoglu, 2012). De acordo com a perspectiva eudaimônica, a autovalidação e a autoatualização são fatores preponderantes para a experiência de uma vida feliz.

Nessa perspectiva, destacam-se os estudos de Ryff (1989), que identificam os fatores relacionados aos diferentes desafios que os indivíduos encontram na tentativa de obter a autorrealização pessoal. Entre eles, a autora aborda as dimensões de autoaceitação, autonomia, propósito de vida, domínio do ambiente, crescimento pessoal e relações positivas com os outros. Para Ryff e Keyes (1995), então, o bem-estar psicológico pode ser alcançado mediante a realização do próprio potencial, sendo a felicidade uma consequência disso, obtida por meio de uma vida bem vivida.

Vários estudos têm mostrado uma relação significativa entre aspectos hedônicos (p. ex., emoções) e eudaimônicos (p. ex., significado da vida), sugerindo que ambos devem ser utilizados para medir e avaliar a felicidade das pessoas (Kashdan, Biswas-Diener, & King, 2008; Waterman, Schwartz, & Conti, 2008). Ou seja, deve haver uma integração de ambas as perspectivas, em vez de tratá-las de modo independente. A esse respeito, vale ressaltar a proposta de Diener e colaboradores (2010), que define o bem-estar, ou felicidade, a partir de duas vertentes. A primeira delas é a do florescimento (em inglês, *flourishing*), conhecido inicialmente por bem-estar psicológico. Esse conceito é baseado nas teorias humanísticas que abordam as necessidades psicológicas, como as necessidades por competência, afinidade e autoaceitação. No campo do trabalho, a emergir como resultado da proeminência dos afetos positivos sobre os negativos, o florescimento está relacionado à prosperidade, ao engajamento, à felicidade, à autoeficácia e à motivação intrínseca no desenvolvimento das atividades laborais, sendo considerado como a síndrome do funcionamento positivo no trabalho (Mendonça, Caetano, Ferreira, Sousa, & Junça-Silva, 2014). A segunda vertente apresenta o bem-estar a partir de uma diversidade de sentimentos positivos e negativos que a pessoa pode ter acerca de sua vida em geral. Ainda de acordo com Diener e Chan (2011), as principais características de uma boa vida incluem a felicidade, a saúde e a longevidade.

O QUE É BEM-ESTAR NO TRABALHO?

As preocupações em entender o bem-estar no trabalho têm assumido diferentes formas ao longo do tempo. Os investigadores têm estudado construtos próximos do bem-estar no trabalho, como, por exemplo, a satisfação e o engajamento com o trabalho, entre outros. De modo geral, o construto que tem sido mais estudado é a satisfação que os trabalhadores têm com o seu trabalho (p. ex., Brief, 1998; Cranny, Smith, & Stone, 1992). A satisfação com o trabalho tem sido estudada de diversas formas, ora como antecedente de outras variáveis (p. ex., o desempenho, a produtividade, os comportamentos funcionais e disfuncionais, entre outros), ora como consequente de diversas características organizacionais (p. ex., a variedade da tarefa, a sua ambiguidade, as relações com colegas, supervisor, entre outros).

De fato, a satisfação com o trabalho constitui um dos domínios importantes do bem-estar subjetivo, dada a centralidade que o trabalho ocupa na vida das pessoas. As condições de emprego e de exercício profissional afetam o nível de satisfação da pessoa e podem contribuir para elevar ou diminuir o seu bem-estar subjetivo. Se a inatividade, forçada por motivos de desemprego, afeta negativamente o bem-estar subjetivo, também o excesso de trabalho e o conflito trabalho-família estão frequentemente associados a experiências de emoções negativas e a graus relativamente baixos de felicidade, ainda que as condições econômicas sejam favoráveis (Argyle, 2001; Diener, 2000).

Outros estudos associados ao bem-estar no trabalho podem ser encontrados na literatura, apesar de a maioria apresentar problemas conceituais, uma vez que não se baseiam nas teorias bidimensionais do bem-estar. Por exemplo, Cotton e Hart (2003) concebem o bem-estar no trabalho como uma combinação de moral, distresse e satisfação no trabalho. Por outro lado, Daniels (2000) conceitua o bem-estar no trabalho com base nos afetos e o organiza estruturalmente em cinco dimensões bipolares: ansiedade-conforto, depressão-prazer, tédio-entusiasmo, cansaço-vigor, raiva-serenidade. Para o autor, o lado positivo do eixo bipolar caracteriza a vivência de bem-estar no trabalho. Danna e Griffin (1999) descrevem o bem-estar no trabalho como relacionado também aos aspectos físicos e psicológicos. Esses estudos integram componentes positivos e negativos, referindo-se a julgamentos positivos (atitudes positivas) ou a experiências tanto positivas quanto negativas vivenciadas no trabalho (experiência de emoções relacionadas a humor, afeto, sentimentos e estados psicológicos).

Modelos conceituais de bem-estar no trabalho

A área das organizações e do trabalho não se furta à perspectiva da psicologia positiva, e tem dado ênfase à importância do que influencia a felicidade e o bem-estar dos indivíduos no trabalho (p. ex., Chancellor, Layous, & Lyubomirsky, 2015). Grande parte desses estudos mostrou que os fatores com maior impacto na (in)felicidade e no estresse no trabalho estão relacionados a atributos da organização e do trabalho, às características e aos comportamentos do supervisor e a outras características do ambiente de trabalho.

Nesse sentido, alguns modelos conceituais focados nas características do trabalho em si têm surgido. Uma das tipologias mais conhecidas é a tipologia de características do trabalho, desenvolvida por Hackman e Oldham (1975). Os trabalhos com tais características (significado da tarefa, variedade de competências, identidade da tarefa, autonomia e *feedback* sobre o trabalho) estimulam a motivação, a satisfação e o bem-estar com o trabalho (Doest & Jonge, 2006). Morgeson e Humphrey (2006) expandiram a tipologia de Hackman e Oldham (1975), e, além dos cinco fatores motivacionais inicialmente propostos, sugeriram outros fatores motivacionais, sociais e do contexto de trabalho: autonomia na programação do horário de trabalho; autonomia na tomada de decisão; autonomia na escolha dos métodos de trabalho; variedade de tarefas; significado da tarefa; identidade da tarefa; *feedback* do trabalho; complexidade do trabalho; processamento de informação; resolução de problemas; variedade de competências; especialização; suporte social; interdependência dada; interdependência recebida; interação externa; organização; *feedback* dos outros; ergonomia; exigências físicas; condições de trabalho e uso de equipamentos.

Uma metanálise mostrou a existência de relações significativas positivas entre a maior parte desses fatores e a felicidade no trabalho, a satisfação com o trabalho e o comprometimento organizacional (Fried & Ferris, 1987).

Peter Warr (1990, 1994) foi um dos primeiros autores a se dedicar ao estudo do bem-estar no contexto do trabalho, e, a partir do interesse nos aspectos subjetivos positivos, tem apresentado uma intensa produção. Warr (1990, 1994) propôs um modelo sobre o bem-estar afetivo no trabalho, no qual esse construto é representado por duas dimensões – prazer e vigilância/excitação – e suas combinações. Com o avanço de suas pesquisas, Warr (2007) desenvolveu o modelo vitamínico da felicidade (Warr, 1987, 2007), no qual aborda a questão da felicidade no trabalho, integrando o bem-estar afetivo e a realização pessoal em sua concepção de felicidade. O autor propõe a existência de aspectos como a supervisão, a remuneração e a carreira como preditores de felicidade e bem-estar no trabalho. De modo geral, quanto mais caraterísticas positivas o indivíduo tiver no seu trabalho, maior será a sua felicidade e satisfação. Contudo, Warr (1987; 2007) afirma, ainda, que essa relação não é linear, uma vez que, tal como as vitaminas têm efeitos benéficos limitados para a saúde física, o mesmo acontece com algumas caraterísticas do trabalho. Ou seja, o aumento da quantidade de algumas caraterísticas do trabalho estimula o bem-estar até um determinado nível – o nível da "dose diária recomendada". Após esse nível, os efeitos benéficos sobre o bem-estar passam a ser limitados, e o aumento de algumas caraterísticas do trabalho pode ter um efeito contraproducente na felicidade, assim como acontece com a sobredosagem de vitaminas no organismo. Por exemplo, Warr (2007) sugere que é possível ter controle pessoal, variedade e clareza na tarefa. Contudo, o contato com outros é importante até um determinado nível. A Tabela 5.1 apresenta as variáveis relacionadas ao bem-estar no trabalho, de acordo com esses autores.

Outros estudiosos das organizações (Luthans, 2002; Luthans & Youssef, 2004) têm aderido aos pressupostos da psicologia positiva e vêm defendendo a ideia de que as organizações positivas asseguram sua sobrevivência e efetividade sob condições adversas. Isso é possível em razão do capital psicológico, entendido como as forças positivamente orientadas de recursos humanos e capacidades psicológicas que podem ser medidas, desenvolvidas e geridas de maneira eficaz para a melhoria do desempenho (Luthans, 2002). O capital psicológico envolve a autoeficácia, a resiliência, a esperança e o otimismo e está fortemente correlacionado com a teoria dos eventos afetivos, proposta por Weiss e Cropanzano (1996). Os autores sugerem que não são apenas as características do trabalho que influenciam o bem-estar dos indivíduos, mas também todos os acontecimentos que estes experienciam diariamente enquanto trabalham. Assim, eles propõem que as condições e as características relativamente estáveis do trabalho (como as descritas anteriormente) criam condições para a ocorrência de diferentes tipos de eventos afetivos. Os eventos afetivos são microacontecimentos positivos e negativos experienciados no local de trabalho, os quais provocam reações afetivas, momentâneas ou duradouras nos indivíduos. As reações afetivas, por sua vez, influenciarão a maneira como o indivíduo se comporta no e em relação ao seu trabalho. São exemplos de eventos afetivos no trabalho: receber reconhecimento do supervisor, rir de algo, fazer uma pausa desejada, receber *feedback* negativo, ser interrompido, lidar com alguém rude. A reação afetiva desencadeada pelos eventos afetivos é variável intra e interindividualmente. Ou seja, as reações afetivas podem ser diferentes de indivíduo para indivíduo, e o mesmo indivíduo pode ter diferentes reações afetivas face ao mesmo evento, em tempos diferentes (Junça-Silva et al., 2017).

A teoria da avaliação cognitiva (Lazarus, 1991; Scherer, Schorr, & Johnstone, 2001) justifica essas diferenças ao propor que a maneira como os indivíduos interpretam e avaliam o que lhes acontece determina a reação afetiva ao evento. Segundo Lazarus (1999), mais importante do que aquilo que acontece é a forma como se percebe, interpreta e avalia esse acontecimento. As avaliações cognitivas dos eventos são influenciadas não só pela natureza objetiva destes, mas também por caraterísticas

TABELA 5.1
Caraterísticas do trabalho associadas ao bem-estar no trabalho

Hackman e Oldham (1975)	Morgeson e Humphrey (2006)	Warr (2007)
• Significado da tarefa • Variedade de competências • Identidade da tarefa • Autonomia • *Feedback* do trabalho	• Autonomia na programação do horário de trabalho • Autonomia na tomada de decisão • Autonomia na escolha dos métodos de trabalho • Variedade de tarefas • Significado da tarefa • Identidade da tarefa • *Feedback* do trabalho • Complexidade do trabalho • Processamento de informação • Resolução de problemas • Variedade de competências • Especialização • Suporte social • Interdependência dada • Interdependência recebida • Interação externa • Organização • *Feedback* dos outros • Ergonomia • Exigências físicas • Condições de trabalho • Uso de equipamentos	• Oportunidade para controle pessoal • Oportunidade para uso de competências • Objetivos extrínsecos • Variedade • Clareza do ambiente • Contato com outros • Remuneração • Segurança física • Valorização da posição social • Perspectiva de carreira • Equidade

disposicionais, expectativas, atribuições individuais e processos de influência e comparação social. Por exemplo, vários estudos têm mostrado que a satisfação com o trabalho e a percepção das características do trabalho de um indivíduo podem ser influenciadas pelos julgamentos expressos por seus colegas e seu supervisor (Salancik & Pfeffer, 1978; Thomas & Griffin, 1983).

Tomados em conjunto, esses modelos parecem suprimir os aspectos eudaimônicos do bem-estar psicológico no trabalho, sem deixar clara essa escolha conceitual. Assim, nos referimos ao modelo de Dagenais-Desmarais e Savoie (2012), que desenvolveram um modelo conceitual de bem-estar psicológico no trabalho baseado em uma abordagem etnossemântica. Esses autores apresentam um conceito integrador que se estrutura em cinco dimensões relacionadas ao trabalho: relacionamentos interpessoais, comprometimento, senso de competência, reconhecimento percebido e engajamento.

Esse modelo se diferencia dos demais por ser o único modelo de bem-estar psicológico no trabalho que se baseia em uma abordagem indutiva, ao mesmo tempo em que é consistente com a abordagem eudaimônica do bem-estar. Consequentemente, reflete a experiência subjetiva dos trabalhadores em relação ao seu próprio bem-estar psicológico no trabalho, uma experiência em que os aspectos eudaimônicos parecem ser mais salientes do que os componentes hedônicos. Além disso, está associado a uma pequena medida, disponível em inglês, francês, português, espanhol e mandarim, fornecendo, portanto, um instrumento útil para a pesquisa sobre o tema. Por mais relevante que seja, esse instrumento não captura os aspectos hedônicos do bem-estar psicológico no trabalho (Dagenais-Desmeraris, Mendonça, Ferreira, & Savoie, 2017).

Seguindo a tendência mundial, pesquisadores brasileiros (Ferreira, Pacheco, Pinto, Fernandes, & Silva, 2007; Paschoal, 2008; Paz, 2004; Siqueira & Padovam, 2008) também têm desenvolvido estudos empíricos e proposto diferentes modelos sobre a felicidade e o bem-estar no trabalho, os quais vêm contribuindo significativamente para a compreensão desse fenômeno. Um desses estudos é o de Siqueira e Padovam (2008), que conceitua bem-estar no trabalho a partir da integração entre os fatores: satisfação no trabalho, engajamento com o trabalho e comprometimento organizacional afetivo. As autoras propõem um modelo que considera o bem-estar um construto multidimensional, composto por vínculos afetivos positivos com o trabalho e com a organização. Nesse sentido, abordam o bem-estar em uma perspectiva de reciprocidade indivíduo-organização.

Apoiando-se no modelo de bem-estar subjetivo de Diener (1984), Ferreira e colaboradores (2007) definem o bem-estar no trabalho como um construto que engloba uma dimensão cognitiva, avaliada pela satisfação no trabalho, e uma dimensão afetiva, associada aos afetos positivos e negativos dirigidos ao trabalho. Com base nesse modelo, os autores publicaram a Escala de Afetos no Trabalho (ESAFE), composta por dois fatores destinados a avaliar a frequência de afetos positivos e negativos dirigidos ao contexto do trabalho. Essa escala tem sido utilizada no Brasil com fins diagnósticos e na investigação das relações entre bem-estar e as seguintes variáveis: *coping* (Silva, 2009), valores organizacionais (Maciel, 2010), autoeficácia no trabalho (Barcelos, 2010) e dimensões organizacionais da qualidade de vida no trabalho (Silva, 2010), entre outros.

Um terceiro modelo de bem-estar no trabalho desenvolvido no Brasil é o de Paschoal (2008), que alia a abordagem do bem-estar subjetivo à do bem-estar psicológico ao definir bem-estar no trabalho como a: "[...] prevalência de emoções positivas no trabalho e a percepção do indivíduo de que, no seu trabalho, expressa e desenvolve seus potenciais e avança no alcance de suas metas de vida" (Paschoal, 2008, p. 23). A autora enfatiza que o construto é composto por duas dimensões: afetiva – avaliada pelas emoções e humores – e cognitiva – representada pela realização. Apoiando-se em tais pressupostos, Paschoal e Tamayo (2008) construíram e validaram a Escala de Bem-Estar no Trabalho (EBET), que reproduziu integralmente os três fatores preconizados pelo modelo: afeto positivo, afeto negativo e realização. Estudos conduzidos com essa escala têm demonstrado a relação do bem-estar no trabalho com o suporte social e organizacional (Paschoal, Torres, & Porto, 2010) e com as oportunidades de alcance de valores individuais no trabalho (Soraggi & Paschoal, 2011).

Ao discutirem o bem-estar e a felicidade no trabalho, Paz e colaboradores (Paz, 2004) adotam a expressão bem-estar pessoal nas organizações, definido como a satisfação de necessidades e a realização de desejos dos indivíduos ao desempenharem seu papel na organização, sem desconsiderar, porém, o seu oposto – o mal-estar. Para as autoras, os trabalhadores usam a organização e o trabalho como meios para realizar os seus desejos pessoais. Em contrapartida, a organização fornece suporte para tal em troca de produtividade e alcance de metas organizacionais (Paz, 2004). Nesse modelo, fica evidente a perspectiva das relações de troca em que tanto o indivíduo quanto a organização se beneficiam mutuamente. É no estabelecimento de trocas percebidas como justas que se encontra a vivência de bem-estar. Em síntese, para as autoras, a construção do bem-estar pessoal do trabalhador é de responsabilidade conjunta do empregado e de sua organização empregadora. O modelo de Paz (2004) foi utilizado como referencial para a construção da Escala de Indicadores de Bem-Estar Pessoal nas Organizações (Dessen & Paz, 2010a), composta por 10 fatores: reconhecimento, salário, relação com a chefia, relação com colegas de trabalho, identificação com a organização, oportunidades de crescimento, condições de trabalho, relações com clientes, valorização e realização. A pesquisa de Dessen e Paz (2010b), na qual foi adotada a escala em questão, evidenciou que o bem-estar pessoal nas organizações se associava a determinadas configurações, sendo algumas dessas relações mediadas pela conscienciosidade.

Na linha do que propõem os diferentes modelos de bem-estar, e de modo congruente com o modelo de Paz (2004), Mendonça, Ferreira, Porto e Zanini (2012) posicionam-se de modo bastante realista ao afirmarem que não há um estado de bem-estar pleno. Na concepção dessas autoras, devem-se considerar os aspectos psicossociais que antecedem às vivências dos indivíduos, sejam elas positivas ou negativas. Assim, no contexto de trabalho, é pouco provável que ocorra a vivência subjetiva de um constante estado de bem-estar, haja vista a dinamicidade dos processos e dos sistemas organizacionais. Nesse sentido, Carver e Connor-Smith (2010) advertem que, em algumas atividades profissionais, ocorre maior desgaste psicológico, o que dificulta o florescimento do bem-estar e da saúde. Levando-se em consideração tais dificuldades, a compreensão desse construto revela-se vital para as organizações, na medida em que pode contribuir muito para a efetividade organizacional ao possibilitar ações relacionadas aos processos de trabalho que minimizem tais desgastes.

Como medir o bem-estar no trabalho?

Alguns dos construtos se baseiam somente na perspectiva hedonista do bem-estar e, consequentemente, focam na frequência/intensidade das experiências afetivas de prazer/desprazer ocorridas no trabalho, no grau em que as pessoas se sentiram bem/mal com essas experiências e/ou em crenças/avaliações cognitivas sobre essas experiências e/ou objetos (p. ex., a satisfação com o trabalho, a implicação organizacional afetiva, a experiência de emoções positivas no trabalho). Outros construtos usam como base as perspectivas hedonista e eudaimônica em conjunto. Estes, além de avaliarem as questões associadas ao prazer/desprazer, avaliam também aspectos como o grau de aprendizagem, o crescimento/desenvolvimento pessoal, a autonomia, o florescimento, as relações estabelecidas com os outros e a autoatualização.

Apesar dos inúmeros construtos que permitem medir o bem-estar no trabalho, selecionamos três medidas que caracterizam o bem-estar a partir de emoções positivas e negativas, assim como das vivências no trabalho:

1. Escala de Florescimento no Trabalho (EFLOT): abarca o envolvimento com o trabalho, o relacionamento interpessoal com colegas, a competência profissional e o otimismo acerca do futuro profissional.
2. Escala de Experiências Positivas e Negativas no Trabalho (EPONET): aborda as experiências emocionais positivas e negativas vivenciadas no ambiente de trabalho.
3. Escala de Afetos no Trabalho (ESAFE): avalia as emoções ou afetos que as pessoas dirigem a seu contexto de trabalho.

A seguir, apresenta-se a descrição pormenorizada de cada uma dessas escalas.

A EFLOT foi validada no Brasil por Mendonça e colaboradores (2014), e a EPONET foi adaptada e validada para o contexto do trabalho no Brasil pelas autoras deste capítulo, e estão disponíveis no Apêndice. Ambas as escalas foram originalmente desenvolvidas por Diener e colaboradores (2010), e a versão portuguesa delas foi validada por Silva e Caetano (2013). Já a ESAFE avalia dois fatores, um referente às emoções, ou afetos positivos, que as pessoas dirigem a seu contexto de trabalho, e outro às emoções, ou afetos negativos, suscitados pelo contexto de trabalho. A ESAFE foi construída e validada no Brasil por Ferreira, Silva, Fernandes e Almeida (2008). Essas medidas podem ser úteis para o desenvolvimento de estudos empíricos e diagnósticos organizacionais sobre a saúde e o bem-estar dos trabalhadores.

Adaptação e validação da Escala de Florescimento no Trabalho

O florescimento é considerado uma parte do bem-estar individual. Florescer refere-se a viver dentro de um equilíbrio ideal, que se caracteriza pelo funcionamento pleno, levando em conta a bondade, a generatividade, o crescimento e a resiliência (Fredrickson & Losada, 2005). Podemos dizer que o florescimento é a combinação de estar bem e, ao mesmo tempo, funcionar efetivamente. Nesse sentido, é sinônimo de um elevado nível de bem-estar e um sinal de saúde mental (Huppert, 2009).

O florescimento no trabalho é um campo de estudo recente, que apresenta relações com prosperidade, felicidade, engajamento, *flow*, implicação afetiva, automotivação, sucesso e aprendizagem (Bono, Davies, & Rasch, 2011). Diener e colaboradores (2009) apontam que o florescimento no trabalho engloba finalidade na vida, relações positivas, engajamento, competência, autoestima, otimismo e contribuições para o bem-estar dos outros. Além das consequências para o indivíduo, o florescimento no trabalho é relevante também para as organizações. Colaboradores em florescimento podem contribuir de maneira mais eficaz e eficiente com a empresa (Silva & Caetano, 2013), ser mais criativos (Isen, Daubman, & Nowicki, 1987) e atentos (Fredrickson & Branigan, 2005) e, por outro lado, combater o desgaste psicológico associado à diminuição da produtividade (Carver & Connor-Smith, 2010).

Para medir o florescimento, Diener e colaboradores (2009) desenvolveram a Escala de Florescimento, adaptada e validada para a população portuguesa por Silva e Caetano (2013). Com base em tal versão, desenvolvemos a Escala de Florescimento no Trabalho e a validamos em uma amostra brasileira, conforme resultados apresentados a seguir. Esta é uma escala de autorresposta, composta por oito itens (p. ex., "as minhas relações sociais dão-me suporte e são recompensadoras"), que englobam finalidade na vida, relações positivas, engajamento, competência, autoestima, otimismo e contribuições para o bem-estar dos outros. As respostas são dadas em uma escala de 7 pontos (1 = discordo completamente; 2 = discordo em grande parte; 3 = discordo; 4 = não concordo nem discordo; 5 = concordo; 6 = concordo em grande parte; 7 = concordo completamente), segundo o grau de concordância com cada uma das situações apresentadas. Ela foi aplicada a uma amostra de 550 trabalhadores brasileiros, pertencentes a diferentes setores e organizações.

A análise fatorial pelo método PAF (do inglês *principal axis factoring*) revelou um forte fator com valor próprio (*eingenvalue*) de 4,043, que explica 50,53% da variabilidade, com coeficiente de fidedignidade (alfa de Cronbach) = 0,85. O Quadro 5.1 contém a definição do construto e seu respectivo coeficiente de precisão.

Quanto maior forem as pontuações dos trabalhadores na EFLOT, mais estes acreditam na própria competência e capacidade de desempenhar o trabalho de maneira eficiente. Os escores elevados indicam pessoas que veem o trabalho como fonte de prosperidade, sentem-se respeitadas e acreditam contribuir efetivamente para um mundo melhor. No geral, os altos níveis de florescimento no trabalho podem indicar otimismo em relação ao futuro, uma vida de propósito e significado, além da crença de que o trabalho pode proporcionar condições para ser uma pessoa melhor e ter uma boa vida.

Adaptação e validação da Escala de Experiências Positivas e Negativas no Trabalho

Como foi referido, o bem-estar tem sido frequentemente avaliado como a presença de

QUADRO 5.1
Definição do construto florescimento no trabalho e coeficiente de precisão

	Definição	Coeficiente de precisão
Florescimento	Retrata aspectos importantes do funcionamento humano, como os relacionamentos positivos e os sentimentos de competência, os quais trazem significado e propósito à vida.	0,85

emoções positivas e a ausência de emoções negativas (componente afetivo/emocional). Aplicado em contexto laboral, esse conceito refere-se ao humor e às emoções experienciadas durante o dia de trabalho. As emoções positivas têm sido associadas a características como confiança, otimismo e autoeficácia, estratégias de *coping* eficazes face a desafios e a eventos estressantes, originalidade e flexibilidade, entre outras. Todas essas características promovem o envolvimento ativo no ambiente e na perseguição de objetivos (Lyubomirsky, King, & Diener, 2005). Ao contrário, a literatura tem mostrado que a predisposição para as emoções negativas está relacionada com a ansiedade e a depressão (Watson, Clark, & Carey, 1988), com estresse no trabalho (Clark & Watson, 1991), percepções de injustiça organizacional (Fox, Spector, & Miles, 2001), baixo nível de confiança na empresa (Kiefer, 2005) e até com o *turnover* (Ashkanasy, Härtel, & Zerbe, 2000). No âmbito do comportamento organizacional positivo, alguns estudos mostram que as emoções positivas têm um maior efeito na predição do desempenho em cargos de hierarquia organizacional superior, ao passo que, em cargos inferiores, são as emoções negativas que têm um maior efeito na predição do desempenho (Elliot & Thrash, 2002; Lyubomirsky, 2001).

Existem várias medidas para estudar as experiências emocionais no trabalho. Tomando por base as medidas de bem-estar desenvolvidas por Diener e colaboradores (2010) e traduzidas e adaptadas semanticamente à língua portuguesa por Silva e Caetano (2013), desenvolvemos a EPONET, que consiste em uma adaptação da escala original ao contexto do trabalho, destinada a mensurar as experiências positivas e negativas no trabalho. A escala é composta por 12 itens, dos quais 6 avaliam o afeto positivo (alegre, bem, agradável, feliz, contente e positivo), e 6, o afeto negativo (furioso, mal, desagradável, triste, receoso e negativo). Essa escala mede a frequência da experiência emocional específica dos indivíduos nas últimas quatro semanas no trabalho, em uma escala tipo Likert de 5 pontos, na qual 1 significa muito raramente ou nunca, e 5 significa muitíssimas vezes.

Neste capítulo, são apresentados os dados referentes à validação da escala com base em uma amostra brasileira de 493 trabalhadores de diferentes organizações e setores. A validade de construto da escala foi avaliada por meio da análise fatorial. Primeiramente, foi realizada a análise de componentes principais, a fim de explorar a estrutura fatorial latente do instrumento de medida. Esses dados indicaram a fatorabilidade dos dados disponíveis (KMO = 0,894; teste de esfericidade de *Barlett* = 2688,158, p < 0,001; *communalities* variando de 0,346 a 0,698). O *scree plot* apresentou uma mudança forte na direção da curva no primeiro e no segundo fatores, indicando que havia dois fatores com autovalores superiores a 1 (5,247 e 1,970), ilustrando uma estrutura bifatorial.

Repetiu-se a análise fatorial utilizando-se o método PAF, com rotação *varimax*. Os resultados confirmaram a existência de dois fatores com autovalores superiores a 1 (3,809 e 3,376). O primeiro fator consiste em seis itens associados ao componente positivo e explica 31,742% da variabilidade (α = 0,88). O segundo fator engloba seis itens relacionados ao componente negativo e explica 28,136% da variabilidade (α = 0,84). O Quadro 5.2 contém a definição dos dois fatores, seus respectivos itens e os coeficientes de precisão.

A EPONET é composta por 12 itens, organizados em dois fatores, que avaliam as experiências emocionais positivas e negativas dos participantes em uma escala que varia de 1 (muito raramente ou nunca) a 5 (muitíssimas vezes). Para a análise dos resultados, devem-se somar as pontuações atribuídas a cada um dos itens. A soma dos escores pode variar de 6, que significa nunca ter tido aquela experiência ou tê-la vivenciado muito raramente, a 30, que representa ter experienciado aquela emoção muitas vezes. As experiências positivas e negativas devem ser avaliadas por escores independentes.

A soma dos escores positivos (EPONET-P) pode variar de 6 a 30, e a dos negativos (EPONET-N), de forma semelhante. Esses dois escores podem também ser combinados em um escore global, resultante da subtração do escore negativo sobre o escore positivo, o que resulta no EPONET-G. Quanto maior a pontuação

QUADRO 5.2
Denominação e definição dos fatores, itens e índices de precisão da Escala de Experiências Positivas e Negativas no Trabalho

Denominação do fator	Definição	Itens	Índice de precisão
Afetos gerais **EPONET-G**	Avalia a combinação das experiências positivas e negativas. EPONET-G = EPONET-P – EPONET-N	Todos	0,88
Afetos positivos **EPONET-P**	Avalia sentimentos positivos relativos às experiências vivenciadas.	1, 3, 5, 7, 9, 11	0,88
Afetos negativos **EPONET-N**	Avalia sentimentos negativos relativos às experiências vivenciadas.	2, 4, 6, 8, 10, 12	0,84

na escala EPONET-P e menor a pontuação na escala EPONET-N, maior será o grau de bem-estar emocional do indivíduo, pois mais experiências positivas foram vivenciadas.

Construção e validação da Escala de Afetos Positivos e Negativos no Trabalho

A ESAFE é composta por 28 itens, distribuídos em dois fatores. Ela fornece dois escores independentes, relativos aos afetos positivos e negativos (Quadro 5.3). Para validá-los, deve-se calcular a média das pontuações (1 = nunca a 5 = sempre) designadas aos itens pertencentes a cada um desses fatores. Quanto maior o resultado, maior a frequência dos afetos positivos ou dos afetos negativos que as pessoas dirigem a seu contexto de trabalho. A amostra foi composta por 293 trabalhadores de organizações públicas e privadas.

Para investigar a estrutura fatorial dos itens, foram realizadas análises fatoriais dos eixos principais (*principal axis factoring*) com soluções antecipadas de dois e três fatores, por meio do método de rotação oblíqua (*oblimin*), em virtude da expectativa de que os fatores estivessem correlacionados. A análise dos dados obtidos evidenciou que a solução de dois fatores foi a que forneceu a melhor representação da estrutura interna da escala, além de se mostrar mais condizente com as expectativas teóricas que nortearam a construção do instrumento. Tais fatores explicaram 42,7% da variância total do instrumento, e neles foram retidos os itens que apresentaram cargas fatoriais iguais ou superiores a 0,40 em um único fator e que, além disso, demonstraram similaridade conceitual com os demais itens desse fator. O primeiro fator apresentou um valor próprio (*eingenvalue*) de 14,57 e foi responsável por 36,4% da variância total do instrumento, tendo sido composto por 14 itens associados às *emoções* ou aos afetos positivos que as pessoas dirigem a seu contexto de trabalho. A consistência interna desse fator, calculada por meio do coeficiente alfa de Cronbach, foi igual a 0,93. No fator 2, concentraram-se os itens associados às emoções ou aos afetos negativos suscitados pelo contexto de trabalho. Esse fator ficou também com 14 itens, responsáveis por 6,3% da variância total do instrumento, tendo obtido valor próprio (*eingenvalue*) igual a 2,52. Sua consistência interna, calculada por meio do coeficiente alfa de Cronbach, foi igual a 0,90.

A ESAFE é composta por 28 itens, que se organizam em dois fatores que avaliam os afetos positivos e negativos dos participantes em uma escala que varia de 1 (nunca) a 5 (sempre). Para a análise dos resultados, deve-se calcular as médias de cada um dos fatores (afetos positivos e afetos negativos). O escore médio é obtido pela soma dos valores indicados pelos respondentes em cada um dos fatores, divididos por 14. Para a interpretação dos resultados, deve-se ter em pauta que, quanto maior for o escore

QUADRO 5.3
Denominação e definição dos fatores, itens e índices de precisão da escala Escala de Afetos no Trabalho

Denominação do fator	Definição	Itens	Índice de precisão
Afetos positivos	Respostas emocionais positivas que os indivíduos dirigem a seu contexto de trabalho.	Entusiasmado; com uma sensação agradável; com uma sensação de prazer; otimista; motivado; inspirado; cheio de energia; capaz de encarar decisões; capaz de encarar os problemas; satisfeito; ativo; confortável; orgulhoso; em alerta.	0,93
Afetos negativos	Respostas emocionais negativas que os indivíduos dirigem a seu contexto de trabalho.	Tenso; nervoso; preocupado; agressivo; ansioso; estressado; chateado; aborrecido; raivoso; furioso; depressivo; cansado; ameaçado; fatigado.	0,90

obtido nos afetos positivos, maior será a vivência dessa emoção, devendo o mesmo raciocínio ser utilizado na interpretação dos afetos negativos no trabalho.

CONSIDERAÇÕES FINAIS

O bem-estar no trabalho é um conceito que engloba diversos construtos, que podem ir desde humor ou estados afetivos momentâneos até atitudes e disposições individuais relativamente estáveis. Assim, o bem-estar de uma pessoa no trabalho é influenciado significativamente por eventos afetivos momentâneos e também por condições crônicas do próprio trabalho, da organização e da tarefa em si. Também a personalidade e o ajustamento pessoa-trabalho/organização influenciam o modo como a pessoa se sente no seu trabalho. As expetativas individuais, as necessidades e as preferências idiossincráticas também influenciam o grau em que o indivíduo se sente feliz no e com o seu trabalho. Compreender quais são os fatores que influenciam positiva ou negativamente o bem-estar e como se dá essa influência é crucial para melhorar o bem-estar no trabalho. Como vimos anteriormente, são várias as demonstrações (empíricas e práticas) dos efeitos benéficos de estimular a felicidade no trabalho. Estes efeitos são importantes não só para o indivíduo, como também para a organização.

A tese de que um trabalhador feliz é um trabalhador produtivo parece ter coerência e veracidade. Por exemplo, os indivíduos são mais felizes quando acreditam que têm desempenhos superiores à média. Construtos relacionados com o bem-estar, como a satisfação com o trabalho, o florescimento e o comprometimento afetivo, têm efeitos benéficos para o indivíduo e para a organização. As relações entre as medidas de bem-estar e os seus resultados subsequentes são mais significativas quando ambos são conceituados e medidos de forma mais ampla. O uso de medidas mais específicas de felicidade e a análise do seu efeito em resultados amplos podem levar à subestimação dos efeitos reais da felicidade no trabalho sobre os seus resultados.

Dessa forma, é importante assumir que o bem-estar é algo crucial no dia a dia de uma organização e na vida laboral de uma pessoa. Mais do que nunca, é importante compreender que o bem-estar no trabalho é um fator variável, dinâmico e vulnerável a inúmeros fatores (momentâneos, diários, interpessoais, intrapessoais, grupais e organizacionais). E, como tal, pode e deve ser estimulado, pois o seu aumento tem benefícios que vão além da simples satisfação individual. Existem benefícios organizacionais que só as organizações onde a felicidade é estimulada conseguem compreender.

REFERÊNCIAS

Alston, J. P., Lowe, G. D., & Wrigley, A. (1974). Socioeconomic correlates for four dimensions of self-perceived satisfaction. *Human Organization*, 33(1), 99-102.

Argyle, M. (2001). *The psychology of happiness*. London: Routledge.

Ashkanasy, N. M., Härtel, C. E., & Zerbe, W. J. (Eds.). (2000). *Emotions in the workplace: research, theory, and practice*. Westport: Greenwood.

Bakker, A. B. (2014). Daily fluctuations in work engagement: an overview and current directions. *European Psychologist*, 19(4), 227-236.

Barcelos, A. T. D. P. (2010). *Autoeficácia e coping em policiais militares* (Dissertação de Mestrado em Psicologia, Pontifícia Universidade Católica de Goiás, Goiânia).

Bono, J., Davies, S., & Rasch, R. (2011). Some traits associated with flourishing at work. In G. M. Spreitzer, & K. S. Cameron (Eds.), *The Oxford handbook of positive organizational scholarship* (pp. 125-137). Oxford: Oxford University.

Brief, A. P. (1998). *Attitudes in and around organizations* (vol. 9). Thousand Oaks: Sage.

Caetano, A., & Silva, A. S. (2011). Bem-estar subjetivo e saúde no trabalho. In M. P Lopes, P. J. Palma, R. B. Ribeiro, & M. P. Cunha (Eds.), *Psicologia aplicada* (pp. 337-362). Lisboa: RH.

Carver, C. S., & Connor-Smith, J. (2010). Personality and coping. *Annual Review of Psychology*, 61, 679-704.

Chancellor, J., Layous, K., & Lyubomirsky, S. (2015). Recalling positive events at work makes employees feel happier, move more, but interact less: a 6-week randomized controlled intervention at a Japanese workplace. *Journal of Happiness Studies*, 16(4), 871-887.

Clark, L. A., & Watson, D. (1991). Tripartite model of anxiety and depression: psychometric evidence and taxonomic implications. *Journal of Abnormal Psychology*, 100(3), 316-363.

Cotton, P., & Hart, P. M. (2003). Occupational wellbeing and performance: a review of organizational health research. *Australian Psychologist*, 38(2), 118-127.

Cranny, C. J., Smith, P. C., & Stone, E. F. (Eds.). (1992). *Job satisfaction: how people feel about their jobs and how it affects their performance*. New York: Lexington Books.

Dagenais-Desmarais, V., & Savoie, A. (2012). What is psychological well-being, really? A grassroots approach from the organizational sciences. *Journal of Happiness Studies*, 13(4), 659-684.

Dagenais-Desmarais, V., Mendonça, H., Ferreira, M. F, & Savoie, A. (2017). Psychological well-being at work: Where are we and where do we go from here? In A. M. Rossi, J. A. Meurs, & P. L. Perrewé. *Stress and quality of working life: conceptualizing and assessing stress* (pp. 65-81). Charlotte: Information Age.

Daniels, K. (2000). Measures of five aspects of affective well-being at work. *Human Relations*, 53(2), 275-294.

Danna, K., & Griffin, R. W. (1999). Health and well-being in the workplace: a review and synthesis of the literature. *Journal of management*, 25(3), 357-384.

Dessen, M. C., & Paz, M. G. T. (2010a). Validação do instrumento de indicadores de bem-estar pessoal nas organizações. *Psicologia em Estudo*, 15(2), 409-418.

Dessen, M. C., & Paz, M. D. G. T. (2010b). Individual well-being in organizations: the impact of power configurations and personality traits. *Psicologia: Teoria e Pesquisa*, 26(3), 549-556.

Diener, E. (1984). Subjective well-being. *Psychological Bulletin*, 95(3), 542-575.

Diener, E. (2000). Subjective well-being, the science of happiness and a proposal for a national index. *American Psychologist*, 55(1), 34-43.

Diener, E. (2006). Guidelines for national indicators of subjective well-being and ill-being. *Journal of happiness studies*, 7(4), 397-404.

Diener, E., & Chan, M. Y. (2011). Happy people live longer: subjective well-being contributes to health and longevity. *Applied Psychology: Health and Well-Being*, 3(1), 1-43.

Diener, E., & Suh, E. M. (1997). Measuring quality of life: economic, social and subjective indicators. *Social Indicators Research*, 40(1-2), 189-216.

Diener, E., Suh, E. M., Lucas, R. E., & Smith, H. L. (1999). Subjective well-being: three decades of progress. *Psychological Bulletin*, 125(2), 276-302.

Diener, E., Wirtz, D., Biswas-Diener, R., Tov, W., Kim-Prieto, C., Choi, D. W., & Oishi, S. (2009). New measures of well-being. In E. Diener, D. Wirtz, R. Biswas-Diener, W. Tov, C. Kim-Prieto, D. Choi, & S. Oishi. *Assessing well-being* (pp. 247-266). Dordrecht: Springer.

Diener, E., Wirtz, D., Tov, W., Kim-Prieto, C., Choi, D.W., Oishi, S., & Biswas-Diener, R. (2010). New well-being measures: short scales to assess flourishing and positive and negative feelings. *Social Indicator Research*, 97(2), 143-156.

Doest, L., & Jonge, J. (2006). Testing causal models of job characteristics and employee well-being: A replication study using cross-lagged structural equation modelling. *Journal of Occupational and Organizational Psychology*, 79(3), 499-507.

Easterlin, R. A. (2001). Income and happiness: towards a unified theory. *The Economic Journal*, 111(473), 465-484.

Elliot, A. J., & Thrash, T. M. (2002). Approach-avoidance motivation in personality: Approach and avoidance temperaments and goals. *Journal of Personality and Social Psychology*, 82(5), 804-818.

Ferreira, M. C., Pacheco, S., Pinto, N. M., Fernandes, H. A., & Silva, A. P. C. (2007). *O bem-estar no trabalho e a predição de exaustão emocional*. Recuperado de http://www.anpad.org.br/admin/pdf/EOR-B1451.pdf

Ferreira, M. C., Silva, A. P. C., Fernandes, H. A., & Almeida, S. P. (2008). Desenvolvimento e validação de uma Escala de Afetos no Trabalho. *Avaliação Psicológica*, 7(2), 143-150.

Fineman, S. (2006). On being positive: concerns and counterpoints. *Academy of Management Review*, 31(2), 270-291.

Fox, S., Spector, P. E., & Miles, D. (2001). Counterproductive work behavior (CWB) in response to job stressors and organizational justice: Some mediator and moderator tests for autonomy and emotions. *Journal of Vocational Behavior*, 59(3), 291-309.

Fredrickson, B. L., & Branigan, C. (2005). Positive emotions broaden the scope of attention and thought-action repertoires. *Cognition & Emotion*, 19(3), 313-332.

Fredrickson, B. L., & Losada, M. F. (2005). Positive affect and the complex dynamics of human flourishing. *The American Psychologist*, 60(7), 678-686.

Fried, Y., & Ferris, G. R. (1987). The validity of the job characteristics model: a review and meta-analysis. *Personnel psychology*, 40(2), 287-322.

Hackman, J. R. (2009). The perils of positivity. *Journal of Organizational Behavior*, 30(2), 309-319.

Hackman, J. R., & Oldham, G. R. (1975). Development of the job diagnostic survey. *Journal of Applied Psychology*, 60(2), 159-170.

Hodge, R. W. (1970). Social integration, psychological well-being, and their socioeconomic correlates. *Sociological Inquiry*, 40, 182-206.

Huppert, F. A. (2009). Psychological well-being: evidence regarding its causes and consequences. *Applied Psychology: Health and Well-Being, 1*(2), 137-164.

Isen, A. M., Daubman, K. A., & Nowicki, G. P. (1987). Positive affect facilitates creative problem solving. *Journal of Personality and Social Psychology, 52*(6), 1122-1131.

Junça-Silva, A., Caetano, A., & Rueff-Lopes, R. (2017). Daily uplifts, well-being and performance in organizational settings: the differential mediating roles of affect and work engagement. *Journal of Happiness Studies, 18*(2), 591-606.

Kahneman, D., Diener, E., & Schwartz, N. (Eds.). (1999). *Well-being: foundations of hedonic psychology.* New York: Russel Sage.

Kashdan, T. B., Biswas-Diener, R., & King, L. A. (2008). Reconsidering happiness: the costs of distinguishing between hedonics and eudaimonia. *The Journal of Positive Psychology, 3*(4), 219-233.

Kiefer, T. (2005). Feeling bad: antecedents and consequences of negative emotions in ongoing change. *Journal of Organizational Behavior, 26*(8), 875-897.

Layard, R. (2005). *Happiness: lessons from a New Science.* London: Penguin.

Lazarus, R. S. (1991). *Emotion and adaptation.* Oxford: Oxford University.

Lazarus, R. S. (1999). Hope: an emotion and a vital coping resource against despair. *Social Research, 66*(2), 53-678.

Luthans, F. (2002). The need for and meaning of positive organizational behavior. *Journal of Organizational Behavior, 23*(6), 695-706.

Luthans, F., & Avolio, B. (2009). Inquiry unplugged: building on Hackman's potential perils of POB. *Journal of Organizational Behavior, 30*(2), 323-328.

Luthans, F., & Youssef, C. M. (2004). Human, social and now positive psychological capital management: investing in people for competitive advantage. *Organizational Dynamics, 33*(2), 143-160.

Lyubomirsky, S. (2001). Why are some people happier than others? The role of cognitive and motivational processes in well-being. *American Psychologist, 56*(3), 239-249.

Lyubomirsky, S., King, L., & Diener, E. (2005). The benefits of frequent positive affect: does happiness lead to success?. *Psychological Bulletin, 131*(6), 803-855.

Maciel, A. P. (2010). *Suporte organizacional, coping e dimensões afetivas do bem-estar subjetivo: um estudo com jovens aprendizes* (Dissertação de Mestrado em Psicologia, Pontifícia Universidade Católica de Goiás, Goiânia).

Mendonça, H., Caetano, A., Ferreira, M. C., Sousa, I. F., & Junça-Silva, A. (2014). Florescimento no trabalho. In M. M. M. Siqueira. *Novas medidas do comportamento organizacional: ferramentas de diagnóstico e de gestão* (pp. 172-177). Porto Alegre: Artmed.

Mendonça, H., Ferreira, M. C., Porto, J., & Zanini, D. (2012). Saúde, qualidade de vida e bem-estar: Limites e interfaces teóricometodológicas. In M. C. Ferreira, & H. Mendonça (Orgs.), *Saúde e bem-estar no trabalho: dimensões individuais e organizacionais* (pp. 11-34). São Paulo: Casa do Psicólogo.

Morgeson, F. P., & Humphrey, S. E. (2006). The Work Design Questionnaire (WDQ): developing and validating a comprehensive measure for assessing job design and the nature of work. *Journal of Applied Psychology, 91*(6), 1321-1339.

Paschoal, T. (2008). *Bem-estar no trabalho: relações com suporte organizacional, prioridades axiológicas e oportunidades de alcance de valores pessoais no trabalho* (Tese de doutorado, Universidade de Brasília, Brasília).

Paschoal, T., & Tamayo, A. (2008). Construção e validação da escala de bem-estar no trabalho. *Avaliação Psicológica, 7*(1), 11-22.

Paschoal, T., Torres, C. V., & Porto, J. B. (2010). Felicidade no trabalho: relações com suporte organizacional e suporte social. *Revista de Administração Contemporânea, 14*(6), 1054-1072.

Paz, M. G. T. (2004). Poder e saúde organizacional. In A. Tamayo (Org.), *Cultura e saúde nas organizações* (pp. 105-130). Porto Alegre: Artmed.

Russell, J. A. (1980). A circumplex model of affect. *Journal of Personality and Social Psychology, 39*(6), 1161-1178.

Russell, J. A. (2003). Core affect and the psychological construction of emotion. *Psychological Review, 110*(1), 145-172.

Ryan, R. M., & Deci, E. R. (2001). On happiness and human potentials: a review of research on hedonic and eudaimonic well-being. *Annual Review of Psychology, 52,* 141-166.

Ryff, C. (1989). Happiness is everything, or is it? Explorations on the meaning of psychological well-being. *Journal of Personality and Social Psychology, 57*(6), 1069-1081.

Ryff, C., & Keyes, C. L. M. (1995). The structure of psychological well-being revisited. *Journal of Personality and Social Psychology, 69*(4), 719-727.

Ryff C., & Singer, B. (2003). Thriving in the face of challenge: The integrative science of human resilience. In P. L. Rosenfield, & F. Kessel (Orgs.), *Expanding the boundaries of health and social science: case studies in interdisciplinary innovation* (pp. 181-205). London: Oxford University.

Salancik, G. R., & Pfeffer, J. (1978). A social information processing approach to job attitudes and task design. *Administrative Science Quarterly, 23*(2), 224-253.

Scherer, K. R., Schorr, A., & Johnstone, T. (Eds.). (2001). *Appraisal processes in emotion: theory, methods, research.* London: Oxford University.

Schimmack, U. (2008). The structure of subjective well-being. In M. Eid, & R. J. Larsen (Eds.), *The science of subjective well-being* (pp. 97-123). New York: Guilford.

Seligman, M. E. P. (2002). Positive psychology, positive prevention, and positive therapy. In C. R. Snyder, & S. J. Lopez (Eds.), *Handbook of positive psychology* (pp. 3-9). New York: Oxford University.

Seligman, M. E. P., & Csikszentmihalyi, M. (2000). Special issue on happiness, excellence, and optimal human functioning. *American Psychologist, 55*(1), 5-183.

Silva, A. J., & Caetano, A. (2013). Validation of the flourishing scale and scale of positive and negative experience in Portugal. *Social Indicators Research, 110*(2), 469-478.

Silva, C. A. (2010). *Dimensões organizacionais e indicadores do bem-estar e qualidade de vida no trabalho* (Dissertação de mestrado em Psicologia, Universidade Salgado de Oliveira, Rio de Janeiro).

Silva, E. N. (2009). *Coping e dimensões afetivas do bem-estar subjetivo: um estudo com trabalhadores da educação* (Dissertação de mestrado em Psicologia, Pontifícia Universidade Católica de Goiás, Goiânia).

Siqueira, M. M. M., & Padovam, V. A. R. (2008). Bases teóricas de bem-estar subjetivo, bem-estar psicológico e bem-estar no trabalho. *Psicologia: Teoria e Pesquisa, 24*(2), 201-209.

Smith, C., & Clay, P. (2010). Measuring subjective and objective well-being: analyses from five marine commercial fisheries. *Human Organization, 69*(2), 158-168.

Soraggi, F., & Paschoal, T. (2011). Relação entre bem-estar no trabalho, valores pessoais e oportunidades de alcance de valores pessoais no trabalho. *Estudos e Pesquisas em Psicologia, 11*(2), 614-632.

Thomas, J., & Griffin, R. (1983). The social information processing model of task design: a review of the literature. *Academy of Management Review, 8*(4), 672-682.

Warr, P. (1987). *Work, unemployment, and mental health.* Oxford: University Press.

Warr, P. (1990). The measurement of well-being and other aspects of mental health. *Journal of Occupational Psychology, 63,* 193-210.

Warr, P. (1994). A conceptual framework for the study of work and mental health. *Work & Stress, 8*(2), 84-97.

Warr, P. (2007). *Work, happiness and unhappiness*. Mahwah: Erlbaum.

Warr, P., & Inceoglu, I. (2012). Job engagement, job satisfaction, and contrasting associations with person–job fit. *Journal of Occupational Health Psychology*, 17(2), 129-138.

Waterman, A. S., Schwartz, S. J., & Conti, R. (2008). The implications of two conceptions of happiness (hedonic enjoyment and eudaimonia) for the understanding of intrinsic motivation. *Journal of Happiness Studies*, 9(1), 41-79.

Watson, D., Clark, L. A., & Carey, G. (1988). Positive and negative affectivity and their relation to anxiety and depressive disorders. *Journal of Abnormal Psychology*, 97(3), 346-353.

Watson, D., Wiese, D., Vaidya, J., & Tellegen, A. (1999). The two general activation systems of affect: structural findings, evolutionary considerations, and psychobiological evidence. *Journal of Personality and Social Psychology*, 76(5), 820-838.

Weiss, H. M., & Cropanzano, R. (1996). Affective events theory: a theoretical discussion of the structure, causes and consequences of affective experiences at work. In B. M. Staw, & L. L. Cummings (Eds.), *Research in organizational behavior*: An annual series of analytical essays and critical reviews (vol. 18, pp. 1-74). US: Elsevier Science.

LEITURAS RECOMENDADAS

Dessen, M. C., & Paz, M. G. T. (2010b). Bem-estar pessoal nas organizações: o impacto de configurações de poder e características de personalidade. *Psicologia: Teoria e Pesquisa*, 26(3), 549-556.

Kashdan, T. B. (2004). The assessment of subjective well-being (issues raised by the Oxford Happiness Questionnaire). *Personality and Individual Differences*, 36(5), 1225-1232.

Paz, M. G. T., Neiva, E., & Dessen, M. C. (2012). Bem-estar e felicidade nas organizações: Um só fenômeno? In M. C. Ferreira, & H. Mendonça (Orgs.), *Saúde e bem-estar no trabalho: dimensões individuais e organizacionais* (pp. 79-103). São Paulo: Casa do Psicólogo.

Silva, A. J., & Caetano, A. (2011). Validation of the Flourishing Scale and Scale of Positive and Negative Experience in Portugal. *Social Indicators Research*, 110(2), 1-10.

APÊNDICE

ESCALA DE FLORESCIMENTO NO TRABALHO (EFLOT)

Assinale, por favor, em que medida discorda ou concorda com cada uma das afirmações a seguir:

Discordo completamente	Discordo em grande parte	Discordo	Não concordo nem discordo	Concordo	Concordo em grande parte	Concordo completamente
1	2	3	4	5	6	7

1. Em meu trabalho, as minhas relações sociais me dão suporte e são recompensadoras.	1	2	3	4	5	6	7
2. Em meu trabalho, estou envolvido(a) e interessado(a) nas atividades diárias que executo.	1	2	3	4	5	6	7
3. Em meu trabalho, contribuo ativamente para a felicidade e o bem-estar dos outros.	1	2	3	4	5	6	7
4. Em meu trabalho, sou competente e capaz de fazer as atividades que são importantes para mim.	1	2	3	4	5	6	7
5. O meu trabalho contribui para que eu seja uma boa pessoa e viva uma boa vida.	1	2	3	4	5	6	7
6. O meu trabalho contribui para que eu seja otimista acerca do meu futuro.	1	2	3	4	5	6	7
7. O meu trabalho contribui para que eu leve uma vida com propósito e com significado.	1	2	3	4	5	6	7
8. Em meu trabalho, as pessoas me respeitam.	1	2	3	4	5	6	7

ESCALA DE EXPERIÊNCIAS POSITIVAS E NEGATIVAS NO TRABALHO (EPONET)

Pense acerca do que tem feito e vivido em seu ambiente de trabalho nas últimas quatro semanas e diga com que frequência teve cada um dos seguintes sentimentos:

1	2	3	4	5
Nunca ou raramente	Raramente	Algumas vezes	Frequentemente	Sempre

1. Alegre	1	2	3	4	5	7. Feliz	1	2	3	4	5
2. Furioso(a)	1	2	3	4	5	8. Triste	1	2	3	4	5
3. Bem	1	2	3	4	5	9. Contente	1	2	3	4	5
4. Mal	1	2	3	4	5	10. Receoso(a)	1	2	3	4	5
5. Agradável	1	2	3	4	5	11. Positivo(a)	1	2	3	4	5
6. Desagradável	1	2	3	4	5	12. Negativo(a)	1	2	3	4	5

ESCALA DE AFETOS POSITIVOS E NEGATIVOS NO TRABALHO (ESAFE)

Você encontrará a seguir uma série de afirmativas que descrevem diferentes emoções que as pessoas costumam sentir em relação ao seu trabalho. Marque na frente da frase o número que indica o quanto as tarefas que você desempenhou no seu último trabalho fizeram você sentir cada uma dessas emoções. Utilize a escala a seguir:

1	2	3	4	5
Nunca	Raramente	Algumas vezes	Frequentemente	Sempre

Cansado(a)	1	2	3	4	5	Chateado(a)	1	2	3	4	5
Tenso(a)	1	2	3	4	5	Inspirado(a)	1	2	3	4	5
Satisfeito(a)	1	2	3	4	5	Capaz de encarar os problemas	1	2	3	4	5
Ansioso(a)	1	2	3	4	5	Com uma sensação agradável	1	2	3	4	5
Em alerta	1	2	3	4	5	Orgulhoso(a)	1	2	3	4	5
Com uma sensação de prazer	1	2	3	4	5	Entusiasmado(a)	1	2	3	4	5
Depressivo(a)	1	2	3	4	5	Capaz de encarar decisões	1	2	3	4	5
Ameaçado(a)	1	2	3	4	5	Preocupado(a)	1	2	3	4	5
Estressado(a)	1	2	3	4	5	Ativo(a)	1	2	3	4	5
Agressivo(a)	1	2	3	4	5	Raivoso(a)	1	2	3	4	5
Confortável	1	2	3	4	5	Fatigado(a)	1	2	3	4	5
Nervoso(a)	1	2	3	4	5	Cheio(a) de energia	1	2	3	4	5
Aborrecido(a)	1	2	3	4	5	Furioso(a)	1	2	3	4	5
Motivado(a)	1	2	3	4	5	Otimista	1	2	3	4	5

6

COMO UTILIZAR A AVALIAÇÃO DE RECURSOS PESSOAIS POSITIVOS NA PREVENÇÃO DO ABSENTEÍSMO NO TRABALHO

Juliana Cerentini Pacico
Gabriella Cidreira Sabino
Marina Zago Santos
Ana Claudia S. Vazquez

Absenteísmo é um termo que caracteriza diferentes tipos de faltas ao trabalho. Neste capítulo, trataremos apenas das faltas involuntárias, com o objetivo de apresentar resultados de estudos científicos acerca dessa questão. Na prática profissional, o absenteísmo é um fenômeno que afeta a rotina de trabalho de todos os trabalhadores, o que gera problemas no funcionamento organizacional no que diz respeito à relação entre a força de trabalho contratada, a energia dispendida pelos trabalhadores (funcionários, colaboradores ou servidores) e a produtividade observada ao final do processo laboral. Ressalta-se que, por mais que o setor de gestão de pessoas faça o controle das faltas e as contabilize por meio de algum método, não há como negar as consequências destas para o dia a dia de qualquer organização, seja ela pública ou privada. Entre os principais transtornos gerados pelas faltas ao trabalho está o impacto no desempenho, que será discutido no presente capítulo em três níveis de impacto.

As pesquisas em psicologia positiva têm demonstrado a importância de a organização se concentrar em desenvolver os recursos pessoais dos trabalhadores, além de disponibilizar os recursos de trabalho adequados para os desafios que lhes são propostos. No que diz respeito ao absenteísmo por faltas involuntárias, os achados científicos apresentados neste capítulo e a literatura recente sobre o tema demonstram que os recursos pessoais, se forem desenvolvidos de forma motivacional, podem auxiliar os trabalhadores na promoção de ações efetivas para lidar com os desafios que, de outra forma, os levariam a faltar involuntariamente ao trabalho. Entre os recursos pessoais que podem ser desenvolvidos, as pesquisas destacam esperança, otimismo, autoeficácia e engajamento no trabalho como os mais efetivos na prevenção do absenteísmo. Esses recursos serão apresentados neste capítulo, conforme achados mais recentes.

O ABSENTEÍSMO E O IMPACTO SOBRE A *PERFORMANCE*

Os trabalhadores faltam ao trabalho por uma diversidade de motivos: férias, folgas planejadas, afastamentos, entre outros. Quando não são planejadas, as faltas podem impactar seu desempenho e afetar de modo negativo sua experiência laboral e seu relacionamento com os colegas, além de terem alta probabilidade de afetar negativamente a produtividade da organização, que conta com sua energia de trabalho. Consequentemente, isso pode afetar os rendimentos do trabalhador e os resultados (financeiros ou não) da organização. Assim, pode-se perceber que o impacto do absenteísmo não se restringe apenas ao desempenho do indivíduo, mas atinge também a *performance* da equipe em que ele está inserido e, de forma global, toda a organização.

A avaliação do absenteísmo no contexto organizacional, porém, limita-se a analisar a quantidade de dias que o trabalhador faltou, seus motivos, que são comprovados por algum tipo de atestado, e o conjunto de períodos em que a pessoa esteve ausente ao trabalho. As faltas involuntárias por adoecimento, dependendo da quantidade de dias, são avaliadas por profissionais da saúde (em geral, peritos). Organizações que contam com um setor de gestão de pessoas desenvolvido acompanham sistematicamente os adoecimentos que levaram ao absenteísmo, avaliando seu impacto sobre os resultados. Essa avaliação se caracteriza como um modo de controle e prevenção do processo de trabalho, porém não permite compreender, de modo aprofundado, fatores de promoção ou de proteção à saúde do trabalhador que conduzam a estratégias de ação mais eficazes para sua redução efetiva no ambiente laboral.

O impacto do absenteísmo sobre a *performance* individual parece óbvio, uma vez que, se a pessoa trabalha menos do que o esperado, sua produtividade efetiva deverá ser menor do que a planejada. É importante ressaltar que não estamos tratando, aqui, da jornada de trabalho reduzida ou flexibilizada, em que alguns trabalhadores são autorizados a trabalhar menos horas semanais em suas funções, visto que essa negociação é planejada em comum acordo com a organização e, portanto, não impacta no resultado que se espera dos desempenhos individuais.

O que se quer chamar a atenção neste capítulo é que as causas para quaisquer faltas devem ser consideradas. Pode haver situações que apenas exijam certa flexibilidade e acomodação das necessidades do trabalhador, para que este possa buscar o filho na escola ou levá-lo ao médico, ou ele mesmo ir ao médico, por exemplo. Outras vezes, as faltas são decorrentes de diferentes razões, como o adoecimento por exaustão mental no trabalho (*burnout*), o desengajamento do trabalhador, a violência no trabalho (assédio, agressões ou comunicação violenta) ou o baixo desenvolvimento de recursos pessoais positivos (como esperança ou otimismo). Este último se destaca como relevante, visto que os estudos demonstram que, uma vez desenvolvidos ou fortalecidos, eles podem auxiliar a pessoa a lidar melhor com as especificidades do seu trabalho e a buscar força em seus coletivos laborais, de modo a evitar afastamentos constantes.

Por outro lado, quando a pessoa se ausenta do trabalho, as tarefas que lhe competem terão de ser feitas por outras pessoas de sua equipe, caso contrário, haverá atraso ou ineficiência na realização das atividades. Isso pode acarretar tempo extra de trabalho para os membros da equipe que não estão ausentes, e esse impacto transcende os que estão na equipe, atingindo também seus supervisores, uma vez que eles precisarão replanejar o *workflow*, dependendo do tempo de ausência do trabalhador em um período ou por absenteísmos constantes ao longo do tempo. Assim, a falta de um membro da equipe adiciona trabalho para os demais, tornando necessário aos superiores planejar sua redistribuição. A pessoa, na medida em que está ausente do trabalho, também deixa de participar de experiências programadas pela organização, como festas, comemorações, treinamentos, momentos de convivência, entre outros. Nas ausências de médio e longo prazos ou em repetidas ausências, o absenteísmo também gera uma situação em que a pessoa se afasta de seus colegas e do dia a dia organizacional de modo continuado, o que impacta a vivência das mudanças na dinâmica do processo de trabalho, que ocorrem cotidianamente em qualquer organização, mesmo que em níveis distintos. Essa questão terá de ser retomada quando a pessoa retornar às atividades laborais, por meio da aprendizagem contínua, formal ou informal, e sua curva de aprendizado dependerá de si mesma, de seus supervisores e de sua equipe.

Finalmente, a pessoa ausente impacta o desempenho organizacional quanto às suas entregas finais, as quais podem estar relacionadas aos rendimentos financeiros de empresas privadas ou ao desenvolvimento social que deveria ser promovido pelas organizações públicas. À medida que se fazem necessários a energia e o tempo extra dos demais trabalhadores para dar conta das tarefas que seriam desempenhadas pela pessoa ausente, a organização ainda poderá ter de lançar mão de seus rendimentos ou provimentos para pagar o tempo extra dedicado por outros ao trabalho. Contudo, isso nem sempre se concretiza adequadamente, pois nem todos estão dispostos a entregar mais horas do seu dia ou mês para o trabalho, mesmo que para cobrir seus colegas, tendo em vista sua saúde física e mental. No que diz respeito a empresas com fins lucrativos, inclusive as de capital misto, o impacto do absenteísmo na produtividade deve ser custeado por seu lucro, a menos que o custo seja repassado ao consumidor, o que costuma acontecer. Esse impacto pode ser ainda mais amplo caso a ausência dos trabalhadores impacte os lucros de forma mais direta e perceptível. Já em organizações públicas o agravo é ainda maior, visto que o desempenho afetado pelo absenteísmo do servidor tem de ser custeado pela sociedade, não apenas devido ao aspecto financeiro, mas, sobretudo, em virtude do menor desempenho na função social que a instituição pública está vocacionada a atender (p. ex., saúde, educação, justiça).

Absenteísmo e recursos pessoais positivos

Um caminho que parece promissor para a compreensão aprofundada do absenteísmo se evidencia em estudos que promoveram sua avaliação em relação ao desenvolvimento (ou não) de recursos pessoais positivos dos trabalhadores no contexto laboral. Esse modo de avaliação do absenteísmo considera-o como um fenômeno complexo, relacionado ao funcionamento sistêmico das pessoas no trabalho de modo específico. Na perspectiva da psicologia positiva, os estudos seguiram duas linhas teóricas para compreender as organizações e o modo como elas se desenvolvem (Bakker & Schaufeli, 2008; Vazquez, 2018). Primeiro, há a teoria do comportamento organizacional positivo (COP), fundamentada na *theory building research* (pesquisa de construção de teoria), que busca integrar diferentes modelos teóricos, a fim de aumentar a produtividade organizacional pelo desenvolvimento do capital psicológico, ou *PsyCap* (Waecker, 1998; Corley & Gioia, 2011; Youseff & Luthans, 2007). Paralela a essa teoria, estão os estudos organizacionais positivos (EOP), fundamentados na *broaden and built theory* (teoria construída e ampliada), que se desdobraram mais recentemente no *job-demand resources model* (RDT, modelo de recursos e demandas no trabalho). Nessa linha, as teorias têm como premissa a existência de dois processos emparelhados (motivacional e estressor) para explicar como a combinação das características do trabalho pode influenciar aspectos positivos que conduzem as pessoas ao bem-estar e ao engajamento no trabalho (Fredrickson, 2004; Cameron & Caza, 2004; Taris & Schaufeli, 2016).

Na teoria do capital psicológico, as variáveis que compõem o *PsyCap* são a esperança, o otimismo, a autoeficácia e a resiliência. Os estudos apontam que tais características atuam na prevenção de adoecimentos relacionados ao trabalho, como o distresse (i.e., efeito negativo do estresse, que pode chegar ao estado crônico de exaustão mental na síndrome de *burnout*), a rotatividade (também denominada *turnover*) e a elevação da ansiedade (que pode se desdobrar, dependendo da pessoa, em depressão). Nessa perspectiva, quanto mais fortes forem as características positivas nas pessoas, maior será a prevenção de adoecimentos em seus diferentes graus e comorbidades associadas, os quais estão diretamente relacionados ao absenteísmo por faltas involuntárias (Avey, Patera, & West, 2006; Avey, Reichard, Luthans, & Mhatre, 2011; Wallace, 2017).

Cabe destacar que a crítica ao *PsyCap* está centrada em dois aspectos (Reppold, Mayer, Almeida, & Hutz, 2012):

1. A restrição a apenas essas variáveis, o que aponta para a necessidade de investigação de outros fatores influenciadores, que são,

por vezes, mais significativos ou de escopo mais amplo na promoção e na proteção à saúde dos trabalhadores.
2. O conceito de resiliência como um traço da pessoa, visto que os estudos recentes demonstram que ser resiliente é um processo: as pessoas podem agir assim em algumas situações adversas na vida e, imediatamente após, não se comportar da mesma forma, sem que isso seja uma inconsistência.

Destacamos, aqui, que a avaliação da resiliência como um processo dinâmico aponta para a contínua probabilidade de seu desenvolvimento ao longo do tempo, mas as evidências colocam em questão a ideia – muito presente hoje na gestão de pessoas em organizações – de que alguém seria resiliente ou não, como se a resiliência variasse em grau. A resiliência não é um fenômeno, portanto, que a pessoa deveria apresentar em seu comportamento sob quaisquer condições. Ela se desenvolve ao longo do tempo e pode não se efetivar concretamente em diferentes momentos da vida, o que não impede que a pessoa a vivencie de forma autêntica, dinâmica e processual, se olharmos sua trajetória de experiências e aprendizados ao longo da vida.

Tendo em vista as questões apontadas e as robustas evidências em EOP nos estudos sobre engajamento no trabalho como fator de proteção ao absenteísmo por faltas involuntárias, o presente capítulo apresenta duas pesquisas realizadas pelas autoras, com base na psicologia positiva e em pesquisas internacionais no RDT. Para melhor compreensão das pesquisas que serão apresentadas, discutiremos a seguir os construtos investigados: esperança, otimismo, autoeficácia e engajamento no trabalho.

Esperança

Esperança é o estado emocional positivo que emerge da interação das rotas desenvolvidas pela pessoa para a obtenção de um objetivo suficientemente importante, para o qual se faz necessário o agenciamento desse sujeito (Snyder et al., 1991). De maneira geral, quando alguém quer alcançar algo, realiza uma análise cognitiva sobre o que precisa fazer para obter tal objetivo, construindo rotas para alcançá-lo. Para além das rotas de desenvolvimento, é necessário que a pessoa esteja emocionalmente motivada a segui-las rumo ao seu objetivo, sendo agente ou protagonista das ações subsequentes. Segundo Pacico e Bastianello (2014), pessoas esperançosas costumam apresentar alto desempenho profissional, à medida que conseguem lidar bem com obstáculos que surgem ao decorrer de sua busca por resultados. Em geral, são pessoas persistentes, pois, quanto mais importante o objetivo for para a pessoa, mais motivada ela estará. Já a satisfação de vida caracteriza o quão feliz a pessoa se sente com a sua vida, cuja avaliação requer uma análise retrospectiva de suas vivências e o balanceamento dos afetos positivos e negativos presentes no momento da testagem (Giacomoni & Hutz, 1997).

Otimismo

Otimismo se refere à disposição da pessoa para acreditar que acontecerão mais coisas boas do que ruins. É um fenômeno que descreve as expectativas que as pessoas possuem sobre eventos futuros (Carver, Scheier, & Segerstrom, 2010). A pessoa otimista é aquela que apresenta expectativas positivas com relação ao futuro por acreditar que coisas boas irão lhe acontecer. Os estudos demonstram que essa característica positiva se associa fortemente com a esperança, o bem-estar subjetivo e a saúde integral das pessoas (Pacico & Batianello, 2014).

Autoeficácia

A autoeficácia foi definida por Bandura (1977) como a crença que o sujeito tem de que alcançará determinado objetivo com base em suas próprias capacidades. A pessoa que se percebe como autoeficaz acredita que suas habilidades são suficientes para alcançar o resultado que deseja. Assim, quando tem uma meta, a pessoa examina aquilo que considera necessário fazer para alcançar suas expectativas de resultado e avalia sua capacidade para realizar o que é preciso, gerando suas próprias expectativas de eficácia (Pacico, Ferraz, & Hutz, 2014).

Engajamento

Estar engajado no trabalho se caracteriza como o estado de funcionamento ótimo das pessoas em suas atividades laborais (Schaufeli, Dijkstra, & Vazquez, 2013). Vazquez, Magnan, Pacico, Hutz e Schaufeli (2015) definem o engajamento como um estado mental positivo de intenso prazer e de elevada realização profissional, que caracteriza o vínculo positivo com o trabalho, cujas dimensões são o vigor (energia dispendida no trabalho), a dedicação (permanência na realização da atividade por seu propósito e significado) e a concentração (experiência cognitiva de ser absorvido pelas tarefas, sem sentir o tempo passar).

Há robustas evidências sobre esse construto e sobre o RDT, mas não é objetivo deste capítulo discorrer sobre isso (para mais detalhes, ver Schaufeli [2018] e Taris e Schaufeli [2016]). É importante, porém, caracterizar sua dinâmica, pois o processo de engajamento no trabalho ocorre quando o trabalhador dispõe de recursos suficientes para lidar com as demandas que o trabalho lhe apresenta, mesmo que, para isso, precise de tempo para se desenvolver e gerar mais recursos. Quando as demandas são muito superiores aos recursos disponibilizados, essa situação, ao longo do tempo, tende a levá-lo ao distresse, à exaustão mental e, como consequência, ao *burnout* (Shaufelli & Bakker, 2004).

Otimismo, esperança e autoeficácia são recursos pessoais que, se aliados ao engajamento no trabalho, aumentam a probabilidade do desenvolvimento de comportamentos producentes e extrapapéis. Tais características são potencializadoras do aumento do desempenho na obtenção de melhores resultados, o que toda organização deseja em seus trabalhadores.

AVALIAÇÃO DE RECURSOS PESSOAIS

Do ponto de vista da qualidade psicométrica, há instrumentos adequados, no Brasil, para a avaliação de todos esses construtos, além de outros da psicologia positiva (Hutz, 2014). Queremos ressaltar que é preciso aprofundar nossa compreensão sobre os processos subjacentes ao absenteísmo por faltas involuntárias, na mesma linha do que já se observa em investigações internacionais. O que se evidencia nos estudos da área é que o engajamento no trabalho minimiza a ocorrência de faltas involuntárias, e os recursos pessoais positivos atuam no incremento do engajamento no trabalho. Uma pesquisa de Schaufeli, Bakker e Van Rhenen (2009) demonstra que as pessoas mais engajadas têm menos faltas involuntárias no trabalho, e isso acontece porque, segundo o RDT, as ausências estão relacionadas às altas demandas no trabalho e à escassez de recursos. Sem saber como lidar com as pressões intensas e o distresse no trabalho, o trabalhador se ausenta por diferentes motivos (p. ex., doença). Já pessoas que desenvolveram seus recursos pessoais positivos (esperança, otimismo, autoeficácia) estão menos predispostas a esse tipo de falta, visto que tais recursos atuam como fatores de proteção para lidar com as demandas que lhe são exigidas no trabalho.

Desse modo, resultados de pesquisas apontam que esperança, otimismo e outros recursos pessoais positivos são fatores cruciais para a emergência de comportamentos organizacionais positivos, tais como desempenho (do indivíduo e da organização), satisfação no trabalho, felicidade laboral e comprometimento organizacional (Salanova, Agut, & Piero, 2005; Youseff & Luthans, 2007; Demerouti & Cropanzano, 2010; Alessandri, Borgogni, Schaufeli, Caprara, & Consiglio, 2015). Como já foi mencionado, os recursos pessoais se associam significativamente com o menor número de faltas involuntárias dos trabalhadores. Por si só, esse aspecto já colaboraria para o aumento do desempenho profissional, embora o presenteísmo exija mais do que estar presente fisicamente no local de trabalho. Não obstante, tais resultados estão evidenciados em pesquisas fora do Brasil. A principal contribuição deste capítulo é apresentar evidências de pesquisas que coletaram dados sobre a avaliação do absenteísmo e sua relação com os recursos pessoais positivos de trabalhadores de duas organizações brasileiras. Algumas sugestões sobre como desenvolver intervenções serão apresentadas ao final da seção, com base em nossos achados.

Cabe destacar que poucas empresas têm investido no desenvolvimento dos recursos pessoais positivos em seus ambientes de trabalho, mas as pesquisas científicas evidenciam que já há propostas de intervenções de curta duração fundamentadas em evidências de efetividade no incremento da *performance* profissional (Avey et al., 2011). A praticidade das intervenções curtas pode ampliar a possibilidade de sua aplicabilidade nas organizações, já que o tempo disponível para esse tipo de atividade nem sempre é viável. Além disso, as intervenções devem ser planejadas conforme o diagnóstico de recursos pessoais a serem desenvolvidos, procurando-se, na literatura científica, evidências de sua relação com a prevenção do absenteísmo e a promoção de bem-estar e engajamento no trabalho. Medidas repetidas (de entrada e saída) são sugeridas para se verificar a efetividade da intervenção no desenvolvimento dos recursos pessoais planejados e do engajamento no trabalho dos participantes. A avaliação de acompanhamento, pelo menos seis meses após a intervenção, é altamente recomendada.

ESTUDO 1: RECURSOS PESSOAIS, ENGAJAMENTO NO TRABALHO E ABSENTEÍSMO EM TRABALHADORES DE UMA EMPRESA DE LOGÍSTICA BRASILEIRA

Este estudo teve como objetivo identificar e entender como se relacionam os recursos pessoais de esperança, autoeficácia, engajamento com o trabalho, satisfação de vida e absenteísmo. A pesquisa contou com a participação de 118 trabalhadores (servidores públicos) de uma empresa brasileira de logística que atua em âmbito nacional. Aqueles que concordaram em participar responderam aos seguintes instrumentos: Escala de Esperança Disposicional para Adultos (Pacico, Bastianello, Zanon, & Hutz, 2013), Escala de Autoeficácia Geral (Pacico, Ferraz, & Hutz, 2014), Escala Utrecht de Engajamento no Trabalho (UWES) (Vazquez et al., 2015) e Escala de Satisfação de Vida (Giacomoni & Hutz, 1997).

A amostra foi estratificada de acordo com os dados de absenteísmo e de *performance* das unidades, as quais foram analisadas conforme suas áreas de atuação: operacional (entregadores e operadores de triagem e transbordo); administrativa (suporte, planejamento estratégico e comercial); e atendimento (atendentes das unidades de atendimento ao cliente). Para avaliar a *performance*, foram considerados os índices de desempenho da organização: padronização e melhoria do atendimento; qualidade do tempo de espera em fila; percentual de atingimento de meta; *ranking* de crescimento; e prospecção de novos clientes. Em conjunto, também foram considerados o índice de qualidade ao cliente, referente à área operacional, e outros indicadores de desempenho organizacional, como destaques nacionais ou *rankings* regionais. Após esse levantamento, foi solicitado aos gestores de atendimento, operacional, administrativo e comercial que elencassem as cinco unidades com melhor desempenho e as cinco com desempenho abaixo do esperado em sua respectiva área, o que gerou uma lista com as mais citadas. Essa lista foi cruzada com uma segunda, que se referia às unidades com maiores e menores índices de absenteísmo. Com base nos cruzamentos dos dados, foram selecionadas as unidades que representassem alto e baixo níveis de desempenho e também as unidades com alto e baixo índices de absenteísmo, obtendo-se, assim, uma amostra heterogênea, que permitiu uma comparação dos dados obtidos. Inicialmente, apenas unidades localizadas em Porto Alegre e Região Metropolitana seriam consideradas, e a coleta de dados seria presencial. Entretanto, considerando-se contingências da empresa, a coleta de dados foi realizada via ferramenta *on-line*. Devido ao baixo percentual de retorno, típico de pesquisas *on-line*, a coleta de dados foi expandida para todo o Estado do Rio Grande do Sul.

Resultados do estudo 1

Com o objetivo de verificar a relação entre as variáveis (esperança, autoeficácia, engajamento com o trabalho e satisfação de vida) e a quantidade de dias de ausência no período de 12 meses (informada pelo participante), foram realizadas análises da correlação de Pearson (*two-tailed*). A correlação de dias de ausência com a esperança foi de -.23, com autoeficácia de -.27 e com satisfação de vida de -.12. Observa-se que as variáveis, embora com correlações moderadas ou baixas, caracterizaram-se como inversas ao absenteísmo. Isso indica que pessoas com maiores níveis dessas características tendem a não se ausentar do trabalho. Esse resultado era o esperado quando a pesquisa foi desenvolvida, e se confirma com outras pesquisas que sugerem que trabalhadores mais felizes e satisfeitos produzem mais e faltam menos. Pacico (2013) apresenta alguns autores que indicaram que o absenteísmo é inversamente proporcional à satisfação no trabalho. Eles afirmaram, ainda, que a falta ao trabalho pode ser uma forma que o trabalhador encontra de se afastar de situações indesejáveis. Os resultados vão ao encontro da hipótese da pesquisa de Pacico (2013).

Já o engajamento no trabalho, analisado quanto às dimensões do vigor, da dedicação e da concentração, não apresentou correlação significativa com o absenteísmo. Os resultados sugerem que os servidores da organização, engajados ou não, estão faltando ao trabalho sem que essa variável interfira em suas faltas involuntárias. Esse resultado não era o esperado, pois, conforme a literatura, espera-se que pessoas engajadas sejam menos propensas às faltas involuntárias, devido ao fato de o engajamento ser um indicador de saúde do trabalhador. Uma das razões para esse resultado pode ter sido o fato de as faltas terem sido informadas pelos participantes da pesquisa, estando essa informação sujeita a vieses de memória e de cognição de diferentes naturezas. Também é possível que esse resultado seja um efeito do momento em que essa organização se encontrava, que era de severa reestruturação, em decorrência da crise de 2014, a qual avançou no país, provocando planos de demissões voluntárias, perda de cargos de chefia, cortes e redução de benefícios, além da ameaça da privatização. Consideramos que o cenário político e econômico no momento da pesquisa pode ter causado esse efeito nos servidores que dela participaram.

Proposta de intervenção a partir dos dados da avaliação realizada

Ao aplicar a psicologia positiva no ambiente organizacional, ganha-se uma ferramenta multidisciplinar com aplicabilidade em diferentes esferas da organização. A avaliação realizada com o objetivo de conhecer processos comportamentais subjacentes ao absenteísmo permite um diagnóstico acurado – desde que aplicados os instrumentos e os métodos adequados. A partir das informações obtidas, é possível desenvolver programas de desenvolvimento profissional e avaliar sua aplicação e manutenção ao longo do tempo. Com esse conhecimento, é possível alinhar valores, adequar equipes e motivar pessoas a trabalhar em busca de um objetivo comum. Ao aplicar as ferramentas da psicologia positiva em uma intervenção com foco nos recursos pessoais, espera-se, como resultados prováveis: aumentar o bem-estar dos participantes; fortalecer o vínculo positivo do trabalhador com o trabalho e da organização com seu trabalhador; desenvolver um clima organizacional de espiral positiva; e reduzir o absenteísmo por faltas involuntárias.

Essa intervenção foi realizada considerando-se a avaliação do estudo desenvolvido na organização. Propõe-se que se inicie a análise do ambiente laboral por meio da avaliação do bem-estar subjetivo, do engajamento no trabalho e do clima organizacional com instrumentos de qualidade psicométrica comprovada. Com isso, identificam-se os pontos críticos e as necessidades a serem sanadas a partir dos dados coletados em comparação com relatos dos gestores sobre as variáveis avaliadas e o contexto organizacional de recursos e demandas de trabalho. Em seguida, é importante atrelar os achados aos demais programas que já ocorram na organização, alinhando a proposta de intervenção aos eventos do calendário da organização, como Semana Interna de Prevenção e Acidentes (SIPAT), eventos de reconhecimento de destaque aos funcionários e treinamentos.

A proposta deve ser sempre customizada, conforme a especificidade de cada organização. Sugerimos que seja detalhada em três etapas: levantamento, aplicação e avaliação de resultados.

Primeiro encontro: levantamento

Sugere-se traçar um diagnóstico que permita observar os pontos fortes e reconhecer os principais causadores de afetos negativos na organização, os quais contribuem para o declínio do bem-estar de seus trabalhadores. Neste ponto, é importante definir as medidas de entrada e saída para avaliar a intervenção, que deverá ser reavaliada após o seu término, com o objetivo de verificar se houve influência (aumento, decréscimo, neutralidade). Os testes VIA (Forças e Virtudes) e as UWES (Vazquez et al., 2015) e ESV (Giacomoni & Hutz, 1997) são exemplos de instrumentos que podem gerar um diagnóstico das características da equipe, seus pontos fortes e aspectos menos desenvolvidos de cada membro da equipe. Outra estratégia sugerida é que seja feito um levantamento das necessidades de cada área organizacional, por meio de um questionário objetivo, para a identificação das necessidades organizacionais, seus pontos fortes e fatores críticos. Os dados coletados nesta etapa, ao serem analisados com base na psicologia positiva, deverão ser prioritariamente avaliados quanto aos pontos fortes e aos recursos pessoais mais adequados para gerar bem-estar, engajamento no trabalho e promover a espiral positiva no clima organizacional. Paralelamente, devem-se considerar os aspectos intervenientes que se configuram como fatores de adoecimento e distresse, avaliando-os de modo robusto, a fim de produzir medidas corretivas e de minimização de seus impactos.

Segundo encontro: aplicação

A partir da avaliação diagnóstica, sugere-se o desenvolvimento de atividades customizadas, que promovam as boas práticas e contribuam para a elevação dos níveis de bem-estar, cooperação e engajamento no trabalho. A ideia central é de que se organizem as ações já existentes em gestão de pessoas na organização por meio de um programa de desenvolvimento profissional que tenha como foco o aumento do engajamento no trabalho e, como consequência, a redução do absenteísmo por faltas involuntárias. Assim, em um primeiro momento, sugere-se que as atividades sejam direcionadas para prevenir os fatores que geram maior absenteísmo, com base nos dados apresentados pela organização, tais como: lesão por esforço repetitivo (LER), problemas de transporte, distúrbios do sistema digestório e transtornos psicológicos em estágio inicial (crises depressivas, ansiedade e pânico). Medidas contingenciais são aplicadas nas organizações, tais como implementação de ginástica laboral, implementação de grupos de carona ou ajustes na jornada de trabalho, ações para estimular o estilo de vida saudável e seus benefícios para a saúde, oficinas de meditação, artesanato, dança ou grupos de apoio que fortaleçam a autoestima e redes de suporte social no trabalho. Tal estratégia visa a levar a organização a ter uma postura empática com seus trabalhadores, fortalecendo o vínculo positivo destes com ela. Estabelecida essa relação, o próximo passo é a implantação de programas de desenvolvimento de cunho motivacional, com maior probabilidade de elevar o prazer e a realização das pessoas com seu trabalho na organização. Sugere-se que sejam feitas atividades como:

1. Grupo de especialistas para propor soluções e melhorias para os problemas encontrados, de modo que os trabalhadores sejam desafiados a desenvolver seus recursos pessoais (esperança, otimismo, autoeficácia) e a buscar participar em ações que gerarão melhorias efetivas na organização.
2. Desenho do trabalho com um plano de carreira que incentive o autodesenvolvimento, reconheça os talentos e gere experiências de exercício de liderança.
3. Fortalecimento do vínculo positivo com o trabalho da organização, por meio de um programa de reconhecimento e valorização que destaque os recursos pessoais positivos que se deseja incentivar na organização (os já mencionados, ou, p. ex., gratidão, compaixão, suporte social).

O aspecto principal nesta segunda etapa é que, ao serem definidos os recursos pessoais que a organização elenca como mais relevantes, as atividades devem ser desenvolvidas em intervenções de curta duração para cada um deles, de preferência em atividades semanais, de acordo com os achados internacionais. Além disso, cada atividade deverá passar por escrutínio das avaliações de diagnóstico, medidas de repetição, avaliação de impacto ou reação e *feedback*.

Terceiro encontro: avaliação de resultados

Há que se realizar a avaliação das ações, aplicadas de maneira quanti e qualitativa, e correlacioná-la com os resultados obtidos na etapa preliminar do projeto. Os ciclos da etapa de aplicação podem ser mensais, com avaliação de resultados bimestrais. É necessária também a realização de ciclos de manutenção para avaliar os resultados, que devem ser concluídos de 6 a 12 meses após a aplicação da intervenção. Para avaliar o absenteísmo, é fundamental que seus índices sejam acompanhados no decorrer de toda a intervenção (prevenção dos fatores de absenteísmo por faltas involuntárias mais o programa de desenvolvimento de recursos pessoais e do engajamento no trabalho). Os dados do absenteísmo, gerados pelo sistema de controle da organização, devem ser analisados quanto às suas correlações com cada um dos recursos pessoais elencados e com o nível de engajamento no trabalho no decorrer do tempo. Para verificar se a intervenção teve efeito, sem maiores interferências de outras variáveis, sugere-se fazer análises estatísticas, como o teste da ANOVA para grupos.

ESTUDO 2: RECURSOS PESSOAIS, ENGAJAMENTO NO TRABALHO E ABSENTEÍSMO EM SERVIDORES DO PODER JUDICIÁRIO BRASILEIRO

Tendo em vista a relevância atribuída ao absenteísmo e ao engajamento no trabalho no contexto organizacional, bem como suas relações com a saúde do trabalhador, esta pesquisa teve como objetivo verificar as relações entre absenteísmo por adoecimento, variáveis sociodemográficas (sexo, idade, tempo de empresa), recursos pessoais (esperança, autoeficácia, autoestima, satisfação de vida, afetos positivos e negativos e otimismo) e engajamento no trabalho em 251 trabalhadores do Tribunal Regional Eleitoral do Rio Grande do Sul (TRE-RS), que se voluntariaram a participar desta pesquisa. Do ponto de vista gerencial, este estudo possibilita a análise de ações e de estratégias de planejamento em gestão de pessoas que possam associar aspectos positivos e de vínculo com o trabalho aos resultados almejados pelas organizações de modo mais efetivo e prazeroso para os colaboradores. Os participantes foram convidados durante uma ação realizada na instituição, a qual tinha como intuito tratar de temas relacionados à saúde mental e ao bem-estar no trabalho. Todos foram informados sobre a confidencialidade dos dados individuais e assinaram um termo de consentimento esclarecido. O *link* da pesquisa, realizada *on-line*, por meio do *site SurveyMonkey*, foi disponibilizado para acesso aos servidores na intranet da instituição.

De acordo com os dados da instituição investigada, em 2015, quando o estudo teve início, a população total de servidores estáveis era composta por 721 pessoas. A amostra inicialmente calculada foi de 251 participantes, entretanto, obteve-se a participação voluntária de 119 servidores que finalizaram a pesquisa, sendo 65 do sexo masculino (54,6%), e 54, do sexo feminino (45,4%). As idades variaram de 19 a 69 anos, com uma média de 45,25 anos (desvio-padrão = 9,25). Quanto ao estado civil, 86 respondentes eram casados ou estavam em uma união estável (72,3%). A maioria dos servidores possuía a média salarial igual ou maior que sete salários mínimos (85,7%). A escolaridade de mais da metade dos participantes era pós-graduação completa (53,8%), 39 tinham ensino superior completo (32,8%), sete estavam cursando pós-graduação (5,9%), seis estavam cursando ensino superior (5%) e três tinham ensino médio completo (2,5%).

Os participantes responderam a um questionário sociodemográfico para fornecer informações sobre idade, sexo, estado civil, número de filhos e escolaridade, bem como dados sobre suas médias salariais, tempo de empresa, movimentações de cargo e aumento salarial. O questionário também abordou o significado do trabalho, a média de faltas ao trabalho nos últimos 12 meses e o motivo destas. Além disso, foram utilizadas a Escala Utrecht de Engajamento no Trabalho (UWES) (Vazquez et al., 2015), a Escala de Esperança Disposicional para Adultos (Pacico et al., 2013), a Escala de Autoeficácia Geral (Pacico et al., 2014), o Revised Life Orientation Test (LOT-R) (Bastianello, Pacico, & Hutz, 2014), a Escala de Satisfação de Vida (ESV) (Giacomoni & Hutz, 1997) e a Escala de Afetos Positivos e Negativos (PANAS) (Giacomoni & Hutz, 1997).

Resultados do estudo 2

O objetivo do trabalho foi identificar e entender como se relacionam as variáveis sociodemográficas (sexo, idade, tempo de empresa), os recursos pessoais (esperança, autoeficácia, autoestima, satisfação de vida, afetos positivos e negativos e otimismo) e o engajamento no trabalho na população estudada. Para tal, foi realizada uma análise de correlação entre todas as variáveis testadas com os participantes.

No que se refere ao absenteísmo, as análises de correlação, elucidadas por meio do coeficiente de Spearman, demonstraram que existe correlação negativa, de intensidade fraca, entre o otimismo e a média da frequência de dias de faltas ($\rho = -0,198$), bem como entre o otimismo e a duração das faltas ($\rho = -0,185$). Esse achado demonstra que os servidores que possuem maiores níveis de otimismo tendem a apresentar uma média menor de faltas ao trabalho, bem como a retornar antes do afastamento. As correlações negativas encontradas entre a duração das faltas dos servidores e a média de dias faltados no período de um ano em relação aos níveis de otimismo são resultados inéditos no estudo desse tema. Tendo em vista que o otimismo é caracterizado, segundo Carver e Scheier (2005), como a tendência a enfatizar os aspectos favoráveis das situações, ações e eventos e de esperar que fatos bons aconteçam, em vez de eventos ruins, tanto no presente quanto no futuro, pode-se inferir que os servidores que participaram da pesquisa não se sentem motivados a estar mais presentes no trabalho por não acreditarem que mudanças positivas possam acontecer nesse ambiente.

Outro achado importante se refere à relação entre a média de faltas relatadas pelo próprio participante na pesquisa *on-line* e os níveis de vigor, satisfação de vida e afetos negativos. No tratamento estatístico dessas variáveis, evidenciou-se uma correlação negativa, de intensidade fraca, com satisfação de vida ($\rho = -0,191$) e com vigor ($\rho = -0,224$), e correlação positiva, também de fraca intensidade, com afetos negativos ($\rho = 0,257$). Esse resultado parece evidenciar que a experiência de afetos negativos ao lembrar das faltas por adoecimento conduz à menor satisfação de vida e à diminuição do vigor no trabalho. Vale destacar que não foi encontrada correlação com as faltas coletadas no sistema da instituição, as quais se referem às faltas reais dos servidores. Os construtos de vigor e de satisfação com a vida podem ser definidos, respectivamente, como a energia e a força que o indivíduo põe em seu trabalho (Hutz, 2016) e o nível de contentamento percebido pelo sujeito quando ele pensa em sua vida (Hutz, 2014). Os afetos negativos, por sua vez, referem-se à intensidade e à frequência de emoções negativas vivenciadas pelos sujeitos (Hutz, 2014). O estudo sobre a associação entre essas variáveis e seus significados deve ser aprofundado, porém, em um primeiro momento, pode-se pensar que, ao reportar seu número médio de faltas ao trabalho no último ano, o indivíduo, utilizando a memória, explique seu absenteísmo pela falta de energia (vigor), de contentamento percebido (satisfação de vida) e pelas emoções negativas (afetos negativos) que esse contexto de trabalho lhe desperta. Em função disso, podemos inferir que o servidor não leva em consideração outros tipos de faltas, que tendem a estar relacionadas com emoções mais positivas, como a comemoração do aniversário de um filho, por exemplo. É importante ressaltar que essa hipótese precisa ser investigada em estudos futuros.

O bem-estar no ambiente organizacional tornou-se um tema norteador para diversos estudos acadêmicos e para a literatura especializada em contextos organizacionais em virtude de ser considerado promotor de qualidade de vida do trabalhador e, consequentemente, de produtividade e desempenho (Gomide Junior, Silvestrin, & Oliveira, 2015). Nesse contexto, destaca-se a psicologia organizacional positiva, definida por Luthans e Doh (2012, p. 499) como: "[...] a investigação e a aplicação das forças positivamente orientadas dos recursos humanos com o objetivo de medir, desenvolver e gerir tais forças de forma eficaz, visando à melhoria do desempenho individual e dos resultados organizacionais".

Com a recente popularização do tema, muitas organizações buscam medir o engajamento no trabalho dos seus colaboradores, a fim de entender os motivos de questões como o absenteísmo. Não obstante, ao contrário do que era esperado e em divergência com os achados internacionais, no presente estudo não foram encontradas relações significativas entre absenteísmo e engajamento no trabalho. No Estudo 1, também não foi encontrada essa associação, porém, neste, os dados de absenteísmo foram obtidos por autorrelato, ao passo que, no Estudo 2, as informações foram obtidas diretamente no sistema de controle de frequência da organização. Questionamos se esse resultado indicaria diferenças culturais no comportamento dos trabalhadores brasileiros em relação aos dos estudos internacionais, ou se essa é uma especificidade de instituições públicas no País. Evidentemente, novos estudos se fazem necessários. De qualquer forma, os achados em ambos os estudos apontam para a relação dos recursos pessoais na prevenção do absenteísmo por faltas involuntárias. Evidencia-se, portanto, o papel relevante dos recursos pessoais para o desempenho profissional e organizacional, visto que estes fazem parte do processo de motivação do RDT, que pode ser aplicado em diferentes contextos organizacionais (Bakker, Demerouti, Boer, & Schaufeli, 2003).

Proposta de intervenção a partir dos dados da avaliação realizada

Com o objetivo de exemplificar metodologias de aplicação de construtos da psicologia positiva e dos movimentos que surgiram na sua aplicabilidade nos contextos organizacionais, apresentaremos a seguir a proposta de intervenção para colaboradores da organização em que foi desenvolvido o Estudo 2. O objetivo dessa intervenção será alinhar objetivos da empresa às expectativas dos servidores, a fim de que todos trabalhem por um objetivo comum, em um ambiente que propicie bem-estar e promova os recursos pessoais dos trabalhadores, aumentando a probabilidade de que o absenteísmo por faltas involuntárias seja minimizado.

Cabe mencionar que a presente proposta foi cunhada com base na análise de que a experiência de falar de momentos e assuntos marcantes, em um contexto emocionalmente protegido e positivo, como se espera que seja o *workshop* proposto nesta intervenção, também pode resultar em uma experiência de sucesso guiada (Luthans & Youssef, 2004) e no consequente desenvolvimento da autoeficácia e da confiança dos participantes. Segundo Luthans e Youssef (2004), quando as pessoas se debruçam sobre aspectos de passado, presente e futuro importantes para seu trabalho profissional e para a organização, seu otimismo pode ser potencializado por três fatores: aceitação do passado, apreciação do presente e busca de oportunidades para o futuro. Ainda segundo os autores, estratégias como o *feedback* positivo e o reconhecimento social, que ocorrem durante cada exercício da intervenção proposta, podem aumentar sua autoconfiança e gerar uma apreciação positiva e construtiva sobre si mesmo e o futuro.

Primeiro encontro: organização dos grupos

Em um primeiro momento, serão organizadas as equipes que participarão da intervenção. Como o objetivo é de que elas trabalhem em grupo, compartilhando ideias, sentimentos e visões sobre a organização, é importante que sejam compostas por servidores de diferentes setores e funções. Após essa definição de equipes e das respectivas datas para os encontros, os convites para participar do projeto serão enviados, e a adesão de cada colaborador deverá ser voluntária. Deve-se solicitar que os líderes de cada área multipliquem as informações sobre a intervenção proposta, incentivando seus liderados a participar.

Segundo encontro: recepção e apresentação dos participantes

A intervenção será realizada no modelo de *workshop*, na data e no horário agendados. O facilitador deverá receber os participantes em um local previamente organizado com os materiais necessários (*post-its*, canetas coloridas, canetas esferográficas, papel, etc.). Quando todos estiverem acomodados, o facilitador deve apresentar os objetivos do encontro, um breve cronograma do dia de trabalho e das metodologias que serão colocadas em prática, realizando o *rapport* e o contrato de atividades iniciais. Nessa primeira atividade, deve-se incentivar os participantes a se apresentarem para os colegas, preferencialmente de forma lúdica e dinâmica, no formato de quebra-gelo. O objetivo é conhecer algumas pessoas ou aproximar o contato com os já conhecidos. Após a apresentação breve para os colegas, todos deverão escrever, individualmente, em *post-its* de cores diferentes, respostas para os seguintes questionamentos: qual o momento mais significativo da sua vida profissional dentro desta organização? Qual considera ser o momento mais especial da sua vida pessoal? Qual considera ser mais importante na história nacional ou mundial? Qual o sonho mais importante que tem para o futuro (pode ser pessoal ou profissional)? Os participantes serão incentivados a colar seus *post-its* (sem identificação) em um painel ou *flipchart*, que estará dividido em quatro espaços, representando as quatro perguntas. O facilitador deve manter um tom otimista e incentivador, fazendo conexões entre as respostas dadas, comentando aspectos em comum e ressaltando pontos positivos. Após todos terem respondido às questões, o facilitador incentivará que cada um se apresente ao grande grupo, com as informações que quiser compartilhar. Ao final dessa atividade, o facilitador deve fazer um breve fechamento, com conexões sobre o objetivo do *workshop* e as respostas dos colaboradores na primeira atividade.

Terceiro encontro: delineamento de expectativas e planos de ação

Na segunda atividade do *workshop*, o grupo deverá escolher três colegas, que ficarão em três mesas dispostas na sala, como "anfitriões". Cada mesa terá uma pergunta, que será utilizada como gatilho para que os grupos das mesas discutam. Após discutirem, os participantes poderão escrever, desenhar ou representar as ideias compartilhadas da forma que entenderem ser relevante. O grupo terá 10 minutos para discussão e escrita, e, após sinalização do facilitador, deverá trocar de mesa (exceto o anfitrião). As perguntas colocadas na mesa devem elucidar questões relevantes para a organização, com foco em explorar experiências positivas e resultados favoráveis alcançados pela organização, vislumbrar o futuro, construir planos de ação que concretizem o futuro vislumbrado e pensar em como implementar mudanças para que esses planos sejam concretizados. Estes são alguns exemplos de perguntas:

1. Quais são os pontos positivos mais salientes da nossa empresa?
2. Qual foi o momento em que me senti mais engajado na empresa e o que contribuiu para isso?
3. Se nos fossem concedidos três desejos de melhorias na organização, o que pediríamos?
4. Descreva as ações que a empresa poderia desenvolver que fariam você se sentir mais orgulhoso de fazer parte dela.
5. Entre todos os sonhos, quais são os mais fáceis de realizarmos?
6. O que você pode fazer amanhã de diferente que coloque a empresa no caminho em que você gostaria que ela estivesse?

7. O que já acontece diariamente na minha equipe, na estrutura e nas práticas da empresa que mais me alegra e satisfaz?

Ao final dessa atividade, cada grupo deverá apresentar suas discussões, sendo o anfitrião o responsável por relatar o que perceber com relação a cada grupo que passou pela mesa e a cada ideia que foi surgindo. O facilitador pode fazer um fechamento da atividade, incentivando que cada um fale da experiência, das relações percebidas, das ideias obtidas e dos *links* que fez com seu dia a dia no trabalho.

Quarto encontro: encerramento e avaliação

Para avaliar a intervenção, o facilitador pede a cada colaborador que escreva em *post-its* de cores diferentes uma palavra que resuma o que levará do *workshop*, o que deixará como contribuição para esse trabalho e um compromisso que fará consigo mesmo para uma ação ou mudança para o futuro. Em cada *post-it*, o participante deve incluir um número de 1 a 10 para classificar seu nível de envolvimento com as atividades propostas, sendo 1 o mais fraco e 10, o mais forte. Novamente, o facilitador pede para que os *post-its* sejam colados no quadro ou *flipchart* e encerra, fazendo um compilado de questões que ficarão à espera de resposta no futuro, mantendo, assim, aberta a dinâmica de evolução e de vinculação das pessoas com a organização. Todo o material gráfico e os registos devem ser recolhidos, para serem continuamente trabalhados pela organização, e para que possam se manter como ponto de partida gerador de mais ideias e práticas de mudança positiva.

CONSIDERAÇÕES FINAIS

A avaliação dos recursos pessoais positivos mostra-se como uma proposta promissora para o incremento do desempenho profissional, inclusive quanto ao bem-estar e ao engajamento no trabalho, e dos resultados organizacionais. Essas informações são úteis para as organizações em sua avaliação do absenteísmo por faltas involuntárias, como procuramos demonstrar neste capítulo. As evidências concretas da relação entre o absenteísmo e os recursos pessoais positivos demonstram sua associação inversa, o que sugere que pessoas esperançosas com sua trajetória profissional na organização, otimistas com o futuro e confiantes em sua eficácia para a realização dos objetivos organizacionais tendem a ser menos ausentes ao trabalho, mesmo no caso de faltas involuntárias. Com isso, verifica-se que é possível reduzir o absenteísmo por meio do desenvolvimento profissional voltado para a promoção de recursos pessoais positivos nos trabalhadores. Sem deixar de considerar as medidas de prevenção dos adoecimentos, nem as medidas corretivas necessárias ao ambiente laboral, o que se destaca é a probabilidade de minimizar o risco de absenteísmo por faltas involuntárias por meio de estratégias positivas. O incremento e a promoção da espiral positiva nas organizações podem ser alcançados em programas de intervenção com foco nos recursos pessoais, como as propostas que foram descritas neste capítulo. Com isso, o absenteísmo tem maior probabilidade de ser reduzido, assim como podem ocorrer melhorias concretas em diversos aspectos organizacionais e no engajamento no trabalho, como consequência do desenvolvimento profissional com foco nos achados da psicologia positiva.

REFERÊNCIAS

Alessandri, G., Borgogni, L., Schaufeli, B. W., Caprara, G. V., & Consiglio, C. (2015). From positive orientation to job performance: the role of work engagement and self-efficacy beliefs. *Journal of Happiness Studies*, 16(3), 767-788.

Avey, J. B., Patera, J. L., & West, B. J. (2006). Positive psychological capital: a new lens to view absenteeism. *Journal of Leadership and Organizational Studies*, 13(2), 42-60.

Avey, J. B., Reichard, R. J., Luthans, F., & Mhatre, K. H. (2011). Meta-analysis of the impact of positive psychological capital on employee attitudes, behaviors, and performance. *Human Resource Development Quarterly*, 22(2), 127-152.

Bakker, A. B., Demerouti, E., Boer, E., & Schaufeli, W. B. (2003). Job demands and job resources as predictors of absence duration and frequency. *Journal of vocational behavior*, 62(2), 341-356.

Bakker, A. B. & Schaufeli, W. B. (2008). Positive organizational behavior: engaged employees in flourishing organizations. *Journal of Organizational Behavior*, 29, 147-154.

Bandura, A. (1977). Self-efficacy: toward a unifying theory of behavioral change. *Psychological Review*, *84*(2), 191-215.

Bastianello, M. R., Pacico, J. C., Hutz, C. S. (2014). Optimism, self-esteem and personality: adaptation and validation of the Brazilian Version of the Revised Life Orientation Test (LOT-R). *Psico-USF*, *19*(3), 523-531.

Cameron, K. S; Caza, A. (2004). Contributions to the discipline of positive organizational scholarship. *American Behavioral Scientist*, 47, 731–739.

Carver, C. S., Scheier, M. F. (2005). Optimism. In C. R. Snyder, & S. J. Lopez (Eds.), *Handbook of positive psychology* (pp. 231-256). Oxford: University Press.

Carver, C. S., Scheier, M. F., & Segerstrom, S. C. (2010). Optimism. *Clinical Psychology Review*, 30, 879-889.

Corley, K. G; Gioia, D. A. (2011). Building theory about theory building: what constitutes a theoretical contribution? *Academy of Management Review*, *36*(1), 12–32.

Demerouti, E., & Cropanzano, R. (2010). From thought to action: Employee work engagement and job performance. In A. B. Bakker, & Leiter, M. P. (Orgs.), *Work engagement: a handbook of essential theory and research* (pp. 147–163). New York: Psychology Press.

Fredrickson, B. L. (2004). The broaden-and-build theory of positive emotions. *Philosophical Transactions of the Royal Society of London*, 359, 1367–1377.

Giacomoni, C. H., & Hutz, C. S. (1997). A mensuração do bem-estar subjetivo: escala de afeto positivo e negativo e escala de satisfação de vida. *Anais do Congresso Interamericano de Psicologia, São Paulo*, 26, 313.

Gomide Júnior, S., Silvestrin, L. H. B., & Oliveira, A. F. (2015). Bem-estar no trabalho: o impacto das satisfações com os suportes organizacionais e o papel mediador da resiliência no trabalho. *Revista Psicologia Organizações e Trabalho*, *15*(1), 19-29.

Hutz, C. S. (2014). *Avaliação em psicologia positiva*. Porto Alegre: Artmed.

Hutz, C. S. (2016). *Avaliação em psicologia positiva*: técnicas e medidas. São Paulo: Hogrefe.

Luthans, F., & Doh, J. P. (2012). *International management*: Culture, strategy, and behavior (8th ed.). New York: McGraw-Hill.

Luthans, F., & Youssef, C. M. (2004). Human, social, and now positive psychological capital management. *Organizational Dynamics*, *33*(2), 143-160.

Pacico, J. C. (2013). *Absenteísmo e relações com esperança, auto eficácia, afetos, satisfação de vida e otimismo* (Dissertação de mestrado em Psicologia Organizacional, Universidade Federal do Rio Grande do Sul, Porto Alegre).

Pacico, J. C., & Bastianello, M. R. (2014). Instrumentos para avaliação da esperança: Escala de esperança disposicional e escala de esperança cognitiva. In C. S. Hutz. (Org.), *Avaliação em psicologia positiva* (pp. 101-110). Porto Alegre: Artmed.

Pacico, J. C., Bastianello, M. R., Zanon, C., & Hutz, C. S. (2013). Adaptation and validation of the dispositional hope scale for adolescents. *Psicologia: Reflexão e Crítica*, *26*(3), 488-492.

Pacico, J. C., Ferraz, S. B., & Hutz, C. S. (2014). Autoeficácia: yes we can! In C. S. Hutz (Org.), *Avaliação em psicologia positiva* (pp. 111-120). Porto Alegre: Artmed.

Reppold, C. T, Mayer, J. C., Almeida, L. S., & Hutz, C. S. (2012). Avaliação da resiliência: controvérsia em torno do uso das escalas. *Psicologia, Reflexão e Crítica*, *25*(2), 248-255.

Salanova, M., Agut, S., & Piero, J. M. (2005). Linking organizational resources and work engagement to employee performance and customer loyalty: the mediation of service climate. *Journal of Applied Psychology*, *90*(6), 1217-1227.

Schaufeli, W. B. (2018). O que é engajamento no trabalho? In A. C. S. Vazquez, & C. S. Hutz (Orgs.), *Aplicações da psicologia positiva organizacional e do trabalho* (pp. 33-62). São Paulo: Hoegrefe.

Schaufeli, W. B., & Bakker, A. B. (2004). Job demands, job resources and their relationship with burnout and engagement: a multi-sample study. *Journal of Organizational Behavior*, 25, 293-315.

Schaufeli, W. B., Bakker, A. B., & Van Rhenen, W. (2009). How changes in job demands and resources predict burnout, work engagement, and sickness absenteeism. *Journal of Organizational Behavior*, 30, 893-917.

Schaufeli, W., Dijkstra, P., & Vazquez, A. C. S. (2013). *Engajamento no trabalho*. São Paulo: Casa do Psicólogo.

Snyder, C. R., Harris, C., Anderson, J. R., Holleran, S. A., Irving, L. M., Sigmon, S. T., ... & Harney, P. (1991). The will and the ways: development and validation of an individual-differences measure of hope. *Journal of Personality and Social Psychology*, *60*(4), 570-585.

Taris, T. W., & Schaufeli, W. B. (2016). The job demands-resources model. In S. Clarke, T. M. Probst, F. Guldenmund, & J. Passmore (Eds.), *The Wiley Blackwell handbook of the psychology of occupational safety and workplace health* (pp. 157-180). Chichester: John Wiley.

Vazquez, A. C. S. (2018). A psicologia positiva organizacional e do trabalho (PPOT): fundamentos e aplicações. In A. C. S. Vazquez, & C. S. Hutz (Orgs.), *Aplicações da Psicologia Positiva Organizacional e do Trabalho* (pp. 5-32). São Paulo: Hoegrefe.

Vazquez, A. C. S., Magnan, E. S., Pacico, J. C., Hutz, C. S., & Schaufeli, W. B. (2015). Adaptation and validation of the Brazilian version of the Utrecht Work Engagement Scale. *Psico-USF*, *20*(2):207-217.

Wacker, J. D. (1998). A definition of theory: research guidelines for different theory-building research methods in operations management. *Journal of Operations Management*, 16, 361–385.

Wallace, A. S. (2017). *The relationship between leadership styles, employee psychological capital, and employee absenteeism* (Dissertação de mestrado, University of Arizona, Arizona).

Youssef, C. M., & Luthans, F. (2007). Positive organizational behavior in the workplace: the impact of hope, optimism, and resilience. *Journal of Management*, *33*(5), 774-800.

LEITURAS RECOMENDADAS

Luthans, F., Avey, J. B., Avolio, B. J., Norman, S. M., & Combs, G. J. (2006). Psychological capital development: toward a micro-intervention. *Journal of Organizational Behavior*, *27*(3), 387-393.

Luthans, F., Avolio, B., Walumba, F., & Li, W. (2005). The psychological capital of chinese workers: exploring the relationship with performance. *Management and Organization Review*, *1*(2), 247-269.

Luthans, F., Youssef, C. M., & Avolio, B. J. (2007). *Psychological capital*. New York: Oxford University.

7

AVALIAÇÃO DO ASSÉDIO MORAL NO CONTEXTO DE TRABALHO

Mayte Raya Amazarray

A avaliação do assédio moral no trabalho é um assunto atual e relevante, tendo em vista a incidência desse fenômeno em diversos contextos organizacionais e seu impacto tanto nas relações laborais e na produtividade quanto na saúde dos trabalhadores, que são direta ou indiretamente afetados por esse tipo de violência. Ao lado da sua importância, apresenta-se também a complexidade do tema, trazendo desafios para os profissionais das áreas de gestão de pessoas e de saúde ocupacional. O êxito da prevenção e do manejo das diferentes situações de assédio, bem como o tratamento e a reabilitação dos trabalhadores acometidos, inclui, necessariamente, uma avaliação cuidadosa, que leve em consideração os atores envolvidos, a especificidade do assédio em questão e os demais elementos do contexto de trabalho que, em maior ou menor grau, estão implicados. Deve-se considerar, ainda, que a necessidade de avaliação do assédio moral pode ser demandada por diferentes instâncias, como as próprias organizações de trabalho, os órgãos e profissionais ligados à fiscalização do trabalho e à saúde laboral, bem como o Ministério Público do Trabalho e o Poder Judiciário.

CONCEITO DE ASSÉDIO MORAL NO TRABALHO E CRITÉRIOS DE DEFINIÇÃO

Existem diferentes concepções de assédio moral no trabalho, derivadas de distintas perspectivas teóricas sobre o mundo do trabalho e das organizações. Essas abordagens variam em relação a alguns elementos definidores do fenômeno. Entretanto, como apontado por Soboll (2017), embora não haja total consenso quanto à definição, é necessário ter alguns parâmetros de diagnóstico e de reconhecimento do assédio moral no trabalho. Nesse sentido, na primeira parte deste capítulo, serão apresentados os elementos que demarcam esse fenômeno e que, necessariamente, devem estar presentes para que se observe a ocorrência do assédio moral no contexto do trabalho e das organizações.

Como ponto de partida, deve-se compreender o assédio moral no trabalho como expressão de um tipo de violência. A Organização Internacional do Trabalho (OIT) concebe-o dessa forma e define tanto a violência quanto o assédio moral no mundo do trabalho como abuso de poder (Chappell & Di Martino, 2006; Pillinger, 2017).

A violência psicológica no contexto laboral caracteriza-se por diversos comportamentos sutis, muitas vezes invisíveis nas relações de trabalho. Entre as condutas que fazem parte desse rol, estão pressões psicológicas, ameaças, intimidações, situações que causam constrangimentos e humilhações, atitudes hostis, agressões verbais e violações de direitos (Chappell & Di Martino, 2006). O assédio configura-se quando tais eventos ocorrem de modo repetitivo e sistemático, tendo caráter processual. Dessa forma, situações pontuais e não repetitivas são consideradas atos de violência, e não de assédio moral no trabalho. Portanto, o assédio moral no trabalho é considerado uma expressão extrema de violência psicológica relacionada ao contexto laboral de indivíduos e/ou de coletividades.

Independentemente da abordagem teórica, do ponto de vista conceitual, a existência concreta de atos hostis recorrentes é critério objetivo obrigatório para que se constate a ocorrência de assédio moral no trabalho (Soboll, 2017). Instrumentos de avaliação para identificar o assédio foram, inclusive, elaborados tendo como base esse elemento como objetivo. Os atos hostis compreendem uma vasta gama de comportamentos, que podem ocorrer por ação e/ou omissão, e apresentar-se separados ou simultaneamente, em diversas modalidades, tais como deterioração proposital das condições de trabalho, isolamento e recusa de comunicação, atentado contra a dignidade e violência verbal, física e sexual (Freitas, Heloani, & Barreto, 2008; Hirigoyen, 2002). O primeiro grupo de comportamentos pode ser exemplificado por práticas como impedir o acesso a instrumentos de trabalho, deixar de transmitir informações essenciais para a consecução das tarefas, induzir ao erro e atribuir atividades incompatíveis com as condições de saúde e/ou competências dos trabalhadores. Na segunda modalidade, encontram-se condutas como ignorar as pessoas, isolá-las e recusar ou dificultar todo tipo de comunicação. O terceiro grupo de condutas inclui atitudes de desprezo e desqualificação dos trabalhadores em relação ao seu desempenho profissional, desacreditando-os diante dos demais ou atacando características e condições pessoais (p. ex., aparência física, etnia, gênero, religião, posicionamento político, etc.). O quarto grupo de comportamentos refere-se a ameaças ou a práticas de violência física, verbal e sexual, bem como invasão de privacidade.

Portanto, o critério obrigatório para a avaliação do assédio moral no trabalho é a constatação desses elementos objetivos (pelo menos um ato hostil). Ao lado destes, Soboll (2017) inclui o elemento subjetivo como obrigatório para a identificação do assédio, e refere-se à vivência da humilhação e da ofensa à dignidade humana, acompanhada de seus possíveis efeitos sobre a saúde e o bem-estar das pessoas atingidas. Estes incluem não apenas processos de adoecimento, mas também sentimentos de ofensa à dignidade e constrangimentos. Inclui-se, ainda, a possível degradação do ambiente laboral e das relações humanas que ali se estabelecem. Embora seja um elemento apontado por Soboll (2017) como obrigatório para a avaliação do assédio moral, ressalta-se que o aspecto subjetivo depende de particularidades individuais e contextuais, o que torna difícil precisá-lo no tocante à avaliação do assédio, já que podem ocorrer situações em que se constata um sentimento de humilhação, embora não tenha havido, necessariamente, a prática do assédio. Por outro lado, podem existir trabalhadores sendo alvo de assédio sem que o percebam como tal. Nesse sentido, assume-se que o elemento subjetivo sempre deve ser investigado, porém sua presença ou ausência, bem como seus modos de expressão, podem variar conforme a situação. Em geral, vivências de ofensa, humilhação e constrangimento estão presentes em alguma medida.

Pode-se verificar, portanto, que a avaliação do assédio moral deve envolver a constatação de atos hostis nas relações laborais/contexto de trabalho, os quais se configuram como comportamentos de violência de natureza psicológica, que ocorrem de maneira sistemática e repetitiva (existe a necessidade de demonstrar a ocorrência de práticas assediadoras de forma contínua, ao longo do tempo, embora não seja preciso indicar duração ou periodicidade mínimas). Ademais, o assédio constitui-se em abuso de poder, pois se observa uma relação assimétrica, em que a parte agressora possui mais recursos, apoios ou posição superior. Essa posição pode advir de hierarquia, força física e simbólica, personalidade, antiguidade, influência no grupo (Einarsen, 2000; Leymann, 1996), bem como ser resultado do controle da subjetividade decorrente de determinadas estratégias de pessoal (Soboll, 2017). Tendo em vista que o assédio se refere à violência psicológica e ao abuso de poder, trata-se de um fenômeno frequentemente sutil, muitas vezes tomado como algo "natural" e "próprio" do mundo do trabalho.

Há outros pontos comumente apontados pela literatura como critérios definidores do assédio moral no trabalho que, conforme expressão utilizada por Soboll (2017), podemos conceber como indicadores complementares. São eles: intencionalidade, repercussões na saúde, dificuldade para defender-se e manipulação perversa.

Quanto à intencionalidade, não há necessariamente uma intenção clara que justifique as práticas de assédio. Embora muitas situações tenham, deliberadamente, a intenção de excluir e de prejudicar, em outras circunstâncias, as práticas assediadoras podem ocorrer sem que os atores da ação tenham consciência de estar causando mal a outrem (Amazarray & Galia, 2016; Einarsen, Hoel, Zapf, & Cooper, 2003; Schatzmam, Gosdall, Soboll, & Eberle, 2009). Além disso, segundo alerta Soboll (2017), persiste uma falta de clareza em relação ao que seria intencional: os atos hostis ou o fim de causar danos e prejuízos. O autor também pondera a dificuldade de comprovação e avaliação dessa intencionalidade, quando presente.

Em relação aos efeitos na saúde dos trabalhadores que foram alvo de práticas assediadoras, não resta dúvida quanto ao potencial danoso desse tipo de violência. Todavia, não é necessária a constatação de adoecimento físico ou psíquico para que se determine a ocorrência de assédio. Ainda que repercussões na saúde sejam frequentes, existe uma variabilidade individual tanto nos modos de resistir à violência e de enfrentá-la como no apoio social recebido e nas diferentes expressões que as consequências do assédio podem assumir no corpo e no psiquismo. Além disso, as próprias situações de assédio são diversas e variam no que tange à gravidade das atitudes praticadas e ao tempo de exposição (Amazarray & Galia, 2016).

A dificuldade dos trabalhadores que são alvo de assédio de se defender tem sido um aspecto frequentemente citado na literatura sobre o tema (Freitas et al., 2008; Hirigoyen, 2002; Leymann, 1996). A configuração dos diferentes casos costuma apresentar essa característica. Todavia, não deve ser entendida como um critério obrigatório, já que a prática dos atos hostis independe da possibilidade de defesa (Soboll, 2017). A própria dificuldade de defender-se das agressões pode ser compreendida como resultado das relações de poder formais e informais entre as partes, ou como consequência indireta do processo de violência (Einarsen, 2000). A impossibilidade de reação também guarda íntima relação com o medo (p. ex., de perder o emprego ou o *status*, de exclusão, de humilhação), com a competitividade e com a falta de solidariedade no ambiente laboral. Assim, as dificuldades de defesa devem ser vistas a partir de aspectos sociais (dependência econômica, mercado de trabalho, relações de poder), físicos (poder físico) e psicológicos (autoestima e personalidade das pessoas envolvidas).

A dificuldade de defender-se e o medo são decorrentes do abuso de poder colocado pela condição de violência do assédio moral. O efeito deletério do assédio resulta da repetição de agressões aparentemente inofensivas, porém contínuas. Cada detalhe, considerado isoladamente, pode parecer insignificante, porém o conjunto e a repetição dos ataques sutis criam um processo destrutivo (Hirigoyen, 2002; Leymann, 1996). Em razão disso, é comum que, quando as pessoas que são alvo do assédio percebem a situação como ofensiva, o processo destrutivo já tenha se estabelecido. A manipulação perversa e os ataques tendem a se intensificar, fazendo os trabalhadores atingidos sentirem-se em situação de inferioridade.

APROXIMAÇÕES TEÓRICAS DO FENÔMENO

O fenômeno do assédio moral no trabalho não é concebido de uma única maneira; existem diferentes perspectivas acerca do tema, que derivam, por sua vez, de distintas abordagens teóricas sobre o mundo do trabalho. Três modelos explicativos do assédio são comumente apontados na literatura (Einarsen, 2000; Glaso, Matthiesen, Birkeland, & Einarsen, 2007; Moreno-Jiménez, Muñoz, Hernández, & Benadero, 2004): personalidade de vítimas e assediadores; características inerentes às relações interpessoais; e características do contexto laboral e social.

Conforme as explicações com base na personalidade das pessoas envolvidas, há uma íntima relação entre características individuais e assédio moral. Estudos nessa perspectiva (Glaso et al., 2007; Hirigoyen, 2002; Matthiesen & Einarsen, 2001, apud Moreno-Jiménez et al., 2004) têm identificado os agressores como perversos, tiranos, autoritários, ao passo que as vítimas costumam ser descritas como indivíduos com baixa autoestima, falta de competências sociais, neuroticismo, instabilidade emocional, ansiedade e depressão. No Brasil, essa forma de compreender o assédio foi denominada perspectiva tradicional (Vieira, Lima, & Lima, 2012), ou perspectiva "agressor-vítima" (Soboll, 2017), alertando para o viés de psicologização dos conflitos interpessoais no trabalho – o que pode se desdobrar, também, para a culpabilização dos trabalhadores que foram alvo das práticas assediadoras.

O segundo grupo de explicações, fundamentadas nas características próprias das relações interpessoais, concebe o assédio moral como resultado de conflitos nas interações cotidianas. Os atos hostis resultariam de processos grupais competitivos, visando a afirmar posições de poder no âmbito dos grupos e das organizações. Einarsen (2000) e Moreno-Jiménez e colaboradores (2004) apontam que essa perspectiva representa uma visão darwinista e pessimista das relações sociais, uma vez que todos os conflitos tenderiam a resultar em assédio. Assim como o primeiro grupo de explicações (baseadas na personalidade), esse modelo também poderia ser compreendido como parte da perspectiva tradicional do assédio moral (utilizando-se a nomenclatura de Vieira et al., 2012), pois desconsidera o trabalho e os modos de gestão como mediadores do fenômeno da violência laboral, tomando-os apenas pano de fundo.

Por sua vez, o modelo com base nas características do contexto laboral e social tem recebido significativa atenção em diferentes países, com ênfase no papel dos fatores organizacionais e psicossociais (Freitas et al., 2008; Moreno-Jiménez et al., 2004; Schatzmam et al., 2009; Soboll, 2017; Vieira et al., 2012). De acordo com essa perspectiva, o assédio moral está relacionado com diversos elementos sociais e da organização do trabalho. Vieira e colaboradores (2012) nomearam essa concepção de perspectiva psicossocial, salientando o papel concreto do trabalho e das condições sociais de produção que colocam trabalhadores vítimas e agressores em relações antagônicas e instrumentais (a serviço de modelos de gestão). A partir dessa concepção, os atos hostis, ainda que individualmente praticados, articulam-se à organização do trabalho e às políticas organizacionais.

Moreno-Jiménez e colaboradores (2004) apresentam quatro grandes categorias preditoras do assédio moral: organização do trabalho, cultura corporativa, estilo de liderança e entorno socioeconômico. No tocante à organização do trabalho, o assédio parece ser mais frequente em organizações grandes e em contextos laborais estressantes e competitivos, com alta sobrecarga de trabalho e baixo controle sobre as tarefas e sobre o tempo, confusão de papéis, falta de apoio social no trabalho e insatisfação com o clima social e com a comunicação interna. Quanto à cultura corporativa, apontam que, em certas organizações, o assédio moral pode se converter em uma prática institucionalizada, sendo mais frequente naquelas que não têm medidas explícitas contra esse tipo de conduta e nas quais os assediadores percebem facilidade de atuação. No que se refere ao estilo de liderança, parece existir associação do assédio com lideranças frágeis ou autoritárias e com contextos laborais em que os supervisores não dispõem de políticas de gestão do conflito. A categoria do entorno socioeconômico, por sua vez, considera a configuração do trabalho contemporâneo na determinação do assédio moral, tendo-se a vigência da globalização econômica, acompanhada de reestruturações e reduções de pessoal – situações que proporcionariam um clima facilitador da ocorrência de assédio.

A precarização do trabalho é um tema central para a avaliação do assédio moral no trabalho. Órgãos, como a OIT (Pillinger, 2017), reconheceram maior incidência de práticas assediadoras em condições laborais marcadas pela precarização e por situações com maior nível de vulnerabilidade (baixa remuneração e difícil acesso a direitos trabalhistas, contratos de trabalho temporários, terceirização, subemprego, dificuldades de organização coletiva e representação de classe, informalidade, etc.).

O conhecimento dessas diferentes perspectivas do assédio moral no trabalho é fundamental para conceber e planejar os processos de avaliação do fenômeno, pois, considerando-se a perspectiva psicossocial, não faz sentido, por exemplo, examinar as características de personalidade das pessoas envolvidas, posto que não há um "perfil" de vítimas ou de agressores. Ainda que a subjetividade humana seja, sem dúvida, componente do fenômeno do assédio, ela não deve ser considerada em seu âmbito individual, mas sim articulada a modos de vida e condições concretas de trabalho. Uma perspectiva ecológica do assédio moral no trabalho considera a interação de variáveis individuais e contextuais em diferentes níveis.

Nesse sentido, as características pessoais, assim como o apoio social dentro e fora do trabalho, têm sido vistos como moduladores da intensidade e da vivência do fenômeno. Desse modo, a avaliação das práticas de assédio exige uma análise dos atos hostis, das relações laborais envolvidas e do contexto de trabalho em uma dada organização. Ademais, de acordo com a perspectiva psicossocial, o assédio moral pode ser considerado um risco psicossocial do trabalho de especial gravidade, estando relacionado com diversos elementos da organização do trabalho.

DIFERENTES EXPRESSÕES DO ASSÉDIO MORAL NO TRABALHO

O assédio moral no trabalho pode ser de natureza vertical descendente (quando a violência parte da direção ou de superiores hierárquicos), que é o tipo mais frequente, vertical ascendente (quando a violência é cometida por um grupo de trabalhadores contra um superior) ou horizontal (quando a violência é praticada por um ou mais colegas do mesmo nível hierárquico) (Einarsen, 2000; Freitas et al., 2008; Hirigoyen, 2002). Ressalta-se que mais de um indivíduo ou até mesmo um grupo inteiro de trabalhadores pode ser vítima das agressões. Nesse sentido, a prática do assédio moral no trabalho pode assumir diferentes configurações no que diz respeito às partes envolvidas: um grupo contra outro grupo, um grupo em ataque a uma pessoa, um grupo em relação a uma pessoa, um indivíduo em relação a outro, etc.

Também se faz necessário identificar duas formas de expressão do fenômeno: o assédio moral interpessoal e o assédio moral organizacional. Ambos os tipos contemplam situações que envolvem atos hostis continuados, os quais, comumente, trazem implicações sobre a saúde e o bem-estar dos trabalhadores. Entretanto, no assédio interpessoal, o processo contínuo de hostilidade, perseguição ou isolamento é direcionado a trabalhadores específicos (Schatzmam et al., 2009; Soboll, 2017). Tal processo, em geral, ocasiona prejuízos àqueles que são alvo das agressões, frequentemente resultando na exclusão do ambiente laboral. Os desfechos incluem: transferências de setor, às vezes inclusive de cidade ou estado; solicitações dos trabalhadores para sair do emprego/cargo/função (demissão ou exoneração); afastamento do trabalho devido à licença saúde (muitas vezes, adoecimentos em decorrência do assédio sofrido), entre outros. Considerando-se que essas práticas de assédio interpessoal são pessoalizadas, existe, em geral, a possibilidade de se identificar tanto os agressores como os alvos dos ataques.

O assédio moral pode ser de natureza organizacional, quando está relacionado a um conjunto sistemático de práticas reiteradas, presentes como estratégias de gestão (Gosdall, 2017; Soboll, 2017). Essas estratégias costumam estar aplicadas por meio de pressões, humilhações e constrangimentos para o alcance de determinados objetivos organizacionais e institucionais. Nessa modalidade, gestores, individual ou coletivamente, intensificam estruturas e mecanismos de gestão de controle que abusam dos trabalhadores (Einarsen et al., 2003; Schatzmam et al., 2009). É comum observar-se também a reprodução de práticas assediadoras em diferentes níveis e por distintos atores, inclusive colegas. Entretanto, pela perspectiva psicossocial, entende-se que essas práticas são resultantes de comandos diretivos que instituem determinados modos de socialização no trabalho. No assédio organizacional, a violência é institucionalizada (Soboll, 2017), tendo como objetivos o aumento da produtividade, a diminuição de custos, o reforço da disciplina ou a exclusão de trabalhadores indesejados pelas organizações. Nesse sentido, nessa modalidade de assédio, são alvo das práticas abusivas todos os trabalhadores ou um grupo determinado de um dado setor da organização ou, ainda, um grupo específico de trabalhadores, a partir de um determinado "perfil".

Algumas características desse "perfil" têm sido frequentemente relatadas na literatura, geralmente relacionadas a alguma limitação para a produtividade ou ao desvio da imagem e/ou da postura desejada pelas organizações (Barreto, 2003; Calvo, 2014; Einarsen, 2000; Einarsen et al., 2003; Hirigoyen, 2002; Soboll, 2017). Trabalhadores adoecidos, em particular aqueles que têm estabilidade no emprego (adoecidos/acidentados do trabalho, principalmente no retorno da licença, ou quando têm estabilidade por serem servidores públicos), com frequência são alvo de práticas assediadoras institucionalizadas. O adoecimento dos trabalhadores impõe limites físicos e/ou psíquicos para a produção, sendo comum, inclusive, observar-se uma justaposição de assédio interpessoal e organizacional nessas situações.

A análise do fenômeno do assédio moral pela identificação das modalidades interpessoal e organizacional, conforme apontado por Soboll (2017), impulsionou a sistematização da perspectiva psicossocial do assédio moral. A identificação do assédio organizacional pressupõe uma análise da organização do trabalho e dos mecanismos de gestão de pessoal nos espaços organizacionais. A organização contemporânea do trabalho e os valores disseminados (competitividade, alto desempenho, excelência) são terreno fértil para que a lógica da violência e da agressividade paute as relações sociais no trabalho (Vieira et al., 2012).

Gosdal (2017) alerta que o conceito de assédio organizacional, por vezes, pode ser muito amplo e dificultar seu reconhecimento junto ao Poder Judiciário. Mais uma vez, é preciso recorrer ao critério objetivo definidor obrigatório do assédio moral: o da presença de atos hostis voltados contra os trabalhadores. Nesse caso, as agressões costumam ser generalizadas e ligadas a determinados objetivos da organização em questão, como nível de excelência ou de produtividade. Entretanto, o assédio organizacional requer, necessariamente, a presença de atos hostis; trata-se de quando a organização, para o alcance de determinados fins, o faz por meio de assédio aos trabalhadores.

SITUAÇÕES QUE REQUEREM A AVALIAÇÃO DO ASSÉDIO MORAL NO TRABALHO

Considerando-se a complexidade do assédio moral no trabalho, sua presença em diferentes espaços organizacionais e seus distintos modos de expressão, as situações que suscitam a necessidade de avaliação do fenômeno são muito variadas. Nesta seção, serão apontados alguns desses casos, sem o intuito, no entanto, de esgotar todas as circunstâncias que requeiram avaliação. Um primeiro aspecto a considerar é que a demanda por avaliar o assédio moral pode emergir na própria organização ou a partir de órgãos externos a ela. Outro aspecto é que, em ambos os casos, as situações envolvidas podem ser de domínio individual, envolvendo um ou poucos trabalhadores, ou abarcar um grande grupo ou mesmo toda a organização. Um terceiro aspecto é o objetivo da avaliação, isto é, a perspectiva de prevenção ou, por outro lado, de apuração de denúncias ou a intervenção e o manejo de práticas de assédio. A combinação desses três elementos (quem demanda a avaliação, âmbito individual e/ou coletivo, cunho preventivo ou de intervenção) determinará o desenho dos processos e procedimentos de avaliação do assédio moral no trabalho.

Quando se trata de uma avaliação demandada pela própria organização, faz-se necessário examinar qual o ponto de partida para isso. Ou seja, deve-se considerar qual setor verificou essa necessidade ou em que local chegou um pedido de avaliação e quem o solicitou. Diferentes setores poderão estar envolvidos, em maior ou menor medida, tais como: grupo de trabalho específico sobre assédio moral que acolhe denúncias e gerencia situações; comissões de ética; canais de ouvidoria; áreas de gestão de pessoas; serviços de saúde ocupacional, etc. Tais setores podem ter sido demandados mediante denúncias, busca espontânea de trabalhadores que foram alvo de assédio, bem como por gestores, lideranças, representantes de trabalhadores e outras áreas da organização em busca de assessoria. Esses exemplos estão relacionados a situações que, em geral, envolvem algum grau notável de violência/assédio. Contudo, também se pode realizar uma avaliação de cunho preventivo, sem que alguma denúncia ou suspeita esteja em questão, como parte de uma política de gestão de pessoas e de promoção de saúde no trabalho.

Há diversas situações em que a avaliação de assédio é solicitada e/ou realizada por entidades externas à organização, ou em decorrência de iniciativas empreendidas por essas entidades, como órgãos de fiscalização e inspeção do trabalho, entidades sindicais e associações de classe, Poder Judiciário, serviços de saúde ocupacional, previdenciários e profissionais liberais da área da saúde, entre outros.

Quando ligada a questões de fiscalização e de inspeção, a necessidade de avaliação do assédio pode ser decorrente de solicitações advindas da Superintendência Regional do Trabalho e Emprego (SRTE) ou do Ministério Público do Trabalho (MPT). No intuito de zelar pelo meio ambiente de trabalho saudável, o MPT pode, por exemplo, requerer a avaliação do assédio moral no trabalho em uma dada organização, via de regra, em decorrência de Termos de Ajuste de Conduta (TAC). Nesses casos, para atender às exigências do TAC, firmado perante o MPT, em geral as organizações empregadoras necessitam providenciar a avaliação do assédio moral em um âmbito coletivo e, posteriormente, dar seguimento a ações de capacitação de trabalhadores e gestores, entre outras, visando à prevenção de novos episódios de assédio moral.

Entidades sindicais e associações de classe também podem promover ações que, de alguma maneira, envolvam a avaliação do assédio moral no trabalho. Tais iniciativas abarcam, por exemplo, campanhas informativas junto a uma categoria profissional, as quais incluem o acolhimento de denúncias (anônimas ou não) de situações de violência e de assédio no ambiente laboral. Nesses casos, a equipe profissional envolvida nessas campanhas dá seguimento a algum tipo de avaliação da situação denunciada ou encaminha o caso aos órgãos públicos competentes (p. ex., SRTE e MPT). O formato desse processo de avaliação dependerá de cada caso, considerando-se o anonimato, o âmbito individual ou coletivo da denúncia, a possibilidade de inserção da equipe do sindicato na empresa, etc. Além disso, pode haver iniciativas de avaliação do assédio moral em uma dada categoria profissional, com o intuito de levantamento da incidência do fenômeno. Essas informações podem subsidiar a elaboração de ações preventivas da saúde do trabalhador, bem como de cláusulas e negociações em acordos coletivos com os empregadores.

O Poder Judiciário, sobretudo a Justiça do Trabalho, tem sido uma instância recorrentemente acionada devido a processos de assédio moral no trabalho. Em alguns casos, o juízo pode requerer uma avaliação pericial para a produção de prova do dano causado às vítimas, pois é comum que se observe adoecimento físico e/ou psíquico relacionado ao assédio sofrido. Em tais situações, a avaliação será específica do indivíduo que foi alvo das práticas assediadoras; as partes também podem indicar assistentes técnicos para realizar suas avaliações. Essa avaliação pode auxiliar no exame do nexo causal entre os ataques hostis e o adoecimento, bem como no dimensionamento do grau de prejuízo à saúde. Em geral, os peritos têm sido médicos do trabalho e psiquiatras. Entretanto, psicólogos também podem atuar como peritos, seja para confirmar o assédio moral, seja para quantificar o dano causado, em parceria com médicos e engenheiros de segurança do trabalho (Glina, 2017).

Avaliações com ênfase clínica também são recorrentes em serviços de saúde ocupacional. Centros de Referência em Saúde do Trabalhador (CERESTs), ambulatórios e clínicas especializadas, bem como profissionais liberais da saúde, podem ser demandados a realizar avaliações no que tange às consequências do assédio moral na saúde dos trabalhadores. Frequentemente, os resultados dessas avaliações, na forma de laudos médicos e psicológicos ou relatórios de equipe interdisciplinar, subsidiam processos judiciais e trâmites administrativos junto a órgãos previdenciários, a fim de possibilitar o afastamento do trabalho mediante pagamento de seguro/benefício.

Além disso, tais situações de avaliação do assédio podem estar envolvidas com a questão do tratamento e da reabilitação dos trabalhadores-alvo, bem como com o retorno à organização de origem ou reinserção no mercado laboral. Nessas circunstâncias, ainda que um trabalhador seja avaliado individualmente e em âmbito clínico, não se pode perder de vista a dimensão contextual e coletiva do assédio moral no trabalho. A preocupação com o bem-estar e a saúde dos trabalhadores exige uma avaliação cuidadosa na esfera clínica, para que o tratamento dado à questão contemple as situações potencialmente adoecedoras do ambiente laboral.

A partir das situações relatadas nesta seção, depreende-se que as diferentes circunstâncias ligadas à demanda de avaliação do assédio moral no trabalho estão intimamente relacionadas com a duração e a gravidade das práticas assediadoras, com a natureza interpessoal ou organizacional e com os efeitos danosos da violência na carreira e na saúde dos trabalhadores. Portanto, há situações que são demandadas individualmente, ao passo que outras são de natureza coletiva. Do mesmo modo, em alguns casos, aplica-se a avaliação como parte de uma política preventiva, ao passo que, em outros, averígua-se o assédio a partir de denúncias e de casos já consolidados.

Dependendo das circunstâncias, a equipe profissional que dará conta do processo de avaliação do assédio moral pode ser interna à organização de trabalho ou externa (neste caso, contratada para esse fim pela empresa ou pertencente a outro órgão). Em qualquer caso, o compromisso ético e de sigilo com as partes envolvidas é condição para que esse trabalho seja conduzido de forma isenta, considerando, em primazia, a saúde e o bem-estar das pessoas envolvidas. A postura ética na avaliação do assédio moral é uma condição indispensável, pois envolve possíveis desdobramentos tanto para os trabalhadores-alvo como para as partes agressoras e a organização. As estratégias e os procedimentos de avaliação devem ser selecionados considerando-se esse contexto; o caráter ético-político da avaliação é tão importante quanto a dimensão técnica.

INSTRUMENTOS DE AVALIAÇÃO

Pesquisadores dedicados ao estudo do assédio moral no trabalho desenvolveram instrumentos de avaliação baseados nos critérios objetivos (presença concreta de atos hostis). Tem-se como exemplos o Leymann Inventory of Psychological Terror (LIPT) (Leymann, 1996) e o Negative Acts Questionnaire (NAQ, em português Questionário de Atos Negativos) (Einarsen & Hoel, 2001), ambos desenvolvidos em países europeus. O LIPT e o NAQ são considerados medidas objetivas de assédio moral, uma vez que se constituem em uma lista de comportamentos hostis que não fazem referência ao termo assédio moral ou equivalente.

Por outro lado, uma medida subjetiva de assédio seria a apresentação de uma definição do conceito, e, a partir dela, o indivíduo avaliar se foi alvo desse tipo de violência. Autores têm recomendado o uso combinado de medidas objetivas e subjetivas na avaliação desse fenômeno, assim como o uso de abordagens quantitativas e qualitativas (Cowie, Naylor, Rivers, Smith, & Pereira, 2002; Maciel & Gonçalves, 2008).

O LIPT pode ser considerado o primeiro inventário sistematizado para avaliar o assédio. Consiste em um rol de 45 comportamentos constitutivos do assédio moral no trabalho, divididos em cinco categorias: atitudes destinadas a impedir que a vítima se expresse; atitudes destinadas a isolá-la; atitudes destinadas a desconsiderar a vítima em relação a seus colegas; atitudes destinadas a desacreditá-la em seu trabalho; e atitudes destinadas a comprometer a sua saúde. Para Leymann (1996), a ocorrência semanal de um ou mais desses comportamentos durante o período mínimo de seis meses configura a existência de assédio moral no trabalho.

O LIPT foi precursor de outras medidas, entre as quais o NAQ (Cowie et al., 2002), que tem sido amplamente utilizado na Europa e em outros países, inclusive no Brasil, tendo sido elaborado na Noruega na década de 1990, por Einarsen, Raknes, Matthiesen e Hellesoy (1994, e revisado por Einarsen & Raknes, 1997; apud Einarsen & Hoel, 2001). A primeira parte do instrumento avalia a exposição a atos negativos no trabalho, potencialmente de assédio moral, durante os últimos seis meses, em uma escala autoaplicável tipo Likert de cinco pontos (nunca, de vez em quando, mensalmente, semanalmente e diariamente). Os itens descrevem atos negativos que não mencionam o termo assédio moral, referindo-se a comportamentos diretos (agressão verbal, intimidação, etc.) e indiretos (isolamento social, pressão, etc.).

O NAQ vem sendo utilizado como instrumento de pesquisa em estudos para medir frequência, intensidade e prevalência do assédio moral no trabalho. De acordo com a perspectiva apresentada neste capítulo, entende-se o NAQ como um exemplo de ferramenta para avaliação do assédio moral no trabalho em situações que envolvem o conhecimento da presença/ausência do fenômeno em um dado contexto organizacional ou categoria profissional. O NAQ possui duas versões, sendo uma longa, de 29 itens, e uma reduzida, de 22 (NAQ-R). Pesquisas na Noruega e no Reino Unido (Einarsen, Hoel, & Notelaers, 2009), bem como no Brasil (Maciel & Gonçalves, 2008, que traduziram e validaram o instrumento no País), encontraram alfa de Cronbach de 0,90, na versão curta. Em estudo recente, no Brasil, também em relação ao NAQ-R, Silva, Aquino e Pinto (2017) avaliaram o alfa separadamente para homens e mulheres, tendo encontrado os valores de 0,79 e de 0,82, respectivamente.

Em ambas as versões do NAQ, tem-se o seguinte enunciado: "Os comportamentos seguintes são, com frequência, considerados exemplos de comportamentos negativos no local de trabalho. Nos últimos seis meses, com que frequência você foi submetido aos seguintes atos negativos no seu trabalho?". A partir daí, são listados os comportamentos que se configuram como atos negativos no trabalho. No NAQ-R, versão que tem sido mais utilizada, alguns itens foram removidos, pensando-se em um uso amplo em diferentes culturas e categorias profissionais. Einarsen e colaboradores (2009) propuseram o agrupamento dos itens em três dimensões: itens de assédio moral diretamente relacionados ao trabalho, itens de assédio interpessoal e itens de intimidação física.

A dimensão de assédio diretamente relacionado ao trabalho inclui: exposição à carga de trabalho excessiva; opiniões e pontos de vista ignorados; retenção de informações que podem afetar o desempenho no trabalho; supervisão excessiva do trabalho; ser obrigado a realizar um trabalho abaixo do nível de competência; solicitação para realizar tarefas despropositadas ou com prazo impossível de ser cumprido ou tarefas que foram retiradas/substituídas por outras mais desagradáveis/simples; pressão para não reclamar um direito.

A dimensão de assédio interpessoal é composta por: receber críticas persistentes quanto ao trabalho ou esforço; ser constantemente lembrado de erros e omissões; ser ignorado, excluído ou "colocado na geladeira"; ser humilhado ou ridicularizado em relação ao trabalho; ser ignorado ou recebido com uma reação hostil quando tentou uma aproximação; receber sinais ou dicas de que deve pedir demissão ou largar o trabalho; ser alvo de boatos ou rumores, de alegações contra si, de comentários ofensivos sobre si, suas atitudes ou sua vida privada; ser submetido a sarcasmos ou ser alvo de brincadeiras excessivas; ser objeto de "pegadinhas" de pessoas com as quais não tem intimidade.

Por fim, os itens de intimidação física são: ser alvo de gritos ou agressividade gratuita; ser alvo de comportamentos intimidativos, tais como "apontar o dedo", invasão do espaço pessoal, empurrões, ter o caminho bloqueado; e ser alvo de ameaças de violência ou abuso físico.

Na segunda parte do NAQ, em ambas as versões, é proposta uma definição de assédio moral no trabalho e solicitado que o respondente indique se foi exposto ao fenômeno nos últimos seis meses. Trata-se de uma medida subjetiva, uma vez que opera na dimensão do assédio percebido. Eis o enunciado: "Uma situação em que um indivíduo, ou vários, durante um certo período de tempo, percebe-se como alvo ou sendo submetido persistentemente a atos negativos de uma ou várias pessoas, em uma situação em que a vítima do assédio tem dificuldades de se defender contra essas ações. Um único incidente não pode ser considerado assédio". A partir dessa definição, o respondente indica se foi vítima de assédio nos últimos seis meses, tendo como opções de resposta: não; sim, muito raramente; sim, de vez em quando; sim, várias vezes por semana; sim, quase diariamente. A versão longa do NAQ contempla, ainda, uma série de perguntas sobre duração e características do evento.

O NAQ é um dos instrumentos existentes para avaliar o assédio moral no trabalho. A apresentação de seus itens e principais características, neste capítulo, tem o intuito de proporcionar ao leitor uma ideia de como uma ferramenta como essa pode auxiliar na detecção objetiva do assédio. O seu amplo uso em diferentes países também permite realizar análises comparativas. Apesar disso, Einarsen e colaboradores (2009) e Silva e colaboradores (2017) sugeriram novos estudos para verificar possíveis adaptações, considerando particularidades culturais.

Além da avaliação por meio de questionários padronizados, deve-se contemplar também a avaliação qualitativa do assédio moral. Isso pode incluir entrevistas com diferentes pessoas na organização, observação dos padrões de socialização organizacional e das políticas de gestão de pessoal e, principalmente, verificação dos indicadores apresentados na primeira seção deste capítulo. A análise qualitativa também envolve a avaliação de casos individualmente identificados, seja como suspeita ou como exame dos prejuízos causados a trabalhadores que foram alvo das práticas de assédio. O Quadro 7.1 apresenta os principais itens a serem explorados na avaliação qualitativa do assédio moral no trabalho.

QUADRO 7.1
Itens de avaliação do assédio moral no trabalho

- Presença de atos hostis, condutas abusivas.
- Aspecto temporal: recorrente e prolongado.
- Diferenças de poder.
- Processo com fases de progressiva gravidade.
- Intencionalidade (pode ou não estar presente).
- O assediado, em geral, percebe-se sem condições de se defender.
- Pode haver repetitividade e sobreposição de diferentes agressões.
- Tipos de assédio: vertical ou horizontal.
- Modalidades de assédio: interpessoal e organizacional.
- Potencial danoso do assédio moral aos trabalhadores: sofrimento psíquico; adoecimento físico e/ou mental; decisões não esperadas na vida laboral: transferências, licenças, incapacidade para o trabalho, demissões, exonerações, etc.
- Nexo causal: doenças relacionadas ao trabalho (exame da relação saúde/doença mental e trabalho).

Um protocolo de avaliação do assédio moral, voltado para a utilização por profissionais de saúde mental em demandas judiciais e diagnósticas, foi desenvolvido por Glina (2017). A elaboração desse material foi justificada pela necessidade de padronização de procedimentos e de conteúdos a serem examinados na avaliação do assédio em processos judiciais ou com fins previdenciários, bem como em serviços de saúde. Glina (2017) esclarece que esse protocolo foi aplicado em casos nos quais já se tinha conhecimento da existência do assédio.

O protocolo oferece uma avaliação qualitativa aprofundada, consistindo em quatro partes, cujos dados são levantados ao longo de quatro entrevistas:

- **Parte 1.** Dados sociodemográficos.
- **Parte 2.** Aspectos de saúde em geral: queixa livre, sinais e sintomas psicológicos, hábitos, distúrbios psicossomáticos e diagnósticos da Classificação Internacional de Doenças (CID-10) (World Health Organization Geneva [WHO], 1993).
- **Parte 3.** Trabalho: condições de vida, percepção do trabalhador sobre a relação trabalho/saúde/doença.
- **Parte 4.** Assédio moral no trabalho: situações vivenciadas, comprovantes dos atos hostis (quando houver), consequências para a vida e para a saúde, circunstâncias agravantes, eventos desencadeadores.

O relatório/parecer da avaliação deverá ser objetivo, preciso e fundamentado teoricamente. A conclusão indicará o diagnóstico, de acordo com a CID-10, e a discussão da relação entre as repercussões na saúde e no trabalho. Sempre que possível, serão explicitadas no relatório as comprovações dos episódios de práticas assediadoras, tais como: *e-mails*, boletins de ocorrência, avaliações de desempenho, etc. (Glina, 2017).

Em termos de consequências para a saúde dos trabalhadores, a literatura tem indicado diferentes possibilidades de expressões clínicas. O assédio moral no trabalho é uma forma extrema de estresse (Matthiesen & Einarsen, 2004), independentemente de ter sido exercido na modalidade interpessoal ou organizacional (Schatzmam et al., 2009). Entre os principais sintomas, Barreto (2003) identificou crises de choro, dores generalizadas, palpitações, tremores, insônia ou sonolência excessiva, depressão, alcoolismo, diminuição da libido, ideia ou tentativa de suicídio e distúrbios digestivos. Outros autores (Hirigoyen, 2002; Leymann, 1996; Matthiesen & Einarsen, 2004) também apontaram os efeitos fisiológicos e psicológicos do assédio, advindos do estresse e da ansiedade, além de danos que atingem a vida familiar e social, principalmente quando a situação se prolonga.

Ademais, sintomas do transtorno de estresse pós-traumático (TEPT) foram identificados em vítimas de assédio moral no trabalho (Gómez, 2006; Matthiesen & Einarsen, 2004). Especialmente quando atinge trabalhadores em médio e longo prazo, o assédio pode ter como consequências desestabilização psíquica, perda de identidade, sentimento de inferioridade, comportamentos hétero e autoagressivos e comprometimento das relações afetivas no trabalho e na família (Barreto, 2003; Hirigoyen, 2002).

Considerando a avaliação do nexo causal entre o trabalho (eventos de assédio moral) e o adoecimento, pode-se consultar o roteiro de entrevista proposto por Amazarray, Câmara e Carlotto (2014). Os itens da anamnese ocupacional, que têm foco em saúde/doença mental e trabalho, foram elaborados para explorar diferentes situações laborais e repercussões psíquicas, incluindo a violência no trabalho. Para essa finalidade específica de investigação do assédio moral e suas implicações na saúde, os pontos da anamnese de especial interesse para análise são:

1. Organização do trabalho: examinar tipo de vínculo, grau de autonomia e controle sobre o processo de trabalho, horário de trabalho, turnos, escalas, pausas, horas extras, ritmo, políticas de pessoal, intensidade de trabalho, treinamentos, sistema hierárquico, premiações e punições.
2. Relações profissionais (derivam, em grande parte, da organização do trabalho): tipos de

comunicação, modos de gerenciamento e de cobrança de produtividade, nível de participação dos trabalhadores, apoio social e cooperação ou, por outro lado, competitividade e individualismo.
3. Riscos de acidentes, exigências físicas (esforços, movimentos repetitivos, postura), mentais (atenção, memória, quantidade de informações a processar) e psicoafetivas (relacionamentos, vínculos) envolvidas na situação de trabalho (considerar a existência de riscos combinados e simultâneos nas situações de trabalho).

Tomando como pressuposto que o assédio moral é um risco psicossocial derivado da organização do trabalho, sugere-se que sua avaliação se dê em conjunto com o conhecimento do contexto laboral. Nesse sentido, além de avaliar o assédio (presença de atos hostis), indica-se investigar também outros elementos da organização do trabalho. Para tanto, poderão ser utilizados protocolos de observação e/ou questionários padronizados, a fim de averiguar a associação entre assédio e outros riscos psicossociais, uma vez que a presença destes pode sinalizar a existência de terreno fértil para a ocorrência de práticas que configurem assédio.

Entre os fatores de risco psicossocial, é relevante considerar e avaliar: alto ritmo, sobrecarga, falta de controle sobre o próprio trabalho, estilos de mando inadequados, falta de participação na tomada de decisões, ausência de apoio social, comunicação escassa, conteúdo do trabalho empobrecido, insegurança no emprego, intensificação do trabalho, exigências emocionais elevadas, violência no trabalho e difícil conciliação entre a vida profissional e a vida privada (Brun & Milczarek, 2007; Dejours & Abdouchelli, 1994; Karasek et al., 1998; Seligmann-Silva, 2011).

CONSIDERAÇÕES FINAIS

No presente capítulo, buscou-se apresentar uma visão abrangente do assédio moral no trabalho, acentuando os esclarecimentos sobre seus critérios definidores, tendo em vista que é a partir deles que pode ser concebido e executado qualquer processo de avaliação. O assédio moral, em uma perspectiva psicossocial, existe em conjunto com outros riscos psicossociais no trabalho, e, como tal, sua avaliação e prevenção devem seguir os mesmos princípios aplicáveis a outros riscos ocupacionais.

Quaisquer ações que envolvam avaliação e posterior intervenção em situações de assédio moral devem levar em conta que ações isoladas e pontuais não são efetivas, sendo necessária avaliação contínua dos procedimentos e técnicas utilizados, bem como das próprias intervenções (Glina & Soboll, 2012). O trabalho desenvolvido por equipes interdisciplinares no âmbito das organizações também merece destaque, do mesmo modo que o envolvimento de diferentes atores (trabalhadores-alvo, lideranças, gestores, profissionais das áreas de gestão de pessoas e de saúde ocupacional, etc.).

Outro ponto que merece atenção e não pôde ser desenvolvido neste capítulo é a investigação dos fatores de proteção diante do assédio moral no trabalho. Trata-se de um contraponto interessante, no sentido de se analisar, por exemplo, elementos como o apoio social (cooperação, solidariedade) no grupo de trabalho, entre outros aspectos protetivos.

Alguns processos de avaliação do assédio moral no trabalho são mais específicos, como os que se referem aos danos sofridos pelos trabalhadores vítimas, sendo conduzidos por profissionais da psicologia e da medicina. Outras situações de avaliação se dão no contexto da elaboração de políticas de promoção da qualidade de vida no trabalho, sendo desejável o envolvimento de diferentes profissionais especializados, bem como dos próprios trabalhadores e de figuras de liderança em uma dada organização.

Glina e Soboll (2012) pontuam algumas questões no tocante às intervenções em assédio moral no trabalho que também podem ser aplicadas a critérios na temática da avaliação. As políticas de prevenção e de gerenciamento, incluídas as diferentes necessidades de avaliação do assédio, devem considerar, primeiramente, os níveis de prevenção e de enfrentamento do problema, bem como as fases do assédio moral.

Ademais, necessitam levar em consideração os alvos da avaliação: indivíduos (assediados e assediadores); interface indivíduo/organização (setor, grupo de trabalho) e organização (cultura organizacional, práticas de gestão, assédio institucional, ciclo do assédio). Em relação a isso, é desejável que os processos de avaliação permitam analisar o fenômeno a partir de uma perspectiva ampla, que considere do âmbito individual até o coletivo. Por último, é preciso lançar mão de uma diversidade de estratégias e de medidas, pautando-se pelos princípios éticos de respeito à dignidade da pessoa humana, sigilo e proposição de encaminhamentos que resultem em contribuições para a promoção de saúde e para um trabalho digno.

Para finalizar, retoma-se a ideia de que a manifestação do assédio moral no trabalho inscreve-se em uma dimensão maior da divisão social do processo de trabalho. O fenômeno provém de uma combinação de causas individuais, econômicas, culturais e sociais que se articulam a uma determinada organização do trabalho. A degradação do ambiente de trabalho e as repercussões sobre a saúde dos trabalhadores têm levado à inclusão do assédio moral no âmbito dos direitos humanos e do campo da saúde do trabalhador. É essa perspectiva que norteia os processos de avaliação do assédio moral no trabalho, na busca por compreender a imbricação das diferentes dimensões envolvidas.

REFERÊNCIAS

Amazarray, M. R., & Galia, R. W. (2016). Assédio moral no trabalho. In P. I. C. Gomide (Ed.), *Introdução à psicologia forense* (pp. 149-165). Curitiba: Juruá.

Amazarray, M. R., Câmara, S. G., & Carlotto, M. S. (2014). Investigação em saúde mental e trabalho no âmbito da saúde pública no Brasil. In A. R. C. Merlo, C. G. Bottega, & C. V. Perez (Eds.), *Atenção à saúde mental do trabalhador: sofrimento e transtornos psíquicos relacionados ao trabalho* (pp. 75-92). Porto Alegre: Evangraf.

Barreto, M. M. S. (2003). *Violência, saúde e trabalho: uma jornada de humilhações*. São Paulo: EDUC.

Brun, E., & Milczarek, M. (2007). *Expert forecast on emerging psychosocial risks related to occupational safety and health*. Luxembourg: European Agency for Safety and Health at Work.

Calvo, A. (2014). *O direito fundamental à saúde mental no ambiente de trabalho: o combate ao assédio moral institucional: visão dos tribunais trabalhistas*. São Paulo: LTr.

Chappell, D., & Di Martino, V. (2006). *Violence at work* (3rd). Geneva: ILO.

Cowie, H., Naylor, P., Rivers, I., Smith, P. K., & Pereira, B. (2002). Measuring workplace bullying. *Aggression and Violent Behavior, 7*(1), 33-51.

Dejours, C., & Abdouchelli, E. (1994). Itinerário teórico em psicopatologia do trabalho. In C. Dejours, E. Abdouchelli, & C. Jayet (Eds.), *Psicodinâmica do trabalho* (pp. 120-145). São Paulo: Atlas.

Einarsen, S. (2000). Harassment and bullying at work: a review of the scandinavian approach. *Agression and Violent Behavior, 5*(4), 379-401.

Einarsen, S., & Hoel, H. (2001). *The negative acts questionnaire: development, validation and revision of a measure of bullying at work*. 10th European Congress on Work and Organizational Psychology, Prague, 16-19 May 2001.

Einarsen, S., Hoel, H. & Notelaers, G. (2009). Measuring exposure to bullying and harassment at work: validity, factor structure and psychometric properties of the Negative Acts Questionnaire-Revised. *Work & Stress, 23*(1), 24-44.

Einarsen, S., Hoel, H., Zapf, D., & Cooper, C. L. (2003). *Bullying and emotional abuse in the workplace: international perspectives in research and practice*. London: Taylor & Francis.

Freitas, M. E., Heloani, R., & Barreto, M. (2008). *Assédio moral no trabalho*. São Paulo: Cengage Learning.

Glaso, L., Matthiesen, S. B., Birkeland, N., & Einarsen, S. (2007). Do targets of workplace bullying portray a general victim personality profile? *Scandinavian Journal of Psychology, 48*(4), 313-319.

Glina, D. M. R. (2017). Protocolo de avaliação do assédio moral em avaliações periciais ou diagnósticas: da caracterização ao parecer. In L. A. Soboll (Ed.), *Intervenções em assédio moral e organizacional* (pp. 103-108). São Paulo: LTr.

Glina, D. M. R., & Soboll, L. A. (2012). Intervenções em assédio moral no trabalho: uma revisão da literatura. *Revista Brasileira de Saúde Ocupacional, 37*(126), 269-283.

Gómez, M. C. P. (2006). Manifestaciones del acoso laboral, *mobbing* y síntomas asociados al estrés postraumático: estudio de caso. *Psicología desde el Caribe, 17*, 1-26.

Gosdal, T. C. (2017). O entendimento do assédio moral e organizacional na Justiça do Trabalho. In L. A. Soboll (Ed.), *Intervenções em assédio moral e organizacional* (pp. 23-33). São Paulo: LTr.

Hirigoyen, M. F. (2002). *Mal-estar no trabalho: redefinindo o assédio moral*. Rio de Janeiro: Bertrand Brasil.

Karasek, R., Brisson, C., Kawakami, N., Houtman, I., Bongers, P., & Amick, B. (1998). The Job Content Questionnaire (JCQ): an instrument for internationally comparative assessments of psychosocial characteristics. *Journal of Occupational Health Psychology, 3*(4), 322-355.

Leymann, H. (1996). The content and development of mobbing at work. *European Journal of Work and Organizational Psychology, 5*(2), 165-184.

Maciel, R. H., & Gonçalves, R. C. (2008). Pesquisando o assédio moral: a questão do método e a validação do *Negative Acts Questionnary* (NAQ) para o Brasil. In L. A. P. Soboll (Ed.), *Violência psicológica e assédio moral no trabalho: pesquisas brasileiras* (pp.167-185). São Paulo: Casa do Psicólogo.

Matthiesen, S. B., & Einarsen, S. (2004). Psychiatric distress and symptoms of PTSD among victims of bullying at work. *British Journal of Guidance and Counseling, 32*(3), 335-356.

Moreno-Jiménez, B., Muñoz, A. R., Hernández, E. G., & Benadero, E. M. (2004). Acoso psicológico en el trabajo: una aproximación organizacional. *Revista de Psicología del Trabajo y las Organizaciones, 20*(3), 277-289.

Pillinger, J. (2017). *Violence and harassment against women and men in the world of work: trade union perspectives and action*. Geneva: ILO.

Schatzmam, M., Gosdall, T. C., Soboll, L. A., & Eberle, A. D. (2009). Aspectos definidores do assédio moral. In T. C. Gosdal & L. A. P. Soboll (Eds.),

Assédio moral interpessoal e organizacional: um enfoque interdisciplinar (pp.17-32). São Paulo: LTr.

Selligmann-Silva, E. (2011). *Trabalho e desgaste mental: o direito de ser dono de si mesmo*. São Paulo: Cortez.

Silva, I. V., Aquino, E. M. L. de, & Pinto, I. C. de M. (2017). Características psicométricas do *Negative Acts Questionnaire* para detecção do assédio moral no trabalho: Estudo avaliativo do instrumento com uma amostra de servidores estaduais da saúde. *Revista Brasileira de Saúde Ocupacional, 42*, e2.

Soboll, L. A. (2017). Assédio moral e organizacional na perspectiva psicossocial: critérios obrigatórios e complementares. In L. A. Soboll (Ed.), *Intervenções em assédio moral e organizacional* (pp. 13-22). São Paulo: LTr.

Vieira, C. E. C., Lima, F. P. A., & Lima, M. E. A. (2012). E se o assédio não fosse moral? Perspectivas de análise de conflitos interpessoais em situações de trabalho. *Revista Brasileira de Saúde Ocupacional, 37*(126), 256-268.

World Health Organization Geneva [WHO]. (1993). CID-10: *Classificação de transtornos mentais e de comportamento da CID-10: descrições clínicas e diretrizes diagnósticas*. Porto Alegre: Artmed.

8

ESCALA MULTIDIMENSIONAL DE CONFLITO TRABALHO-FAMÍLIA: EVIDÊNCIAS DE VALIDADE E RECOMENDAÇÕES DE USO[1]

Carolina Villa Nova Aguiar
Antonio Virgílio Bittencourt Bastos

Nos séculos passados, as responsabilidades pelo trabalho e pela família eram divididas por gênero, sendo o homem responsável por prover, e a mulher, por cuidar. Essa tradicional divisão, no entanto, não pode mais ser considerada o *status quo*. Nas últimas décadas, homens e mulheres têm sido confrontados com uma realidade cada vez mais complexa e incerta. Ao mesmo tempo em que são encorajados a buscar seus sonhos e a contribuir mais ativamente com a sociedade, são também defrontados com grandes responsabilidades familiares, em particular com filhos pequenos e/ou pais idosos. Essa nova realidade faz tanto homens quanto mulheres terem que acumular múltiplos papéis sociais e precisarem manejar a interface entre os diversos domínios da vida (Ayman & Antani, 2008; Chambel, 2014; Matias & Fontaine, 2012).

Nesse contexto, as interações entre trabalho e família passaram a despertar o interesse de muitos pesquisadores, já que a sua compreensão se tornou um elemento importante para os indivíduos, as famílias, as organizações e a sociedade em geral (Edwards & Rothbard, 2000). Entre os diversos modelos já existentes para a compreensão do tema, tem obtido recente destaque o trabalho desenvolvido por Clark (2010), que propõe uma nova teoria para explicar como indivíduos manejam e negociam as esferas da vida (neste caso, trabalho e família) e suas fronteiras, tendo como objetivo alcançar o equilíbrio.

Para essa teoria, trabalho e família podem ser entendidos como dois países nos quais existem diferenças, como o idioma, as regras sociais, os comportamentos valorizados, entre outras. As pessoas seriam, portanto, "cruzadoras de fronteiras", que, diariamente, precisam transitar entre esses dois ambientes, adaptando seu foco, seus objetivos e seu estilo interpessoal para atender às demandas de cada um deles. Embora alguns aspectos do trabalho e da família sejam difíceis de mudar, os indivíduos podem moldar, em algum grau, a natureza, as fronteiras e as pontes desses domínios, a fim de

---

[1] Este capítulo é um recorte da tese de doutorado intitulada *Interfaces entre o trabalho e a família e os vínculos organizacionais: explorando a tríade família-trabalho-organização*, defendida em julho de 2016 no Programa de Pós-graduação em Psicologia da Universidade Federal da Bahia (PPGPSI /UFBA) por Carolina Villa Nova Aguiar, sob a orientação do Prof. Dr. Antônio Virgílio Bittencourt Bastos.

alcançar o balanceamento desejado. A Figura 8.1 ilustra os principais elementos que compõem a teoria da fronteira.

Como mostrado na Figura 8.1, é central para essa perspectiva a ideia de que trabalho e família constituem diferentes domínios que se influenciam mutuamente. De modo geral, pode-se considerar a existência de dois resultados possíveis dessa interação: de um lado, o envolvimento em um domínio pode ser capaz de influenciar positivamente o desempenho no segundo domínio; por outro lado, o engajamento em um papel pode ser responsável por prejuízos no desempenho de outro em uma esfera da vida distinta. No primeiro caso, diz-se que ocorre a interface positiva entre o trabalho e a família, ao passo que, no segundo, considera-se que ocorre o conflito trabalho-família (Frone, 2003). Embora já exista algum investimento científico para a compreensão da interface positiva, o conflito trabalho-família compõe um campo de estudo mais tradicional e já consolidado (Aryee, Srinivas, & Tan, 2005; Chambel & Santos, 2009; Greenhaus & Powell, 2006).

O conflito trabalho-família é definido como uma forma de conflito entre papéis, no qual as pressões advindas do trabalho e da família são, de alguma forma, mutuamente incompatíveis (Greenhaus & Beutell, 1985). Apesar de essa definição geral ser amplamente aceita e difundida, por si só, não é suficiente para evidenciar a complexidade que cerca o construto. De fato, no mesmo estudo em que essa definição é proposta, os autores reconhecem a existência de três elementos de naturezas distintas que podem estar na origem da percepção de conflito entre trabalho e família: o tempo, a tensão e o comportamento.

No primeiro caso, parte-se do pressuposto de que o tempo é um recurso finito, e gastá-lo em atividades de um domínio (trabalho-família) impede que ele seja destinado ao cumprimento de atividades do outro (família-trabalho). No segundo tipo de conflito, é a tensão gerada pelo primeiro domínio que passa a ser a fonte de dificuldades para o bom desempenho no segundo. Por fim, o conflito baseado no comportamento emerge quando padrões compor-

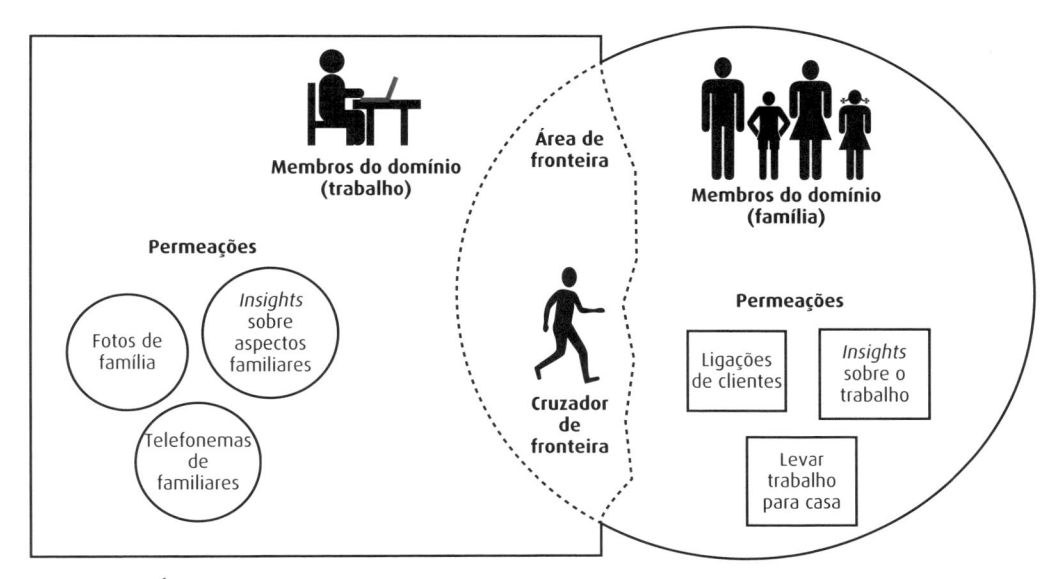

Figura 8.1 Teoria da fronteira entre trabalho e família.
Fonte: adaptada de Clark (2010).

tamentais específicos de um papel são incompatíveis com as expectativas comportamentais para outro papel, e o indivíduo, por alguma razão, não consegue adaptar o seu comportamento de maneira satisfatória (Greenhaus & Beutell, 1985).

Além dos três elementos que podem estar na base do conflito trabalho-família, é preciso levar em consideração, ainda, que se trata de um fenômeno de caráter bidirecional, envolvendo tanto a interferência do trabalho na família (ITF) quanto a interferência da família no trabalho (IFT) (Frone, Russell, & Cooper, 1992; Greenhaus & Beutell, 1985). De acordo com Netemeyer, Boles e McMurrian (1996), a primeira direção pode ser definida como um tipo de conflito entre papéis no qual as demandas de trabalho, além do tempo dedicado e da tensão gerada por ele, interferem no desempenho das responsabilidades familiares. Já a direção oposta – a interferência da família no trabalho – refere-se a um tipo de conflito entre papéis no qual as demandas da família, assim como o tempo dedicado e a tensão gerada por ela, interferem no desempenho das responsabilidades ocupacionais. A partir da combinação das duas direções do conflito com suas três naturezas possíveis, chega-se a um modelo teórico composto por seis elementos distintos, conforme apresentado na Figura 8.2.

Embora o caráter multidimensional e a bidirecionalidade do conflito trabalho-família tenham sido reconhecidos desde os estudos teóricos iniciais, grande parte das medidas elaboradas para mensurar o fenômeno não acompanharam esse desenvolvimento conceitual, falhando em capturar as duas direções, contemplar as três formas do conflito e/ou alcançar uma boa qualidade psicométrica (Herst, 2003). A partir de uma revisão das escalas propostas para a mensuração do conflito trabalho-família entre os anos de 1985 e 1996, Carlson e colaboradores (2000) identificaram que, do total de 25 escalas localizadas, apenas 12 contemplavam as duas direções do fenômeno, e 7 apresentavam algum tipo de distinção entre as naturezas do conflito. Além disso, observou-se que nenhuma das medidas examinadas incluíam itens que contemplassem as seis dimensões teóricas do fenômeno.

Com base nessas informações, Carlson e colaboradores (2000) dedicaram-se à construção e à validação de uma medida que fosse capaz de saturar todos os elementos apresentados no modelo de Greenhaus e Beutell (1985), sintetizado na Figura 8.2. O trabalho dos autores reuniu três estudos, que culminaram na proposta de um novo instrumento, composto por 18 itens, distribuídos em seis dimensões: ITF baseada no tempo (3 itens); ITF baseada na ten-

	DIMENSÕES	EXEMPLOS
Interferência do trabalho na família	Baseada no tempo	Extensa jornada de trabalho
	Baseada na tensão	Baixo suporte organizacional
	Baseada no comportamento	Expectativa de postura fria e imparcial
Interferência da família no trabalho	Baseada no tempo	Filhos pequenos ou pais idosos que demandam tempo
	Baseada na tensão	Baixo suporte familiar
	Baseada no comportamento	Expectativa de postura afetiva e aberta

Figura 8.2 / Dimensões do conflito trabalho-família.

são (3 itens); ITF baseada no comportamento (3 itens); IFT baseada no tempo (3 itens); IFT baseada na tensão (3 itens); IFT baseada no comportamento (3 itens). Tal medida passou a ser amplamente adotada em estudos que se dedicam à apreensão do conflito trabalho-família em todo o mundo (Carr, Boyar, & Gregory, 2008; Chambel, 2014; Li, Lu, & Zhang, 2013). Chambel (2014), por exemplo, adotou uma versão traduzida da medida para a realidade portuguesa. Li e colaboradores (2013), por sua vez, utilizaram-na para a mensuração do conflito trabalho-família entre trabalhadores chineses.

Tendo em vista a hegemonia do modelo apresentado e a inexistência de uma proposta anterior de medida para o contexto brasileiro que contemplasse todos os elementos teóricos propostos por Greenhaus e Beutell (1985), realizamos a adaptação dos itens da escala de Carlson e colaboradores (2000) e procedemos com a análise de suas propriedades psicométricas, quando aplicada em uma amostra de trabalhadores brasileiros.

ADAPTAÇÃO E VALIDAÇÃO DA ESCALA MULTIDIMENSIONAL DE CONFLITO TRABALHO-FAMÍLIA

Inicialmente, foram realizadas a tradução e a adaptação dos 18 itens que compõem a medida original de Carlson e colaboradores (2000) para mensuração do conflito trabalho-família. A tradução dos itens adotou o procedimento de *back-translation*, ou seja, foi feita a tradução dos itens para o português, seguida da tentativa de retorno à redação original por um profissional da área com fluência em inglês. Para os itens que não foram traduzidos novamente para o inglês com aproximação considerada satisfatória, foram conduzidos sucessivos ajustes até o cumprimento desse critério. Após a tradução, algumas adaptações na escrita foram realizadas, a fim de tornar os itens mais familiares para a realidade dos participantes.

Em seguida, o conjunto de itens foi aplicado em uma amostra de 446 trabalhadores brasileiros de diferentes organizações e segmentos ocupacionais. Houve uma predominância de mulheres (60,7%) e de indivíduos sem filhos (57,6%). A partir da idade dos participantes, é possível afirmar que se trata de uma amostra jovem, com média de idade de 33 anos (DP = 11,19). Em sua grande maioria (80,9%), os participantes residiam no Estado da Bahia. Quanto à escolaridade, observa-se uma concentração maior de participantes com alta escolaridade – 57,5% declararam ter ingressado no ensino superior. Em relação às caraterísticas ocupacionais, 65,6% dos participantes tinham jornada de trabalho de 40 horas semanais ou mais, e 84,3% não ocupavam cargo de chefia. Por fim, no que se refere às variáveis organizacionais, a maioria dos participantes trabalhava em empresas privadas (75,0%) e com mais de 100 funcionários (57,1%). Para responder à escala de conflito trabalho-família, os participantes utilizaram uma escala do tipo Likert de seis pontos, variando de 1 (discordo totalmente) a 6 (concordo totalmente).

Para a verificação das propriedades psicométricas, foram realizadas as análises fatorial exploratória (AFE) e confirmatória (AFC). Sabe-se que a execução de uma AFC na mesma amostra em que a AFE foi previamente realizada pode gerar um viés nos resultados, uma vez que haverá uma tendência à confirmação do modelo sugerido pela análise exploratória. Com o objetivo de minimizar possíveis distorções dos resultados, optou-se por dividir a amostra em dois subgrupos iguais e aleatórios. O primeiro subgrupo foi utilizado para a AFE e contou com 223 participantes. A AFC, por sua vez, foi conduzida com o segundo subgrupo, composto pelos demais 223 participantes.

Na AFE, foi utilizado o método de extração *principal axis factoring* (PAF) e rotação oblíqua do tipo *direct oblimin*. Para a estimação do número de fatores, foram analisados o critério da raiz latente (autovalor) em conjunto com a análise paralela (AP). Embora os autovalores tenham apontado para a possibilidade de obtenção de até cinco fatores, a AP sugeriu que a estrutura com apenas dois fatores era a mais adequada para representar o fenômeno em questão.

Diante disso, a AFE foi conduzida, forçando a solução em uma estrutura bifatorial. O primeiro fator agrupou oito itens, referentes às três naturezas do conflito na direção trabalho-família, com cargas fatoriais variando entre 0,44 e 0,86, e o segundo fator reuniu nove itens que se referem às três naturezas do conflito na direção família-trabalho, com cargas fatoriais variando entre 0,32 e 0,71. Em conjunto, os dois fatores foram responsáveis por 44,23% da variância explicada. Dos 18 itens originalmente presentes no instrumento de Carlson e colaboradores (2000), apenas um – "Comportamentos que são necessários e efetivos para mim no trabalho podem ser contraproducentes em casa" – não apresentou carga fatorial acima de 0,30 em nenhum dos fatores, sendo, portanto, excluído.

Em síntese, a AFE sugeriu a existência de dois fatores, contrariando a expectativa inicial de encontrar seis dimensões, conforme proposto pelo modelo teórico (ver Figura 8.2). Com o objetivo de comparar o modelo oriundo da AFE com o modelo proposto teoricamente, partiu-se para a condução da AFC. Nessa etapa, três modelos alternativos foram testados: um modelo bifatorial, um modelo com seis dimensões e um modelo geral (unidimensional). O primeiro modelo (bifatorial) seguiu a solução encontrada na AFE, ou seja, agrupou os itens de acordo com a direção do conflito (ITF e IFT), sem considerar as diferentes naturezas do fenômeno (tempo, tensão e comportamento). Já o modelo com seis dimensões seguiu rigorosamente a distribuição original do trabalho de Carlson e colaboradores (2000). Os principais índices de ajuste de cada um dos modelos encontram-se na Tabela 8.1.

À primeira vista, o que se observa é que o modelo com seis dimensões é o único que apresenta todos os índices de ajuste satisfatórios, o que leva à suposição inicial de que esse modelo é o que melhor representa a estrutura fatorial do conflito trabalho-família. Entretanto, a análise cuidadosa das correlações estabelecidas entre as dimensões deixa dúvidas sobre a validade discriminante entre os fatores, uma vez que alguns deles apresentaram associações extremamente elevadas entre si, o que configura um importante indicativo de sobreposição (ver Tabela 8.2).

A partir dos dados apresentados na Tabela 8.2, ficam nítidas as sobreposições das naturezas tempo e tensão nas duas direções do conflito, representando a dificuldade de diferenciar empiricamente essas duas fontes de origem do conflito. A partir da retomada do trabalho original de Greenhaus e Beutell (1985), é possível perceber que tal dificuldade de diferenciação não é exclusivamente empírica, uma vez que a própria descrição conceitual da natureza temporal já prevê sua estreita relação com o conflito baseado na tensão. De acordo com os autores, o conflito baseado no tempo pode assumir duas formas:

1. A pressão para dedicar muito tempo a um dos domínios (trabalho-família) pode tornar fisicamente impossível o cumprimento das expectativas advindas do outro domínio (família-trabalho).
2. Essa mesma pressão para dedicar tempo a um domínio (trabalho-família) pode gerar uma preocupação que permanece presente mesmo quando o indivíduo está fisicamente presente em outro domínio (família-trabalho).

TABELA 8.1
Índices de ajuste dos modelos do conflito trabalho-família

	X^2/GL	GFI	CFI	TLI	BIC	RMSEA (i.c. 90%)
Modelo 2 fatores	2,908	0,852	0,846	0,822	535,859	0,088 (0,077-0,099, p<.01)
Modelo 6 fatores	1,910	0,909	0,926	0,907	506,335	0,061 (0,049-0,073, p<.01)
Modelo 1 fator	6,017	0,640	0,590	0,532	903,215	0,143 (0,133-0,153, p<.01)

Fonte: elaborada com base em Carlson e colaboradores (2000).

TABELA 8.2
Correlações entre os fatores do modelo com seis dimensões do conflito trabalho-família

	1	2	3	4	5
1. ITF baseada no tempo					
2. ITF baseada na tensão	0,846				
3. ITF baseada no comportamento	0,520	0,672			
4. IFT baseada no tempo	0,200	0,250	0,636		
5. IFT baseada na tensão	0,299	0,346	0,725	**0,886**	
6. IFT baseada no comportamento	0,259	0,346	**0,846**	0,492	0,482

Fica claro, portanto, que a segunda forma assumida pelo conflito baseado no tempo estará, muito provavelmente, acompanhada do sentimento de estresse e/ou ansiedade, que são os elementos constitutivos do conflito baseado na tensão.

Além das sobreposições entre as bases tensão e tempo, algumas fragilidades foram verificadas no que se refere à base comportamental do conflito trabalho-família. Ainda na Tabela 8.2, destaca-se a forte correlação entre as duas direções do conflito baseado no comportamento. Ademais, uma análise de consistência interna de cada uma das dimensões revela resultados insatisfatórios: α = 0,45 e 0,61 para a ITF e para a IFT baseada no comportamento, respectivamente, baseadas no comportamento.

Diante do que foi exposto até aqui, é possível perceber que, apesar dos índices de ajuste do modelo com seis dimensões terem se revelado os mais satisfatórios, os demais critérios de avaliação da medida não foram cumpridos, tornando inapropriada a decisão de definir a estrutura com seis dimensões como a melhor solução fatorial para a medida do conflito trabalho-família. Optou-se, então, pela reavaliação da estrutura bifatorial, uma vez que esta se revelou uma solução adequada na AFE e obteve índices de ajuste próximos aos satisfatórios na AFC.

A observação das cargas fatoriais alcançadas no modelo hipotético especificado revelou que um dos itens da dimensão ITF (TF19: "Os comportamentos que desempenho para ser eficaz no trabalho não me ajudam a ser uma pessoa melhor para a minha família [melhor pai/mãe; marido/esposa]") e um dos itens da dimensão IFT (FT19: "Os comportamentos que são necessários e eficazes em casa podem ser contraproducentes no trabalho") foram os que apresentaram as cargas fatoriais mais baixas (ambos com 0,35). No primeiro caso (item TF19), observa-se que se trata de um item cujo conteúdo se refere à dimensão comportamental da ITF. Tendo em vista a retirada prévia de um item dessa mesma dimensão na etapa de AFE, considerou-se que a sua exclusão poderia acarretar a sub-representação da dimensão em questão.

Já no caso do item FT19, o que se percebe é que este possui conteúdo simetricamente oposto ao do item previamente excluído na etapa de AFE. Diante disso, julgou-se que a sua exclusão seria teoricamente apropriada e, ademais, favoreceria o ajuste do modelo. Vale registrar que, embora os itens em questão tenham sido considerados adequados pelos juízes e não tenham apresentado problemas no teste-piloto, a sua redação foi considerada incompreensível por alguns participantes. Mesmo entre os indivíduos de escolaridade relativamente alta (a partir de ensino médio completo), não foi incomum a solicitação de esclarecimentos para a equipe de pesquisa sobre o significado da palavra "contraproducentes", presente nos dois itens excluídos. Com base nisso, é possível supor que a dificuldade de compreensão do conteúdo semântico desses itens possa ter sido responsável por algum grau de distorção e, consequentemente, inadequação empírica dos itens.

Embora a exclusão do item FT19 tenha sido responsável por uma discreta melhoria no ajuste do modelo (X^2/gl = 2,96; GFI = 0,86; CFI = 0,86; TLI = 0,832; BIC = 486,930; RMSEA = 0,09), percebeu-se a necessidade de novas modificações. Ainda que a observação da presença de cargas fatoriais consideradas baixas para uma AFC (inferior a 0,50) pudesse servir de subsídio para a decisão de excluir mais alguns itens, priorizou-se a tentativa de manter a quantidade de itens o mais próximo possível do estudo original, já que, por se tratar de um primeiro trabalho de validação da medida em questão, exclusões precipitadas poderiam ser prejudiciais para trabalhos futuros. Desse modo, optou-se pela inserção de alguns parâmetros como estratégia complementar para se alcançar uma melhor aderência do modelo aos dados. As inclusões dos parâmetros foram feitas a partir da observação dos índices de modificação sugeridos e da análise da pertinência teórica dessas inclusões.

No total, foram inseridos três novos parâmetros entre os erros dos seguintes itens:

1. TF3: "Meu trabalho me afasta de minhas atividades familiares mais tempo do que eu gostaria" e TF6: "O tempo que eu devo me dedicar ao trabalho me impede de participar igualmente das atividades e responsabilidades em casa".
2. FT4: "Devido ao estresse que vivo em casa, eu frequentemente fico preocupado com problemas familiares no trabalho" e FT7: "A tensão e a ansiedade vindas da minha família frequentemente enfraquecem minha capacidade de fazer meu trabalho".
3. FT9: "Os comportamentos que funcionam para mim em casa não são eficazes no meu trabalho" e FT19: "Os comportamentos que uso para resolver problemas em casa não são úteis no trabalho".

Após a realização das modificações apresentadas, os novos índices de ajuste do modelo bifatorial revelaram-se satisfatórios (X^2/gl = 2,43; GFI = 0,90; CFI = 0,90; TLI = 0,88; BIC = 441,708; RMSEA = 0,07). Partiu-se, então, para a análise da consistência interna da versão final da escala por meio do alfa de Cronbach. Para tal análise, as duas subamostras de 223 participantes foram utilizadas independentemente, sendo os resultados considerados satisfatórios: a dimensão ITF obteve α = 0,87 e 0,85, e a dimensão IFT alcançou α = 0, 77 e 0,80.

Após a condução de todos os passos mencionados para a verificação das propriedades psicométricas da escala, o que se observou foi que o modelo inicialmente previsto não foi confirmado nessa amostra de trabalhadores brasileiros. Entre os motivos que podem ser apontados para isso, o que parece mais pertinente é a dificuldade de distinguir, conceitual e empiricamente, duas das naturezas que podem estar na origem do conflito: o tempo e a tensão.

Entretanto, ainda que o modelo hipotético inicial não tenha se confirmado, uma estrutura alternativa mostrou-se adequada para a apreensão do fenômeno. Trata-se de uma solução bifatorial, composta por 16 itens, que se distribuem igualmente entre as dimensões ITF e IFT. Tendo em vista que se trata de uma primeira testagem da escala na realidade brasileira, recomenda-se que estudos futuros que utilizem a medida repitam as análises de validade e confiabilidade em suas amostras, a fim de contribuir com novas evidências sobre a sua melhor estrutura fatorial, além da pertinência ou não dos itens que as compõem (sobretudo daqueles com cargas fatoriais menos elevadas e/ou que tiveram parâmetros inseridos).

APLICAÇÃO, APURAÇÃO E INTERPRETAÇÃO DA ESCALA MULTIDIMENSIONAL DE CONFLITO TRABALHO-FAMÍLIA

A Escala Multidimensional de Conflito Trabalho-Família (EMCT-F) pode ser aplicada individualmente ou em grupo, presencialmente ou *on-line*, desde que seja garantido um ambiente tranquilo e confortável. O tempo de aplicação é livre, normalmente não ultrapassando 15 minutos. A utilização da escala, seja para fins de pesquisa ou de diagnóstico, deve ser precedida dos esclarecimentos em relação ao seu objetivo. Para preservar as propriedades psicométricas da EMCT-F, é imprescindível que as instruções, os conteúdos dos itens e o escalonamento não sejam modificados. Recomenda-se que sejam apresentados todos os itens referentes a uma das direções do conflito (p. ex., trabalho-família), e, a seguir, todos os itens relativos à outra direção (família-trabalho). Acredita-se que essa medida torna a compreensão dos conteúdos mais fácil e, consequentemente, evita equívocos por parte dos respondentes. O Quadro 8.1 apresenta o formato recomendado para a aplicação da escala.

O resultado da escala deve ser apurado por fator. Como não há presença de itens invertidos, os valores marcados pelo indivíduo nos itens referentes ao conflito na direção trabalho-família devem ser somados e divididos por oito (número de itens). Da mesma forma, os valores assinalados para a direção família-trabalho do conflito devem ser somados e divididos por oito (número de itens). As médias obtidas devem estar contidas no intervalo de 1 a 6, que corresponde aos pontos extremos da escala. É válido registrar que a utilização complementar de medidas de dispersão (p. ex., desvio-padrão) pode oferecer informações importantes, em particular na comparação entre indivíduos ou grupos.

A EMCT-F não possui ponto de corte. Portanto, a sua interpretação deve considerar que, quanto maior o resultado médio obtido pelo indivíduo na direção trabalho-família, em maior grau ele percebe que as exigências ocupacionais o prejudicam no atendimento das demandas familiares. Da mesma forma, quanto maior o escore médio alcançado na direção família-trabalho, mais intensa é a percepção do trabalhador de que a sua família, de algum modo, prejudica ou até impede o cumprimento de suas tarefas de trabalho.

CONSIDERAÇÕES FINAIS

Tradicionalmente, os estudiosos e profissionais do campo da psicologia organizacional e do trabalho (POT) têm buscado descrever, explicar e prever o comportamento humano no trabalho a partir de variáveis inerentes ao próprio contexto organizacional, como condições de trabalho, estilos de gestão, etc. Entretanto, existe uma significativa parcela do comportamento que não consegue ser capturada por esses elementos, portanto, é imprescindível expandir as perspectivas de investigação. Entre as diversas variáveis que não pertencem diretamente ao contexto ocupacional e que podem contribuir para a tomada de decisão de gestores, encontra-se o conflito trabalho-família.

Em grande medida, o interesse pela compreensão do conflito trabalho-família decorre da queda da concepção de que o trabalho e a família seriam como "mundos separados" e da constatação de que ambos os domínios estabelecem relacionamentos estreitos e dinâmicos entre si (p. ex., Clark, 2010; Eby, Maher, & Butts, 2010; Edwards & Rothbard, 2000). Nesse sentido, os trabalhadores passam a ser encarados como seres complexos, que carregam consigo as influências de suas experiências pessoais e familiares quando se inserem em uma organização.

Algumas evidências empíricas já têm oferecido suporte à ideia de que a maneira como as pessoas manejam as relações estabelecidas entre as esferas ocupacional e familiar tem importante potencial de explicação para variáveis organizacionais. Aguiar e Bastos (2017), por exemplo, ao comparar o poder preditivo de variáveis que representam o modo como os indivíduos conciliam as esferas ocupacional e familiar com o poder de variáveis diretamente ligadas ao contexto ocupacional (como tempo de serviço, cargo de chefia e jornada de trabalho), concluíram que o primeiro conjunto de variáveis foi tão ou até mais importante que as variáveis ocupacionais na determinação do tipo de vínculo que os indivíduos estabelecem com a sua organização.

Diante disso, tornou-se evidente a importância da utilização de instrumentos de diagnóstico, como a EMCT-F, que indiquem em que medida os trabalhadores têm sido capazes de equilibrar as demandas familiares e ocupacionais ou, ao contrário, de que forma estão

QUADRO 8.1
Escala Multidimensional de Conflito Trabalho-Família

Apresentaremos a você algumas frases sobre como o seu trabalho pode influenciar a sua vida familiar. Avalie, com base na escala a seguir, o quanto você concorda com cada ideia apresentada.					
Discordo			Concordo		
1	2	3	4	5	6
Discordo totalmente	Discordo muito	Discordo pouco	Concordo pouco	Concordo muito	Concordo totalmente

1	Meu trabalho me afasta de minhas atividades familiares mais tempo do que eu gostaria.	
2	Eu muito frequentemente me sinto tão emocionalmente sugado pelo meu trabalho que isso me impede de contribuir com a minha família.	
3	Os comportamentos que utilizo para solucionar problemas no trabalho não são efetivos para solucionar os problemas de casa.	
4	O tempo que eu devo me dedicar ao trabalho me impede de participar igualmente das atividades e responsabilidades em casa.	
5	Quando eu chego em casa do trabalho, muitas vezes eu já estou muito esgotado para participar das atividades familiares.	
6	Devido às pressões do trabalho, algumas vezes eu chego em casa muito estressado para fazer as coisas que gosto.	
7	Eu deixo de fazer coisas com a minha família devido ao tempo que preciso dedicar ao meu trabalho.	
8	Os comportamentos que desempenho para ser eficaz no trabalho não me ajudam a ser uma pessoa melhor para a minha família (melhor pai/mãe; marido/esposa).	
Agora, apresentaremos a você algumas frases sobre como a sua família pode influenciar a sua vida no trabalho. Avalie, com base na escala a seguir, o quanto você concorda com cada ideia apresentada.		
1	O tempo que eu gasto com responsabilidades familiares frequentemente interfere nas minhas responsabilidades no trabalho.	
2	Devido ao estresse que vivo em casa, eu frequentemente fico preocupado com problemas familiares no trabalho.	
3	O tempo que passo com minha família frequentemente me impede de dedicar tempo a atividades no trabalho que poderiam ajudar minha carreira. O tempo que passo com minha família frequentemente me impede de dedicar tempo a atividades no trabalho que poderiam ajudar minha carreira.	
4	Como eu frequentemente estou estressado por causa das minhas responsabilidades familiares, eu tenho dificuldade de me concentrar no meu trabalho.	
5	Os comportamentos que funcionam para mim em casa não são eficazes no meu trabalho.	
6	A tensão e a ansiedade vindas da minha família frequentemente enfraquecem minha capacidade de fazer meu trabalho.	
7	Eu deixo de fazer tarefas do trabalho devido à quantidade de tempo que preciso dedicar às minhas responsabilidades familiares.	
8	Os comportamentos que uso para resolver problemas em casa não são úteis no trabalho.	

sentindo dificuldades e, consequentemente, possibilitado a emergência de elevado conflito trabalho-família. A partir desses resultados, os gestores organizacionais poderão planejar e implantar políticas e práticas organizacionais que sejam consideradas "amigas da família".

Embora os conhecimentos sobre as possibilidades e a efetividade das políticas que buscam ajudar o trabalhador a gerir as esferas ocupacional e familiar ainda não estejam bem consolidados na literatura (Poelmans, Stepanova, & Masuda, 2006), muitas organizações já têm buscado implementar algumas práticas, ainda que incipientes. Entre as ações mais frequentemente adotadas, encontram-se a possibilidade de optar por arranjos flexíveis quanto ao horário e ao local de trabalho e a instalação de creches no local de trabalho, ou o estabelecimento de parcerias com creches e escolas próximas. Além disso, algumas organizações têm inserido em seus planos de treinamento e desenvolvimento cursos que buscam auxiliar os trabalhadores a organizar melhor seu próprio tempo, a minimizar o adoecimento físico e psíquico e a desenvolver estratégias de enfrentamento que ajudem a lidar com os principais conflitos na família e no trabalho (Goulart-Júnior, Feijó, Cunha, Corrêa, & Gouveia, 2013).

Além do auxílio em diagnósticos organizacionais, acredita-se que a EMCT-F possa ser utilizada para a avaliação da efetividade das ações organizacionais voltadas para a busca do equilíbrio trabalho-família, gerando dados que são de interesse tanto dos próprios gestores e atores organizacionais como da comunidade científica em geral. Nesse sentido, recomenda-se que seja realizada a aplicação da escala no momento anterior à implantação de uma nova política organizacional e, em seguida, em diferentes momentos após a sua implantação, de modo a acompanhar os seus possíveis impactos a curto, médio e longo prazos.

REFERÊNCIAS

Aguiar, C. V. N., & Bastos, A. V. B. (2017). Interfaces entre trabalho e família: caracterização do fenômeno e análise de preditores. *Revista Psicologia: Organizações e Trabalho, 17*(1), 15-21.

Aryee, S., Srinivas, E. S., & Tan, H. H. (2005). Rhythms of life: antecedents and outcomes of work-family balance in employed parents. *Journal of Applied Psychology, 90*(1), 132-146.

Ayman, R., & Antani, A. (2008). Cross-cultural approaches to work-family conflict. In K. Korabik, D. S. Lero, & D. L. Whitehead (Orgs.), *Handbook of work-family integration: research, theory and best practices*. Amsterdan: Elsevier.

Carlson, D. S., Kacmar, K. M., & Williams, L. J. (2000). Construction and initial validation of a multidimensional measure of work–family conflict. *Journal of Vocational Behavior, 56*(2), 249-276.

Carr, J. C., Boyar, S. L., & Gregory, B. T. (2008). The moderating effect of work–family centrality on work–family conflict, organizational attitudes, and turnover behavior. *Journal of Management, 34*(2), 244-262.

Chambel, M. J. (2014). A interface entre o trabalho e a família. In M. J. Chambel & M. T. Ribeiro (Eds.), *A relação entre o trabalho e a família: do conflito ao enriquecimento*. Lisboa: RH.

Chambel, M. J., & Santos, M. V. (2009). Práticas de conciliação e satisfação no trabalho: mediação da facilitação do trabalho na família. *Estudos de Psicologia, 26*(3), 275-286.

Clark, S. C. (2010). Work/family border theory: a new theory of work/family balance. *Human Relations, 53*(6), 747-770.

Eby, L. T., Maher, C. P., & Butts, M. M. (2010). The intersection of work and family life: the role of affect. *Annual Review of Psychology, 61*, 599-622.

Edwards, J. R., & Rothbard, N. P. (2000). Mechanisms linking work and family: clarifying the relationship between work and family constructs. *The Academy of Management Review, 25*(1), 178-199.

Frone, M. R. (2003). Work-family balance. In J. C. Quick, & L. E. Tetrick (Orgs.), *Handbook of occupational health psychology* (pp. 143-162). Washington: American Psychological Association.

Frone, M. R., Russell, M., & Cooper, M. L. (1992). Antecedents and outcomes of work-family conflict: testing a model of the work-family interface. *Journal of Applies Psychology, 77*(1), 65-78.

Goulart-Júnior, E., Feijó, M. R., Cunha, E. V., Corrêa, B. J., & Gouveia, P. A. E. S. (2013). Exigências familiares e do trabalho: um equilíbrio necessário para a saúde de trabalhadores e organizações. *Pensando Famílias, 17*(1), 110-122.

Greenhaus, J. H., & Beutell, N. J. (1985). Sources of conflict between work and family roles. *Academy Management Review, 10*(1), 76-88.

Greenhaus, J. H., & Powell, G. N. (2006). When work and family are allies: a theory of work-family enrichment. *Academy of Management Review,* 31(1), 72-92.

Herst, D. E. L. (2003). *Cross-cultural measurement invariance of work/family scales across english-speaking samples* (Tese de doutorado, University of South Florida, Florida).

Li, C., Lu, J., & Zhang, Y. (2013). Cross-domain effects of work-family conflict on organizational commitment and performance. *Social Behavior and Personality, 41*(10), 1641-1654.

Matias, M., & Fontaine, A. M. (2012). A conciliação de papéis profissionais e familiares: o mecanismo psicológico de spillover. *Psicologia: Teoria e Pesquisa, 28*(2), 235-243.

Netemeyer, R. G., Boles, J. S., & McMurrian, R. (1996). Development and validation of work-family conflict and family-work conflict scales. *Journal of Applied Psychology, 81*(4), 400-410.

Poelmans, S., Stepanova, O., & Masuda, A. (2006). Positive spillover between personal and professional life: definitions, antecedents, consequences, and strategies. In M. Pitt-Catsouphes, E. E. Kossek & S. Sweet (Orgs.), *The work and family handbook: multi-disciplinary perspectives, methods, and approaches* (pp. 17-39). Mahwah: Lawrence Erlbaum.

9

CARTOGRAFANDO: UMA ALTERNATIVA TEÓRICO-METODOLÓGICA PARA O MAPEAMENTO DE COMPETÊNCIAS

Claudia Simone Antonello

> Se perguntas onde fui,
> devo dizer: o mar.
> Estive sempre ali,
> mesmo estando a mudar.
> Foi ali que escrevi
> tua pele, teu suor.
> Ao tempo, seus faróis.
> Não mudei de mudar.
>
> O que mudou em mim,
> senão andar mudando
> sem nunca mais mudar?
> Quem mudará em mim,
> se não sei mudar? [...]
> (Nejar, 1977)

Este capítulo, em certa medida, sintetiza grande parte de minhas reflexões sobre a relação entre o trabalho, as pessoas e a noção de competência. Nessas reflexões, o tema desenvolvimento de pessoas é transversal. De certa forma, ele retrata muito minha trajetória como docente pesquisadora ao longo dos anos.

Embora a temática central deste capítulo seja o mapeamento de competências nas organizações, as ideias e as reflexões aqui apresentadas veiculam implicitamente tudo o que fui vivenciando e apreendendo sobre o mundo do trabalho durante minha trajetória profissional, com colegas, alunos e organizações, e ao longo de minha formação, da graduação em Psicologia ao doutorado em Administração.

Embora existam inúmeras propostas para o conceito de competência e gestão de competências, meu objetivo não é propor mais uma definição ou uma fórmula/receita para mapear competências. Comentarei brevemente um de tantos modelos que são sugeridos na literatura que trata desse assunto. Justifico a escolha desse modelo por ele estar centrado no desenvolvimento das pessoas e no papel dos valores e da ética na formação dos indivíduos. Embora aperfeiçoado em 2005, ele ainda é pouco empregado e discutido no Brasil.

PRIMEIRA BÚSSOLA: UM MODELO NORTEADOR DE COMPETÊNCIA

Competência, em qualquer esfera do trabalho, pode ser um conceito difícil de ser estabelecido, particularmente quando relacionado a ocupações profissionais, nas quais os papéis podem ser complexos e o conhecimento e as habilidades envolvidos são muitos e variados. Cheetam e Chivers (1996, 1998, 2005) procuraram contribuir para o entendimento de competência, discutindo e propondo um novo modelo, que leva seu nome. Para isso, consideraram sua experiência anterior sobre competência e os campos de desenvolvimento de profissionais. Eles utilizaram uma ampla gama de modelos existentes e protocolos para a descrição de competências e uma extensa literatura sobre educação e desenvolvimento profissional em estudo desenvolvido junto a profissionais de 20 diferentes áreas. O objetivo principal não era produzir um modelo híbrido que tentasse conciliar todos os pressupostos e teorias, mas sim procurar elementos coerentes dentro das diferentes abordagens e propor um modelo mais holístico. No coração do modelo, estão quatro componentes centrais: competência de conhecimento/cognitiva; competência funcional; competência pessoal ou comportamental; e competência de valores/ética.

Cada um desses componentes é composto de vários outros, portanto, são agrupamentos de competências de um tipo semelhante dentro de um componente particular. Esse modelo sofreu influências fundamentais de diversas abordagens de educação e desenvolvimento profissional, sendo as principais competências: técnico-racional, profissional reflexiva, funcional, comportamental, ética, metacompetências e transcompetências (Cheetam & Chivers, 1996) (ver Figura 9.1).

A abordagem técnico-racional ou de conhecimento/cognitiva leva em consideração os conhecimentos teóricos e especializados sobre determinada matéria, adquiridos por meio da educação formal. A abordagem profissional reflexiva de Schon (1983) refere-se ao conhecimento tácito, adquirido por meio da reflexão sobre a ação e que tem como objetivo melhorar a competência profissional. Segundo Schon (1983), os profissionais aprendem essencialmente pela reflexão: *knowing in action* (reflexão durante a ação/atividade) e *knowing about action* (reflexão sobre a ação após a atividade). A reflexão sobre a ação passada ou atual pode conduzir a uma modificação comportamental e à melhoria da competência profissional. É importante mencionar que o modelo de Cheetham e Chivers (2005) apresenta os resultados da reflexão como o potencial para alimentar quaisquer dos componentes centrais, seus vários subcomponentes e as metacompetências, completando o ciclo de melhoria contínua. A abordagem funcional tem como foco a realização das tarefas a serem executadas e o desenvolvimento de habilidades fundamentais e específicas do trabalho. Essa abordagem se refere a um sistema de qualificações vocacionais existente na Grã-Bretanha, onde são fixados padrões mínimos de desempenho nas ocupações dos profissionais. A abordagem comportamental considera atributos pessoais do indivíduo, como, por exemplo, a autoconfiança e o controle emocional, requeridos para um bom desempenho profissional. Como integrantes da competência profissional, estão a ética e os valores, elementos indispensáveis a uma boa atuação profissional.

Permeando essas competências centrais estão as metacompetências e as transcompetências, propostas pelos autores: comunicação, autodesenvolvimento, agilidade mental, capacidade de análise, criatividade e solução de problemas. As metacompetências permitem aos indivíduos analisar e desenvolver as competências que já possuem, ao passo que as transcompetências possibilitam a expressão das demais competências, constituindo um tipo de competência que se integra às outras, sendo capazes de incrementá-las. A dinâmica do modelo, juntamente com os quatro componentes centrais e seus subcomponentes, interage para produzir uma série de resultados de diferentes tipos: macrorresultados (abrangentes e globais); microrresultados (de atividades mais específicas); resultados parciais (de uma atividade parcialmente concluída). Esses resultados podem ser observados e são capazes de testar a competência profissional por parte de um indivíduo. Os resultados, de qualquer tipo, podem ser observados ou percebidos pelo próprio indivíduo e pelo *feedback* de outras pessoas.

Os quatros componentes centrais (abordagens de conhecimento/cognitiva, profissional reflexiva, funcional e comportamental) têm conceitos específicos, porém, na prática, estão fortemente relacionados. Além disso, também foi aceita a probabilidade de haver inter-relações entre diferentes competências dentro do mes-

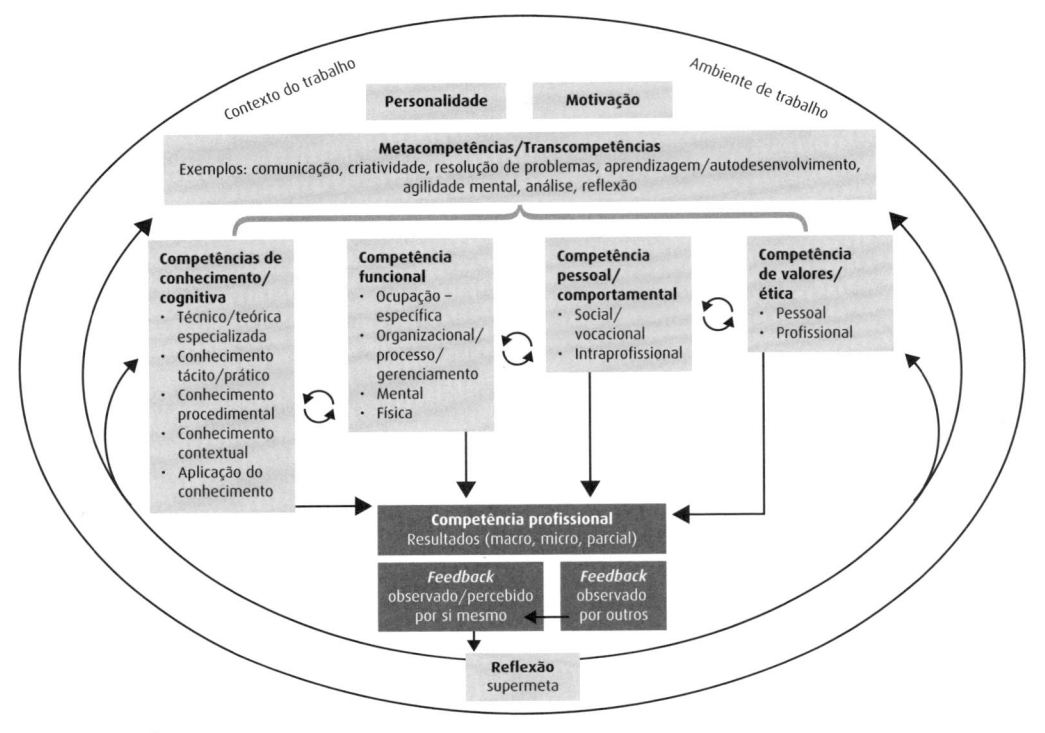

Figura 9.1 / Modelo de Cheetam e Chivers.
Fonte: com base em Cheetam e Chivers (2005).

mo componente central. Por exemplo, para adquirir uma competência funcional particular, podem ser necessárias certas competências comportamentais.

O modelo define uma relevância semelhante para cada um dos quatro componentes centrais, mas estes podem variar no grau de importância, de acordo com cada profissão, assim como as metacompetências. Profissões diferentes podem requerer uma combinação distinta dos componentes centrais, de acordo com o que é determinado por diferentes papéis de trabalho na mesma profissão.

Cheetam e Chivers (2005) definem contexto de trabalho como a situação particular na qual um profissional atua, ao passo que o ambiente de trabalho se refere às condições físicas, culturais e sociais que cercam um indivíduo no trabalho. Os autores consideram que, embora distintos, esses dois conceitos são suficientemente semelhantes para serem representados juntos no modelo. Da mesma forma, destacam a relevância da personalidade e da motivação na expressão das competências profissionais. A personalidade pode interferir em qualquer aspecto de competência, e, em alguns casos, pode limitar seu potencial. Diferentes características de personalidade podem ajudar ou impedir o desempenho de papéis particulares do profissional. A motivação pode afetar tanto o desempenho no papel de trabalho como a vontade de desenvolver ou melhorar suas competências.

No início deste capítulo, comentei sobre a importância da relação entre trabalho, competências e desenvolvimento de pessoas. Assim, para dar conta dessa perspectiva, apresento brevemente alguns argumentos na próxima seção.

SEGUNDA BÚSSOLA: DE QUE TRABALHO ESTAMOS FALANDO?

A discussão acerca do desenvolvimento de pessoas e competências ocorre a partir de uma série de pressupostos sobre as organizações e, fundamentalmente, sobre o trabalho. Para abordar essas temáticas que se complexificam no contexto atual, seja global ou local, parece-me pertinente iniciar apresentando uma das, entre tantas, do que poderíamos chamar de "raízes" de diferentes vertentes identificadas neste campo de estudo: a noção de trabalho que aproxima a "mão" da "mente".

Há inúmeros rótulos nas ciências sociais utilizados para definir as características da sociedade contemporânea e que buscam desvendar o núcleo de seu significado. Entre os rótulos, o termo "sociedade do conhecimento" presta-se bem para estabelecer e descrever o trabalho no mundo contemporâneo. A ênfase no conhecimento simboliza tanto a desmaterialização do trabalho quanto o principal e mais valioso produto deste, bem como as atividades centrais que são realizadas ao mesmo tempo em que se trabalha, ou, ainda, o que é conhecido e posto em prática, além dos conhecimentos existentes ou criados durante o curso da atividade laboral.

A sociedade contemporânea demonstra um crescimento constante do conhecimento do conteúdo do trabalho, da automação dos saberes do especialista e do valor econômico de recursos chamados de intangíveis, tais como conhecimento, capital social e intelectual. Tudo isso representa um desafio para os cientistas sociais, que buscam compreender e descrever as modificações no mundo do trabalho por meio das categorias tradicionais, herdadas do trabalho industrial ou atualizadas com o estudo do trabalho na sociedade do serviço.

Tradicionalmente, têm-se desenvolvido estudos mantendo o foco no trabalho como uma característica "macrossocial", que se manifesta, principalmente, em relação ao mercado de trabalho, pela sua forma agregada nas profissões e pela sua regulação contratual nas formas de emprego atípico e na negociação sindical. A análise do trabalho em uma ótica "microssocial" é pouco comum. Certamente, não faltariam objetos de estudo importantes e metodologicamente relevantes, como, por exemplo, a questão da qualidade do emprego. Assim, como fenômeno, o trabalho pode ser descrito e analisado de diferentes formas, dependendo da orientação teórica do pesquisador, e, do mesmo modo, o cotidiano do trabalho está sujeito a uma variedade de conceitos teóricos.

Tendo em vista que aqui não há espaço para realizar uma análise cuidadosa das diversas abordagens, nem para encontrar um quadro comum, irei me referir à noção que considera o trabalho uma experiência subjetiva e coletivamente significativa e uma prática social situada na vida cotidiana, no campo semântico dentro do qual o cotidiano do trabalho pode ser interpretado. Um *frame* interpretativo que permite analisar e projetar o trabalho como uma prática cotidiana poderia, portanto, estar baseado nos seguintes pressupostos:

- **O âmbito do trabalho,** no sentido do seu produto e da atividade desempenhada (*opus operatum*), é emergente, produzido coletivamente durante o curso das interações situadas e sustentado por uma orientação comum e recíproca.
- **O posto de trabalho** (locais e espaço de trabalho) é um território situacional, constituído e reconstituído ativamente por meio de práticas de trabalho cotidianas.
- **O "fazer" laboral** não é uma atividade separada do conhecer, aprender, organizar e inovar. Por meio do "saber na prática" pode-se compreender analiticamente a complexidade do entrelaçamento entre as atividades presentes.

Todas essas condições pressupõem delinear um espaço interpretativo, no qual se encontra o conceito de interação situada, que está mediada:

- Pelo **corpo**, como uma presença física (copresentes ou transmitidas e mediadas pelas tecnologias), como ferramentas de trabalho, como uma importante fonte de conhecimento sensível e também como um

recipiente de conhecimento tácito, incorporado no esquema corporal pelas ações e pela memória.
- Pelas **tecnologias**, pelos **objetos** e pela **materialidade** do mundo circundante ou do mundo virtual entrelaçado a ele (mistura de espaços, objetos mistos). O mundo material não é passivo, mas nos desafia constantemente, é actante (no sentido de ter agência) dentro de uma ecologia de humanos e de não humanos, é a "prótese" tecnológica de uma capacidade limitante, é um "projeto que se prende ao corpo".
- Pela **linguagem**, quer sob a forma do vocabulário técnico, da semântica ou da pragmática nas práticas discursivas, ou seja, de um "fazer" e "saber" que têm lugar no discurso e por meio dele.
- Pelas **relações sociais**, que se manifestam e assumem forma por meio da "ordem da interação", dada pela mútua convivência (face a face ou transmitida) ou por relações inscritas na divisão do trabalho ou no sistema normativo (regulação social do trabalho) ou no sistema social.

Nessa perspectiva, o contexto no qual o trabalho é realizado não é dado, mas ativamente construído em vários quadros situacionais que interpretam as situações de corte do ambiente. O trabalho está, então, localizado, ou seja, contextualizado dentro de situações, e, em tais contextos, agir significa também uma situação. O ponto de partida da mudança paradigmática é, portanto, não mais considerar o trabalho um conjunto objetivamente estruturado de tarefas, mas um processo de definição de situações por meio de momentos de atenção seletiva que ativamente emolduram porções da realidade em função de um tema, selecionando o conhecimento pertinente àquelas situações.

No paradigma da ação situada, é central a revisitação da noção de contexto, não mais como recipiente da ação, mas como a situação em que os interesses dos agentes/atores e as oportunidades e restrições do ambiente se encontram e se definem mutuamente. Nessa proposta, o conhecimento não é uma atividade meramente cognitiva, que ocorre nas mentes das pessoas que trabalham, ou apenas um conhecimento distribuído entre os atores que colaboram no desempenho de uma tarefa. Trata-se de uma atividade social que não estabelece distinção entre pensar e fazer, dentro das práticas de trabalho contextualizadas, e que sofre e reflete a influência da especificidade das situações. As situações, por sua vez, alteram-se de acordo com os atores nela inseridos, e estes, ao mesmo tempo, estão se modificando. Além disso, a mesma situação está se transformando para um ator em épocas/momentos diferentes, por isso sua natureza polissêmica. Dessa forma, o trabalho são os saberes em prática, é o conhecimento em prática (Gherardi, 2006), e, para analisá-lo, precisamos explorar conceitos e basear-nos em modelos de interpretação que estão distantes da visão do trabalho e da prática como meras atividades de execução.

Alguns autores franceses definem a ação situada como um novo paradigma em relação ao contexto e em contraposição ao objetivo, ou seja, a descontextualização. Essa linha de estudo tem como alvo de crítica a racionalidade, enfraquecendo os modelos racionais pela interpretação da ação social. Nesse sentido, podemos dizer que o escopo do estudo do trabalho como atividade situada se constitui em substituir a racionalidade objetiva – representada na forma de um conjunto de tarefas a serem realizadas no âmbito da lógica do otimizar – pela lógica da situação e, por isso, em regime de racionalidade contextual. Se adotarmos esse posicionamento, certamente o mapeamento de competências não se dará apenas pela descrição das tarefas realizadas pelas pessoas.

Assim, de acordo com Gherardi (2012), é precisamente no terreno micro que o desafio da sociedade do conhecimento vai se tornando mais evidente. Se partirmos do pressuposto de que a etapa fundamental de análise e gestão dos funcionários pode ser resumida na fórmula a partir da análise das competências profissionais, pode-se imaginar como as categorias tradicionais de análise do trabalho não se aplicam às habilidades em prática. É nesse terreno que as categorias de análise da vida cotidiana podem contribuir significativamente para um novo olhar sobre a noção de competência, sobre o desenvolvimento de pessoas e, assim, para uma ressignificação da ideia de mapeamento de competências (MapCom).

CARTOGRAFANDO COMPETÊNCIAS: RECOMENDAÇÕES

A proposta desta seção não é prescrever um método ou uma técnica para mapear, mas trazer algumas recomendações a partir do que vivenciei como pesquisadora e profissional atuando em organizações. Espero poder apresentar os fundamentos teóricos, metodológicos e éticos, tendo como âncora o MapCom e considerando o que foi exposto anteriormente. A aplicação dessa abordagem, que denomino cartográfica, não por ser um método cartográfico, mas porque considero que mapear competências implica atividades que envolvem um conjunto de estudos e técnicas científicas que têm como base os resultados de observações diretas, de entrevistas ou da análise de documentos, entre outros. Para dar conta dessa perspectiva, uso a analogia do cartografar para lançar os argumentos apresentados a seguir.

O ponto de partida dessa proposta teórico-metodológica é a utilização de um conjunto de reflexões e conceitos que buscam sensibilizar o profissional que tem como preocupação um MapCom alinhado e ético junto aos envolvidos neste processo (i.e., questões como que noção de trabalho a organização adota, qual sua noção de competências, quais são os objetivos da gestão por competências, que níveis analíticos serão considerados). Esta abordagem é uma espécie de guia cartográfico para navegação em mares às vezes calmos, às vezes revoltos. Tais reflexões e norteadores convidam para dois movimentos básicos, nos quais me inspirei e que utilizo como suporte: *zoom in* e *zoom out*, propostos por Nicolini (2012).

As práticas no local de trabalho são mediadas por diversos aspectos, e cada um deles pode exigir técnicas de coleta e análise distintas (Nicolini, 2012; Gherardi, 2012). "Para estudar a prática precisamos começar a nossa investigação pelo *zoom* em práticas" (Nicolini, 2012, p. 221). A fim de dar conta de mapear as competências, é necessário estudar as práticas do cotidiano de trabalho. Para isso, Nicolini (2012) propõe um conjunto de conceitos que envolvem três movimentos básicos: um olhar interno às práticas (*zoom in*), um olhar externo, capaz de discernir relações no espaço e no tempo (*zoom out*), e, a partir deles, a produção de inter-relações, capazes de enriquecer o entendimento (*zoom* interativo). É utilizando-se da noção de *zoom in* sobre as práticas e o fazer das pessoas e o *zoom out* para se discernir as suas relações no espaço e no tempo que se produzem especulações que enriquecerão a nossa compreensão das práticas de trabalho e das competências requeridas ao trabalhador. Nicolini destaca que o objetivo do "[...] *zoom in* é trazer à tona as preocupações práticas que governam e afetam todos os trabalhadores" (Nicolini, 2012, p. 238), ao passo que o objetivo do *zoom out* é "[...] documentar e representar a textura das conexões entre as práticas" (Nicolini, 2012, p. 238). Para tanto, o movimento de *zoom*, a partir do qual Nicolini se propõe a representar a prática, "[...] é conseguido, de fato, trocando as lentes teóricas e arrastando conexões de acordo com um conjunto de hipóteses específicas" (Nicolini, 2012, p. 239). A ideia se pauta em olhar a prática a partir dela mesma, externamente e, em um terceiro momento, visualizar as interações possíveis entre interno, externo, tempo e espaço.

Gestão por competências é, por natureza, um tema multidimensional e, como tal, pode ser tratado por diferentes perspectivas. Os "portos de entrada" para mapear competências são, portanto, múltiplos. Desse modo, o profissional, ao se defrontar com uma situação de trabalho sem um instrumental metodológico de referência, pode experimentar uma sensação de incerteza e confusão frente à diversidade de conceitos de competências, abordagens e modelos propostos pela literatura. Assim, podem surgir perguntas como: o que fazer? Qual modelo adotar? Por onde começar? O que observar? Com quem conversar? Que aspectos investigar? Sem um instrumental metodológico de referência, a complexidade, seja do mapeamento, seja da gestão por competências, maximizará o desafio.

A explicitação e o entendimento do modelo teórico apresentado nas duas seções anteriores revela a importância de, antes de tudo, esclarecer o que se entende por trabalho, desenvolvimento de pessoas e competências, ou seja, quais são as bases conceituais de referência aos que pretendem atuar no MapCom. Todavia, a atuação dos envolvidos nesse processo pode ser mais consistente se os indivíduos forem instrumentalizados com uma abordagem metodológica correspondente, ou seja, que esteja alinhada aos conceitos adotados. É extremamente importante ter atenção à sintonia do modelo teórico-descritivo com o delineamento metodológico, que explicita os instrumentos empregados e seus pressupostos em cada etapa a ser percorrida.

Assim, na próxima seção, proponho refletir acerca de alguns questionamentos muito frequentes de profissionais que buscam um agir mais consistente no campo da gestão por competências: por que fazer? Quando fazer? O que fazer? Como fazer? De maneira didática e longe de ser definidora e estática, apresentarei algumas "questões-bússola" que norteiam a navegação na busca teórico-metodológica e que podem ser consideradas no percurso de um MapCom.

PRESSUPOSTOS METODOLÓGICOS: FATORES ESTRUTURANTES COMO BÚSSOLAS NA ESCOLHA DO MÉTODO PARA CARTOGRAFAR COMPETÊNCIAS

A abordagem metodológica utilizada para a realização de um MapCom se filia a uma vertente instrumental, no campo científico, que orienta o modo de intervenção em face das especificidades do contexto organizacional e os trabalhadores nele inseridos. Os traços característicos do enfoque metodológico sustentam-se no paradigma de que a natureza do "objeto" que sofrerá a intervenção (neste caso, trabalho, desenvolvimento de pessoas e competências) subordina o método, seu instrumental e seus procedimentos.

Inúmeros são os aspectos que podem interferir no êxito da realização de um MapCom. Gostaria de destacar alguns que, normalmente, quando desconsiderados, terminam colocando em risco o sucesso da abordagem metodológica adotada. Certamente, a aplicação rigorosa de tais pressupostos, que não são estabelecidos *a priori*, mas sofrem influência do contexto de trabalho, das condições oferecidas para a aplicação do método, de um contrato ético e psicológico de intervenção que deve ser convencionado entre os interlocutores organizacionais – dirigentes e gestores que são detentores do poder de decisão e a equipe (interna ou externa) que conduzirá o projeto de MapCom.

Esses aspectos, entre outros, ilustram a dimensão e a profundidade requeridas para a aplicação da abordagem metodológica em MapCom. Cada mapeamento é único, e a complexidade do contexto e das situações que vão se constituindo podem transformar um MapCom em um verdadeiro desafio, como um cubo de Rubik. Assim, as orientações e reflexões que apresento de maneira alguma visam a oferecer uma "fórmula mágica". Cada contexto organizacional e de trabalho estabelece e exige cuidados a serem adotados. Algumas indagações iniciais me parecem muito pertinentes: quais são os pressupostos do modelo metodológico que servem de fundamento e orientação para a intervenção do mapeamento proposto? Quais são e no que consistem as etapas de um MapCom? Quais são os seus principais passos? Quais serão os principais atores implicados? No que consiste a etapa de formulação de diretrizes para um MapCom? A partir desses questionamentos, alguns pressupostos podem ser considerados:

Conhecer para participar e aplicar: mais do que um caráter simplesmente aplicado, o MapCom exige o emprego de um método que considere e diagnostique a relação que se estabelece entre trabalho, desenvolvimento de pessoas e competências na organização em que se dá a intervenção. O que inicializa o método e potencializa sua aplicação é o que se pretende com a sua realização, quais são as dificuldades por não ter um modelo de gestão por competências, quais são os ganhos com sua implementação, enfim, o conjunto de indicadores e significados que habitam o mundo do trabalho e os atores da organização em foco.

Construir o projeto, um fazer coletivo: os atores implicados com a abordagem metodológica em MapCom são os principais protagonistas na sua condução. Sem a participação de todos, principalmente dos trabalhadores, os resultados alcançados pela aplicação tendem a ser frágeis. Quando falo em participação, estou me referindo ao real e voluntário desejo dos dirigentes, gestores e trabalhadores de participar de todas as etapas e atividades previstas no projeto MapCom desde sua construção, um aspecto é vital do projeto. A participação é que viabiliza o produto do trabalho da MapCom (neste caso, uma matriz de competências), ou seja, um resultado em coprodução, pois a interação baseada na participação revela que os trabalhadores também são produtores de conhecimento sobre o próprio trabalho.

Informar para formar: a informação é a matéria-prima essencial que possibilita o desenvolvimento da abordagem metodológica em MapCom, e deveria ser regra para qualquer diagnóstico ou intervenção. Ter acesso às informações implica, principalmente:

1. Conhecer *in loco* as situações de trabalho.
2. Contatar os participantes do mapeamento (trabalhadores, gestores, dirigentes) para participarem na coleta de dados, por exemplo.
3. Possibilitar a análise da documentação referente ao processo de trabalho.

Destaca-se que o acesso às informações está invariavelmente condicionado às regras deontológicas que regulam qualquer abordagem metodológica em diagnósticos e/ou intervenções: anonimato das fontes; acesso aos dados brutos coletados apenas pelos responsáveis do projeto; e difusão acordada dos resultados, preservando-se a identidade dos pesquisados. O acesso à informação, portanto, é uma determinante na constituição de um quadro explicativo para se compreender, por exemplo, o que se entende por trabalho e competência na organização em que se desenvolve o projeto de mapeamento de competências.

Considerar e respeitar a diversidade: esse pressuposto comporta duas dimensões interdependentes:

1. A variabilidade do contexto laboral, que se expressa pelas especificidades de cada organização, em termos de materiais, equipamentos, instrumentos, produção, legislação, segmento de atuação, perfil dos clientes/usuários, etc., que demarcam os limites e as possibilidades da aplicação do método.
2. A variabilidade intra e interindividual, que se baseia na premissa das diferenças dos indivíduos, suas singularidades e suas particularidades, que, por sua vez, influenciam sua noção de trabalho e suas competências na organização em foco.

Compreender os fazeres e os dizeres: duas questões – o que faz o trabalhador e como o faz – constituem o aspecto nuclear e hierarquicamente mais importante para se compreender como o trabalho oportuniza o desenvolvimento das pessoas e de competências. O trabalho, como já discutido na seção anterior, é uma dimensão analítica fundamental, ou seja, tem um valor epistemológico destacado, pois integra, em um dado momento, todos os determinantes a serem considerados pelo trabalhador: as condições disponibilizadas de trabalho (p. ex., materiais, instrumental, suporte organizacional e gerencial); as variações da situação (p. ex., tipo e fluxo do produto/serviço, de clientes internos e externos, funcionamento dos equipamentos, etc.); as interações sociais de trabalho (p. ex., colegas, chefias, clientes/usuários). É com base nesses determinantes que os trabalhadores constroem a estratégia operatória mais eficiente para garantir a execução de seu próprio trabalho e responder adequadamente às exigências prescritas pela organização e pelo trabalho, com o intuito de atender às especificidades de desempenho laboral e das relações sociais de trabalho.

A seguir, serão apresentados os principais pressupostos que servem de fundamentos para a aplicação da abordagem metodológica em MapCom.

POSSIBILIDADES DE INTERVENÇÃO: ALGUMAS ORIENTAÇÕES E REFLEXÕES PARA A ABORDAGEM METODOLÓGICA EM MAPCOM

As sugestões para a estruturação e a operacionalização de um MapCom comportam um conjunto de etapas e atividades que visam a garantir um melhor planejamento e mais segurança na sua construção. Entretanto, a adoção de qualquer abordagem ou modelo se baseia, inicialmente, na natureza e nas particularidades da organização em que se está intervindo. Habitualmente, o mapeamento de competências permite fazer os diagnósticos de necessidades de aprendizagem; elaborar programas e ações de capacitação; sistematizar e otimizar processos de capacitação e desenvolvimento de pessoas; orientar a realização de processos seletivos (internos e externos); identificar e alocar potenciais talentos; alocar pessoas, processos de gestão do desempenho; realizar ações de retribuição (reconhecimento, premiação e remuneração variável). A aplicação posterior do MapCom depende dos objetivos da organização, quando esta opta por realizá-lo. Enfatizo a importância de os objetivos serem claramente definidos e ampla e sistematicamente divulgados para evitar que ocorram equívocos e distorções. Com frequência, os diagnósticos dessa natureza tendem a mobilizar expectativas que normalmente não são o seu foco para futuras ações, pois terminam abordando aspectos que atravessam as atividades laborais (recursos, contexto e ambiente de trabalho, ergonômicos, processo de comunicação, suporte organizacional e gerencial, entre outros). Os diagnósticos desenvolvidos em ambiente organizacional (p. ex., pesquisas de satisfação no trabalho, clima e cultura organizacional, qualidade de vida no trabalho, etc.) têm um papel de escuta importante, mas, por meio de atitudes transparentes e, principalmente, éticas, os responsáveis pela intervenção têm o papel crucial de deixar claro que as ações originadas visam aos demais processos de gestão por competências. Independentemente da natureza do diagnóstico, se as ações e os projetos dele resultantes não forem implantadas, aconselha-se que o projeto não seja realizado.

Por que e como cartografar competências? De onde e como nasce a demanda?

Os questionamentos que norteiam esta seção são centrais como ponto de partida para a escolha da abordagem metodológica para a realização do MapCom. Algumas indagações e reflexões são relevantes no momento inicial do processo: quais são os motivos críticos existentes na organização que induzem à necessidade de mapeamento? Por exemplo, no setor público, alguma regulamentação exige gestão por competências? No setor privado, a concorrência pressiona para a realização dessa ação? Que tipo, que atores e que fontes de informação *falam* desses motivos críticos? Já houve iniciativas anteriores de implantação de gestão por competências ou de mapeamento de competências? Em caso afirmativo, o que ocasionou o insucesso dessas tentativas? Quais foram os resultados? Por que se deseja, efetivamente, promover o MapCom na organização? O que os interlocutores compreendem por gestão de competências e sua implantação na organização? A realização do MapCom por si só não tem serventia, pois se trata apenas de uma etapa inicial para a implantação de um modelo de gestão por competências, com vistas ao desenvolvimento de pessoas, captação, remuneração e avaliação de desempenho. Em contrapartida, sem um MapCom desenvolvido com cuidado e consistência, poderá ocorrer um desdobramento em efeito cascata, e todos os demais processos de gestão por competências ficarão comprometidos. Habitual e erroneamente, o MapCom é tratado da mesma forma que o processo de captação nas organizações: como "o patinho feio", estabelecido sem muita reflexão, embora seja porta de entrada para todos os demais processos em gestão de pessoas.

As respostas aos questionamentos preliminares desempenham um importante papel para desenhar um cenário que permita fundamentar a real importância e necessidade de um projeto dessa natureza. Elas também subsidiam o delineamento mais claro do ponto de chegada almejado a partir da realização do MapCom. Tendo esse aspecto sido estabelecido de forma transparente, para iniciar uma intervenção na organização, sugere-se que:

1. Se estabeleça um alinhamento conceitual junto aos dirigentes e gestores, preferencialmente de todos os níveis hierárquicos, sobre a real necessidade de se realizar o MapCom e de seus papéis na realização deste.
2. Se estabeleça uma compreensão clara e compartilhada da conexão entre os motivos apontados e a realização do MapCom, com vistas a implementar a gestão por competências na organização ou quaisquer outros objetivos relativos aos processos de trabalho em gestão de pessoas. É importante evitar o que, tradicionalmente, impregna o mundo das organizações, os modismos da administração, sobretudo em modelos de gestão.
3. Sejam incentivados a participação e o diálogo junto aos trabalhadores envolvidos desde a etapa inicial do processo. Portanto, também é vital que os dirigentes e os gestores tenham clareza e, principalmente, compromisso com as etapas não somente do MapCom, mas também com as etapas posteriores que constituem a gestão por competências. Se não houver a predisposição, o interesse efetivo e o compromisso de dirigentes e gestores em conceber uma Gestão por Competências e, concretamente, implantá-la, é mais aconselhável e prudente não realizar o MapCom, visto que se trata da abertura de um importante espaço formal para diálogo, que visa à participação efetiva e à construção coletiva do MapCom.

Instruir a demanda de MapCom, recortando e hierarquizando seus elementos, por meio da busca de informações pertinentes e interlocuções estratégicas, constitui, como consequência, um procedimento imprescindível no início do trajeto metodológico. Por fim, a demanda serve de bússola para a realização de um MapCom, pois orienta a trajetória de intervenção. Perdê-la de vista é mergulhar em um oceano infindável de informações e traçar rotas para um caminho metodológico que não levará a lugar algum ou a um lugar indesejável. Para se navegar com alguma tranquilidade, é estratégico e importante dispor de um mapa de intervenção.

Antes de qualquer ação, é importante destacar algumas questões que devem ser consideradas para a tomada de decisões em relação ao mapeamento de competências:

1. Qual a tipologia de competências mais adequada à organização (p. ex., gerais e específicas; gerenciais e técnicas)?
2. O mapeamento de competências deverá subsidiar que processos de gestão? Quais são as possíveis aplicações?
3. Quais são os recursos humanos disponíveis para conduzir o processo de mapeamento de competências?
4. Qual o prazo disponível para a conclusão do mapeamento?
5. As competências individuais relevantes aos trabalhadores da organização têm caráter dinâmico ou estável?
6. Que documentos organizacionais podem subsidiar o mapeamento de competências?
7. Para que o mapeamento de competências seja legitimado, a direção permitirá ampla participação dos trabalhadores?
8. Além da análise documental, serão coletados dados com fontes sociais (atores-chave da organização)?
9. Qual técnica (observação, entrevista, grupo focal ou questionário) é mais adequada para a coleta de dados?
10. Quais atores-chave devem ser consultados?
11. O mapeamento de competências deve ser conduzido de forma centralizada (pela área de gestão de pessoas) ou descentralizada (pelas diversas áreas da organização)?
12. Que instrumento será utilizado para avaliar em que medida os trabalhadores da orga-

nização dominam ou têm as competências individuais identificadas como relevantes?
13. Será realizada autoavaliação e/ou heteroavaliação?
14. Será construído ou adotado um sistema informatizado específico para realizar essas avaliações?

A seguir, serão apresentadas sugestões de natureza mais instrumental que podem auxiliar na construção de um "mapa", para que o percurso seja um pouco mais estável frente às incertezas que normalmente cercam esse tipo de projeto. Trata-se do modelo metodológico que orienta o trabalho de intervenção sistemática em MapCom. Explicitarei cada um de seus elementos constitutivos, visando à sua aplicação. O mapeamento de competências ocorre fundamentalmente em três fases, que se abrem em algumas etapas:

1. Identificação e classificação das competências necessárias à consecução dos objetivos organizacionais.
2. Inventário das competências já existentes nas organizações.
3. Identificação de eventuais lacunas de competências.

Fase 1: o cartografar do cotidiano no trabalho

Esta fase, que visa a identificar e classificar as competências necessárias à consecução dos objetivos organizacionais, constitui-se em três etapas, as quais indicam as principais tarefas a serem realizadas em um contexto de diagnóstico, como é o de MapCom. Por tratar-se da etapa mais "nevrálgica" de todo o processo de mapeamento, será apresentada de forma mais detalhada.

Etapa 1: bússolas preliminares para a condução metodológica

Antes de se iniciar o mapeamento, alguns requisitos são fundamentais na utilização da abordagem metodológica. Tratam-se de parâmetros balizadores, medidas de cuidado para garantir, dentro do possível, sucesso na intervenção. Tais requisitos são os seguintes:

Contrato psicológico

A aplicação da abordagem metodológica requer, inicialmente, explicitar algumas recomendações importantes:

Comprometimento efetivo do quadro dirigente com o projeto de MapCom na organização. É extremamente importante que os dirigentes, preferencialmente em todos os níveis hierárquicos, assumam o compromisso de implementar o projeto em todas as suas fases e, sobretudo, explicitem seu comprometimento e engajamento com a implantação da gestão por competências ou etapas posteriores ao MapCom. A postura do dirigente deve servir de modelo.

Definição da equipe. De preferência, a equipe que coordenará os trabalhos do projeto de MapCom deve ser multiprofissional, explicitando-se papéis e responsabilidades. Alguns critérios podem ajudar na escolha e na composição da equipe: pertencimento às áreas fim e meio na estrutura organizacional; conhecimento da organização e de sua cultura; liderança e respeito pelos pares; número suficiente de membros para tornar mais operacional o funcionamento da equipe e o alcance de seus objetivos.

Condução do projeto pautada pela ética. É importante explicitar, no início dos trabalhos, alguns princípios éticos que devem nortear a conduta da equipe multiprofissional e dos demais protagonistas envolvidos diretamente com o projeto: respeito à diversidade e à singularidade das pessoas; tratamento e interlocução transparente e respeitosa com todos os interlocutores; recusa em participar de uma atividade do projeto se houver conflito de interesses; sigilo no tratamento das informações concernentes à gestão do projeto; postura de proatividade no tratamento dos problemas; e desenho de soluções para as situações que se apresentam.

Alinhamento conceitual da equipe. Nesta esfera, reside um requisito imprescindível para o sucesso do uso de qualquer abordagem metodológica: é imperativo que os membros da equipe "falem a mesma linguagem". Assim, o alinhamento conceitual deve ser viabilizado por atividades (p. ex., reuniões de trabalho, oficinas de capacitação) que proporcionem aos membros da equipe técnica:

1. Conhecimento básico dos fundamentos teóricos, metodológicos e éticos que estruturam a abordagem metodológica adotada para o MapCom.
2. Conhecimento específico do conteúdo do projeto (p. ex., objetivos, etapas, matriz de competências) de MapCom da organização e as habilidades e os conhecimentos necessários à sua condução.
3. Conhecimento de plano de ação, cronograma de atividades, divisão do trabalho, responsabilidades e cuidados éticos que deverão ser construídos em conjunto.

Plano de ação e cronograma

Deve-se estabelecer um esboço de plano de ação e cronograma inicial, com o objetivo de facilitar a gestão do projeto e auxiliar no planejamento das atividades da equipe, descrevendo, de maneira detalhada, as ações, os recursos e os prazos necessários para o alcance de objetivos predeterminados e critérios de avaliação para os resultados de cada etapa estabelecida. À medida que a equipe estiver preparada, o cronograma pode ser revisto e ajustado sistematicamente.

Sensibilização junto aos dirigentes e gestores

Este trabalho inicial tem uma função estratégica no MapCom, pois influenciará diretamente o grau de participação efetiva dos demais atores. Um trabalho de sensibilização bem conduzido pode resultar na participação de grande parte dos atores. O objetivo da sensibilização é, posteriormente, fomentar nos trabalhadores uma relação de confiança e a conscientização dos potenciais participantes sobre a importância, a necessidade e a pertinência do MapCom. As atividades de sensibilização não devem se restringir ao momento anterior à coleta de dados; devem ser planejadas para todas as etapas do projeto de MapCom (antes, durante e depois de cada etapa de diagnóstico). Em cada um desses momentos, ações específicas podem ser realizadas para intensificar o engajamento de todos no projeto de mapeamento. É vital iniciar-se o trabalho de sensibilização com os gestores (p. ex., realizando-se oficinas), pois estes têm, na maioria dos casos, um papel estratégico de facilitadores na participação dos trabalhadores em atividades de coleta de dados. Nesse tipo de trabalho, o esclarecimento e a escuta são fundamentais. Deve-se explicitar o escopo do projeto, identificar as dúvidas, as expectativas e os principais desafios.

Sensibilização junto aos trabalhadores

As visitas a unidades/setores e os primeiros contatos com o público-alvo do MapCom são muito importantes para o sucesso do projeto. Considerando-se que as chefias compuseram o público-alvo da sensibilização inicial, o trabalho de sensibilização, neste momento, assume outras especificidades. Portanto, as atividades de sensibilização devem contemplar:

Reunião com gestores e trabalhadores para uma explicação detalhada sobre o que é MapCom como um instrumento de diagnóstico de competências: objetivos, características, enfoque metodológico (instrumentos e procedimentos que podem ser empregados), formas de coleta de dados, cuidados éticos, produto gerado (matriz de competências). Trata-se de um momento para dirimir dúvidas, de escuta: ouvir comentários, anseios, expectativas e sugestões sobre o andamento do projeto de MapCom na organização. No trabalho de sensibilização, é importante promover a divulgação global para a organização do desenvolvimento do projeto de MapCom, no que concerne ao diagnóstico, e usar material informativo, que deverá ser distribuído na visita e na reunião com gestores e trabalhadores. A construção de uma relação de confiança com os participantes é fundamental, e o acesso de todos à informação auxilia nesse aspecto, além de evitar que estes criem expectativas equivocadas. O respeito no tratamento e a atitude de aprendizagem permanente para com os participantes contribuem para que se estabeleçam laços de confiança. Assim, alguns aspectos podem contribuir para o sucesso do trabalho de sensibilização, merecendo destaque:

- **Planejar o trabalho de sensibilização.** Definir as mídias, as etapas, as estratégias de comunicação, as responsabilidades, os prazos, etc. Deve-se atentar para o perfil dos atores quando se realiza a escolha de mídias (p. ex., murais, cartazes, *folders*, *banners*, folhetos, cartas, *e-mails*), bem como seu alinhamento com os objetivos do projeto. A aprovação da equipe e, quando for o caso, a pré-testagem são procedimentos importantes na escolha das mídias.
- **Definir o conteúdo a ser tratado na sensibilização.** Este deve combinar objetividade (mensagens claras e diretas) e abrangência (contemplar todos os aspectos centrais do projeto). Na definição desse conteúdo, é importante transmitir aos participantes informações que garantam a condução ética e transparente do projeto. Frequentemente, quatro questões problemáticas são fontes de preocupação dos potenciais participantes e devem, portanto, ser abordadas na sensibilização: quais são as vantagens dessa participação para as pessoas e a organização? Quais são os pressupostos e cuidados que garantem o anonimato e o sigilo na participação e na divulgação dos resultados? Quando e como será realizada a divulgação dos resultados do MapCom? O que os dirigentes e gestores farão com os resultados obtidos no MapCom?

Estabelecidas essas reflexões e recomendações, na próxima seção abordarei a operacionalização para coleta e análise de dados.

Etapa 2: a produção de encontros e de dados

A operacionalização da Etapa 2 da abordagem metodológica adotada para o MapCom implica a execução de um conjunto de atividades:

Planejamento da coleta de dados

Deve contemplar a definição das áreas organizacionais que serão o campo de coleta de dados: quantas? Quais? Onde estão no organograma da organização? Que cargos que constituem o quadro funcional? É importante estabelecer o período previsto para a condução do diagnóstico, que envolve levantamento do perfil socio-técnico do quadro funcional; escolher as técnicas para a coleta de dados; coleta de dados; tratamento, análise e validação dos dados com os participantes; elaborar a matriz de competências; e divulgar os resultados. O levantamento do perfil socio-técnico das unidades que serão campo do mapeamento envolve: objetivos, metas, tarefas, perfil de pessoal, modalidades de gestão do trabalho, instrumentos, equipamentos, insumos, etc. A orientação básica consiste em possibilitar a participação no diagnóstico de todos que trabalham na organização. É muito importante a participação dos trabalhadores não apenas com vínculo, mas também terceirizados, prestadores de serviços, temporários com vínculos mais permanentes e estagiários. A razão para isso é simples: o trabalho de todos é vital para o funcionamento da organização, portanto, todos devem ser ouvidos no MapCom. O tratamento dos dados possibilitará identificar as variabilidades significativas dos diferentes vínculos funcionais sobre o trabalho e as competências requeridas, bem como as representações convergentes e divergentes. É fundamental garantir a representatividade de todos os cargos que constituem a estrutura organizacional. Quando não for viável levantar informações junto a todos os trabalhadores de uma determinada função, sugere-se buscar uma amostragem representativa. A abrangência dos atores pesquisados tem rebatimentos metodológicos importantes na escolha das técnicas que serão empregadas para coleta de dados.

Levantamento de dados: técnicas, instrumentos e procedimentos para cartografar

A identificação das competências necessárias à consecução dos objetivos organizacionais geralmente é realizada com a utilização de métodos e técnicas de pesquisa social. Uma técnica não é necessariamente melhor ou pior que outra, mas sim adequada ou inadequada ao contexto e às necessidades do MapCom. A escolha da técnica de pesquisa a ser utilizada deve levar em consideração diversos fatores, como, por exemplo: a cultura, a estrutura e o tamanho da organização; a natureza das competências a serem mapeadas; o prazo disponível para realizar o MapCom; a quantidade de atores participantes; a qualificação dos atores que conduzirão o mapeamento; e a disponibilidade dos atores para participarem do levantamento. Em suma, a escolha e o uso combinado das diferentes ferramentas metodológicas dependem de inúmeras especificidades, tais como tipo de organização, perfil dos trabalhadores, recursos financeiros, tempo, entre outros. Em face das especificidades de cada organização e do trabalho desenvolvido pelos trabalhadores, ou até mesmo pelos limites impostos para seu diagnóstico, não é raro o analista desenvolver técnicas singulares para compreender o nexo das situações, o trabalho desenvolvido e os comportamentos analisados. A seguir, elenco algumas das técnicas mais comumente empregadas e combinadas entre si.

Análise documental para mapeamento de competências. Diz respeito à análise de documentos da organização, procurando-se interpretar o seu conteúdo, definir categorias de análise e identificar indicadores que permitam fazer inferências a respeito de competências relevantes para a concretização dos objetivos da organização. Em geral, são analisados documentos relativos à estratégia organizacional (missão, visão, objetivos, etc.), mas, dependendo da natureza, da cultura e da estrutura da organização, podem ser utilizados vários outros documentos: regimentos, estatutos, portarias, pareceres, relatórios de diagnóstico, entre outros. Em síntese, a análise documental consiste no exame (leitura livre, análise de conteúdo) de fontes primárias, disponibilizadas pela instituição e/ou pelos trabalhadores, cujo objetivo é conhecer os determinantes (econômicos, jurídicos, administrativos, organizacionais, técnicos) do trabalho e as estratégias de mediação dos sujeitos (anotações, listagens, cadernos, desenhos, figuras).

Entrevistas. São do tipo semiestruturada (individual ou coletiva) e visam a dar visibilidade às representações operativas dos sujeitos (p. ex., crenças, esquemas de ação, *scripts*). Elas partem do pressuposto de que a conduta no ambiente de trabalho é inseparável das representações mentais e sociais que os sujeitos constroem e reconstroem para a consecução de objetivos de múltiplas origens. A entrevista individual é muito utilizada para cotejar a percepção dos entrevistados com os dados apurados na análise documental. Em geral, os atores entrevistados são selecionados entre aqueles que têm maior conhecimento da organização e/ou do trabalho. Podem compor o roteiro da entrevista questões como:

1. Que atributos da sua organização são valorizados pela sociedade? Qual a importância deles?
2. Na sua opinião, trabalho é...? Desenvolvimento de pessoas é...? E competências?
3. Que competências individuais você julga relevantes para a consecução dos objetivos organizacionais?
4. Como os trabalhadores devem agir para que o trabalho seja bem feito?
5. Que comportamentos no trabalho são valorizados pelo seu superior hierárquico?
6. Para que a sua equipe consiga atingir os objetivos estabelecidos, os trabalhadores devem ser capazes de quê?
7. Como você reconhece alguém competente no trabalho?
8. Quem é considerado competente em sua equipe? Por quê?

Evidentemente, a linguagem utilizada no roteiro de entrevista deve sempre ser adequada a seu interlocutor; essas são apenas sugestões, com o intuito de inspirar a criação de um roteiro. Então, defina o roteiro de perguntas e planeje a realização da entrevista.

- Agende as entrevistas, expondo ao respondente o objetivo do trabalho e a importância de sua colaboração.
- Garanta o anonimato para quaisquer declarações, dando caráter pacífico e cooperativo à entrevista.
- Valorize a participação do respondente, respeitando seus pontos de vista.
- Busque estabelecer relação de empatia e evite a tendência de projetar no interlocutor suas próprias ideias e sentimentos.
- Proceda à entrevista, deixando o respondente à vontade para falar.
- Por fim, transcreva, analise o conteúdo e interprete as respostas dos entrevistados. Não deixe para analisar o conteúdo somente após realizar todas as entrevistas; faça-o, no máximo, a cada duas entrevistas, com o intuito de ajustar ou aprofundar determinadas temáticas nas próximas.

Observação. Constitui uma análise detalhada do objeto estudado, ou seja, das competências relevantes ao trabalho das pessoas. Possibilita examinar detalhes das competências expressas por pessoas ou equipes em seu trabalho, por meio da verificação de aspectos que poderiam ser omitidos em entrevistas ou na aplicação de questionários. A utilização da observação, embora permita uma análise mais detalhada das competências requeridas em um trabalho, demanda mais tempo, mais recursos e maior preparo por parte do analista. A observação pode ser participante, quando o investigador atua como se fosse um integrante da equipe de trabalho, ou não participante, quando o observador não compõe a equipe, atuando apenas como um espectador. As observações podem, ainda, caracterizar-se por serem livres ou abertas e sistemáticas. As livres ou abertas têm o objetivo de proporcionar o primeiro acesso às situações de trabalho, estabelecer contato mais direto com os trabalhadores e definir critérios para a escolha de situações para uma análise mais depurada. As observações sistemáticas têm o objetivo de permitir registros quantitativos, com critérios predefinidos (p. ex., atendimento, volume de telefonemas e reuniões), e qualitativos, com critérios de natureza mais aberta (p. ex., a descrição do ciclo de um atendimento, de uma tarefa em particular).

Grupo focal. Nesta técnica, o pesquisador atua como um moderador, estimulando e coordenando a discussão dos participantes a respeito das competências relevantes à organização, e é acompanhado por outro integrante da equipe, que exerce o papel de observador. São necessárias a elaboração de um roteiro de questões e a definição do tamanho e da composição do grupo, além de procedimentos para registro dos dados. Os grupos geralmente contam com 5 a 10 participantes, visto que um número maior pode dificultar a expressão de todos os integrantes, ao passo que um número inferior pode não gerar ideias ou manifestações suficientes. Essa técnica geralmente é utilizada quando o debate entre os participantes é relevante para a compreensão do tema e/ou quando o pesquisador não dispõe de tempo para realizar entrevistas individuais. Permite observar a interação entre os participantes, é rápida e relativamente barata, mas oferece menos controle que as entrevistas individuais.

Questionário. É um dos instrumentos mais utilizados para mapear competências, principalmente em organizações de médio e grande portes ou com dispersão geográfica. Pode ser estruturado (apenas questões fechadas), não estruturado (apenas questões abertas) ou semiestruturado (questões fechadas e abertas). A formatação de instrumentos semiestruturados geralmente requer a aplicação prévia de outra(s) técnica(s) (análise documental, observação, entrevista ou grupo focal), com o objetivo de identificar elementos para compor os itens do questionário, e permite a coleta de dados junto a muitas pessoas. Na construção e validação de questionários, sugere-se evitar a elaboração de enunciados e itens longos ou com múltiplas ideias, bem como a utilização de expressões técnicas, ambíguas, extremadas ou negativas. Deve-se identificar a escala de avaliação mais adequada (p. ex., escala tipo Likert, comparativa ou diferencial semântico).

Na sequência, deve-se realizar a validação semântica, identificar a forma de aplicação mais adequada, visando a minimizar erros e vieses, aplicar os instrumentos e realizar a validação estatística. Para a validação semântica do instrumento de coleta de dados, sugere-se verificar se os itens são inteligíveis e livres de ambiguidades, ou seja, se são bem compreendidos pelos pesquisados a que se destinam.

1. Submeta o questionário a uma pequena amostra.
2. Explique os objetivos da pesquisa, ressaltando a importância da colaboração dos respondentes.
3. Realize a discussão com os respondentes, procurando identificar ambiguidades e dificuldades de compreensão, verificar a adequação dos itens e obter críticas e sugestões de melhoria.
4. Registre o tempo de resposta ao questionário, os apontamentos realizados pelos participantes e esclareça eventuais dúvidas.
5. Avalie as dúvidas, críticas e sugestões indicadas e realize ajustes e/ou correções nos itens, se for o caso.

A aplicação do questionário pode ser feita de duas maneiras. A primeira é no formato impresso. Trata-se da modalidade mais onerosa e que demanda maior tempo. Normalmente, utiliza-se esse formato quando segmentos dos participantes não têm conhecimento e experiência de uso de computadores e/ou não há acesso a eles na empresa. A segunda modalidade é no formato digital, que é menos onerosa e oferece ganho de tempo na realização do diagnóstico. Nesse caso, os respondentes precisam ter um computador disponível e saber usá-lo. Em ambos os casos, um conjunto de regras deontológicas orienta tanto a coleta quanto a análise dos resultados obtidos.

Tratamento dos dados coletados

Esta etapa dependerá e deverá estar alinhada ao tipo de técnica de coleta empregado. Para entrevistas, pode ser utilizada a técnica de análise de conteúdo (frequencial ou textual). Existem *softwares* que auxiliam na organização de dados qualitativos quando seu volume é elevado, ou aplicativos que identificam com rigor e precisão os núcleos temáticos mais representativos do que pensam os respondentes sobre as questões abertas que integram o questionário ou o roteiro da entrevista. Já para dados quantitativos, as técnicas estatísticas são apropriadas e também contam com *softwares* que auxiliam no trabalho. Vale lembrar que, em qualquer um dos casos, a análise final cabe ao pesquisador.

Construção da matriz de competências

A matriz deve conter, de forma objetiva, os principais resultados obtidos no MapCom. Sua estrutura e conteúdo devem permitir também uma leitura rápida pelos participantes e caracterizar-se como um documento técnico de referência. Na descrição de competências, deve-se evitar ambiguidades, abstrações, irrelevâncias ou obviedades, duplicidades ou redundâncias, termos excessivamente técnicos, de difícil compreensão, descrições muito longas ou com múltiplas ideias e a utilização de verbos inadequados, que não expressem ação observável no trabalho.

Validação da matriz de competências

O objetivo é apresentar os principais achados que constituirão a Matriz de Competências aos participantes, visando também a ajustar e corrigir sua forma de apresentação e de divulgação mais ampla no contexto da organização. A validação pode e deve ser feita por meio da realização de uma oficina, que permitirá aprimorar a qualidade da matriz elaborada. A primeira validação deve ser realizada junto aos atores pesquisados, que terão a oportunidade de conhecer em primeira mão os resultados obtidos via diagnóstico inicial. As demais validações devem ser realizadas com uma participação mais heterogênea, incluindo gestores, técnicos da equipe multiprofissional e outros trabalhadores que compõem as unidades/os setores organizacionais. Isso permitirá:

Normalizar a linguagem. A validação deve possibilitar a eventual correção de conteúdo da matriz, adaptando-a, quando pertinente, ao jargão empregado na organização e pelos trabalhadores.

Refletir acerca da análise dos resultados. A validação busca comunicar aos atores participantes, em pequenos grupos, os principais achados do MapCom, provocando reflexões sobre os seus significados, sua relevância e eventuais impactos de sua divulgação junto aos dirigentes, gestores, respondentes e à própria organização.

Enriquecer os resultados. Os produtos obtidos nas atividades de validação permitirão enriquecer o quadro de interpretação dos resultados da matriz de competências e os cuidados técnicos e éticos que devem ser tomados na divulgação final dos resultados para os atores e a organização como um todo.

Divulgação dos resultados/matriz de competências

Incorporadas as mudanças necessárias, resultantes dos procedimentos de validação, a matriz de competências deve ter ampla divulgação junto à organização. Essa divulgação pode ser feita por meio de palestras, *folders*, manuais, jornal institucional, *banners*, vídeos e outros meios de comunicação organizacional disponíveis. É imprescindível disponibilizar na intranet (quando existente) uma versão completa da matriz de competências. Em todas as modalidades de comunicação utilizadas, é muito importante disponibilizar um canal para que os atores possam dirimir dúvidas e fazer comentários e sugestões. A divulgação planejada e bem conduzida produz importantes repercussões: responde às expectativas iniciais dos atores de quando foi feito o trabalho de sensibilização, confirmando que o diálogo proposto pelos dirigentes é genuíno; promove a noção de competência escolhida e adotada pelos pesquisados, pois os participantes tomam consciência de que sua participação foi efetivamente considerada nos resultados e de que são protagonistas do processo; fortalece uma cultura da participação nos próximos passos para a implantação de uma gestão por competências, reduzindo a resistência de envolvimento em atividades com essa proposta. A resistência à mudança ocorre porque as pessoas diretamente afetadas por ela desconhecem o que está ocorrendo ou não foram informadas ou incluídas na discussão do projeto.

CARTOGRAFANDO NOVOS RUMOS (DA NAVEGAÇÃO): "O DESCOBRIDOR DOS SETE MARES"

Realizada a identificação das competências necessárias à organização e validada a matriz de competências (primeira fase do mapeamento), torna-se possível verificar em que medida os trabalhadores já dispõem dessas competências (segunda fase do mapeamento). Em geral, esse processo é desenvolvido por meio de questionários de auto e/ou heteroavaliação, mas outros instrumentos podem auxiliar, tais como avaliações de desempenho, pesquisas de clima organizacional, pesquisas de satisfação de clientes, relatórios de auditoria, avaliações de potencial. Aqui, mantêm-se os cuidados éticos e procedimentos técnicos recomendados na construção do questionário, no tratamento dos dados e na divulgação dos resultados. Recomenda-se que seja escolhida uma unidade/área de trabalho para a realização de um piloto com objetivos e prazos claros, evitando as "boatarias" que normalmente circulam: redução de quadro, redução de possibilidade de promoção, modificação do plano de carreira, por exemplo.

Por fim, na terceira fase de identificação de eventuais lacunas de competências, torna-se necessário estabelecer uma análise cuidadosa e comparativa entre a matriz de competências, que estabelece o que será requerido dos trabalhadores a partir de sua implantação, e os resultados obtidos. Essa etapa é delicada e, para minimizar sua fragilidade, uma consistente e ampla participação dos envolvidos e uma ampla divulgação devem ser estabelecidas. Essas duas fases são cruciais para o estabelecimento de norteadores dos próximos passos, ou seja, novas "bússolas" serão necessárias para "cartografar" as necessidades de desenvolvimento de pessoas.

CONSIDERAÇÕES FINAIS

Escrevi este capítulo norteada pela ideia de que, hoje, emerge um pensamento pós-moderno que visa ao questionamento contínuo das ações mediante uma análise crítica. As organizações exigem mudanças, mas nem sempre suas práticas estão em consonância com esse discurso, tampouco atentam para o significado do trabalho na vida das pessoas e para o desenvolvimento destas. Tentei abordar de outra forma um tema que habitualmente se percebe mais instrumental. Busquei, dentro do possível, o que Romagnoli (2009, p. 169) sugere: a "[...] ferramenta de investigação para abarcar a complexidade, zona de indeterminação que a acompanha, colocando problemas, investigando o coletivo de forças em cada situação, esforçando-se para não se curvar aos dogmas reducionistas". Trata-se de uma árdua tarefa, que aqui não tenho a pretensão de esgotar, pois entendo que implica percorrer outras "águas metodológicas", evitando a separação entre sujeito e objeto, buscando a exterioridade das forças que atuam na realidade e suas conexões intra e interindividuais. Este percurso não é linear, é marcadamente processual. Em oceanos às vezes ainda desconhecidos, estaremos imersos na originalidade, na singularidade, na pluralidade de pessoas e possibilidades.

Creio na importância de termos consciência de que estaremos em contato com atores protagonistas de um projeto de intervenção, que, como nós, produzem corpos, espaços e saberes; de questionarmos o que nos move nessa navegação, o que move essas pessoas, do difícil exercício que é desconfiar das próprias certezas, daquelas que carregamos por anos, da coragem de "[...] buscar saídas, linhas de fuga, novas formas de ação, ou seja, novas práticas cujos efeitos devem ser permanentemente observados, avaliados, reavaliados" (Kastrup, 2007, p. 11).

Acredito na importância de lembrar que sempre seremos descobridores e aprendizes nesta viagem.

> [...] Ou me mudei. Sou outro.
> Outra ventura, outra
> virtude, cadência,
> remota criatura.
> Então que se apresente.
> Seja tenaz, plausível
> esse rosto invisível
> e áspero.
> Mudei. Soprava o mar.
> Mudei de não mudar.
> (Nejar, 1977)

REFERÊNCIAS

Cheetham, G., & Chivers, G. (1996). Towards a holistic model of professional competence. *Journal of European Industrial Training, 20*(5), 20-30.

Cheetham, G., & Chivers, G. (1998). The reflective (and competent) practitioner: a model of professional competence which seeks to harmonise the reflective practitioner and competence-based approaches. *Journal of European Industrial Training, 22*(7), 267-276.

Cheetham, G., & Chivers, G. (2005). *Professions, competence and informal learning*. Cheltenham: Edward Elgar.

Gherardi, S. (2006). *Organizational knowledge: the texture of workplace learning*. London: Blackwell.

Gherardi, S. (2012). *How to conduct a practice-based study: problems and methods*. Massachusetts: Elgar.

Kastrup, V. (2007). *A invenção de si e do mundo: uma introdução do tempo e do coletivo no estudo da cognição*. Belo Horizonte: Autêntica.

Nejar, C. (1977). *Árvore do mundo*. São Paulo: Círculo do Livro.

Nicolini, D. (2012). *Practice theory, work, and organization: an introduction*. Oxford: Oxford University Press.

Romagnoli, R. C. (2009). A cartografia e a relação pesquisa e vida. *Psicologia e Sociedade, 21*(2), 166-173.

Schön, D. (1983). *The reflective practitioner: how professionals think in action*. London: Maraca Temple Smith.

LEITURAS RECOMENDADAS

Cheetham, G., & Chivers, G. (2001). How professionals learn: the practice! What the empirical research found. *Journal of European Industrial Training, 25*(5), 248-292.

Nicolini, D. (2009). Articulating practice through the interview to the double. *Management Learning, 40*(2), 195-212.

10
PROCESSO DE AVALIAÇÃO DE DESEMPENHO INDIVIDUAL NO TRABALHO

Adriano de Lemos Alves Peixoto

A gestão de desempenho individual é um tema constante e de vital importância no campo da gestão de pessoas, que normalmente lida com esse tipo de questão a partir de um referencial específico, voltado para a organização da gestão do trabalho e para a gestão da relação de emprego. A atuação na área estrutura-se a partir da adoção de um conjunto de práticas, que se desenvolvem no interior daquilo que comumente se denomina subsistemas de recursos humanos (RH) (ver Figura 10.1), sendo o foco de sua atuação voltado para o indivíduo.

Esses subsistemas se organizam em torno do planejamento e da organização dos processos que compõem a gestão de pessoas nas organizações e consistem no conjunto de funções e atividades necessárias para uma gestão eficaz, configurando-se, na prática, como um processo contínuo de acompanhamento dos colaboradores. Existem algumas possibilidades para a divisão e a organização desses subsistemas (Schuler & MacMilan, 1984), mas há um grau de consenso básico em torno de suas funções, o qual tem início nos processos de provisão, manutenção, desenvolvimento e monitoramento de pessoal.

O monitoramento do trabalhador está localizado no cerne da relação de emprego. Estimular o trabalho dos indivíduos, alocar as pessoas de acordo com as suas competências, construir programas de treinamento e desenvolvimento (T&D), estabelecer níveis salariais e decidir se o trabalhador deve ser mantido ou dispensado só é possível a partir de algum nível de avaliação e julgamento da gestão sobre o desempenho do trabalhador (Boxall & Purcell, 2003; Brown & Heywood, 2005). Se o desempenho do indivíduo está dentro das expectativas, isso conduz à sua manutenção na organização, ao passo que um desempenho subótimo, ao longo do tempo, conduz à terminação do contrato de trabalho (Boxall & Purcell, 2003).

Essa maneira de olhar para o desempenho individual, com base nos subsistemas de RH, leva profissionais e pesquisadores a buscarem a ampliação de seu conhecimento sobre aspectos específicos de cada uma das práticas de gestão e dos subsistemas de forma segmentada, a fim de estabelecer como cada uma delas pode contribuir para a estimativa ou o crescimento do desempenho. Entretanto, ainda que essa seja a concepção dominante nas pesquisas e nas práticas profissionais, talvez em virtude de uma tendência à especialização em um subdomínio da nossa área (p. ex., treinamento ou seleção), ela tem um lado negativo: a compreensão da dinâmica ou da importância das práticas in-

```
                    ┌─────────────────┐
                    │  Treinamento,   │
                    │ desenvolvimento │
                    │   e orientação  │
                    └─────────────────┘
                            ▲
┌──────────────────┐        │         ┌──────────────────┐
│ Análise do trabalho│  ⇨   ╱  ↕  ╲ ⇨ │ Manutenção ou    │
│Recrutamento e seleção│              │ terminação do    │
│   Socialização    │                 │contrato de trabalho│
└──────────────────┘                  └──────────────────┘
                            │
                    ┌──────────────┐     ┌──────────────┐
                    │ Remuneração e│ ⇔   │ Planejamento e│
                    │  recompensa  │     │  avaliação do │
                    │              │     │  desempenho   │
                    └──────────────┘     └──────────────┘
```

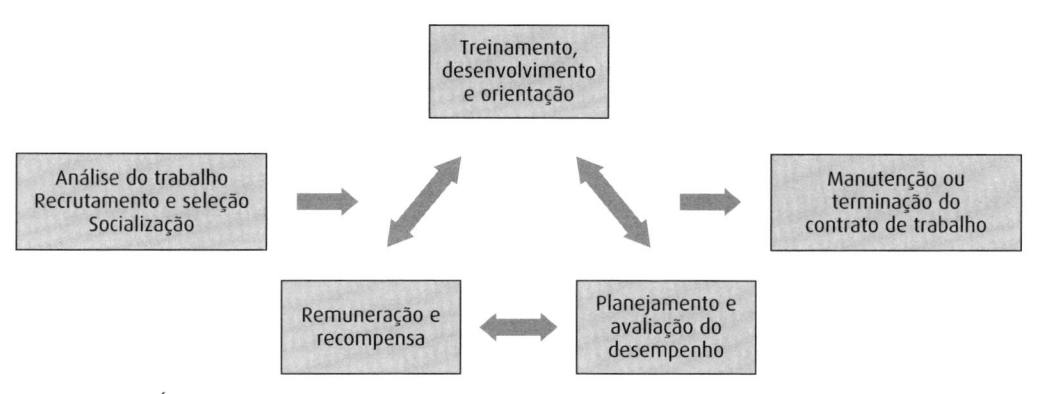

Figura 10.1 Subsistemas de recursos humanos.

dividualizadas não conduz necessariamente a um padrão de desempenho mais elevado, justamente porque falta a essa abordagem uma compreensão mais ampla, integrada e processual desse fenômeno. Ou seja, falta uma teoria de desempenho e desenvolvimento individual que ligue as práticas e as articule com elementos de estratégia organizacional (Boxall & Purcell, 2003).

É preciso observar que essa necessidade de teoria não se confunde com aquela indicada por diversos autores (p. ex., Campbell, 2013; Peixoto & Caetano, 2013) quando discutem a definição de desempenho no trabalho. Refiro-me a uma necessidade de ampliação do olhar em direção a uma teoria que permita compreender como o desempenho individual no trabalho pode ser gerido nas organizações. Esse movimento é fundamental não somente para localizar a avaliação de desempenho (AD) como prática de um subsistema de RH específico, o que permite contextualizar seus limites e alcance, mas também para possibilitar a compreensão das suas inter-relações com outras práticas de gestão de pessoas e com a gestão da organização em geral, ou, posto de outra forma, para que, desse ponto, tenhamos clareza do que e como pode ser avaliado e de como o desempenho pode, efetivamente, ser gerido.

Essa necessidade de um olhar mais amplo e integrado é compartilhada por autores como Latham, Sulsky e MacDonald (2008), que afirmam, baseados no conceito de psicologia sem fronteiras (*boundaryless psychology*) de Latham e Heslin (2003), que o campo da psicologia organizacional e do trabalho (POT) não pode se dar ao luxo de desprezar os avanços do conhecimento que se apresentam em outros subcampos da psicologia, ou mesmo subdomínios da área, sob pena de se tornar irrelevante para a sociedade. Com base nesse pressuposto, eles argumentam que os diversos elementos e processos que são objeto de investigação da POT não podem ser adequadamente compreendidos quando são estudados de forma isolada, visto que, na prática, se encontram totalmente integrados na realidade organizacional. Com isso, pode-se afirmar que não há como separar, por exemplo, a questão da AD do conhecimento disponível sobre a liderança, uma vez que cabe aos gestores a tarefa de avaliar os seus subordinados. Da mesma forma, um dos objetivos centrais da avaliação consiste em estimular nos empregados um desejo de melhoria constante, o que pode ser caracterizado como componente de um processo contínuo de criação de estímulos (motivação) para que os indivíduos apresentem um bom desempenho no trabalho (direção) e persistam na manutenção do esforço nessa direção (Jackson & Schuler, 2002).

A AD consiste em um método baseado em um conjunto de atividades e práticas voltadas para a estimativa da efetividade da ação de indivíduos e equipes. Ela se desenvolve com base em um processo que envolve, em maior ou menor grau, julgamentos e avaliações subjetivas realizadas por um ou mais avaliadores (que pode ser o superior, os pares, os clientes ou mesmo o próprio avaliado), ainda que medidas objetivas de desempenho também sejam utilizadas (Murphy & Deckert, 2013). Ela se fundamenta na ideia de que a pessoa designada para conduzir o processo de avaliação tem acesso a um conjunto de informações relevantes sobre o avaliado, sendo capaz de compreender, julgar e estimar se o desempenho é compatível ou não com aquilo que se espera do trabalhador. De acordo com Viswesvaran (2005), as informações geradas nesse processo são normalmente utilizadas como:

a. Insumo para processos decisórios intrapessoais (discriminação entre indivíduos), para fins de promoção e distribuição de recompensas.
b. Apoio a decisões sobre um indivíduo específico, tais como dar *feedback* e orientar sobre ações de desenvolvimento.
c. Suporte e manutenção ao sistema (de RH), o que inclui as ações de planejamento de RH e o reforço das estruturas de autoridade da organização.
d. Forma de documentação (administrativa) da vida funcional do empregado.

Avaliar pessoas no contexto organizacional é uma tarefa ampla, complexa e intensa (Campbell, 2013). Isso indica que, assim como o processo de avaliação exige um conhecimento técnico/político específico, que se volta para a realização da atividade específica, ele precisa ser capaz de integrar seus resultados a um conjunto mais amplo de processos e decisões que perpassam toda a organização e que ocorrem no domínio de outros subsistemas de gestão. Daí a importância de se compreender a AD no âmbito mais amplo da gestão de desempenho individual e como ela é influenciada por decisões que não estão sob o controle do indivíduo.

Uma das principais candidatas ao posto de teoria unificadora desses diferentes níveis e perspectivas é aquela que a literatura tem chamado de teoria AMO do desempenho (Appelbaum, Bailey, Berg, & Kallenberg, 2000), cujo significado será explicitado mais adiante. Essa teoria foi proposta a partir de um estudo realizado na virada do século XX para o século XXI na indústria norte-americana de vestuário, que passava, à época, por um rápido movimento de transformação em suas práticas de gestão da produção e do trabalho, como resposta às pressões competitivas globais. O modelo de produção identificado lançou as bases daquilo que veio a ser denominado sistemas de trabalho de alto desempenho (*high performance work systems*), que se caracterizam pelo uso de tecnologias de produção flexíveis, por estímulos ao maior envolvimento do trabalhador em decisões relacionadas às atividades que estão sob sua responsabilidade, maior flexibilidade na força de trabalho e maior ênfase na qualidade.

Nesse processo, os autores se viram compelidos a identificar elementos fundamentais, que, atravessando os indivíduos, produzissem impacto no nível organizacional. Para os autores, o desempenho é uma função da interação entre as (h)abilidades,[1] a motivação e as oportunidades dos empregados no ambiente de trabalho. De forma sucinta, podemos esperar desempenho das pessoas quando: elas são capazes de realizar as atividades e tarefas sob sua responsabilidade porque têm as habilidades necessárias para tal; estão dispostas a colocar essa capacidade para a ação em prol da realização do seu trabalho na organização; o seu ambiente de trabalho prové as condições e o suporte necessários para a expressão prática dessas capacidades. Em outras palavras, só haverá desempenho quando o indivíduo for simultaneamente capaz de fazer, quiser fazer e puder fazer (Appelbaum et al., 2000; Boxall & Purcell, 2003; Peixoto & Souza, 2013). Esse referencial permite perceber que o desempenho ocorre no encontro de elementos individuais, relacionais e contextuais, ou, ainda, que o desempenho do indivíduo no trabalho tem aspectos que podem

---

[1] É importante observar que, aqui, a noção de habilidade (em inglês, *ability*) difere daquela comumente utilizada na literatura sobre competências, com capacidade de fazer englobando simultaneamente o conhecimento declarativo (o que sei – *I know*) e o procedimental (o que sei fazer – *know how*).

ser atribuídos aos sujeitos, porém a sua possibilidade de expressão efetiva será sempre contextual e contingente à forma como o sistema de produção se encontra organizado.

Uma consequência dessa forma de abordar a questão do desempenho individual é que ela deixa evidente a necessidade de integração e ajuste entre as diversas práticas que compõem os subsistemas de RH, apontando para a necessidade de mudar o foco de atenção das práticas isoladas para a direção dos sistemas de práticas quando se busca ampliar o nível de desempenho de indivíduos e organizações. Não é outro o motivo que leva autores como Kepes e Delery (2008, p. 385) a afirmarem que um "[...] sistema internamente alinhado e coerente de práticas de gestão de recursos humanos" permite que sejam formadas "conexões poderosas que criam efeitos sinergéticos positivos e que produzem os resultados organizacionais esperados".

Outro desdobramento significativo desse olhar sobre a gestão de desempenho individual ressalta a relevância dos processos de recrutamento e seleção (R&S) na construção de uma força de trabalho de alto desempenho, uma vez que as organizações precisam contratar pessoas que sejam capazes e estejam dispostas a realizar o seu trabalho. O desempenho não é estável ao longo do tempo, pois varia em função de processos de aprendizagem e outras mudanças que produzem impacto a longo prazo e de inúmeros outros fatores que podem produzir impactos temporários (Sonnentag & Frase, 2002), normalmente por variações em aspectos psicofisiológicos dos indivíduos.

Um processo seletivo adequado deve ser capaz de discriminar, em meio à grande variabilidade de níveis e tipos de habilidades humanas naturalmente presentes na população, aqueles que potencialmente têm capacidade de produzir os níveis mais elevados possíveis de desempenho diante das necessidades e possibilidades das organizações. Em outras palavras, os processos seletivos se voltam para compreender como diferenças individuais se relacionam com diferenças em níveis de desempenho no trabalho (Viswesvaran, 2005). É nesse ponto que a questão do desempenho se conecta com uma vasta literatura específica sobre preditores de desempenho, que têm a sua base justamente na literatura de seleção. Nesse campo, existe um razoável consenso de que as habilidades cognitivas são um dos principais fatores que explicam a variabilidade no desempenho no trabalho em um número significativo de ocupações (Kanfer & Kantrowitz, 2002). Ainda que a necessidade de uma seleção eficiente seja premente para todos os níveis de habilidades requeridas, ela é particularmente importante para as atividades que apresentam elevados graus de discricionariedade no trabalho. Quer dizer, o escopo daquilo que chamamos de desempenho se amplia à medida que intensificamos a complexidade do trabalho realizado, elevando o grau de variabilidade desse mesmo desempenho.

Já o campo do treinamento e desenvolvimento adquire um *status* complementar às práticas de R&S. As razões não são difíceis de compreender: se o processo de R&S pode ser descrito como equivalente a uma aquisição (compra) de um nível de capacidade de trabalho no mercado, as ações de T&D, utilizando-se essa mesma analogia, podem ser compreendidas como uma opção, visto que desenvolvem essa capacidade internamente nas organizações. Em linhas gerais, a opção por fazer internamente não pode ser assumida como um substituto universal em relação ao adquirir fora, uma vez que ela tende a ser muito mais custosa e demora mais para produzir resultados. Partindo do pressuposto de que existe uma grande variação de habilidades entre indivíduos, parece razoável pensar que o T&D deveria ter um papel complementar, e não de substituto de um cuidadoso processo de seleção (Boxall & Purcell, 2003).

Ainda que o nível das habilidades dos trabalhadores seja um elemento fundamental para as organizações, por si só, não é condição suficiente para explicar o desempenho dos indivíduos. Só haverá desempenho se os trabalhadores escolherem colocar suas habilidades a serviço da organização, dentro de um determinado nível de esforço que será aplicado durante um período de tempo. Uma das tarefas fundamentais de qualquer sistema de RH consiste em estabelecer um conjunto de incentivos (monetários, relacionais, pessoais e organizacionais) que justifique, perante o trabalhador, o comparecimento ao trabalho e a sua execução. Esse conjunto de incentivos deve ser maior, inclusive, do que as alternativas ao trabalho, como, por exemplo, ficar em casa ou se engajar em algum outro tipo de atividade econômica. As explicações para os mecanismos que regulam essa troca entre a organização e o trabalhador variam desde a necessidade pura e simples de subsistência até as teorias que buscam identificar o trabalho como fonte de realização pessoal. O fato é que a necessidade de levar em consideração fatores motivacionais para a realização do trabalho aponta para a existência de algum nível de convergência (ou mutualidade) que caracteriza a relação de emprego e como ela impacta o desempenho no trabalho. Em suma, as organizações têm um grande potencial para melhorar seus níveis de desempenho se forem capazes de aprender a selecionar e reter seus empregados de maneira cuidadosa e criteriosa.

Não se deve confundir a gestão de desempenho individual com a AD individual no trabalho. A gestão de desempenho consiste em olhar para um processo contínuo, que se desenvolve ao longo do tempo, ao passo que a avaliação é realizada em intervalos de tempo discretos, específicos. A gestão de desempenho é uma ferramenta que visa ao alinhamento vertical e horizontal de diversas práticas de gestão com os objetivos organizacionais, entre elas a AD. Ainda que esse seja um objetivo desejável, ele nem sempre é realizável (Peixoto & Caetano, 2013).

Na próxima seção, será abordada a AD de maneira específica.

A AVALIAÇÃO DE DESEMPENHO

Diante de tudo o que já foi apontado, não há dúvidas de que o desempenho no trabalho é um construto central na área de POT. Parte significativa de todo o esforço de pesquisa e de toda a ação profissional nessa área está voltada, de alguma forma, à direção de produzir algum tipo de impacto positivo sobre o desempenho (Viswesvaran, 2005).

Todas as organizações, sejam elas públicas, privadas ou do terceiro setor, podem se beneficiar da possibilidade de medir a efetividade das ações, o desempenho de pessoas ou de equipes de trabalho (Murphy & Deckert, 2013). Apesar de toda essa importância, isso não significa que não existam controvérsias acerca do que seja desempenho e de como ele deve ser mensurado. Uma possível explicação para isso reside na sua natureza: o desempenho é um construto abstrato, latente (Murphy & Deckert, 2013), multidimensional e dinâmico (Campbell, 2013; Sonnetag & Frase, 2002), e existem múltiplas maneiras possíveis de ele se manifestar fisicamente, seja em termos de comportamentos ou de resultados, seja em termos de consequências das ações humanas. Entram ainda nessa conta a enorme variedade de métodos de avaliação, a relação entre teoria e prática e o papel crítico do julgamento de pessoas (Campbell, 2013) na sua estimativa. Daí a necessidade de deixar claro sobre o que estou falando quando me refiro à estimativa do desempenho e de sua avaliação. Na Figura 10.2, observam-se os componentes do chamado episódio de trabalho, juntamente com uma indicação do que pode ser avaliado em cada etapa do processo.

A avaliação da pessoa ocorre, em geral, durante o processo seletivo, quando se busca identificar se o indivíduo tem as características associadas ao desempenho esperado no tipo de atividade que está sendo contratado para realizar na organização. Já o aspecto comportamental, mais diretamente associado ao desempenho, refere-se àquilo que as pessoas fazem em uma situação de trabalho. Deve-se ter em perspectiva que nem todo comportamento no contexto de trabalho pode ser identificado como desempenho, apenas aqueles que são relevantes para a realização da tarefa para a qual o indivíduo foi contratado. Isso significa que o "[...] desempenho não pode ser definido pela ação em si mesma, mas por um processo julgamental e avaliativo" (Sonnetag & Frase, 2002, p. 5) que conecta a ação a uma expectativa e a um objetivo.

O aspecto de resultado, por sua vez, refere-se ao produto da ação (comportamento) dos indivíduos ou ao produto do trabalho. Em mui-

```
    ┌─────────┐
    │ Contexto │
    └─────────┘
      ↙     ↘
```

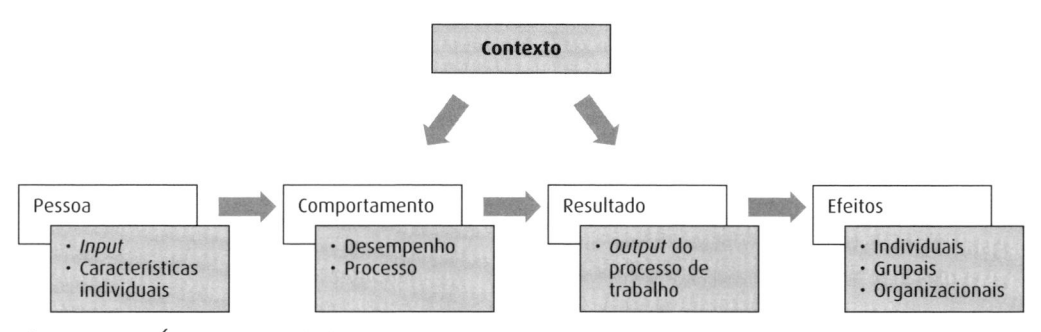

Pessoa	→	Comportamento	→	Resultado	→	Efeitos
• *Input* • Características individuais		• Desempenho • Processo		• *Output* do processo de trabalho		• Individuais • Grupais • Organizacionais

Figura 10.2 Episódio de trabalho.
Fonte: adaptada de Peixoto e Caetano (2013).

tas situações, não há como separar ou mesmo distinguir um aspecto comportamental dos seus resultados, da mesma forma que o resultado sofre influência do contexto, que se estende para além do esforço individual. Por exemplo, ao analisar o resultado das vendas de uma loja em um *shopping center*, percebe-se que este é fortemente influenciado pelos ciclos econômicos, e não apenas pelo trabalho dos vendedores.

Por fim, pode-se abordar a questão do desempenho a partir de seu elemento mais distal – as consequências para a organização. Pode haver indivíduos com um conjunto adequado de habilidades e motivação que se comportam da maneira esperada e que produzem aquilo que foi estabelecido, mas o resultado ser insuficiente para atingir os objetivos organizacionais mais amplos, ou os elementos do contexto variarem de tal forma que tornem esse resultado insuficiente ou irrelevante, como uma variação de preço do produto ou do serviço ofertado/produzido.

Essa discussão sobre o que efetivamente vem a ser o desempenho no trabalho, aquilo que será avaliado, se complica um pouco mais na medida em que pesquisadores, como Campbell (2013), por exemplo, defendem a necessidade de se distinguir entre comportamentos e resultados com base no argumento de que o conceito não deveria incluir nada que não estivesse sob o controle do indivíduo. Deve-se observar que essa proposição entra em conflito com a que acabo de defender, ou seja, que o desempenho do indivíduo é contingente às características do contexto. Assim, entendo, como Viswesvaran (2005), que essa distinção entre comportamento e resultado deve ser relativizada e pensada em termos da forma como se utilizará e avaliará aquilo que se está definindo e operacionalizando como desempenho. Nessa mesma linha, considero que as consequências para a organização se encontram muito distantes do trabalho dos indivíduos para que exerçam influência significativa na maneira como estes devem ser avaliados.

Por outro lado, um olhar atento para o processo de AD evidencia que todo ele se encontra permeado por motivos e objetivos políticos e pessoais, tanto dos avaliadores quanto dos avaliados, o que lhe confere um grau significativo de sensibilidade, com impactos diretos sobre os resultados das avaliações e a efetividade de todo o sistema, em função da forma como a avaliação é conduzida (Murphy & Deckert, 2013). De qualquer maneira, para que uma avaliação seja efetivada, é necessário que os objetivos organizacionais específicos sejam conhecidos e que estejam definidos dentro de um referencial temporal delimitado, que os métodos utilizados para a avaliação sejam relevantes, discriminem os níveis de desempenho que estão sendo avaliados e que os padrões de desempenho (alto e baixo) possam ser conhecidos e estabelecidos (Campbell, 2013).

Todo esse conjunto de controvérsias e problemas conceituais e metodológicos que perpassam o estudo e a AD do indivíduo no trabalho não deve ser visto como uma barreira ou como fonte de desestímulo à atuação do psicólogo na área. Muito pelo contrário: dada a sua importância e centralidade para as organizações, um trabalho consistente e adequadamente embasado certamente produzirá bons resultados. Em relação à AD, especificamente, as primeiras questões que precisam ser respondidas antes de dar início a esse processo são as seguintes: para que serve a avaliação? Que objetivos queremos alcançar com os seus resultados?

Como já mencionado, as organizações costumam utilizar as avaliações para atingir dois objetivos principais: distribuir recursos/recompensas ou desenvolver indivíduos/organização. Ambos os objetivos são legítimos, mas há de se ter em perspectiva que eles são incompatíveis entre si, uma vez que tendem a produzir padrões de resposta bastante distintos. Quando o objetivo da avaliação é o desenvolvimento, há uma tendência dos funcionários de destacar aspectos mais negativos do contexto de trabalho, elementos que devem ser melhorados. Entretanto, se o objetivo for a distribuição de recursos de qualquer ordem, haverá uma tendência de que pontos fracos/negativos sejam minimizados e os aspectos positivos sejam destacados (Peixoto & Caetano, 2013).

Uma vez que se tem claro qual o objetivo da realização da AD, deve-se preparar para enfrentar três tipos distintos de questões que são fundamentais para a sua execução:

a. **Uma questão de natureza política (relacional)**: envolve a disposição da alta gestão da organização para enfrentar os problemas eventualmente identificados e o envolvimento dos funcionários no processo. O comprometimento da gestão com os objetivos da avaliação é fundamental, seja pela capacidade de mobilização dos recursos necessários para sua realização, seja pela disposição de produzir os ajustes necessários em função dos resultados identificados. Por ouro lado, é de fundamental importância em todo esse processo a transparência em relação aos critérios, às formas de avaliação, aos resultados e às consequências, evitando dúvidas, desconfianças e mal-entendidos em relação ao processo.

b. **Uma questão de natureza técnico-metodológica**: envolve identificar, em função dos objetivos e da forma como se conceitualiza o desempenho (a teoria usada), quais os melhores instrumentos e medidas a serem utilizados e a maneira como as informações devem ser coletadas.

c. **Uma questão de natureza gerencial**: diz respeito à capacidade técnica de levar a cabo as ações e transformações necessárias para solucionar os eventuais problemas identificados. Já estabelecida a natureza sistêmica e dinâmica do desempenho, não será surpresa perceber que o processo de avaliação dos indivíduos tem o potencial de gerar um conjunto de informações sobre o funcionamento da organização (facilitadores e dificultadores do desempenho), o qual deve ser aproveitado, a fim de produzir as mudanças e transformações necessárias para a melhoria do desempenho futuro (Peixoto, 2017).

Os elementos políticos, teórico-metodológicos e gerenciais destacados perpassam todas as etapas de um processo de avaliação, com ligeiras variações em seu grau de relevância para o desenvolvimento das atividades de cada etapa específica. É por esse motivo que a incapacidade de produzir respostas efetivas a qualquer uma dessas três questões compromete, de maneira irremediável, a realização da AD e, por consequência, dos objetivos organizacionais.

De tudo que já foi abordado, parece claro que a especificidade é a marca característica de qualquer processo de avaliação. Cabe destacar que cada organização tem demandas e necessidades específicas, e os instrumentos e as técnicas precisam estar adaptados ao contexto específico. Apesar dessa especificidade, é possível identificar um conjunto de etapas gerais que podem ser aplicadas a qualquer contexto organizacional, como se pode observar na Figura 10.3.

A primeira etapa engloba todos os aspectos relacionados à preparação e ao planejamen-

```
┌─────────────────────────────────┐
│   Preparação da avaliação       │
└─────────────────────────────────┘
              ↓
   ┌─────────────────────────────────┐
   │   Observação do desempenho      │
   └─────────────────────────────────┘
                 ↓
      ┌─────────────────────────────────┐
      │   *Feedback* e planejamento     │
      └─────────────────────────────────┘
                    ↓
         ┌──────────────────────────────────────┐
         │  Implementação de decisões gerenciais │
         └──────────────────────────────────────┘
```

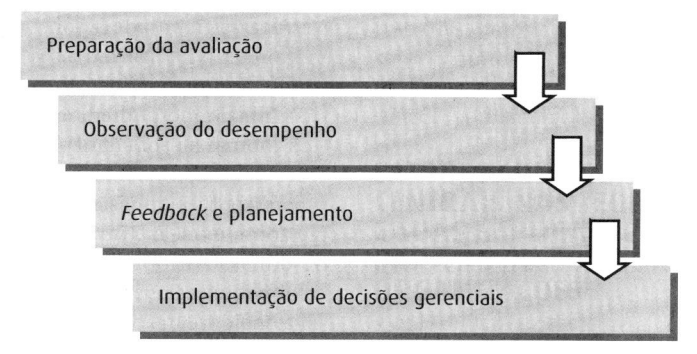

Figura 10.3 Principais etapas do processo de avaliação de desempenho.

to da pesquisa. O foco está na identificação daquilo que se pretende avaliar e na concepção de como o processo se desenvolverá, ou seja, na especificação daquilo que se espera que os empregados façam e possam alcançar em relação aos objetivos e às metas individuais e de grupo. Também é nessa fase que se deve realizar o planejamento dos aspectos de comunicação de como o processo de avaliação se desenvolverá, uma vez que este tem um forte potencial de mobilização emocional sobre os envolvidos, e o treinamento dos avaliadores, com o objetivo de reduzir os vieses e as diferenças na forma de avaliar. Por fim, também é nessa fase que devem ser analisadas as eventuais consequências do processo e o que fazer com os seus resultados (Peixoto & Caetano, 2013).

A segunda etapa consiste na estimativa do desempenho, de acordo com os instrumentos e objetivos escolhidos. É nessa etapa que ficam evidentes os problemas relacionados à validade e à confiabilidade das medidas, bem como se ressaltam os elementos de viés cognitivo envolvidos nos processos de julgamento social. Já a terceira etapa é representada pela devolução dos resultados identificados (*feedback*) às partes interessadas no processo: gestores e funcionários. Nessa fase, é preciso dar uma atenção especial ao resultado do levantamento face aos padrões ou objetivos estabelecidos para o processo. Na quarta etapa, são tomadas decisões gerenciais sobre os práticas de gestão relativas a RH, organização do trabalho, normas e procedimentos organizacionais.

PARA ONDE VAI A AVALIAÇÃO DE DESEMPENHO?

Tomando-se uma perspectiva histórica, o que permite uma análise de longo prazo sobre as forças e os movimentos que moldam e impulsionam a AD, é possível observar que os principais objetivos tradicionalmente identificados com ela (desenvolvimento de pessoal ou distribuição de recompensas) assumem maior ou menor relevância em função de características do contexto econômico de um determinado momento. As transformações econômicas também ajudam a explicar os desafios organizacionais a serem superados e os diversos formatos que essa prática assume ao longo do tempo como parte da resposta da área de RH a esses desafios. De maneira simplificada, pode-se dizer que, em períodos nos quais o capital humano está abundantemente disponível para as organizações, existe uma tendência de se utilizar a AD como apoio ao processo de decisão gerencial de que trabalhadores devem ser mantidos e desligados da organização, bem como sobre a forma de distribuição de recompensas. Já em períodos de escassez, o objetivo de desenvolver as capacidades dos trabalhadores já existentes se torna mais premente, como parte de um movimento mais amplo da área de RH, que precisa estar mais atenta ao atendimento das necessidades dos trabalhadores (Cappelli & Tavis, 2016), visando à sua retenção.

Ou seja, as abordagens e práticas tradicionais de AD, ainda que guardem seu valor e utilidade, podem não ser totalmente adequadas a todas as organizações em um determinado momento histórico. Isso parece ser especialmente relevante na atualidade, devido às transformações que têm sido observadas no mundo do trabalho. Nesse contexto, é possível se identificar um movimento que questiona a própria utilidade de um processo formal de AD, que tem sido descrito pelos seus críticos como caro, em função de uma grande demanda de tempo dos gestores e funcionários para a sua realização, e ineficiente, por não ser capaz de entregar os resultados a que se propõe. Além disso, argumenta-se que o foco do processo de avaliação está voltado para comportamentos do passado, quando deveria estar orientado para as realizações do futuro (Buckinghan & Goodall, 2015).

No núcleo desse questionamento, encontramos as organizações que atuam em rede, as empresas de tecnologia e aquelas que são intensivas de conhecimento (Cappelli & Tavis, 2016; Paauwe, 2009). Tais organizações se caracterizam por se constituírem sob novas formas de estruturação do trabalho, que vêm acompanhadas por aumento na complexidade das tarefas e multiplicação dos tipos de vínculos (contratos) que os trabalhadores estabelecem com as organizações e responsabilidades sobre o trabalho, bem como por uma taxa elevada de mudança no modo como as tarefas são realizadas. Essas transformações modificam o contexto no qual as formas tradicionais de AD se desenvolvem, impondo a necessidade de novos formatos e novas soluções para o processo de gestão de desempenho individual.

Essa necessidade de agilidade muitas vezes torna difícil o estabelecimento de metas que sirvam de parâmetro para os processos de avaliação, na medida em que elementos que são válidos hoje em relação a um trabalho realizado podem vir a se tornar irrelevantes em um futuro próximo, devido ao fato de outras atividades diferentes estarem sendo realizadas. Assim, esperar até o final de um período qualquer para a apresentação de *feedback* sobre uma atividade realizada, algumas vezes muitos meses antes, gera um problema de descolamento entre o comportamento e o *feedback*. A resposta dessas organizações a esse problema tem sido o investimento em um processo de constantes *feedback*, customizados (Buckingham & Goodall, 2015), dados em períodos de tempo mais curto, e em capacitação dos gestores para a realização dessa tarefa, tendo como foco o desenvolvimento dos subordinados.

Essa mudança de foco permite que o processo de gestão de desempenho dos indivíduos e grupos siga de maneira mais próxima àquilo que Cappelli e Tavis (2016) chamam de ciclo natural do trabalho. Os autores argumentam que o *feedback* deve ser dado sempre que um projeto for finalizado, quando algum tipo de marco ou meta é atingido ou quando algum tipo de desafio ou problema específico se apresenta. Um dos principais desafios desse modelo, que se organiza em torno de processos mais informais, está relacionado à capacidade dos gestores de manterem um padrão de conversação contínuo com os subordinados e uma cultura organizacional que incentive e mantenha esse tipo de prática. As restrições orçamentárias, que têm caracterizado o ambiente organizacional nos últimos anos, também contribuem decisivamente para essa mudança em direção a um contexto de desenvolvimento, uma vez que, não havendo recursos a serem distribuídos, a importância de se produzir distinções entre indivíduos é reduzida.

Além das razões já apontadas, pode-se destacar, ainda, o crescimento da importância do trabalho em equipe, que desloca o foco da realização das tarefas – e, consequentemente, da AD – dos indivíduos para os grupos, gerando uma clara incompatibilidade com processos de valorização, responsabilização e recompensas baseados em indivíduos (Cappelli & Tavis, 2016) – tradicional foco da AD.

Há, ainda, um elemento pouco comentado na literatura gerencial, mas largamente identificado na literatura acadêmica, que merece ser levado em consideração. De modo geral, gestores e empregados não gostam e não confiam no processo de AD, que se apresenta, muitas vezes, como fonte de insatisfação e conflito entre os que detêm o poder formal de avaliação (normalmente os gestores) e os funcionários. Nessa mesma direção, Murphy e Deckert (2013) chegam a afirmar que a AD pode ser compreendida como um sistema cuidadosamente desenvolvido para tornar as pessoas infelizes. Existe uma grande variabilidade na forma como os gestores costumam conduzir os processos formais de avaliação, caracterizando aquilo que a teoria tem descrito como viés do avaliador (Boxall & Purcell, 2003), que emerge tanto da utilização inadequada de critérios de avaliação quanto da falta de representatividade dos elementos tomados como base para o desempenho. Por outro lado, as pessoas avaliadas não têm disposição para aceitar *feedback* sobre o seu desempenho, a menos que tenham certeza de que este tende a ser positivo.

Pina e Cunha e colaboradores (2012) auxiliam a colocar esse tipo de situação em contexto quando lembram que, para além de um exercício de julgamento e observação, a AD deve ser compreendida como um processo humano e inexato, caracterizado por um forte mecanismo emocional. Disso decorre o fato de ser permeada por inexatidões, que têm sua origem não apenas no processo em si, mas também nos diversos tipos de erros e enviesamentos a que estão sujeitos os avaliadores, tendo como suas "[...] consequências mais perversas a desconfiança no processo, a quebra na motivação, a diminuição da identificação com a organização, a degradação das relações entre superiores e subordinados – e paradoxalmente, a quebra nos níveis de desempenho" (Pina e Cunha et al., 2012, p. 526). Esse é o motivo pelo qual Boxall e Purcell (2003) destacam que a AD pode ter um papel importante nas organizações apenas se for adequadamente conduzida.

Isso leva à necessidade de ampliar o olhar para o sentido e o significado das práticas desenvolvidas, se se deseja ser efetivo na sua utilização. Em outras palavras, a AD se justifica em função do papel que desempenha na gestão do trabalho e da relação de emprego. Nas palavras de Campbell (2013, p. 355): "[...] especificações substantivas, criteriosas para aquilo que os psicólogos estão buscando avaliar são criticamente importantes, e os psicólogos atuando no campo das organizações e do trabalho não devem buscar atalhos nessa tarefa, não importando o quanto o mercado pareça sinalizar em contrário".

REFERÊNCIAS

Appelbaum, E., Bailey, T., Berg, P., & Kallenberg, A. (2000). *Manufacturing advantage: Why high-performance systems pays-off.* Ithaca: ILR.

Boxall, P., & Purcell, J. (2003). *Strategy and human resource management.* Besingstoke: Palgrave Macmillan.

Brown, M., & Heywood, J. S. (2005). Performance appraisal systems: Determinants and change. *British Journal of Industrial Relations, 43*(3), 659-679.

Buckingham, M., & Goodall, A. (2015). Reinventing performance management. *Harvard Business Review, April*, 40-50.

Campbell, J. P. (2013). Assessment in industrial and organizational psychology: an overview. In K. F. Geisinger (Org.), *APA handbook of testing and assessment in industrial and organizational psychology* (pp. 355-398). Washington: American Psychological Association.

Cappelli, P., & Tavis, A. (2016). The performance management revolution. *Harvard Business Review, 10*, 58-67.

Jackson, S. E., & Schuler, R. S. (2002). Managing individual performance: a strategic perspective. In S. Sonnentag (Org.), *Psychological management of individual performance* (pp. 371-390). Chichester: John Wiley & Sons.

Kanfer, R., & Kantrowitz, T. M. (2002). Ability and non-ability predictors of job performance. In S. Sonnentag (Org.), *Psychological management of individual performance* (pp. 27-50). Chichester: John Wiley & Sons.

Kepes, S., & Delery, J. E. (2008). HRM systems and the problem of internal fit. In P. Boxall, J. Purcell, & P. Wright, P. (Orgs.), *The Oxford handbook of human resources management* (pp. 365-404). Oxford: Oxford University.

Latham, G. P., & Heslin, P. A. (2003). Training the trainee as well as the trainer: lessons to be learned from clinical psychology. *Canadian Psychology, 44*(3), 218-231.

Latham, G., Sulsky, L. M., & MacDonald, H. (2008). Performance management. In Boxall, J. Purcell, & P. Wright, P. (Orgs.), *The Oxford handbook of human resources management* (pp. 364-381). Oxford: Oxford University.

Murphy, K. R., & Deckert, P. J. (2013). Performance appraisal. In K. F. Geisinger (Org.), *APA handbook of testing and assessment in industrial and organizational psychology* (pp. 611-627). Washington: American Psychological Association.

Paauwe, J. (2009). HRM and performance: Achievements, methodological issues and prospects. *Journal of Management Studies, 46*(1), 129-142.

Peixoto, A. L. A. (2017). *Tópicos avançados em análise institucional: uma abordagem sobre as metodologias de pesquisa em clima organizacional.* Salvador: UFBA, Escola de Administração, Superintendência de Ensino à Distância.

Peixoto, A. L. A., & Caetano, A. (2013). Avaliação de desempenho. In L. O. Borges, & L. Mourão (Orgs.), *O trabalho e as organizações: atuações a partir da psicologia* (pp. 528-554). Porto Alegre: Artmed.

Peixoto, A. L. A., & Souza, J. J. (2013). Os novos modelos de gestão. In L. O. Borges, & L. Mourão (Orgs.), *O trabalho e as organizações: atuações a partir da psicologia* (pp. 123-149). Porto Alegre: Artmed.

Pina e Cunha, M., Rego, A., Cunha, R. C., Cabral-Cardoso, C., Marques, C. A., & Gomes, J. F. S. (2012). *Manual de gestão de pessoas e do capital humano*. Lisboa: Silabo.

Schuler, R. & MacMillan, I. (2006). Gaining competitive advantage through human resource practices. *Human Resource Management, 23,* 241-255.

Sonnentag, S., & Frase, M. (2002). Performance concepts and performance Theroy. In S. Sonnentag (Org.), *Psychological management of individual performance* (pp. 3-25). Chichester: John Wiley & Sons.

Viswesvaran, C. (2005). Assessment of individual job performance: a review of the Past Century and a look ahead. In N. Anderson, D. S. Ones, H. K. Sinangil, & C. Viswesvaran (2005). *Handbook of industrial and organizational psychology* (vol. 1, pp. 110-125). London: Sage.

11

AVALIAÇÃO DOS PROCESSOS DE GESTÃO NO SERVIÇO PÚBLICO: UMA ABORDAGEM CRÍTICA SOBRE A GESTÃO DE DESEMPENHO

Sandro Trescastro Bergue

Até quando continuaremos fazendo de conta que avaliamos o desempenho de servidores no serviço público? Assumindo que desejamos mesmo cessar essa prática formalística, como proceder?

Este capítulo parte da noção geral de avaliação de processos de gestão no especial contexto que é o serviço público. Tal especificidade de contornos se molda a partir de propósitos e complexidades peculiares que envolvem as organizações públicas e suas relações com a sociedade, necessariamente reconhecida em sua mais ampla diversidade. Neste capítulo, define-se processo de gestão e destaca-se a importância da avaliação sistemática e a virtuosa transformação das organizações, mas a partir de uma perspectiva crítica, em uma espécie particular de processo de gestão que exige significativa e crescente atenção: a gestão de desempenho.

Pretende-se fazer um convite à reflexão, buscando os fundamentos sobre os quais se assentam as práticas recorrentes de introdução do conceito de gestão de desempenho na administração pública brasileira. Esse esforço reflexivo não tem somente a finalidade de estimular a desconstrução de um conjunto de crenças que vêm se cristalizando como fundamentos das práticas associadas ao tema no âmbito do serviço público, mas também de propor linhas de construção de caminhos alternativos capazes de conduzir a novas formulações assentadas em soluções criativas e inovadoras.

O deslocamento de uma perspectiva funcional ou departamental de gestão (centrada em setores, em unidades administrativas) para uma visão de processos, em particular processos gerenciais, é, além de uma tendência, uma necessidade na administração pública. Os processos transcendem as unidades funcionais, pois são fluxos ou cadeias transversais de criação de valor assentadas no trabalho de pessoas que operam tecnologias, estas entendidas como arranjos específicos de conceitos instrumentalizados.

Os processos, para que produzam valor público, devem ser virtuosamente cíclicos, ou seja, devem incorporar, no fluxo produtivo subsequente, as aprendizagens geradas. A gestão é, ela própria, um processo que envolve planejar, executar e avaliar, sendo a última função responsável por retroalimentar e conferir virtuosidade ao ciclo gerencial.

Há uma pluralidade de processos de gestão que se desenvolvem e se entrelaçam nas organizações e que precisam ser avaliados para fins de constante aperfeiçoamento. Um deles tem assumido centralidade na administração pública, seja pelo seu caráter multifacetado, seja pela capilaridade que alcança: o processo de gestão de desempenho de servidores.

Nesse processo, em particular, sabe-se que muitos são os desafios que se apresentam aos gestores e aos demais profissionais que atuam na administração pública, principalmente no plano gerencial. Além disso, há outras tantas questões decorrentes. Entre estas, destaca-se a seguinte: por que os processos e os resultados dos sucessivos esforços de adoção do conceito de desempenho encontram dificuldades para se consolidar na administração pública brasileira? Em particular, por que a gestão de desempenho – reduzida à "avaliação de desempenho" – não tem funcionado na administração pública?

Parte-se de referenciais conceituais e de um apanhado de experiências profissionais diversas que sinalizam melhorias para o convívio das organizações públicas, por meio de práticas gerenciais formalísticas ou cerimoniais e modismos, que têm sua adoção meramente ritualística, simbólica ou "para inglês ver", com um impacto transformador das práticas de gestão por vezes bastante reduzido, ou mesmo nulo. Tem-se falado da adoção de conceitos gerenciais em voga na prática empresarial, mas até que ponto essa inspiração tem resultado em transformações substantivas no comportamento e na dinâmica das pessoas nas organizações públicas? Quais são os custos envolvidos nesses processos de transposição? Este é o objeto de reflexão deste capítulo: o processo de adoção de práticas gerenciais e o questionamento de alguns conceitos estruturantes desse movimento de transposição dos ditos "modelos de sucesso do setor privado", entre os quais está a gestão de desempenho, fragilmente assentada no ainda pouco conhecido conceito de meritocracia.[1]

Nessa perspectiva, uma questão preliminar se impõe: o que se entende por "modelo"? O termo pode ser percebido segundo uma perspectiva mais instrumental e outra mais substantiva. Sob um ponto de vista mais instrumental, a noção de modelo indica, em geral, a expectativa de uma "receita", de um arranjo gerencial específico, de uma solução dada a uma determinada situação, etc., não raras vezes envolta em uma aura de replicação não somente possível, mas desejada. Todavia, neste capítulo, o termo modelo é tomado como um quadro de referência teórica para fins essencialmente analíticos, constituindo-se no que aqui se denomina uma abordagem mais substantiva do conceito. Privilegia-se, assim, uma perspectiva descritiva em detrimento de uma prescritiva. Ganha destaque, portanto, o conceito como estruturante da técnica, assinalando-se o imperativo de seu domínio para a produção de soluções gerenciais particulares e próprias de cada realidade – lugar e tempo. Pretende-se, em suma, destacar a relevância dos aportes teóricos para a prática consciente e consistente da administração pública.

E é justamente nesse aspecto da dimensão conceitual que se tem falhado mais nas ações cotidianas da administração pública. Reside aqui, também, uma lacuna a ser mais bem atendida pela pesquisa e pela prática da administração pública: investigações acadêmicas, consultorias e ações gerenciais de modo geral, bem como a tomada de decisão.

Além disso, a gestão de desempenho, pela complexidade que encerra, precisa ser compreendida e encaminhada, de modo a considerar conceitos correlatos importantes, entre os quais: as noções de valor público (Cordella & Bonina, 2014); de meritocracia no Brasil (Barbosa, 2006); de processos organizacionais (Gonçalves, 2000ab); de formalismo e de jeito (Motta & Alcadipani, 1999; Ramos, 1966); de trabalhos efetivo, adicional e de perda (Ohno, 1997); de tipos de controle (Weick, 1995); e, invariavelmente, a dimensão do exercício do poder, o que escapa ao propósito deste capítulo. É imperativo também um profundo repensar não apenas sobre os pressupostos que subjazem à formulação normativa, desde o plano constitucional e os desdobramentos dele decorrentes em todos os níveis de governo e as áreas da administração, mas também sobre as práticas de gestão em curso.

---

[1] Trata-se do processo de transposição de conceitos e de tecnologias de gestão para as organizações do setor público, notadamente o conceito de redução gerencial (Bergue, 2010, 2011).

POR QUE A GESTÃO DE DESEMPENHO NÃO TEM SIDO EFETIVA NA ADMINISTRAÇÃO PÚBLICA BRASILEIRA?

A gestão de desempenho dos servidores, não raro reduzida à avaliação de desempenho (e é, assim, de forma parcial, que está prevista no texto constitucional), é tema recorrente na administração pública desde a segunda metade do século XX, ganhando novo fôlego com a Emenda Constitucional nº 19/1998. Esse não é, no entanto, um tema que se restringe à dimensão individual – atuação do servidor –, impondo-se pensar a abordagem da *performance* como elemento de legitimação institucional – a organização ou a gestão política – diante da sociedade, preponderantemente.

No entanto, pensar a gestão de desempenho no setor público é diferente de pensá-la em outro contexto (p. ex., no setor privado brasileiro ou no setor público em outro contexto cultural), a começar pelo significado de servidor público, que é substancialmente distinto de empregado, mesmo quando se trata de empregado público. Este é um agente público da administração indireta, que estabelece uma relação de natureza celetista, pactuada na forma de um contrato de trabalho, com uma entidade de direito privado – portanto, não o Estado. Assim, o significado intrínseco de ser servidor público, em termos de conteúdo, propósito, subordinação, natureza da relação jurídica, entre outros aspectos, é essencialmente diferente daquele que se atribui a "ser empregado de uma empresa", ainda que estatal (empresa pública ou sociedade de economia mista), ou mesmo de uma fundação pública de direito privado. O servidor público serve à sociedade, subordinando-se ao Estado segundo um estatuto próprio de cada ente estatal – União, estados e municípios – que estabelece o regime jurídico de uma relação unilateral, gerada por adesão (diferentemente da contratual, de natureza celetista, que é bilateral, implicando, necessariamente, um maior nível de negociação).

A despeito disso, a introdução e a consolidação da gestão de desempenho na administração pública brasileira é ainda bastante tímida em termos de resultados efetivos. Assume-se que a gestão de desempenho é um elemento central no processo de transformação da administração pública orientada para o fluido e multifacetado interesse público. Impõe-se, no entanto, repensar o caminho que se vem trilhando e promover ações capazes de sustentar uma necessária mudança de curso.

Retomando, então: por que as avaliações de desempenho não têm funcionado a contento? Quais são os limites que os arranjos híbridos de gestão de desempenho têm imposto à sua efetivação? E, explorado isso, como fazer uma gestão de desempenho efetiva? Ainda, que gestão de desempenho se pretende? E para quê?

Abordar o tema da gestão de desempenho no contexto da administração pública brasileira, consideradas as suas especificidades, exige, de início, uma mudança na perspectiva de análise para incorporar a dimensão cultural. Para isso, é preciso ver a gestão de pessoas no serviço público a partir de lentes diversas daquelas convencionalmente adotadas pela literatura gerencial, em particular as práticas recomendadas nos manuais de gestão pública, que reproduzem de maneira acrítica experiências malsucedidas relatadas como *cases* de sucesso.

Impõe-se, portanto, suspender o que se sabe sobre o tema para que se possa refletir mais profundamente sobre as possibilidades de geração de soluções coerentes com o setor público e as especificidades de cada organização. É necessário trazer à tona e questionar os pressupostos sobre os quais esses esforços vêm se assentando.

Pensar uma gestão de desempenho que se proponha a ser efetiva no peculiar contexto da administração pública brasileira requer, então, olhar para trás e refletir acerca dos fundamentos sobre os quais foram erigidas as práticas atuais e identificar as razões que informam os resultados ainda frágeis alcançados, passados cerca de 20 anos desde a promulgação da Emenda Constitucional nº 19/1998. Exige ainda que se desconstruam pressupostos que se revelaram equivocados e, então, se assentem novos conceitos e práticas de gestão nesse campo.

De início, com uma finalidade essencialmente descritiva, parte-se da proposição de três momentos, cenários ou modelos para compreender a gestão de desempenho no atual contexto da administração pública: o modelo adaptativo cordial; o modelo meritocrático; e o modelo do desenvolvimento de pessoas (Bergue, 2014).

O modelo adaptativo cordial pode ser entendido como aquele próprio das organizações que não possuem gestão de desempenho formalmente instituída. Nesse cenário, há organicidade plena e liberdade de atuação das pessoas, com pouca ou nenhuma influência dos gestores no processo de organização e execução do trabalho. As pessoas realizam suas atividades como aprenderam e sempre fizeram em termos de método, fluxo e produtividade. O gestor, neste caso, se omite em relação a mudanças mais significativas no arranjo do trabalho, em particular na gestão de desempenho.

Os mecanismos de premiação, em geral, se assentam em critérios de antiguidade e afinidades pessoais, profissionais ou políticas, sendo os benefícios traduzidos, por exemplo, em oportunidades de substituição do exercício de funções gratificadas por ocasião dos períodos de férias ou afastamentos dos respectivos titulares, na assunção de uma posição de confiança mais destacada ou de substituição informal, ou, ainda, na priorização para participação em ações de capacitação, entre outros elementos de reconhecimento aceitos e reproduzidos no âmbito dos grupos e velados nos seus critérios. Em suma, legitima-se um arranjo de relações – fluidas em alguns aspectos e rígidas em outros –, com certa hierarquização no âmbito do grupo, principalmente nas posições de topo, com base em padrões informais de afinidade e confiança consolidados, em geral, no transcurso do tempo.

Esse formato de gestão do trabalho, de feições essencialmente informais, contrasta com os esforços que vêm sendo impostos de explicitação de padrões formais de hierarquização social, ancorados em outras referências de merecimento, que impõem a exposição das lideranças e dos demais membros das equipes em relação ao resultado das suas atividades. É o que vem sendo denominando meritocracia.

O modelo meritocrático é, portanto, aquele inerente às realidades organizacionais que formalizaram modelos de gestão de desempenho assentados em sistemas de hierarquização social e correspondentes premiações (promoções, remunerações diferenciadas ou outro elemento de diferenciação simbólica), apoiados no envolvimento e nos resultados alcançados pelos servidores no exercício das suas atividades. Esse modelo assenta-se, entre outros pressupostos, na noção de igualdade de condições de partida no processo de competição, o que pode ser bastante questionado, se admitida a heterogeneidade das condições de trabalho no serviço público. Ocorre, entretanto, que as práticas efetivas que se vêm observando na realidade dos órgãos e entes da administração pública nas diferentes esferas federativas, e ao longo do tempo, desbordam a essência valorativa sobre a qual se assenta a noção de meritocracia (Barbosa, 2006). Revelam-se, isto sim, sistemas de aferição de mérito tão elegantes, rigorosos e bem elaborados no plano formal quanto de pouca ou nenhuma serventia sob o ponto de vista prático e da transformação do desempenho dos servidores e da gestão.

Ambos os modelos referidos, o adaptativo cordial e o meritocrático, podem ser tomados, para fins estritamente didáticos, como tipos extremos e diametralmente opostos. É possível defender, de um lado, que o modelo adaptativo cordial não é desejável, e mesmo afirmar que é incompatível com o interesse público, e até contrário ao princípio da eficiência da administração pública (art. 37, *caput* da Constituição da República). Isso porque, se examinado o cenário tão somente sob um ponto de vista instrumental, esse modelo deixa de buscar a melhor produtividade na gestão de pessoas, pois não estimula o desenvolvimento e a mobilização de competências, além de não ser transparente no que diz respeito aos potenciais de geração de valor público, e, ainda, não necessariamente promover a justiça remuneratória, entre outros aspectos.

De outra parte, o supostamente desejado modelo meritocrático, baseado no senso de hierarquização social e no correspondente reconhecimento das pessoas segundo resultados entregues, exige profundo repensar, em face dos sucessivos fracassos de implementação, que têm resultado em uma adoção formalística. Essa adoção cerimonial, no entanto, além de não apresentar resultado prático positivo, tem repercussões negativas nem sempre explicitadas, entre as quais: gastos de implantação de normas e sistemas atrelados; consumo de tempo e outros recursos de sua regular operacionalização (formalística); ocorrências de conflitos interpessoais (advindos de falhas de compreensão ou de comunicação, entre outros).

Explicitados esses dois modelos e seus limites, a questão que se impõe é: quais as possibilidades de encaminhamento, então? É necessário, primeiramente, identificar as causas que, de fato, explicam o descolamento do modelo dito meritocrático em relação à realidade da administração pública em suas dimensões de conceito e dos pressupostos que os informam. Os modelos precisam, então, ser reconhecidos e, depois, ser desenvolvida uma estratégia de superação dos seus limites, seja por transformação (via ações de aprendizagem e educação significativas), seja pelo desvio desses elementos.

Parte-se da finalidade da gestão de desempenho, qual seja, cotejar os resultados alcançados em relação aos objetivos e às metas previamente pactuados, com vistas a identificar as razões de eventuais desvios e, assim, perceber oportunidades de aperfeiçoamento das pessoas e dos demais elementos dos processos. Pretende-se, portanto, o desenvolvimento, em particular, das pessoas.

Assim, a adoção da gestão de desempenho não pode ter como finalidade essencial desenvolver um sistema de remuneração de pessoas que vise a promover a motivação ou a reduzir o impacto futuro nos fluxos financeiros dos regimes de previdência, ou, ainda, criar um instrumento que permita punir pessoas que, porventura, demonstrem desempenho insatisfatório. Definitivamente, não.

Sabe-se que a remuneração não motiva de forma consistente. Também se consolidou, na prática, o fato de as parcelas variáveis de remuneração instituídas sob a forma de gratificação terem forte tendência a incorporar-se nos proventos de aposentadoria. Também é de amplo conhecimento que os sistemas de remuneração variável, pelas feições formalísticas que os revestem, não repercutem na justiça remuneratória em sentido mais estrito, e um reflexo direto disso é o fato de as pessoas resistirem fortemente a adotar práticas de gestão de desempenho que possam impor perdas remuneratórias aos colegas. Isso é um fato neste estágio de transformação da administração pública. Assim, sempre que uma proposta de gestão de desempenho estiver associada à percepção de perda potencial de remuneração, salvo exceções, sua implementação estará fadada ao formalismo.

Tomou-se o caminho errado. É necessária uma inflexão. O percurso da situação vigente até a assimilação e a prática da meritocracia requer um percurso alternativo, mais consistente.

Superar a condição atual da gestão de desempenho na administração pública brasileira, então, implica reconhecer sua relevância e seu propósito. De fato, impera um desconhecimento, ou uma perspectiva enviesada, acerca não somente de sua finalidade, mas, antes, de seu conceito. Isso está na gênese de boa parte dos fatores que podem explicar o caráter formalístico da adoção da gestão de desempenho até o momento.

A superação desses limites exige estratégias, tais como:

1. Transformar o modo como as pessoas percebem a gestão de desempenho, a partir de ações de educação capazes de desconstruir compreensões arraigadas em conceitos equivocados.
2. Desvincular gestão de desempenho e remuneração.

Pontua-se, então, o terceiro modelo antes referenciado: o de desenvolvimento de pessoas. Nesse formato de gestão do trabalho, a ênfase está na identificação de lacunas de desempenho e nas correspondentes deficiências de competências, com a finalidade de superá-las e qualificar a atuação e a entrega das pessoas em termos de valor público. A prioridade está na busca do desenvolvimento das pessoas, e o propósito se orienta para a legitimação institucional ante a sociedade.

Assumindo essa linha de desenvolvimento, tende-se a afastar ou minimizar o senso de punição do servidor – fonte da resistência, pois explicita um risco de perda potencial – e deslocam-se os esforços de gestão para a dimensão da cooperação entre avaliador e avaliado, para o desenvolvimento das potencialidades de ambos.

Na perspectiva de desenvolvimento de pessoas, a gestão de desempenho assenta-se nas noções de que:

1. Sua finalidade não é remunerar, é desenvolver.
2. Seu objetivo não é punir, é valorizar.
3. Não é um processo de correção, e sim de aprendizagem.
4. Não é unilateral, é uma relação dialógica.
5. Não é linear, é cíclica e virtuosa.
6. Não é (nem tem como ser) simples, é complexa.
7. Não é objetiva, é subjetiva, pois se assenta em percepções dos sujeitos.
8. Não é um evento de avaliação, é um processo de gestão do trabalho.
9. Não é um exercício de autoridade, é uma conversação cooperativa.

Em suma, trata-se de uma relação de negociação entre a liderança e os demais membros das equipes de trabalho, oportunidade em que os limites, as necessidades e as expectativas das partes são explicitadas em uma relação de conversação. Com isso, se estabelece uma interação pautada pela confiança e a cooperação que não tem implicação de fundo remuneratório ou qualquer outro reflexo sancionador ou punitivo, mas sim a emergência e o encaminhamento de oportunidades de desenvolvimento das pessoas, com o propósito de aperfeiçoar os processos de trabalho e os resultados.

Essa noção de resultados é fundamental quando se pensa em gestão de desempenho no setor público, pois exige que entregas à sociedade sejam visadas. Nesse sentido, as políticas de gestão de desempenho devem evoluir para a verificação dos reflexos da ação do servidor, no contexto dos processos de trabalho, sobre a satisfação dos cidadãos em relação aos bens e serviços públicos.

A propósito, a Lei Federal nº 13.460, de 26 de junho de 2017, que alcança todos os entes da Federação, bem sinaliza esse direcionamento da ação da administração com foco no cidadão (Brasil, 2017). As diretrizes desse instrumento legal constituem não somente deveres do administrador, mas uma oportunidade de reflexão sobre os parâmetros de gestão dos processos organizacionais, em particular o desempenho dos servidores públicos. Entre os desafios que se impõem à fase de avaliação no processo de gestão de desempenho, esses parâmetros de satisfação associados às entregas por parte do poder público podem constituir um caminho de avanços. Nesse particular, o conceito de valor público assume especial relevância.

Contudo, o que se entende por gestão de desempenho? Que olhares são lançados sobre esse conceito, e como é percebido esse fenômeno na administração pública brasileira? O primeiro ponto a considerar é a necessária diferenciação entre meritocracia e gestão de desempenho. Em alguma medida, esses conceitos podem se relacionar, mas não necessariamente. No caso da administração pública brasileira, inclusive, é desejável que não se relacionem de início.

Consumiu-se muito tempo (décadas) e energia, produziram-se conflitos e traumas e mobilizaram-se recursos de toda ordem na tentativa de "implantar a meritocracia" na administração pública brasileira a partir do conceito de "avaliação de desempenho", e poucos esforços foram empreendidos para consolidar o senso mais amplo de gestão de desempenho.

MERITOCRACIA: UM CONCEITO A SER CONSTRUÍDO

Na forma como a "avaliação de desempenho" encontra lugar no ordenamento constitucional brasileiro, está fortemente associada à noção de meritocracia. Por isso, em larga medida, não tem funcionado. A opção pela adoção do conceito de meritocracia como fundamento estruturante da gestão de desempenho na administração pública brasileira não apenas se mostrou equivocada, como também as recorrentes tentativas de a implementar vem revelando amplo desconhecimento dos seus fundamentos e a desvirtuação dos seus propósitos.

O senso de mérito no serviço público remonta à Constituição de 1824, conforme Barbosa (2006), que busca explicar por que tal forma de hierarquização não consegue se legitimar não somente no serviço público, mas na sociedade. O problema, consoante Barbosa (2006), não reside na inexistência de um sistema meritocrático (normas e instrumentos), mas na falta de legitimidade desse sistema como prática social assentada no mérito, o que denomina uma "ideologia meritocrática", condição para a efetiva aderência aos sistemas de gestão, superando os planos da formalidade e do discurso.

Valores estruturantes da cultura nacional, que se projetam intensamente também nas organizações públicas, em maior ou menor grau, contrastam com o senso estrito de meritocracia, notadamente o personalismo, a aversão ao conflito, o valor atribuído à segurança, entre outros. Esses são elementos que moldam a cultura organizacional no setor público, mas que também o transcendem. Assim, talvez não seja o melhor caminho desconhecer esses atributos e, pior ainda, pretender desencravá-los das organizações mediante edição de leis, decretos ou equivalentes, mas sim identificar criativamente formas de convívio entre esses elementos, assumindo a perspectiva de que as transformações são produtos de processos lentos e incrementais de aprendizagem.

Pode-se dizer que, de forma mais intensa e estruturada, o senso de meritocracia teve seu momento e ponto de introdução na administração pública brasileira a partir do advento do Departamento Administrativo do Serviço Público (DASP), em 1938. Nesse particular momento histórico, devido não apenas à influência dos autores clássicos do pensamento administrativo, mas em especial à leitura funcionalista dada às obras de Max Weber sobre a burocracia – com destaque para as características descritivas ali esposadas –, o senso de mérito assume especial destaque como elemento estruturante da organização pública. Esse valor, como se sabe, é intrínseco ao concurso público, à licitação pública, aos sistemas de promoção em carreira, etc. Também é sabido que tal valor não impera soberano, pois é afetado em diferentes níveis de intensidade pelo fenômeno do formalismo, gerando realidades híbridas, cujas prescrições formais convivem – e provavelmente somente por isso subsistem – com valores culturais profundamente arraigados nas estruturas de poder nas organizações.

O mérito como parâmetro de ação gerencial introduzido na administração pública brasileira, em seus momentos nascentes, esteve fortemente relacionado com critérios para investidura em cargos públicos e promoção nas carreiras. A valorização da qualificação técnica como quesito de ingresso, somado ao desempenho em provas de conhecimento, permanece como padrão de gestão atualmente, assim como fundamento para a ascensão em carreiras.

A esse propósito, inclusive, foi comum entre as reações à gestão de desempenho a referência ao fato de que os servidores públicos já demonstraram seu mérito por ocasião da submissão e da aprovação em concurso público para a investidura no cargo. Nessa perspectiva, não seria mais necessário "avaliar desempenho". Ora, nada mais distante da compreensão do que é e que propósito tem a gestão de desempenho.

O concurso público, de fato, é o instituto meritocrático mais reconhecido e valorizado na sociedade e na administração pública brasileira. Entretanto, o concurso público e a gestão de desempenho não somente têm finalidades diferentes, como operam em momentos distintos da trajetória funcional dos servidores. O concurso público (art. 37, inciso II, da Constituição Federal) afere o desempenho e o merecimento de acessar cargos públicos de provimento efetivo (art. 37, inciso I, da Constituição Federal) e os empregos públicos. Tem o propósito de hierarquizar candidatos e garantir que essa ordem de precedência seja observada por ocasião da nomeação (art. 37, inciso IV, da Constituição Federal). Neste momento do macroprocesso de admissão, se esgota a finalidade do concurso público como instrumento de promoção da meritocracia. A partir da investidura do servidor no cargo, inicia-se outro momento da relação funcional, oportunidade em que a relação entre as entregas de trabalho por parte do servidor e as contraprestações remuneratórias por parte da Administração (representando o Estado) devem ser cotejadas segundo parâmetros de justiça remuneratória (art. 41, §1º, inciso III, da Constituição Federal, Brasil, 1988).

Outro aspecto a se considerar é o fato de que, dependendo do enfoque que se pretenda para a gestão de desempenho de servidores, esta não se assenta no conceito de meritocracia. A meritocracia é um critério de hierarquização social (sociedade ou organizações), que tem como fundamento a igualdade de condições e como propósito promover a valorização ou a premiação daqueles que se destacam em termos de desempenho por seus méritos.

Então, é preciso identificar os propósitos do sistema de gestão de desempenho adotado, a partir dos parâmetros segundo os quais este é estruturado. Se o modelo tem como finalidade promover o desenvolvimento de pessoas a partir da identificação de eventuais lacunas de competências, problemas de relacionamento, lotação inadequada, entre outras, e não alimentar mecanismos de promoção ou de remuneração, então não estará associado ao conceito de meritocracia.

"AVALIAÇÃO" DE DESEMPENHO: IMPRECISÃO CONCEITUAL E OUTRAS IMPLICAÇÕES

A exigência de uma "avaliação de desempenho" encontra assento constitucional que se reflete nas legislações específicas e demais normativas de órgãos e entes da administração pública nas três esferas de governo, mas os propósitos visados para a adoção desse conceito de desempenho não estão todos explícitos, notadamente no que se refere aos modelos de composição remuneratória e seus impactos na política de previdência. Esse embasamento estruturante é limitado em conceito (visto que se refere à *avaliação*, e não à *gestão*, de desempenho, art. 41, §1º, III; e art. 41, §4º, da Constituição da República), portanto, em substância, compromete seus desdobramentos (Brasil, 1988).

No entanto, para que se deveria fazer a gestão de desempenho? Aqui se pretende enfatizar o conceito de gestão de desempenho a partir da perspectiva do desenvolvimento de pessoas. É preciso reconhecer, de início, que a gestão de desempenho não é realizada para as pessoas em sentido estrito, mas com o propósito de aperfeiçoar o serviço público. O foco não está nas pessoas, mas nas pessoas no contexto do trabalho, com vistas a transformá-lo. É, portanto, um processo inerente à aprendizagem e à transformação nas organizações, mais intensamente relacionado à gestão do trabalho. O olhar se estende, então, para a sociedade, estando fortemente articuladas às dimensões individual e organizacional.[2]

Com o propósito de estimular a reflexão e impulsionar a mudança da compreensão dominante em torno da gestão de desempenho, podem ser abordados alguns aspectos que definem certos contornos da malfadada trajetória de adoção desse conceito na administração pública brasileira, explicitados a seguir.

Redução da gestão de desempenho à "avaliação de desempenho"

A gestão de desempenho é um processo dialógico necessariamente contextualizado. Quando se reduz a gestão de desempenho à avaliação de desempenho, incide-se no que se pode considerar um erro com consequências importantes: esquece-se de que gestão implica planejar (o trabalho), organizar (os recursos necessários à consecução do volume e das condições do trabalho previsto), executar (acompanhar, entre outros aspectos) e, então, avaliar. Gestão, portanto, é um processo mais amplo e complexo, do qual a avaliação faz parte.

Os esforços de implantação da gestão de desempenho privilegiaram aspectos quase ex-

---

[2] Retomando os reflexos da Lei Federal nº 13.460/2017, principalmente no que se refere à necessária aferição, no mínimo anual, do nível de satisfação dos cidadãos frente aos serviços públicos colocados à sua disposição (Brasil, 2017).

clusivamente restritos à avaliação, tais como os critérios, as escalas, os formulários e os sistemas de avaliação. Pouca, ou, por vezes, nenhuma, atenção foi dispensada aos demais estágios, não somente anteriores, mas condicionantes dos subsequentes que descrevem o ciclo de gestão. No particular dos processos de trabalho, o planejamento e o acompanhamento da execução, a despeito de formalmente previstos nos sistemas e instrumentos, tiveram seu espaço minimizado em favor do foco na avaliação dos resultados. Agrava esse cenário a carga de significado associado à noção de avaliação, fator que tende a contribuir para a resistência em promovê-la.

As pessoas não foram, portanto, capacitadas para realizar o planejamento do trabalho, que requer competências de conversação, empatia, entre outras, na mesma dimensão e intensidade dada ao componente avaliação. Sabe-se que não há avaliação possível sem planejamento da ação e que não há planejamento legítimo – notadamente, em se tratando de gestão de desempenho das pessoas – sem o devido envolvimento dos atores interessados em um processo de negociação de metas, prazos e demais condições de trabalho. O momento de planejamento do trabalho, em face desse destaque e dos seus reflexos no transcurso do ciclo do trabalho, demandaria atenção prioritária no processo de adoção da gestão de desempenho, com especial cuidado por ocasião das capacitações dos agentes, particularmente dos gestores.

O trabalho das equipes e de seus membros individualmente tende a gerar melhores resultados na medida da qualificação do processo de planejamento. Inclusive, no caso particular da avaliação, esta tende também a ser facilitada. Encontra, ainda, espaço para se desenvolver o necessário processo de autoavaliação dos servidores como decorrência de um esforço de planejamento do trabalho bem conduzido.

Remuneração como foco da avaliação de desempenho

Percebe-se que os modelos de gestão de desempenho tendem a assumir o pressuposto de inspiração clássica (taylorista-fordista), segundo o qual o principal fator de motivação do servidor é de natureza econômica, geralmente reduzido à remuneração. A despeito das críticas que envolvem o estreito conceito de homem econômico, não se pode negar o relevo que a remuneração assume na vida das pessoas. Ou seja, se, de um lado, bem se sabe das limitações da remuneração como elemento de motivação, de outro é possível afirmar que poucos outros temas assumem tamanha centralidade na pauta de preocupações das pessoas, sobretudo no serviço público, ambiente que, por sua natureza e condicionantes, tende a concentrar mais pessoas com menor inclinação ao risco.

Todavia, o fato de constituir um ponto sensível de interesse das pessoas não transforma a remuneração em algo além de estímulo. Aliás, mexer na remuneração representa mais um risco do que um impulso consistente. E, justamente por constituir um ponto tão sensível, é que as pessoas se mostram proporcionalmente refratárias a movimentos que apenas sinalizem a possibilidade de ter sua remuneração atingida. Assim, os processos que possam introduzir algum impacto sobre a remuneração das pessoas, ainda que exortados sob a perspectiva de premiação, tendem a ser, em geral, percebidos como ameaças.

Ainda, sob o ponto de vista da dinâmica do processo de gestão de desempenho, outros aspectos merecem o devido destaque. Políticas de remuneração têm sido incentivadas com a criação de planos baseados na combinação de parcelas fixa e variável, sendo esta decorrente de um sistema idealizado de planejamento e aferição de metas de desempenho individuais e institucionais, alinhado com os objetivos da organização, entre outros elementos que conferem feições meritocráticas ao arranjo remuneratório. A prática, entretanto, tem demonstrado que nem chefias, tampouco os demais membros das equipes de trabalho (salvo honrosas exceções), têm assumido efetivamente uma gestão (sobretudo no que se refere à avaliação) de desempenho real. Não raramente, as definições de metas são formalísticas, e assim também as avaliações, assentadas em uma atmosfera de proteção mútua decorrente de um misto de personalismo e conivência com desempenhos insatisfatórios, tanto de avaliados quanto de avaliadores. O mais grave é que essa atitude vem se naturalizando na administração pública, sendo raramente questionada.

Outro ponto a ser necessariamente enfrentado é a cadeia de razões pouco explícitas que fundamenta a opção pela política de remuneração variável, envolvendo aspectos de superfície (em resposta a supostos imperativos sociais) que encobrem possíveis intenções de fundo mais pragmático, como o impacto da remuneração variável na redução dos dispêndios futuros com previdência. Nessa perspectiva, uma remuneração composta por parcela definida na forma de gratificação associada ao desempenho do servidor no exercício das suas atividades não se justificaria na composição dos proventos de aposentadoria. Assim, em tese, tem-se uma prática que potencialmente reduziria a pressão sobre os gastos com inativos em médio e longo prazos.

Em suma, não se pode considerar que a remuneração seja um ponto de pouca sensibilidade, e exatamente por isso ela parece não ser o elemento de sustentação mais indicado quando se pretende promover transformações que precisam alcançar aspectos essenciais do comportamento dos servidores. A atitude mais indicada seria reconhecer a introdução da gestão de desempenho como um processo complexo, e, como tal, algo que não deve ser promovido por rupturas bruscas, senão por inflexões que permitam a todos os atores envolvidos compreender as transformações em curso e assimilar os reflexos positivos que delas podem advir, inclusive aqueles que importem riscos de sobrevivência institucional.

Assim, um deslocamento no eixo de tratamento da gestão de desempenho deve valorizar outros componentes que tenham significado para as pessoas no contexto do trabalho, como o desenvolvimento pessoal e profissional e o reconhecimento, entre outros. Fato é que o outro caminho – o do atrelamento à remuneração – já se revelou infrutífero por diversas vezes.

Ênfase em critérios objetivos de avaliação em detrimento da subjetividade

Seja pelos elementos valorativos subjacentes à visão de mundo dos profissionais que os produzem, seja pela falta de reflexão mais profunda e uma melhor contextualização do fenômeno, os sistemas de avaliação, de modo específico, e de gestão de desempenho, em sentido mais amplo, incorporam o pressuposto da objetividade. Uma análise mais detida dos reflexos decorrentes da assunção da objetividade como pressuposto dos sistemas de gestão de desempenho sugere a possibilidade de esta ancoragem conceitual constituir-se, de fato, em uma fragilidade, em particular no que diz respeito à avaliação de desempenho. A diversidade das condições e dos contextos de trabalho, a quantidade de fatores potencialmente intervenientes no resultado do trabalho e a complexidade que envolve o comportamento das pessoas – avaliadores e avaliados – sinalizam para o reconhecimento da importância da dimensão subjetiva no transcurso do processo.

É sabido, também, que a disponibilização de critérios, parâmetros e instrumentos ditos *"objetivos"* responde também, em particular, à expectativa dos avaliadores, que, por sua vez, aspiram eximir-se da responsabilidade de assumir uma relação de conflito potencial que o processo de avaliação eventualmente encerra. De modo geral, as pessoas tendem a preferir critérios objetivos e explícitos e escalas de notas para avaliação que lhes reduzam a exigência de se posicionar (senso de impessoalidade); ao mesmo tempo, também reconhecem os limites das escalas e dos critérios, relatando que é difícil enquadrar comportamentos naqueles parâmetros.

A busca pela objetividade, na verdade, assenta-se na expectativa do gestor (avaliador) de eximir-se de responsabilidade em relação ao juízo de valor emitido sobre a pessoa (avaliado) e seu trabalho, além da noção de comparação. Essa expectativa de neutralidade que almejam os avaliadores mais se assenta no interesse em não assumir o ônus de avaliar do que em eventual desejo de justiça. Nesse particular, é preciso trazer os gestores ao seu papel de também avaliadores.[3]

Outro aspecto a ser destacado, decorrente do anterior, é o necessário repensar dos instrumentos de avaliação de desempenho, para que passem a incorporar técnicas de coleta de dados com parâmetros de natureza qualitativa. Nesse particular, uma entrevista (conversa) bem conduzida entre a liderança e cada membro da equipe, mesmo um grupo focal, ou ainda questões abertas para o servidor dissertar, podem trazer melhores subsídios para a gestão de desempenho do que um questionário revestido de uma suposta objetividade.

A adoção de parâmetros rígidos e escalas numéricas ou gráficas tende também a estimular comparações entre os membros da organização, promovendo mesmo um ambiente de competição. Isso nem sempre pode ser adequado. Digno de destaque, ainda, é o fato de que números e gráficos não garantem, por si sós, a objetividade, pois admitem também diferentes interpretações e produção de significados por parte dos sujeitos – a subjetividade.

De fato, as notas de um processo avaliativo deveriam operar como um insumo para o processo de *feedback*, subsidiando um retorno da chefia ao servidor, sinalizando oportunidades de reconhecimento ou de eventuais correções de curso necessárias. Nesse sentido, não se pode afastar a possibilidade de uma pessoa poder se sentir desconhecedora sobre o que de fato o gestor pensa acerca de seu desempenho tão somente a partir de números ou gráficos.

Alternativamente, há modelos de avaliação de desempenho que abandonam essas escalas, em sua totalidade ou em parte, e optam pela adoção de pareceres escritos. Estes estão longe de ser objetivos, porém, dependendo da forma e do comprometimento com que são produzidos, podem encerrar mais conteúdo e ser mais efetivos como recurso de comunicação de resultado e, por conseguinte, de gestão de desempenho, sob a perspectiva de desenvolvimento das pessoas e dos processos de trabalho. Em suma, a boa gestão é, em essência, resultado de uma boa conversa, e nesta, de uma boa escuta.

Pressuposto de resistência localizada no servidor, e não no gestor

Os modelos convencionais de gestão de desempenho têm se preocupado sobremaneira com mecanismos para minimizar a resistência do servidor, em particular na fase de avaliação. Pouca ou nenhuma atenção tem sido dada ao gestor – o agente promotor do desempenho, e, sobretudo, do desenvolvimento dos servidores e do aperfeiçoamento dos processos de trabalho.

Além de breve instrução sobre como realizar a avaliação em termos de utilização dos sistemas e do conhecimento dos parâmetros de mensuração, pouco se tem investido na capacitação dos gestores para lidar com o complexo processo e com as relações que dele advêm. Não desenvolver essas competências – notadamente a comunicação, a negociação e o pensamento estratégico[4] – promove um sentimento de insegurança. O gestor que se sente inseguro na condução do processo, como reação legítima de preservação, não assumirá a relação, ou imporá a ela feições meramente formalísticas.

Como decorrência deste último aspecto, ressalta-se que a ênfase nos processos de in-

---

[3]Aqui, adota-se a perspectiva do avaliador tão somente para fins de exercício de reflexão, visto que, de fato, a expectativa de objetividade se estende, ainda que em distintas intensidades e razões, a todos os atores envolvidos no processo.

[4]Como pensamento estratégico, entende-se o pensar sistêmico, que reconhece as diretrizes de topo da organização, alcançando o seu todo – assim entendidas as relações internas e os enlaces externos de diferentes ordens –, orientado para uma perspectiva de longo prazo e com foco nos aspectos que criam valor público.

trodução da gestão de desempenho tem recaído sobre os instrumentos (leis, regulamentos, sistemas, capacitação de agentes), o que Barbosa (2006) denomina sistemas meritocráticos, em detrimento da atuação sobre os pressupostos que influenciam a adoção desse conceito – a ideologia meritocrática. Ou seja, pode-se dizer que, caso as pessoas estivessem mesmo dispostas a avaliar e a ser avaliadas, uma simples conversa ou uma folha de papel seriam meios suficientes para promover o relacionamento e o desenvolvimento interpessoal e institucional (estratégia da organização).

Na administração pública, esse fenômeno de resistência, que tem vertentes de explicação bem definidas, apresenta outra peculiaridade em relação ao que se observa, em geral, nas organizações do setor privado, ou seja, a presença de resistência em ambos os polos do processo – avaliado (servidor) e avaliador (gestor). De modo geral, são mais evidentes as restrições impostas pelos agentes avaliados nesse processo.

Desse modo, o avaliador tem sido historicamente negligenciado nos esforços pretéritos de introdução da gestão de desempenho. Diferentemente do que tem sugerido o senso comum, é no polo do gestor (avaliador) que a relação se distancia substantivamente daquela que se manifesta no setor privado. Em face das especificidades que moldam o peculiar contexto do setor público, do gestor deste são exigidas competências distintas daquelas requeridas do gestor no setor privado, ambiente mais pródigo em recursos de coerção mais céleres e efetivos.

Outro fator de contexto que contribui para o descrédito em relação à adoção da gestão de desempenho são as dificuldades inerentes à finalização do processo de avaliação e à adoção das medidas de desenvolvimento dele decorrentes, que não raras vezes estão fora do alcance do gestor imediato. De fato, o traço corporativo característico da cultura organizacional predominante no setor público, associado à ausência de exigências estruturadas provenientes de uma instância supraorganizacional – a sociedade – em relação a melhores níveis de desempenho, restringe os estímulos de ação dos gestores públicos em relação a atitudes mais efetivas.

CONSIDERAÇÕES FINAIS

A avaliação é, em si, um processo que envolve, necessariamente, um componente de disputa de poder e de concessões e ajustes, movimentos que exigem competências como a comunicação, a negociação e a empatia, entre outras.

Ampliando ainda mais a perspectiva de análise, tem-se o imperativo de reconhecer os conceitos a ela afetos, tomados no contexto cultural brasileiro, algo que, de antemão, se pode sugerir como revelador de uma postura refratária ao procedimento. Sabe-se que, no âmbito da administração pública, por forte influência cultural, tem-se pouca inclinação para avaliar um colega de trabalho, geralmente reconhecido como alguém na condição temporária de subordinado.

Essa alternância nas posições de chefia, própria de arranjos sociais de trabalho mais estáveis, constitui um ingrediente que amplia a complexidade do processo de gestão de desempenho. Estão presentes aí traços culturais, como o personalismo (conduta orientada pelas dimensões pessoal e afetiva) e o clientelismo (relação de troca de favores), entre outros.

Ainda sobre avaliação de desempenho nas relações de trabalho no serviço público em particular, é preciso considerar que a avaliação de desempenho não é efetiva também porque as chefias não querem se incomodar ou temem implicações pessoais e repercussões políticas. A aversão ao conflito potencial inibe a prática do *feedback*, que tende a ser, de antemão, assumido como uma ofensa. Elementos de ética, notadamente no que diz respeito ao significado de ser servidor público, são transversais ao tratamento desse tema. Uma vez superado esse elemento de fundo cultural, podem assumir proeminência os importantes aspectos de base instrumental, sobretudo a competência de comunicação.

Em suma, esses são pontos que exigem uma reflexão mais profunda, visto que são elementos da realidade que não podem ser desconsiderados, pois afetam intensamente a efetividade dos sistemas de gestão de desempenho.

A administração pública – mas não só ela – ressente-se, por vezes, de significativa resistência em relação à adoção de rotinas que envolvem a aferição mais efetiva de desempenho funcional. É importante assinalar que as resistências essenciais que se impõem à institucionalização da gestão de desempenho nas organizações estão localizadas nas pessoas e em suas relações, influenciadas por elementos valorativos que moldam a cultura nacional. Resistir à introdução da gestão de desempenho, ou da avaliação de desempenho de modo mais específico, portanto, não é algo a se estranhar.

Os sistemas de gestão de desempenho precisam se adaptar às pessoas e apresentar interfaces para a conversação com diferentes públicos. Nesse aspecto, a sociedade assume destaque: a prática da gestão de desempenho precisa se voltar para a sociedade, interagir com ela e mostrar-se de forma transparente.

É preciso olhar para trás e reconhecer onde erramos em matéria de gestão de desempenho de pessoas. Impõe-se desconstruir entendimentos enviesados e impróprios para os fins a que se destina efetivamente a gestão de desempenho e construir um sistema de gestão que tenha em seu centro o desenvolvimento das pessoas, não somente como profissionais com vistas a uma melhor entrega de valor público, mas como seres humanos integrais.

REFERÊNCIAS

Barbosa, L. (2006). *Igualdade e meritocracia: a ética do desempenho nas sociedades modernas*. Rio de Janeiro: FGV.

Bergue, S. T. (2010). The managerial reduction in the management technologies transposition process to public organizations. *Brazilian Administration Review*, 7(2), 155-171.

Bergue, S. T. (2011). *Modelos de gestão em organizações públicas*. Caxias do Sul: EDUCS.

Bergue, S. T. (2014). *Gestão estratégica de pessoas no setor público*. São Paulo: Atlas.

Brasil. (2017). *Lei nº 13.460, de 26 de junho de 2017*. Recuperado de http://www.planalto.gov.br/ccivil_03/_ato2015-2018/2017/lei/l13460.htm

Brasil. (1988). *Constituição da República Federativa do Brasil de 1988*. Recuperado de http://www.planalto.gov.br/ccivil_03/Constituicao/Constituicao.htm

Cordella, A., & Bonina, C. M. (2014). A public value perspective for ICT enabled public sector reforms: a theoretical reflection. *Government Information Quarterly*, 29(4), 512-520.

Gonçalves, J. E. L. (2000a). *As empresas são grandes coleções de processos*. Revista de Administração de Empresas, 40(1), 6-19.

Gonçalves, J. E. L. (2000b). *Processo, que processo?* Revista de Administração de Empresas, 40(4), 8-19.

Motta, F. C. P., & Alcadipani, R. (1999). *Jeitinho brasileiro, controle social e competição*. Revista de Administração de Empresas, 39(1), 6-12.

Ohno, T. (1997). *O sistema Toyota de produção: além da produção em larga escala*. Porto Alegre: Bookman.

Ramos, A. G. (1966). *Administração e estratégia do desenvolvimento*. Rio de Janeiro: FGV.

Weick, K. (1995). *Sensemaking in organizations*. London: Sage.

12

AVALIAÇÃO DE TALENTOS NAS ORGANIZAÇÕES

Tatiana de Cassia Nakano
Karina da Silva Oliveira
Priscila Zaia

CONTEXTO HISTÓRICO

O contexto organizacional é um dos espaços onde se pode observar, de forma mais explícita, as intensas mudanças de paradigmas, protocolos e processos impostos pela globalização (Pereira, 2017), pela aceleração no fluxo de inovações em tecnologia, pela rapidez de acesso às informações e pelo aumento da competitividade entre as empresas (Ramos & Marques, 2014). Todo esse processo de evolução da área, associado ao ambiente cada vez mais competitivo, demandou da psicologia organizacional e do trabalho (POT) uma conduta mais dinâmica, tecnológica e contextualizada às necessidades do mercado de trabalho atual (Gontijo, 2005), envolvendo, principalmente, a adoção de técnicas relacionadas à gestão da empresa e de seus recursos humanos.

Entre as atuais demandas, o maior desafio enfrentado para assegurar condições de competitividade da organização tem sido a gestão de talentos (Ramos & Marques, 2014), uma vez que "[...] as empresas que implantarem estratégias que atraiam, desenvolvam e retenham profissionais em potencial terão maiores chances de enfrentar a concorrência e ganhar o mercado" (Ramos & Marques, 2014, p. 90). As empresas buscam identificar e atrair os talentos do mercado externo e reter os existentes em seu quadro de funcionários, e, assim, estão voltando seus olhares, cada vez mais e de maneira mais criteriosa, para o capital intelectual presente dentro e fora da organização, em busca de talentos que possam agregar valor e impulsionar o crescimento organizacional (Becker & Nicácio, 2012).

Diante das constantes mudanças no mercado de trabalho e da escassez de mão de obra qualificada, as empresas têm buscado investir, cada vez mais, na gestão de pessoas, com foco na retenção dos talentos humanos encontrados (Cunha & Martins, 2015), por meio de estratégias de atração, identificação, desenvolvimento e manutenção de colaboradores que apresentam potencial, capacidade e habilidades em alguma área. Como resultado, as empresas têm concorrido entre si não só por clientes e mercados, mas também pelo recurso elevado à categoria mais importante de todas: o talento humano (Sant'Anna, Morais, & Kilimnik, 2005). Como consequência, em toda a história do mundo organizacional, nunca se fez notar tamanha preocupação e cuidados com a retenção de talentos nas organizações (Leonardo, 2002).

Segundo Castro (2011), nas empresas, o capital humano tem sido valorizado, tendo em vista que é por meio dos conhecimentos, das competências, das atitudes e das habilidades de seus funcionários que as empresas têm alcançado êxito em suas metas, favorecendo a competitividade, a inovação e a produtividade. Dessa forma, observa-se o crescente interesse das instituições em identificar, selecionar e manter profissionais talentosos (Almeida, 2004), de modo que o planejamento das organizações passa, cada vez mais, a contemplar outros aspectos, não só laborais, mas também pessoais, tais como a avaliação de expectativas, aspirações, qualificações e valores de seus funcionários, a fim de atraí-los (Leonardo, 2002).

Diante desse quadro, seria de se esperar que uma série de reflexos positivos pudessem ser observados no contexto do trabalho, envolvendo um maior enriquecimento das tarefas desempenhadas em cada cargo, participação mais ativa dos funcionários, melhores condições de trabalho, aumento da satisfação laboral e oferecimento das condições necessárias para o desenvolvimento e a efetiva aplicação das novas competências individuais (Sant'Anna et al., 2005). Entretanto, Thunissen (2016) aponta dificuldades práticas em relação ao tema. Segundo a autora, na literatura orientada para o público e na prática organizacional, há um intenso debate sobre os desafios que as organizações enfrentam em relação aos talentos, principalmente na última década. Por outro lado, a produção acadêmica e científica sobre esse tema ainda é reduzida, de modo que existe uma lacuna entre a prática e o interesse acadêmico no assunto. De modo semelhante, Guerci e Solari (2012) apontam críticas e problemas no gerenciamento de talentos, relacionados, principalmente, à ambiguidade de sua definição.

Nesse sentido, este capítulo buscará abordar a avaliação de talentos no contexto das organizações, ressaltando os benefícios da identificação de profissionais talentosos, bem como os benefícios desse processo para a pessoa talentosa, para as organizações e para a sociedade. Baseamo-nos na importância não só do processo de avaliação e identificação de indivíduos talentosos, mas também na relevância do oferecimento de estratégias e práticas voltadas ao seu desenvolvimento.

COMPREENSÕES SOBRE TALENTO

Especificamente no contexto organizacional, o termo "talento" vem sendo associado ao termo "competência", ambos compreendidos como uma característica ou um conjunto de características relacionadas a saberes, conhecimentos, experiência, dons, atitudes, aptidões e habilidades que favoreçam o alcance de resultados e a solução de problemas, bem como a capacidade de aprender e se desenvolver (Spencer & Spencer, 1993). No entanto, uma definição consensual ainda está longe de ser estabelecida, visto que tal compreensão varia em relação a diferentes enfoques, áreas do conhecimento e contextos de aplicação.

Nesse sentido, três diferentes compreensões do termo podem ser citadas. A primeira delas associa o talento a um potencial extraordinário e raro, de modo que se tem a compreensão de que apenas um grupo restrito de pessoas tem tal qualidade. Desse modo, a dificuldade na identificação e na valorização da pessoa talentosa em uma equipe se justifica, dada sua raridade (Ferrazza, Burtet, & Scheffer, 2015). As consequências desse tipo de compreensão envolvem o fato de que, por ser considerado um potencial raramente encontrado, poucas empresas se mostram dispostas a buscar talentos para fazer carreira, adotar medidas para seu desenvolvimento ou oferecer um ambiente de trabalho aberto a novas ideias. A maior parte delas acaba por contratar funcionários apenas para preencher uma vaga ociosa, sem se preocupar em estimular o potencial de seus profissionais (Coradini & Murini, 2009).

A segunda compreensão envolve a visão de talento no senso comum. Nela, uma pessoa talentosa seria aquela que tem uma habilidade inata, acima da média, cujo caráter específico se assemelharia à noção de dom, o qual permitiria que a pessoa talentosa viesse a realizar uma tarefa com mais qualidade e excelência que aquelas que não têm tal talento (Ramos, Theodoro, & Pinto, 2012). Se adotada tal compreensão, a possibilidade de desenvolvimento de talentos se anula, o que justifica a ausência de investimentos nesse sentido.

Por fim, se talento for compreendido como a expressão de uma habilidade específica ou potencial superior em alguma área, como no domínio das altas habilidades/superdotação (Alencar, Feldhusen, & French, 2004), veremos que, novamente, o talento será associado a uma habilidade infrequente e a uma capacidade superior, notadamente em relação a áreas como inteligência, criatividade e inovação (Candeias, Rebelo, Silva, & Mendes, 2011; Miranda, Antunes, & Almeida, 2015; Passos & Barbosa, 2017).

Dada essa amplitude de compreensões, após a revisão do termo talento e de seus correlatos (alto potencial e alto desempenho), Oliveira, Natividade e Gomes (2013) sintetizaram quatro diferentes concepções para talento:

1. Talento como fenômeno inato ou dotação: é compreendido como um desempenho superior em algum domínio. No contexto organizacional, as pessoas recebem salários superiores à média para ocuparem posições estratégicas.
2. Talento como prática deliberada: envolve o esforço individual para a melhoria de desempenho em alguma área. São buscados profissionais que já tenham exercitado seus conhecimentos em cargos semelhantes anteriormente, recebendo treinamento, *mentoring* e *coaching* para se tornarem independentes.
3. Talento como produto de forças individuais em áreas que despertam interesse: neste caso, as forças dos indivíduos são identificadas e desenvolvidas por meio de treinamentos que visam a aprimorar seus conhecimentos e habilidades.
4. Talento como produto/soma de habilidades: envolve, conjuntamente, aspectos inatos, prática deliberada e forças individuais, de modo a alcançar o sucesso profissional de forma mais efetiva e rápida.

A revisão das compreensões que o termo talento tem recebido aponta que, de modo geral, ainda que importantes diferenças possam ser observadas, uma questão que se torna evidente ao refletir sobre o conceito é que, apesar das divergências existentes, a importância desses indivíduos para o contexto organizacional se mantém, dentro de um modelo de gerenciamento que envolve não só sua identificação, mas também desenvolvimento e retenção, dentro de um alinhamento entre as atitudes e os comportamentos do trabalhador com as políticas, os processos e as práticas da organização (Caracol, Palma, Lopes, & Sousa, 2016).

A PESSOA TALENTOSA

A identificação de pessoas talentosas e a compreensão de suas características têm sido foco de estudos em psicologia há muitas décadas (Candeias et al., 2011), dadas as contribuições pessoais, profissionais e sociais que tais indivíduos podem oferecer. As especificidades do mercado de trabalho têm demonstrado a relevância e a urgência das organizações em reconhecer tais profissionais (Alencar & Fleith, 2003; Almeida, 2004; Gontijo, 2005), de modo que essa valorização do potencial humano se dá, atualmente, por diferentes razões: as demandas de trabalho ajustam-se cada vez menos à disponibilidade de pessoal qualificado, visto que os avanços tecnológicos têm exigido conhecimento especializado e alta capacitação técnica (Castro, 2011), assim como a saturação de mão de obra em algumas áreas alerta para o fato de que, nessas áreas, há também um nivelamento de habilidades acadêmicas, que dificulta a seleção do colaborador ideal para a função (Gontijo, 2005).

Diante desse quadro, a identificação de características das pessoas talentosas tem permitido às organizações a diferenciação dos funcionários de acordo com seus interesses e potenciais (Gontijo, 2005). Ao ser integrados em programas de desenvolvimento de talentos, em geral, os profissionais vêm desenvolvendo uma série de habilidades importantes, as quais envolvem, entre outras possibilidades, o aperfeiçoamento de competências, a flexibilização de perfil profissional, a melhoria da autoestima e da confiança e menores índices de saída voluntária (Caracol et al., 2016). Nesse sentido, a retenção de talentos busca a fidelização dos colaboradores à organização, e, de maneira geral, é desenvolvida mediante atrativos, tais como possibilidade de crescimento e promoção, planejamento de carreira, incentivos financeiros, participação em decisões importantes, divisão de lucros, além de desenvolvimento pessoal e profissional (Cunha & Martins, 2015; Veloso, Silva, Dutra, Fischer, & Trevisan, 2014).

Dada a relevância da identificação desses talentos, uma série de características das pessoas talentosas tem sido descrita na literatura científica das mais diferentes áreas, principalmente educação, psicologia, administração, música e esportes. Algumas delas são apresentadas, a título ilustrativo, no Quadro 12.1.

Diante das descrições dos comportamentos associados ao talento, é possível afirmar que o profissional que tem sido buscado pelas instituições é aquele que articula seus conhecimentos técnicos e acadêmicos e suas habilidades criativas profissionais e pessoais em prol de seu próprio desenvolvimento, assim como o da organização com a qual colabora. É importante destacar também que, se tomado o talento como expressão de altas habilidades/superdotação, conforme uma das suas compreensões, apontada anteriormente, pontos em comum na descrição das características almejadas pelas organizações podem ser encontrados em relação às características associadas à pessoa com altas habilidades/superdotação.

Uma revisão de literatura acerca das principais características descritoras da pessoa com altas habilidades/superdotação, realizada por Bassinello (2014), identificou que os comportamentos em geral são associados à atenção seletiva a partir de motivação intrínseca, perseverança e ética no trabalho, curiosidade intelectual, habilidade em "pensar fora da caixa", preferência pelo desconhecido/ambíguo, elevados padrões internos e necessidades de desafios, entre outros. Observe que elas se encontram englobadas nas descrições apresentadas no Quadro 12.1, de modo que talento, independentemente de ser considerado como um

QUADRO 12.1
Características que descrevem o talento

Autores	Características que descrevem o talento
Gontijo (2005)	Flexibilidade; estabilidade emocional; competências socioemocionais; perseverança; capacidade de adaptação a mudanças.
Richardson, Peres, Wanderley, Correira, & Peres (1999)	Domínio de novos conhecimentos técnicos associados ao exercício do cargo ou função ocupada; capacidade de aprender rapidamente novos conceitos e tecnologias; criatividade; capacidade de inovação; capacidade de comunicação; capacidade de relacionamento interpessoal; capacidade de trabalhar em equipe; autocontrole emocional; visão de mundo ampla e global; capacidade de lidar com situações novas e inusitadas; capacidade de lidar com incertezas e ambiguidades; iniciativa de ação e decisão; capacidade de comprometer-se com os objetivos da organização; capacidade de gerar resultados efetivos; capacidade empreendedora.
Perpermans et al. (2003 apud Oliveira et al., 2013)	Capacidade de trabalhar em equipe; motivação para alcançar melhores desempenhos; delegação de tarefas; liderança, persuasão, julgamento; ousadia; capacidade de assumir riscos; criatividade; identificação com a organização; flexibilidade; visão; integridade; consciência da existência de diferenças culturais; capacidade de oferecer *feedback* adequado.
Lombardo & Eichinger (2000)	Busca do autoconhecimento, do conhecimento do outro e de novas ideias; interesse genuíno em aprender a partir de *feedback* e experiência; alteração de comportamentos como resultado de aprendizagem.
Emgelman, Nodari, & Froehlich (2017)	Capacidade de inovação; capacidade de trabalho em equipe; flexibilidade; tolerância à ambiguidade; motivação; satisfação.

potencial organizacional ou um potencial geral (relacionado às altas habilidades/superdotação), envolve uma capacidade relacionada a um alto potencial que traz destaque ao indivíduo.

Entretanto, é importante esclarecer que essas não são características do tipo "tudo ou nada" (Nakano & Wechsler, 2007); na verdade, elas podem existir em diferentes graus e formas, podendo, inclusive, ser modificadas por meio do desenvolvimento e da estimulação, que, por sua vez, ocorrem devido a interações entre a predisposição genética e uma ampla gama de variáveis externas (Alencar et al., 2004). As circunstâncias, os estímulos, as condições ambientais e as oportunidades disponíveis têm grande relevância para alavancar ou cercear o potencial dos indivíduos (Alencar, 2015).

Nakano e Wechsler (2012) ainda ampliam a questão, afirmando que o desenvolvimento e a manifestação dessas características não dependem somente de esforços individuais dos sujeitos, mas também é importante considerar o contexto social (família, trabalho, escola), a fim de compreender as condições oferecidas nesses espaços para a expressão de tais habilidades. Dessa forma, é possível concluir que, assim como reconhecer tais características no próprio repertório profissional, é fundamental que haja espaço para a expressão e o desenvolvimento desses potenciais, a fim de que seja possível ao profissional executar suas funções com excelência, tal como defendem Ramos e colaboradores (2012).

Assim, dada a ênfase do texto na compreensão de talento no contexto organizacional, o tópico a seguir enfocará as características das organizações talentosas.

AS ORGANIZAÇÕES TALENTOSAS

As organizações talentosas podem ser descritas como aquelas que visam à identificação de profissionais que possam contribuir para o seu desenvolvimento, sendo esse um tema desafiador desde os primórdios da POT (Pereira, 2017). Uma retomada histórica aponta que, inicialmente, as demandas eram relacionadas a aspectos de força física, tendo em vista a realidade da atuação profissional, que, predominantemente, concentrava-se no campo (Campos Neto, 2015). Em um segundo momento, as exigências do mercado de trabalho apontaram para a necessidade de profissionais que demonstrassem bons potenciais cognitivos, experiência e bom desempenho, pois, ao longo dos anos, as tarefas de trabalho adquiriram características mais padronizadas. O autor ainda aponta para um terceiro momento, no qual, devido à evolução tecnológica e à inserção de atividades mais complexas no campo profissional, passou-se a valorizar a capacidade dos profissionais para apresentar bons resultados, ou seja, a competência tornou-se a característica diferencial para a seleção de um bom profissional.

Considerando-se que, atualmente, ocorreram inúmeras mudanças nos escopos de trabalho, e o ambiente empresarial é repleto de características desafiadoras, como incertezas, complexidade e ambiguidade, é também esperado que as instituições almejem profissionais cujos talentos envolvam capacidades cognitivas, de liderança, criatividade, inovação e adaptação. Terra (2000) contribui para essa reflexão elencando as necessidades das empresas modernas, as quais envolvem crescimento contínuo e retenção de talentos, a fim de diminuir a rotatividade dos colaboradores, a flexibilidade frente às exigências dos clientes/consumidores e a competitividade.

Tendo em vista esses desafios enfrentados pelas instituições, Ramos e colaboradores (2012) afirmam que as empresas têm percebido que o maior investimento deve ser realizado visando às pessoas, ou seja, seus colaboradores, considerando-se que esses profissionais serão capazes de oferecer soluções inovadoras, a fim de garantir a sustentabilidade das organizações. Por essa razão, os mesmos autores sugerem que o investimento em talentos seja maior do que o investimento realizado na obtenção de novas tecnologias.

Ainda que exista um esforço por parte das organizações em desenvolver as habilidades relacionadas ao potencial de seus funcionários, um alerta importante é apresentado por Liker e Meier (2008). Os autores defendem que o desenvolvimento dos talentos de uma instituição deve ser, fundamentalmente, um princípio que norteie a prática diária, e não apenas uma intenção teórica. Peloso e Yonemoto (2010), concordando com essa afirmação, defendem que é importante que as empresas tenham seus objetivos bem definidos ao estabelecerem programas de gerência de talentos, pois essa é uma tarefa que demanda estratégias de planejamento e políticas institucionais que envolvem, particularmente, a área de recursos humanos de uma empresa.

Tal comprometimento por parte da instituição é necessário, pois, entre as ações possíveis relacionadas à gestão de talentos, Moitinho (2011) destaca dois tipos de reconhecimento: financeiro e social. No financeiro, a empresa precisa definir como valorizar os resultados do colaborador por meio de bonificações em dinheiro. No social, cabe à empresa definir critérios que contribuam para a melhoria da qualidade de vida de seus funcionários, a fim de que se mantenham motivados para a execução de suas atividades. Sumarizando essa questão, Silva, Pavanato e Brito (2011) oferecem algumas sugestões de ações que têm se mostrado eficazes na gestão de talentos: oferecer apoio ao funcionário na busca de interesses pessoais que sejam relevantes para a empresa; garantir espaço de atuação; realizar processos constantes de avaliação de desempenho; oferecer oportunidades de convívio e troca de experiências com profissionais que são referência em suas áreas de atuação; oferecer reconhecimento pelas conquistas individuais e coletivas; confiar novas responsabilidades ao funcionário; apresentar um "*mix* de benefícios", com possibilidades de escolhas segundo as conveniências e necessidades do funcionário.

Engelman e colaboradores (2017) também ressaltam algumas ações características presentes nas organizações que valorizam seus talentos humanos: promover ações combinadas de recursos e habilidades que orientem a direção de oportunidades tecnológicas das quais os funcionários possam tirar proveito; apresentar formas organizacionais que propiciem atividades descentralizadas e centralizadas; realizar processos de aprendizagem que permitam um aumento das suas competências específicas; ter métodos de alocação de recursos que conciliem as necessidades de investimentos rentáveis em oportunidades para o presente e para o futuro.

Neste processo de definição de valores e ações institucionais, é importante que se tenha clareza de que não existem fórmulas que sejam eficazes por si só, sendo fundamental que cada empresa, ciente de seu potencial competitivo e de suas limitações, busque descobrir novas maneiras de desenvolver, favorecer e ampliar seus conhecimentos e competências, a fim de atrair e reter profissionais capacitados (Castro, 2011). Dessa forma, segundo Liker e Meier (2008), os benefícios relacionados ao clima organizacional e às questões financeiras, entre outros ganhos possíveis, são uma consequência natural de bom andamento, desenvolvimento e motivação das equipes que compõem a instituição, e a associação entre o estímulo ao talento individual e um ambiente organizacional favorável traz benefícios não só individuais e empresariais, mas também sociais. Esse tema será abordado a seguir.

A INTERAÇÃO ENTRE PESSOAS TALENTOSAS, EMPRESAS E SOCIEDADE

Nesta seção, abordaremos questões relacionadas ao termo talento, a pessoas e a empresas talentosas. No entanto, há ainda um aspecto mais amplo a ser considerado, que diz respeito aos impactos do talento na sociedade, que podem ocorrer em âmbitos econômicos, geográficos e culturais. Conforme apresentado anteriormente, os ciclos de desenvolvimento econômico são resultado da combinação de fatores, como inovação e construção de novos paradigmas, os quais, por sua vez, alteram profundamente as mais diversas áreas de atuação profissional (Campos Neto, 2015; Dewes, Neves, Jung, & Caten, 2012). Tais mudanças nos sistemas produtivos e nas demandas do mercado de trabalho ocasionaram a alteração da economia manufatureira para a de serviços. Concordando com essa afirmação, Cavalcanti e Gomes (2001) defendem que a economia atual trouxe mudanças importantes para os setores econômicos, de modo que, hoje, há uma maior valorização dos produtos que agreguem, em seus processos de criação, conceitos de inovação, tecnologia e inteligência.

A alteração das necessidades de mercado, por sua vez, modificou as disponibilidades de moradia dos indivíduos, que acabam preferindo os grandes centros urbanos, visando a maiores oportunidades de trabalho e desenvolvimento (Alves, Souza, & Marra, 2017). Essa realidade gerou uma concentração de profissionais talentosos em centros urbanos. Segundo Florida (2002), tal concentração está intrinsecamente associada ao crescimento e ao desenvolvimento das cidades, assim como das regiões mais produtivas em diversos países, estando intimamente relacionada a crescimento econômico, inovação, abertura à criatividade e diversidade. Lubart (2007) aponta para o fato de que uma sociedade que tem seus talentos mais desenvolvidos é capaz de gerar e encontrar respostas eficazes e criativas mais rapidamente, sendo mais adaptada às necessidades e aos desafios que se fizerem presentes.

Do ponto de vista cultural, observa-se que, nesse modelo moderno de valorização dos talentos, a construção da carreira deixou de ser caracterizada pela sucessão de diferentes cargos em uma instituição (Veloso, Dutra, & Nakata, 2016), ou, ainda, relacionada à profissão (Balassiano, Ventura, & Fontes Filho, 2004). Atualmente, segundo Fontenelle (2007), há um modelo de autogestão de carreira, no qual o indivíduo assume a responsabilidade pelo caminho que percorrerá, considerando seus interesses pessoais, as condições sociais e as oportunidades disponíveis. Assim, é possível observar um maior comprometimento dos indivíduos em buscar aperfeiçoamento contínuo, ampliando e aprofundando seus conhecimentos a partir de suas intenções e aspirações profissionais. Pichini, Brito e Porto (2018) contribuem para essa reflexão, afirmando que o comprometimento com a carreira favorece uma conduta proativa, que busque eficiência, cujo envolvimento não se dá apenas por questões relacionadas a competências técnicas, mas também a aspectos emocionais, afetivos e de identidade.

A partir dessa breve reflexão sobre o impacto e os benefícios para a pessoa, a organização e a sociedade de características talentosas associadas, faremos, a seguir, uma revisão de técnicas e ações que podem auxiliar no processo de avaliação de talentos no contexto das organizações.

A IMPORTÂNCIA DE SE AVALIAR TALENTOS

A importância de avaliar talentos ampara-se na constatação de que o talento, compreendido no contexto organizacional, pode ser adquirido e/ou desenvolvido por meio do estabelecimento de cultura e um ambiente em que as habilidades individuais são apreciadas e os funcionários são desafiados a desenvolver todo seu potencial (Caracol et al., 2016), em um modelo que alinha os interesses individuais e organizacionais. Sua valorização decorre principalmente do fato de que a perda de um profissional qualificado pode trazer um prejuízo importante para uma empresa, visto que, junto a ele, perde-se também o investimento em tempo e em treinamento (Cunha & Martins, 2015), de modo que a rotatividade dos funcionários tem sido evitada. Ainda segundo os autores, tem-se visto o desenvolvimento de programas voltados à manutenção dos talentos e à retenção de funcionários capazes de proporcionar melhores resultados e fazer diferença no lugar que ocupam dentro da empresa.

A identificação do talento poderia auxiliar na obtenção de respostas a algumas questões: em que domínios ou áreas o indivíduo apresenta maior potencial? Qual o nível de talento que ele já tem desenvolvido? Que predições podem ser feitas acerca da produtividade desse sujeito? Que tipo de programa de desenvolvimento é mais apropriado para um indivíduo com esse perfil?

Nesse novo modelo de gestão de recursos humanos, o desenvolvimento das habilidades pessoais promove uma ampliação das funções exercidas pelo setor em questão (Albuquerque & Oliveira, 2001). Dessa forma, ao profissional que atua na gestão de talentos, cabe não apenas a função de selecionar, mas também de promover e reter os colaboradores em suas instituições (Chiavenato, 2008). Outros importantes usos desse tipo de estratégia se amparam na possibilidade de melhor adequação das pessoas aos cargos ocupados, melhoria no processo de recrutamento e seleção, elaboração de critérios mais bem definidos para promoção e realocação de talentos para áreas em que possam ser mais bem aproveitados.

Sabe-se que, quando uma organização não aproveita seus talentos, corre o risco de não transformar as capacidades individuais em vantagens organizacionais. Consequentemente, deixa de aproveitar talentos ocultos ou subaproveitados, os quais, com o passar do tempo, podem se sentir desmotivados e perder o comprometimento laboral. No entanto, a dificuldade de definir talento de forma objetiva e mensurável, aliada à escassez de instrumentos adequados para acessar esse construto, vem dificultando a identificação desses indivíduos pelas organizações (Oliveira et al., 2013). As estratégias mais comumente utilizadas para a avaliação de talentos nas organizações serão apresentadas a seguir.

ESTRATÉGIAS DE AVALIAÇÃO DE TALENTOS NAS ORGANIZAÇÕES

Antes da elaboração de um programa de identificação e avaliação dos talentos, a definição do perfil profissional que a organização precisa se torna o primeiro passo essencial no processo (Ramos & Marques, 2014). Somente desse modo as características e os potenciais desejados poderão ser claramente definidos e buscados. Nessa busca, o modelo de gestão de talentos recomenda que esse processo seja primeiro iniciado junto aos funcionários vinculados à organização e, posteriormente, caso não haja alguém com o perfil adequado, se inicie a busca por meio de recrutamentos externos. Portanto, a valorização do potencial humano já disponível torna-se prioridade. Assim, o conhecimento das "[...] competências de um profissional é o primeiro passo para iniciar um processo de gestão de pessoas voltado para gestão de talentos que visa a aprimorar e otimizar a participação do indivíduo dentro de uma organização" (Becker & Nicácio, 2012, p. 146).

Tomando como base a relevância dos talentos nas organizações (Alencar et al., 2004; Candeias et al., 2011; Ferrazza et al., 2015; Ramos et al., 2012) e a necessidade de estabelecimento de planos de ações que auxiliem no processo de avaliação, diferentes técnicas que podem ser utilizadas no processo de avaliação de pessoas talentosas no ambiente de trabalho têm sido destacadas na literatura científica. Uma síntese delas é apresentada no Quadro 12.2.

Oliveira e colaboradores (2013) apontam que, dependendo da compreensão do termo talento, a avaliação desse construto apresenta importantes variações. Uma síntese dos instrumentos padronizados e dos construtos avaliados é apresentada no Quadro 12.3.

Diante desse quadro, os autores deram início ao processo de desenvolvimento de um instrumento, baseado na definição de talento como produto de habilidades (Oliveira et al., 2013). O instrumento apresenta itens em formato de frases afirmativas, seguidas de uma escala de cinco pontos, para que os participantes respondam o quanto concordam com elas. Os itens abrangem três dimensões do talento, que se referem à qualidade na realização do trabalho (oito itens), à velocidade na realização do trabalho (seis itens) e à autonomia na realização do trabalho (seis itens). Estudos de investigação de suas qualidades psicométricas apontaram evidências positivas de estrutura interna (que confirmou os três fatores teóricos propostos), de relação com variáveis externas (traços de personalidade) e de precisão do instrumento, assim como ausência de influência significativa das variáveis sexo, escolaridade e tipo de empresa. No entanto, convém destacar que o instrumento ainda não se encontra disponível para uso comercial.

Por outro lado, outros instrumentos não específicos para avaliação de talentos organizacionais podem ser encontrados no SATEPSI.

QUADRO 12.2
Estratégias possíveis no processo de avaliação de talentos nas organizações

Estratégia	Definição	Usos e potencialidades
Avaliação de desempenho (Silva & Moitinho, 2016)	Caracteriza-se por ser uma estratégia que objetiva analisar a eficácia das metas propostas a partir dos esforços realizados pelos profissionais em suas funções.	Favorece a compreensão da eficiência e da produtividade de cada colaborador para que seja possível valorizar os pontos positivos ou identificar as fraquezas, a fim de melhorá-las por meio de treinamentos e outras ações possíveis. Pode ocorrer por meio de observações contínuas, realizadas pela liderança das equipes.
Avaliação psicológica (Primi, 2010)	Caracteriza-se por ser um processo sistemático de levantamento de informações relacionadas à compreensão da relação entre aspectos psicológicos do indivíduo e o contexto no qual ele atua. Sua função é contribuir para a tomada de decisão quanto a situações futuras.	Permite a observação sistemática de eventos psicológicos e a integração das informações, as quais são obtidas por meio de diferentes estratégias, tais como observação, entrevistas, testes psicológicos, avaliação de grupos e outras possibilidades de coleta de dados.
Avaliação psicossocial (Figueroa, Schufer, Muiños, Marro, & Coria, 2001)	Existem duas vertentes que caracterizam esta estratégia. A primeira diz respeito às interações entre o trabalho, a satisfação, o ambiente e as condições da organização. A segunda, por sua vez, relaciona-se às necessidades do funcionário, às suas capacidades, à sua condição pessoal em ambiente externo ao trabalho e à sua cultura.	Combina as estratégias de observação, entrevista e uso de questionários ou de inventários específicos para a área ou o setor-alvo da análise.
Entrevista (Pereira, 2017)	Considerando a área da POT, a entrevista estruturada mostra-se mais eficaz. Caracteriza-se por ser uma interação estruturada, com questões relacionadas ao perfil profissional e do cargo, assim como à experiência pregressa do profissional.	Permite que o relato da experiência seja coeso e específico, de modo que o avaliador tenha acesso mais objetivo às informações relevantes para o momento da avaliação do profissional.
Observação (Nunes, Lourenço, & Teixeira, 2017)	É uma das técnicas mais utilizadas em diferentes áreas de atuação. É realizada de maneira sistemática e tem como objetivo auxiliar na descrição de comportamentos.	Possibilita a visualização de gestos, comportamentos, como atitudes de solidariedade/competitividade, ou expressões emocionais e de humor.
Provas de conhecimento (Guimarães & Arieira, 2005)	Consistem em tarefas cujo objetivo é mensurar o quanto os candidatos dominam conhecimentos específicos.	Medir conhecimentos profissionais e/ou técnicos, como noções de informática, redação, inglês, contabilidade, entre outros. Podem ser provas orais, escritas ou práticas.
Provas situacionais/ técnicas de simulação (Tadaiesky, 2008)	Têm como objetivo verificar como os candidatos se comportariam em situações de interação com outros indivíduos. O ponto principal dessa estratégia é a simulação, em que será possível que a pessoa estabeleça vínculos e demonstre competências específicas ao cargo.	É um procedimento no qual os profissionais expressam suas habilidades a partir de uma dada situação, a qual pode ser dramatizada, a fim de verificar o desempenho associado à função.

Continua

QUADRO 12.2
Estratégias possíveis no processo de avaliação de talentos nas organizações

Estratégia	Definição	Usos e potencialidades
Testagem psicológica (Andrade & Sales, 2017)	São procedimentos padronizados para observar, mensurar e realizar o registro de amostras de comportamentos.	São utilizados para descrever e/ou medir características e processos psicológicos, tais como inteligência, cognição, emoção, afeto, personalidade e motivação. Cabe ao profissional da psicologia consultar a tabela de instrumentos favoráveis para uso no *site* do Conselho Federal de Psicologia, na área correspondente ao Sistema de Avaliação de Testes Psicológicos (SATEPSI) (Garcia & Sofal, 2007).

Eles avaliam construtos que podem trazer importantes informações sobre habilidades, interesses e potenciais individuais. Como exemplos, podem ser citados: Avaliação dos Interesses Profissionais (Levenfus & Bandeira, 2009), Estilos de Pensar e Criar (Wechsler, 2006), Inventário de Avaliação Ocupacional (Garcia & Sofal, 2007), Método de Avaliação de Pessoas (Duarte, 2011) e Questionário de Busca Autodirigida (Primi, Mansão, Muniz, & Nunes, 2010). Do mesmo modo, vários instrumentos de avaliação de traços de personalidade ou de aspectos cognitivos poderão trazer dados adicionais para a identificação dos talentos e suas áreas de expressão.

É importante destacar que, independentemente do método, da técnica ou do instrumento selecionado, o processo de avaliação e identificação deve englobar a utilização de estratégias variadas, a fim de possibilitar a obtenção do maior número possível de informações a respeito dos profissionais e de seus espaços de atuação na empresa (Chiavenato, 2008). Assim, não foi nossa pretensão apresentar técnicas e soluções padronizadas, mas sim um breve apanhado de estratégias disponíveis, de modo que

QUADRO 12.3
Instrumentos padronizados e construtos avaliados de acordo com a compreensão de talento

Compreensão de talento	Tipo de instrumento	Exemplos de instrumentos
Talento como fenômeno natural ou dotação	Testes de inteligência e dotação	Gifted Rating Scale Munich High-Ability Battery Test
Talento como prática deliberada ou *expertise*	Testes de motivação	Work and Family Orientation Questionnaire Deliberate Practice Motivation Questionnaire
Talento como produto de forças	Testes de identificação de forças e comportamentos	The Values in Action Classification of Strengths StrengtsFinder
Talento como alto desempenho ou alto potencial	Avaliação de desempenho	Ausência de instrumentos específicos para esse fim

cada profissional possa avaliar suas necessidades e selecioná-las a partir de seu contexto de atuação.

CONSIDERAÇÕES FINAIS

Muitos fatores têm contribuído para que as organizações percebam a necessidade de trocar um modelo de gestão baseado em cargos por uma proposta de gestão de talentos. Tais fatores incluem maior competitividade no mercado de trabalho, grande instabilidade econômica e conhecimentos altamente perecíveis – especialmente aqueles relacionados à tecnologia (Albuquerque & Oliveira, 2001; Almeida, 2004; Castro, 2011). Nesse cenário, observa-se, cada vez mais, a valorização do profissional talentoso, pois é por meio de suas habilidades, conhecimentos e potencial criativo e inovador que a empresa pode alcançar sua sustentabilidade em meio ao mercado competitivo (Ramos et al., 2012).

Essa realidade, por sua vez, provocou alterações em diversos setores organizacionais, particularmente no setor comumente conhecido como recursos humanos (RH) (Chiavenato, 2008). Essa área precisou se adaptar às demandas do mercado, não somente atuando na identificação de profissionais, mas também assumindo responsabilidades relacionadas ao desenvolvimento e à retenção de profissionais talentosos (Albuquerque & Oliveira, 2001). O processo de avaliação e identificação desses profissionais foi abordado neste capítulo por meio da apresentação de diferentes estratégias, métodos e técnicas, assim como dos benefícios desse processo para o próprio indivíduo, para a empresa e para a sociedade.

Para concluir, ainda que importantes avanços tenham sido observados na última década nessa temática, um importante debate, apontado por Thunissen (2016), merece ser mais bem explorado: na prática, a avaliação de talentos deve ser constituída por uma abordagem inclusiva, que se concentre nos talentos de todos os funcionários, ou em uma abordagem exclusiva, destinada a atrair e reter um seleto grupo de funcionários? Certamente, a primeira opção parece a mais vantajosa, tanto para a empresa quanto para os trabalhadores, de modo que o gerenciamento de talentos se mostre um conjunto de processos destinados a garantir um fluxo adequado de recursos dentro da organização (Guerci & Solaris, 2012).

REFERÊNCIAS

Albuquerque, L. G., & Oliveira, P. M. (2001). Competências ou cargos: uma análise das tendências das bases para o instrumental de recursos humanos. *Caderno de Pesquisas em Administração, 8*(4), 13-25.

Alencar, E. M. L. S. (2015). Promoção da criatividade em distintos contextos: entraves e desafios. In M. F. Morais, L. C. Miranda., & S. M. Wechsler (Orgs.), *Criatividade: Aplicações práticas em contextos internacionais* (pp. 15-32). São Paulo: Vetor.

Alencar, E. M. L. S., Feldhusen, J. F., & French, B. (2004). Identificando talentos, aspirações profissionais e pessoas mais admiradas por estudantes. *Psicologia Escolar e Educacional, 8*(1), 11-16.

Alencar, E. S., & Fleith, D. S. (2003). Criatividade no contexto das organizações. In E. S. Alencar, & D. S. Fleith (Orgs.), *Criatividade: múltiplas perspectivas* (pp. 157- 182). Brasília: Universidade de Brasília.

Almeida, W. (2004). *Captação e seleção de talentos: repensando a teoria e a prática.* São Paulo: Atlas.

Alves, E., Souza, G. S., & Marra, R. (2017). Aspectos da macroeconomia agrícola do Estado de São Paulo. *Revista de Política Agrícola, 26*(3), 142-146.

Andrade, J. M., & Sales, H. F. S. (2017). A diferenciação entre avaliação psicológica e testagem psicológica: Questões emergentes. In A. R. C. Lins, & J. C. Borsa (Orgs.), *Avaliação psicológica: aspectos teóricos e práticos* (pp. 9-22). Petrópolis: Vozes.

Balassiano, M., Ventura, E. C. F., & Fontes Filho, J. R. (2004). Carreiras e cidades: existiria um melhor lugar para se fazer carreira? *RAC, 8*(3), 99-116.

Bassinello, P. Z. (2014). *Construção de escala de autorrelato para identificação de características associadas a superdotação* (Dissertação de mestrado, Pontifícia Universidade Católica de Campinas, Campinas).

Becker, S. A. S., & Nicácio, J. A. (2012). Gestão de pessoas por competência: uma análise da gestão de talentos nas organizações, comparado com o modelo convencional de recursos humanos. *Ciências Sociais Aplicadas em Revista, 12*(22), 145-156.

Campos Neto, D. M. (2015). *Práticas de gestão de talentos nas organizações* (Dissertação de mestrado, Faculdade de Economia, Administração e Contabilidade, Universidade de São Paulo, São Paulo).

Candeias, A., Rebelo, N., Silva, J., & Mendes, P. (2011). Excelência vs. competência: Um desafio para a educação e o desenvolvimento profissional. In S. M. Wechsler, & T. C. Nakano (Orgs.), *Criatividade no ensino superior* (pp. 54-79). São Paulo: Vetor.

Caracol, C. C., Palma, P. J., Lopes, M.P., & Sousa, M. J. (2016). Gestão estratégica do talento na perspectiva individual e organizacional: proposta de modelo. *Revista Psicologia Organizações e Trabalho, 16*(1), 10-21.

Castro, D. R. (2011). *O desafio de atrair e reter talentos em organizações na contemporaneidade.* Recuperado de http://www.inovarse.org/node/2863

Cavalcanti, M., & Gomes, E. (2001). Inteligência empresarial: um novo modelo de gestão para a nova economia. *Produção, 10*(2), 53-54.

Chiavenato, I. (2008). *Gestão de pessoas* (3. ed.). Rio de Janeiro: Elsevier.

Coradini, J. R., & Murini, L. T. (2009). Recrutamento e seleção de pessoal: como agregar talentos à empresa. *Disciplinarium Scientia, 5*(1), 55-78.

Cunha, N. C., & Martins, S. M. (2015). Retenção de talentos frente às mudanças no mercado de trabalho: uma pesquisa bibliográfica. *Revista Getec, 4*(8), 90-103.

Dewes, F., Neves, F. M., Jung, C. F., & Caten, C. S. (2012). Ambientes e estímulos favoráveis à criatividade aplicada a processos de inovação de produtos. *Revista Venezoelana de Gestión Tecnológica (Espácios), 38*(1), 1-17.

Duarte, N. V. (2011). *MAPA: Método de avaliação de pessoas*. Recuperado de https://mapaavaliacoes.com.br/avaliacao-de-pessoas/

Engelman, R., Nodari, C. H., & Froehlich, C. (2017). Gestão estratégica de talentos: proposta de um modelo para empresas inovadoras. *Revista Capital Científico, 15*(1), 1-10.

Ferrazza, D. S., Burtet, C. G., & Scheffer, A. B. B. (2015). O que as organizações entendem por gestão de talentos? *Revista Eletrônica de Administração REAd, 80*(1), 222-247.

Figueroa, N. L., Schufer, M., Muiños, R., Marro, C., & Coria, E. A. (2001). Um instrumento para a avaliação de estressores psicossociais no contexto de emprego. *Psicologia: Reflexão e Crítica, 14*(3), 653-659.

Florida, R. (2002). The economic geography of talent. *Annals of the Association of American Geographers, 92*(4), 743-755.

Fontenelle, I. A. (2007). A autogestão de carreiras chega à escola de administração: o humano se tornou capital? *Organizações e Sociedade, 14*(43), 71-89.

Garcia, E. B., & Sofal, E. M. P. (2007). *Inventário de avaliação ocupacional*. Recuperado de http://satepsi.cfp.org.br/listaTeste.cfm?status=1

Gontijo, C. L. (2005). Captação e seleção de talentos para as organizações. *Gestão e Conhecimento, 2*(2), 1-14.

Guerci, M., & Solari, L. (2012). Talent management practices in Italy: Implications for human resource development. *Human Resource Development International, 15*(1), 1-17.

Guimarães, M. F., & Arieira, J. O. (2005). O processo de recrutamento e seleção como uma ferramenta de gestão. *Revista de Ciências Empresariais da UNIPAR, 6*(2), 203-214.

Leonardo, J. M. A. (2002). A guerra do sucesso pelos talentos humanos. *Revista Produção, 12*(2), 42-53.

Levenfus, R. S., & Bandeira, D. R. (2009). *Avaliação dos interesses profissionais*. São Paulo: Vetor.

Liker, J. K., & Meier, D. P. (2008). *O talento Toyota: o modelo Toyota aplicado ao desenvolvimento de pessoas*. Porto Alegre: Bookman.

Lombardo, M. M., & Eichinger, R. W. (2000). High potentials as high learners. *Human Resource, 39*(4), 321-329.

Lubart, T. (2007). *Psicologia da criatividade*. Porto Alegre: Artmed.

Miranda, L. C., Antunes, A. P., & Almeida, L. S. (2015). Enriquecimento criativo para sobredotados: Programas Odisseia e Mais. In M. F. Morais, L. C. Miranda, & S. M. Wechsler (Orgs.), *Criatividade: aplicações práticas em contextos internacionais* (pp. 211- 228). São Paulo: Vetor.

Moitinho, G. C. (2011). Remuneração, benefícios e a retenção de talentos nas organizações. *Revista Digital de Administração, 1*(1), 1-8.

Nakano, T. C., & Wechsler, S. M. (2007). Identificação e avaliação do talento criativo. In D. S. Fleith, & E. M. L. S. Alencar (Orgs.), *Desenvolvimento de talentos e altas habilidades: orientações a pais e professores* (pp. 87-98). Porto Alegre: Artmed.

Nakano, T. C., & Wechsler, S. M. (2012). Criatividade: definições, modelos e formas de avaliação. In C. S. Hutz (Org.), *Avanços em avaliação psicológica e neuropsicológica de crianças e adolescentes II* (pp. 327-361). São Paulo: Casa do Psicólogo.

Nunes, M. L. T., Lourenço, L. J., & Teixeira, R. C. P. (2017). Avaliação psicológica: O papel da observação e da entrevista. In A. R. C. Lins, & J. C. Borsa (Orgs.), *Avaliação psicológica: aspectos teóricos e práticos* (pp. 23-37). Petrópolis: Vozes.

Oliveira, M. Z., Natividade, J. C., & Gomes, W. B. (2013). A medida do talento: evidências de validade de uma escala para aferir talento em organizações. *Temas em Psicologia, 21*(2), 419-437.

Passos, C. S., & Barbosa, A. J. G. (2017). Desenvolvimento de talentos no Brasil: uma análise dos serviços de atendimento. *Educação em Revista, 33*, e143211, 1-20.

Peloso, A. C., & Yonemoto, H. W. (2010). Atração, desenvolvimento e retenção de talentos. *ETCI-Encontro de Iniciação Científica, 6*(6), 1-22.

Pereira, D. F. (2017). Aspectos práticos da avaliação psicológica nas organizações. In A. R. C. Lins, & J. C. Borsa (Orgs.), *Avaliação psicológica: aspectos teóricos e práticos* (pp. 368-380). Petrópolis: Vozes.

Pichini, F. M., Brito, L. C., & Porto, A. (2018). Identidade, planejamento e resiliência: Um estudo sobre comprometimento de carreira em estudantes de graduação em administração. *Revista de Carreiras e Pessoas, 8*(1), 61-73.

Primi, R. (2010). Avaliação psicológica no Brasil: Fundamentos, situação atual e direções para o futuro. *Psicologia: Teoria e Pesquisa, 26*(n. especial), 25-35.

Primi, R., Mansão, C. M., Muniz, M., & Nunes, M. F. O. (2010). *SDS- Questionário de Busca Autodirigida*. São Paulo: Casa do Psicólogo.

Ramos, C. P., Theodoro, L. M., & Pinto, S. S. (2012). Identificação e desenvolvimento de talentos nas organizações: um breve relato. *Cognito/Pós-Graduação Unilins*, 1, 1-14.

Ramos, L. J. C. A., & Marques, E. F. (2014). Programa de desenvolvimento de talentos: Estudo de caso de uma instituição filantrópica de saúde e social. *Revista Gestão e Conexões, 3*(2), 86-110.

Richardson, R., Peres, J. A. S., Wanderley, J. C. V., Correira, L. M., & Peres, M. H. M. (1999). *Pesquisa social: métodos e técnicas* (3. ed.). São Paulo: Atlas.

San'Anna, A. S., Moraes, L. F. R., & Kilimnik, Z. M. (2005). Competências individuais, modernidade organizacional e satisfação no trabalho: um estudo de diagnóstico comparativo. *RAE, 4*(1), 2-23.

Silva, M. N. P., & Moitinho, G. (2016). Avaliação de desempenho nas organizações. *Revista Eletrônica Cosmopolita em Ação, 3*(1), 57-68.

Silva, R. C., Pavanato, T., & Brito, O. P. (2011). Diferencial corporativo para atração e retenção de talentos Y: uma pesquisa descritiva nas empresas de Londrina. *Revista Eletrônica Saber do Instituto de Ensino Superior de Londrina, 14*(1).

Spencer, L. M., & Spencer, S. (1993). *Competence at work*. New York: John Wiley.

Tadaiesky, L. T. (2008). Métodos de seleção de pessoal: discussões preliminares sob o enfoque do behaviorismo radical. *Psicologia: Ciência e Profissão, 28*(1), 122-137.

Terra, J. C. C. (2000). *Gestão do conhecimento: o grande desafio empresarial – uma abordagem baseada no aprendizado e na criatividade*. São Paulo: Negócio.

Thunissen, M. (2016). Talent management. For what, how and how weel? An empirical exploration of talent management in practice. *Employee Relations, 38*(1), 57-72.

Veloso, E. F. R., Dutra, J. S., & Nakata, L. E. (2016). Percepção sobre carreiras inteligentes: diferenças entre as gerações Y, X e baby boomers. *Revista de Gestão, 23*(2), 88-98.

Veloso, E. F. R., Silva, R. C., Dutra, J. S., Fischer, A. L., & Trevisan, L. N. (2014). Retention strategies in different organizational contexts and intention of talents to remain in the company. *Journal on Innovation and Sustainability, 5*(1), 49-61.

Wechsler, S. M. (2006). *Estilos de pensar e criar*. Campinas: LAMP.

13

DESENHO DO TRABALHO: AVALIAÇÃO DE CONTEXTOS ORGANIZACIONAIS E CARACTERÍSTICAS DO TRABALHO

Emília dos Santos Magnan
Manoela Ziebell de Oliveira

As teorias de desenho do trabalho são aquelas que se ocupam de estudar e compreender as características do trabalho que impactam os trabalhadores e influenciam tanto as reações individuais quanto os resultados organizacionais. Segundo Morgeson e Humphrey (2008), são temas de investigação dessas teorias fatores que se relacionam a estudo, criação e modificação de composição, conteúdo, estrutura e ambiente dentro do qual os trabalhos são desempenhados. Além desses fatores, observa-se também que essas teorias buscam, ao analisar ou projetar processos, fluxos e formas relacionados ao modo de produção de uma organização, associá-los à natureza do trabalho que nela é realizado. Esse campo de conhecimento auxilia, portanto, na compreensão de quais configurações do contexto – sociais, relacionais, cognitivas e ergonômicas – impactam os resultados do trabalho em cada ambiente laboral.

Para tornar essa ideia mais clara, podemos tomar como exemplo um dos elementos que compõem o trabalho: a tecnologia. A tecnologia tem sido frequentemente associada a importantes transformações do mercado de trabalho. O modo como os sujeitos se relacionam com o consumo e o lazer, com o hábito de assistir a filmes, ouvir música e se comunicar – diferentes expressões da tecnologia –, reflete as transformações no comportamento humano. A estrutura das organizações que oferecem novas soluções para assistir a filmes, ouvir músicas ou ferramentas de comunicação também refletem tal realidade. Ao analisar o contexto organizacional desses locais, é possível observar uma realidade muito dinâmica, em que o dia a dia de um trabalhador envolve tomar decisões com autonomia e responsabilidade, em prol do propósito da organização. Compreendendo a necessidade de produzir, testar, validar e comercializar soluções em alta velocidade, estruturou-se uma organização que é evidentemente diferente daquela que priorizava quantidade, qualidade ou eficácia.

Comparando-se com um modelo de produção tradicional, é possível observar, em estruturas contemporâneas, o afrouxamento das fronteiras de produção e comercialização, a virtualização dos processos de interação e o autogerenciamento dos trabalhadores e das equipes. Apesar de surgirem estruturas mais dinâmicas, coexistem com esse modelo empresas que herdaram e mantiveram o modo de produção tradicional. Nelas, as equipes tendem a ser separadas por especialidade e comandadas por um supervisor, que faz parte de uma cadeia hierárquica responsável por propor e controlar a produção. Essas equipes têm clareza do papel que devem exercer, e o processo de trabalho é simplificado para ganhar escalabilidade. Desenha-se, nesse contexto, uma estrutura na qual a decisão é centralizada, há pouca autonomia para o trabalhador e as trocas ficam restritas a uma rede de relacionamentos menor e mais estável. Esse ambiente não exige altos níveis de colaboração com diferentes pessoas, pois o que conta é a produção, a eficiência e a qualidade da entrega.

Esses dois exemplos ilustram como a evolução dos modelos de produção coloca elementos cada vez mais complexos em cena, e as empresas precisam encontrar o modelo mais ajustado para configurar o seu contexto e dar conta de um mercado competitivo. O olhar volta-se, portanto, para a estrutura de divisão das tarefas, os fatores de enriquecimento do trabalho, os sistemas sociais e técnicos envolvidos no dia a dia do trabalhador, os aspectos sociais do processamento de informação, as demandas, o controle e os recursos do trabalho, entre vários outros. Todas essas variáveis são abordadas dentro do abrangente campo de estudos denominado desenho do trabalho. Tendo em vista tamanha variedade de temas, é possível compreender que esse referencial ainda continue sendo estudado e siga evoluindo, apresentando uma alternativa para desenvolver práticas e interpretações para a gestão de pessoas e de organizações. Mostra-se, portanto, uma oportunidade de melhor integrar elementos que dizem respeito a pessoas, grupos, organizações e metodologias de trabalho.

Como observa-se até aqui, neste capítulo assumimos uma abordagem integrativa para a apresentação das teorias de desenho do trabalho. Mais especificamente, utilizaremos o referencial da psicologia organizacional, social e industrial (Morgeson, Garza, & Champion, 2013) e buscaremos integrar diferentes perspectivas para pensar o trabalho na contemporaneidade, levando em consideração tanto aspectos individuais como organizacionais. Isso porque investigar e utilizar o referencial do desenho do trabalho envolve não apenas a análise de uma dimensão objetiva, mas também a percepção que os trabalhadores têm do contexto em que estão inseridos, o que envolve, portanto, um componente subjetivo e social.

A fim de facilitar a compreensão da dinâmica relacionada ao desenho do trabalho, organizamos este capítulo da seguinte maneira: primeiro, apresentaremos uma revisão das teorias de desenho do trabalho; depois, apontaremos os componentes centrais de tais teorias e suas implicações para as pessoas e as organizações; a seguir, discutiremos premissas importantes para as ações envolvendo desenhos de trabalho, em um contexto de transformação digital; por fim, destacaremos possíveis caminhos de avaliação dos desenhos do trabalho.

REVISÃO DAS TEORIAS DE DESENHO DO TRABALHO

Os estudos em desenho do trabalho são antigos, e os primeiros achados envolvendo o tema podem ser identificados na Revolução Industrial. Os conceitos de simplificação e especialização na linha de produção para aumentar a eficiência e a produtividade marcaram um grande achado na administração científica, com destaque para autores como Smith (1996) e Babbage (1832). A simplificação e a repetição pareciam responder bem a um modelo de produção que introduziu a ideia de uma massa de trabalhadores sem controle do processo de produção, regidos por uma lógica de compra e venda da força do trabalho (Matos & Pires, 2006). No entanto, um ponto frágil dessa teoria dizia respeito ao fato de que esta não considerava o fator humano ao avaliar a produção. Segundo Matos e Pires (2006), a fragmentação do trabalho e o controle rígido levaram à alienação e ao adoecimento dos trabalhadores. Como consequência, a natureza repetitiva das tarefas logo apresentou uma ameaça para a continuidade da produção, devido ao desgaste físico e mental dos trabalhadores (Morgeson et al., 2013).

Passou-se, então, a considerar que as características do trabalho poderiam impactar a motivação e a satisfação dos trabalhadores, e, com isso, o desenho do trabalho passou a ser compreendido a partir de outros elementos. Com o surgimento da Escola das Relações Humanas (Mayo, 2014; Roethlisberger & Dickson, 2003), passou-se a criticar os conceitos da administração clássica e a incluir a motivação individual como elemento-chave para que as empresas alcançassem seus objetivos. Nesse contexto, as teorias de enriquecimento do trabalho propunham que aspectos intrínsecos do trabalho, como a autonomia e o crescimento, eram considerados fatores motivacionais, e aspectos extrínsecos, como a remuneração e a segurança, fatores de higiene (Herzberg, 2005; Sachau, 2007). Como consequência, estudos passaram a avaliar como esses fatores intrínsecos e extrínsecos impactavam a motivação dos trabalhadores.

Identificou-se, também, que, além das características já citadas, a variedade de habilidades (*skills*) aplicadas em uma tarefa, a identificação com a tarefa, o significado da tarefa, a autonomia para exercer a atividade e o *feedback* resultante do conhecimento gerado por uma atividade também eram elementos importantes para o trabalho. Por esse motivo, defendeu-se a associação entre a motivação interna, a satisfação com o desenvolvimento profissional, a satisfação geral e a efetividade do trabalho (Morgeson et al., 2013). Embora tenham representado uma importante evolução para a compreensão das atividades laborais e de como as pessoas se relacionavam com elas, essas teorias do enriquecimento do trabalho tinham um viés individual e defendiam que o contexto de trabalho era determinado no âmbito do grupo.

Como resposta a essa limitação, e em decorrência do avanço das ciências comportamentais, os estudiosos buscaram abordar o aspecto coletivo do trabalho, pensando nele como um sistema socio-técnico (Trist, 1981; Trist & Bamforth, 1951; Cherns, 1976; Cummings, 1978). Segundo os teóricos desse campo de pesquisa, o trabalho é influenciado pela intersecção das relações interpessoais com os aspectos técnicos, e a organização é influenciada pelo contexto mais amplo do qual faz parte. Ou seja, as organizações são constituídas por pessoas que utilizam conhecimentos técnicos e tecnologias para desempenhar seu trabalho (Pasmore, Francis, Haldeman, & Shani, 1982), portanto a adequação desses sistemas compostos pelas pessoas e pelas organizações determinaria os resultados de uma operação.

As teorias socio-técnicas ganharam destaque, e sua evolução permitiu que abordassem a compreensão dos grupos de trabalho autônomos (GTAs). Nessa abordagem, os times de trabalho devem realizar uma atividade relativamente completa; ou seja, são responsáveis por todas as atividades que produzem um resultado entregável, tendo as habilidades requeridas e tomando as decisões necessárias no processo de produção (Parker, Morgeson, & Johns, 2017).

Apesar da relevância que esse campo de estudo assumiu até a década de 1970, na década de 1980, alguns autores começaram a questionar o caráter objetivo priorizado pelas teorias até então desenvolvidas. Segundo Salancick e Pfeffer (1978), o comportamento, as atitudes e as crenças dos indivíduos são influenciadas pelo contexto e a situação que eles estão vivendo em cada momento. Assim, os autores propuseram entender o desenho do trabalho a partir da perspectiva social do processamento da informação. Com isso, eles indicaram que as características do trabalho eram construídas com base em informações sociais concedidas pelos grupos de pessoas e pelo ambiente em que os trabalhadores estavam inseridos (Morgeson et al., 2013). Ao testar a prevalência de informações recebidas pelos outros em relação a características objetivas do trabalho, observou-se que as informações sociais têm impacto na percepção dos trabalhadores, porém o efeito é menor que as características objetivas do trabalho (Spector, 1992; Taber & Taylor, 1990).

A ênfase em aspectos motivacionais e relacionais do trabalho levou os teóricos a investigar como enriquecer o ambiente laboral, como os aspectos intrínsecos e extrínsecos do trabalho impactam os trabalhadores, como funcionam os sistemas socio-técnicos no contexto laboral e como as informações sociais constituem a percepção dos trabalhadores sobre o seu contexto. Todavia, o desenvolvimento teórico exposto até aqui negligenciou os efeitos disfuncionais que o trabalho poderia apresentar. Além disso, alguns achados de estudos epidemiológicos começaram a associar o estresse a desfechos negativos de saúde e adoecimento mental (Parker et al., 2017). A lacuna dos estudos em saúde do trabalhador e desenho do trabalho, bem como as evidências epidemiológicas dos desfechos de saúde em ambientes laborais, levaram ao desenvolvimento de novas teorias. Passou-se, então, a compreender as características do trabalho sob a luz do impacto na saúde dos trabalhadores.

Assim, ganharam destaque os modelos de demanda e controle (Karasek, 1979) e de recursos e demandas (Bakker, Demerouti, De Boer, & Schaufeli, 2003). Enquanto o primeiro abordou o efeito do controle como mediador entre demandas e adoecimento, o segundo introduziu um processo motivacional, centrado em recursos e engajamento. O modelo de recursos e demandas no trabalho indica que todo trabalho tem demandas e recursos. Tais elementos integrarão processos psicológicos positivos ou negativos, de acordo com o equilíbrio que irá se estabelecer para o trabalhador. O processo positivo é um processo motivacional, o qual tem como desfecho o engajamento no trabalho e é resultado de recursos que favoreçam o alcance de objetivos, minimizam o impacto das demandas e do custo psicológico relativo a elas ou estimulam o crescimento e o desenvolvimento pessoal. O processo negativo é um processo estressor, o qual tem como desfecho o *burnout* e está associado às características que exigem esforço mental sustentado e, portanto, implicam em um custo psicológico (Schaufeli, 2017). Atualmente, a adoção de uma perspectiva integrativa dos modelos expostos até aqui parece refletir uma realidade de trabalho cada vez mais complexa. Tal proposta de um modelo mais abrangente foi elaborada para incluir aspectos mecanicistas, da administração científica; motivacionais, da psicologia organizacional; ergonômicos, centrados na saúde e no conforto físicos; e perceptuais dos aspectos do trabalho, da psicologia experimental (Morgeson & Humphrey, 2008; Morgeson et al., 2013; Parker et al., 2017).

FATORES CONSIDERADOS CENTRAIS NAS TEORIAS E SUAS IMPLICAÇÕES PARA AS PESSOAS E AS ORGANIZAÇÕES

Ampliar o foco das teorias existentes, a fim de avaliar os múltiplos aspectos do trabalho, é uma proposta atrativa no contexto em que estamos vivendo. As transformações nos modelos de emprego e nos formatos de trabalho implicam, e estão sendo implicadas por, mudanças mais amplas do mercado. O referencial teórico exposto nas teorias do desenho do trabalho ressalta aspectos que ajudarão a compreender como melhor projetar um ambiente organizacional adaptado a pessoas, processos, empresas e sociedade. Morgeson e Humphrey (2008) propuseram um estudo de revisão de literatura com o objetivo de integrar todas as características que já tinham sido abordadas e associadas ao desenho do trabalho. Os autores identificaram os termos em bases especializadas, a partir de referências utilizadas pelos diversos estudos que analisaram, e no Occupational Information Network (O*NET – Rede de Informação Ocupacional), que contempla um banco de dados único e abrangente de competências de trabalho, requisitos de trabalho e recursos proposto pelo Departamento de Trabalho/Administração de Emprego e Treinamento dos Estados Unidos.

Ao todo, esse estudo contemplou 107 termos, posteriormente classificados em quatro categorias, subdivididas em 21 dimensões. Essa categorização foi testada por um modelo de estrutura fatorial que comprova essa estrutura, o qual foi apresentado pelos autores em seu estudo. O Quadro 13.1 ilustra essas categorias (Morgeson & Humphrey, 2008).

As duas primeiras categorias (características da tarefa e do conhecimento) fazem parte de uma tradição de pesquisa dos estudos mo-

QUADRO 13.1
Características do trabalho segundo o Questionário de Desenho do Trabalho

Características da tarefa	Características do conhecimento	Características sociais	Características do contexto de trabalho
Autonomia • Agendamento • Tomada de decisão • Método Variedade Importância Identidade *Feedback* do trabalho	Complexidade do trabalho Processamento de informação Resolução do problema Variedade de *skill* Especialização	Suporte social Interdependência • Inicial • Recebida Interações fora da organização *Feedback* de outros	Ergonomia Demandas físicas Condições de trabalho Uso de equipamento

Fonte: com base em Morgeson e Humphrey (2008).

tivacionais. Enquanto a primeira diz respeito a como o trabalho, em si, é desempenhado e qual a abrangência e a natureza das tarefas, a segunda diz respeito ao tipo de conhecimento, talento e habilidade necessários para desempenhar uma atividade.

As características da tarefa são divididas em: autonomia para o agendamento das tarefas, que diz respeito ao nível de liberdade que o indivíduo desfruta para agendar suas atividades; autonomia para tomada de decisão, o nível de liberdade que o indivíduo desfruta para tomar decisões; autonomia no método de trabalho, refere-se ao nível de liberdade que o indivíduo desfruta para decidir sobre os métodos utilizados para desempenhar suas atividades; variedade, que envolve a gama de atividades desempenhadas; importância, o grau em que uma atividade impacta outras pessoas; identidade, que diz respeito ao grau em que a tarefa envolve o todo de um trabalho, na qual o resultado é facilmente diferenciado; e *feedback* do trabalho, que assume que o trabalho provê informações sobre a eficácia do desempenho da atividade.

As características do conhecimento são divididas em: complexidade, que se refere ao grau de dificuldade e complexidade de um trabalho a ser executado; processamento da informação, que remete ao grau em que o trabalho exige o atendimento e o processamento de dados e informações; resolução do problema, o nível de exigência de trabalho cognitivo ativo para elaboração de ideias únicas e soluções; variedade de *skill*, que diz respeito à quantidade e à diversidade de habilidades necessárias para desempenhar uma atividade; e especialização, o grau em que é preciso aplicar conhecimento especializado para desempenhar uma atividade.

As características sociais refletem o fato de o trabalho ser desenvolvido em um contexto social mais amplo, que inclui aspectos interpessoais e relacionais. As características sociais envolvem as dimensões: suporte social (fontes de conselhos e suporte dos outros); interdependência (nível de dependência dos outros para completar uma atividade ou conexão que um trabalho tem com outros: a interdependência iniciada reflete um trabalho que flui para outro, e a interdependência recebida reflete o quanto um trabalho é afetado por outros); interações fora da organização (grau em que um trabalho exige interações com pessoas que não fazem parte da organização); e *feedback* dos outros (reflete o grau em que informações do desempenho são dadas pelos outros na organização).

As características contextuais estão relacionadas às circunstâncias nas quais o trabalho é desempenhado e dizem respeito aos aspectos ergonômicos (grau em que um trabalho permite postura e movimentos corretos e apropriados); demandas físicas (esforço e atividades físicas requeridas em um trabalho); condições de trabalho (ambiente em que o trabalho é desempenhado, incluindo potenciais danos à saúde, barulho, temperatura e limpeza); uso de equipamento (variedade e complexidade dos utensílios de trabalho tecnológicos e de segurança).

DESENHO DO TRABALHO NA CONTEMPORANEIDADE

A partir do que discutimos até aqui, é possível perceber que as empresas estão passando por uma transformação. A tecnologia vem permitindo que uma quantidade de dados sem precedentes seja analisada em tempo real, orientando decisões e o direcionamento de negócios. As empresas estão se tornando digitais, e é a partir dos recursos tecnológicos que surgem ferramentas que permitem a adaptação, a escalabilidade e a conectividade entre a demanda do consumidor e a mão de obra. Tais transformações exigem que as pessoas sejam mais flexíveis, responsivas às exigências do mercado e às mudanças. Essas necessidades representam um desafio para as empresas, que precisam estar atentas às estruturas organizacionais que propõem e como estas estão influenciando e viabilizando (ou não) os comportamentos autogerenciados dos indivíduos. Mais do que uma tradição forte em pesquisas, os conhecimentos acumulados até então, em relação às características do trabalho, poderão ajudar os profissionais que trabalham com desenvolvimento de pessoas a projetar ambientes coerentes com a natureza de cada trabalho, melhorando as práticas em gestão de pessoas. A partir da análise e da compreensão das características de um determinado ambiente, poderão surgir *insights* de como equalizar o ritmo das transformações nas carreiras, nos trabalhos e nas organizações.

Para entender como orientar essa intervenção em desenho do trabalho, é preciso entender, portanto, o que está acontecendo com as organizações. Uma pesquisa da Deloitte (2017), com 10.400 líderes de negócio e profissionais de recursos humanos (RH) em mais de 400 países, aponta que a organização do futuro será composta por redes de relacionamento empoderadas, coordenadas por cultura, sistemas de informação e mobilidade de talentos.

Essas constatações já vêm sendo vistas nas organizações, que estão propondo estruturas de equipes horizontais, sem hierarquia, em que as pessoas são orientadas a agir com autonomia e responsabilidade pelos resultados. Tal configuração apresenta mais agilidade para responder à dinâmica do mercado do que as tradicionais equipes – que respondem a um líder formal, em estruturas verticais –, fortalecendo a aprendizagem e permitindo o redesenho das carreiras dos trabalhadores. A mesma pesquisa aponta que a meia-vida de uma habilidade desenvolvida por um trabalhador vem caindo nas últimas décadas, chegando, hoje, a 5 anos. Isso implica a necessidade de aprendizagem contínua e em tempo real, o que contradiz a lógica da formação prévia para desenvolvimento de um conhecimento de trabalho. A fim de dar conta dessa realidade, as empresas estão enfrentando o desafio de fazer evoluir sua cultura corporativa, adotando formas de disseminar as informações e provocar as pessoas para que esses dados se transformem em conhecimento. Tais dados indicam que a atualização e a aprendizagem contínuas, bem como a troca de informações, serão essenciais para os negócios no futuro.

Essas novas realidades implicarão uma gama cada vez maior de características do trabalho e desfechos esperados. Os modelos de desenho do trabalho que darão conta dessa transformação deverão incluir o questionamento em relação ao ambiente de incerteza, decorrente das novas possibilidades, sem previsibilidade, que surgem pelo avanço tecnológico, e de interdependência em relação aos papéis de trabalho complementares para constituir um time operativo, bem como em relação a fontes de soluções externas, em uma economia formada em rede. O modo como a incerteza deve ser trabalhada é, certamente, diferente daquele respaldado pelo controle e pela centralização da informação. Grant e Parker (2009) revisaram as teorias de desenho do trabalho, buscando identificar quais aspectos estão associados a esse contexto incerto e inter-relacionado. Os autores apontaram que algumas estruturas promovem comportamentos que são mais relacionais e proativos e respondem, portanto, às exigências atuais do contexto de trabalho.

AVALIAÇÃO DE DESENHO DO TRABALHO

Ao se pensar em uma intervenção que contemple projetar um contexto de trabalho, é preciso levar em consideração as diferentes variáveis relacionadas entre si em uma organização. Deve-se, por exemplo, considerar a natureza do trabalho que está sendo realizado, bem como os resultados que se espera alcançar com ele e a expectativa que se tem em relação aos trabalhadores em um determinado contexto. Mais do que elucidar como as atividades estão sendo divididas e coordenadas, é preciso considerar, também, como estão sendo projetadas as expectativas para o crescimento e o desenvolvimento das pessoas e da organização. É improdutivo buscar que as pessoas sejam mais autônomas e responsáveis pelas suas decisões se a hierarquia da empresa é rígida e as decisões mais importantes são tomadas por um grupo pequeno de profissionais. Também não é produtivo promover a integração entre as pessoas como oportunidade de melhoria de desempenho se as atividades são desenhadas para serem desempenhadas de modo individual.

Para que a avaliação dos desenhos do trabalho seja mais assertiva, é importante que se tenha o cuidado de, ao levantar informações, compreender a singularidade de cada organização. Nesse sentido, devem-se buscar informações sobre as características da tarefa, características de conhecimento, características sociais e características contextuais, bem como sobre o impacto que cada contexto tem na formação dessas características. Saber como a organização chegou ao modelo que adota, o que afeta suas interações, quais são os desenhos das atividades e do contexto em si, bem como as aspirações de um local, é um passo importante para a compreensão da configuração de uma organização. Sugere-se que, ao avaliar o desenho do trabalho, sejam levados em consideração alguns elementos comuns que envolvem uma organização. Esses elementos são descritos a seguir, em etapas (a ordem e a maneira como as etapas são realizadas pode diferir de acordo com cada situação):

- Compreender a origem e a motivação para a demanda de avaliação (trata-se de uma necessidade de melhoria, de uma crise, de uma fusão ou aquisição, etc.).
- Compreender quais são os desafios percebidos e os objetivos almejados pela organização e por seus representantes ou pelo consultor ou pesquisador que realizará a avaliação.
- Conhecer a cultura explícita da organização, o seu propósito, como são as suas políticas para a gestão das pessoas e do negócio, como ela se apresenta (qual é o discurso) para fora da organização. Entender o posicionamento da organização dentro do seu setor e no contexto sociocultural (qual é a área da empresa, como se posiciona em relação a concorrentes, parceiros, etc.; como estão o cenário econômico da área no País e os aspectos culturais da região em que a organização está sediada).
- Conhecer a realidade interna da organização, como a cultura se expressa no dia a dia por meio de símbolos, comportamentos, mensagens; quais são as crenças, quem são os ídolos e mitos, quem são os tomadores de decisão, como são as práticas de gestão das pessoas e do negócio (como a política se expressa e como é percebida no dia a dia pelos diferentes membros da organização) e como a informação circula dentro da organização.
- Compreender como estão desenhados os cargos na organização e como as pessoas que os exercem compreendem sua função; como o organograma se forma a partir da composição desses cargos e como as atividades desempenhadas exigem interdependência de funções.

A condução das etapas descritas anteriormente deve resultar em um diagnóstico amplo e compreensivo do contexto, que trará informações que extrapolam os quatro elementos fundamentais que compõem o desenho organizacional: características da tarefa, do conhecimento, sociais e contextuais. No entanto, essas informações são necessárias para a intervenção em desenhos organizacionais. Cada estrutura trará características particulares que atuarão como facilitadores ou obstáculos para uma determinada configuração. Essas características podem derivar da percepção do colaborador sobre um determinado contexto ou do funcionamento objetivo do local em si.

Ao se intervir nos desenhos organizacionais sem levar em consideração os elementos destacados, corre-se o risco de realizar um trabalho inconsistente com a necessidade de uma realidade e de apresentar, consequentemente, uma proposta inadequada. É, portanto, por meio de uma avaliação ampla que se inicia o trabalho de intervenção em desenhos organizacionais. A condução do diagnóstico pode contar com o apoio de diferentes ferramentas, como testes e escalas, entrevistas, observações e grupos focais. A determinação de quais delas serão empregadas será feita a partir da compreensão da demanda organizacional e das habilidades do profissional que realiza a avaliação. Caso se opte pela utilização de escalas, diferentes instrumentos podem ser aplicados, de acordo com a necessidade. A Escala de Desenho do Trabalho, adaptação de uma versão original proposta por Morgeson e Humphrey (2008), está em processo de validação em um projeto de pesquisa coordenado pelos pesquisadores Gardênia da Silva Abbad e Jairo Eduardo Borges-Andrade, e os resultados, testados em 2016, mostram evidências iniciais de validade, obtidas pelos pesquisadores (Haemer, Borges-Andrade, & Cassiano, 2017).

CONSIDERAÇÕES FINAIS

É importante destacar que os estudos revisados para a compreensão do estado da arte das pesquisas sobre desenho do trabalho são ilustrativos em relação às motivações e aos resultados implicados pela variável. Ao se optar por avaliar e trabalhar os desenhos de trabalho, é preciso, porém, adotar uma postura crítica e responsável em relação à intervenção. O estudo do impacto das configurações do trabalho em desfechos individuais e organizacionais parece promissor. No entanto, ao mesmo tempo em que pode gerar resultados positivos, pode também prejudicar a saúde dos trabalhadores e, consequentemente, a saúde organizacional. Por vezes, características que são consideradas promotoras de desfechos positivos para a organização e para o trabalhador são também fatores prejudiciais para os envolvidos. Embora se possa encarar novas formas de trabalho como uma aposta na sua flexibilização, também se pode pensá-las como precarização das suas condições. Um exemplo são os atrativos e estimulantes espaços de descompressão, com videogames, que são oferecidos em diversas organizações, para que os trabalhadores, já "comprimidos" pelo trabalho, possam descansar e se divertir.

As reflexões apresentadas neste capítulo têm o potencial de contribuir com projetos de gestão de pessoas que contemplem variáveis individuais, coletivas e institucionais, que fazem parte do trabalho em uma organização. As novas estruturas organizacionais estão permitindo que a produção seja mais intensa, que as pessoas se envolvam física, mental e emocionalmente com suas atividades e que o trabalho esteja cada vez mais presente na vida do trabalhador, dentro e fora da organização. O ditado que afirma que "a diferença entre o remédio e o veneno é a dose" parece aplicar-se às intervenções em desenho do trabalho. A promoção de um ambiente mais salutar a partir da configuração do contexto é uma tarefa que não se pode perder de vista.

REFERÊNCIAS

Babbage, C. (1832). *On the economy of machinery and manufacturers*. London: Charles Knight.

Bakker, A. B., Demerouti, E., De Boer, E., & Schaufeli, W. B. (2003). Job demands and job resources as predictors of absence duration and frequency. *Journal of vocational behavior, 62*(2), 341-356.

Cherns, A. (1976). The principles of sociotechnical design. *Human Relations, 29*(8), 783-792.

Cummings, T. G. (1978). Self-regulating work groups: a socio-technical synthesis. *Academy of Management Review, 3*(3), 625-634.

Deloitte. (2017). *Global human capital trends*. Recuperado de https://www2.deloitte.com/us/en/pages/human-capital/articles/introduction-human-capital-trends.html

Grant, A. M., & Parker, S. K. (2009). 7 redesigning work design theories: the rise of relational and proactive perspectives. *Academy of Management Annals, 3*(1), 317-375.

Haemer, H. D., Borges-Andrade, J. E., & Cassiano, S. K. (2017). Learning strategies at work and professional development. *Journal of Workplace Learning, 29*(6), 490-506.

Herzberg, F. (2005). Motivation-hygiene theory. In J. B. Miner (Ed.), *Organizational behavior one: essential theories of motivation and leadership* (pp. 61-74). New York: M. E. Sharpe.

Karasek Jr., R. A. (1979). Job demands, job decision latitude, and mental strain: implications for job redesign. *Administrative Science Quarterly, 24*(2), 285-308.

Matos, E., & Pires, D. (2006). Teorias administrativas e organização do trabalho: de Taylor aos dias atuais, influências no setor saúde e na enfermagem. *Texto e Contexto Enfermagem, 15*(3), 508-514.

Mayo, E. (2014). *The social problems of an industrial civilization*. Boston: Routledge.

Morgeson, F. P., & Humphrey, S. E. (2008). Job and team design: Toward a more integrative conceptualization of work design. In J. J. Martocchio (Ed.), *Research in personnel and human resources management* (pp. 39-91). Bingley: Emerald.

Morgeson, F. P., Garza, A. S., & Champion, M. A. (2013). *Work design in handbook of psychology*. New York: Wiley.

Parker, S. K., Morgeson, F. P., & Johns, G. (2017). One hundred years of work design research: looking back and looking forward. *Journal of Applied Psychology, 102*(3), 403-420.

Pasmore, W., Francis, C., Haldeman, J., & Shani, A. (1982). Sociotechnical systems: a North American reflection on empirical studies of the seventies. *Human Relations, 35*(12), 1179-1204.

Roethlisberger, F. J., & Dickson, W. J. (2003). *Management and the worker* (vol. 5). Cambridge: Psychology Press.

Sachau, D. A. (2007). Resurrecting the motivation-hygiene theory: Herzberg and the positive psychology movement. *Human Resource Development Review, 6*(4), 377-393.

Salancick, G., & Pfeffer, J. (1978). A social information processing approach to job attitudes and task design. *Administrative Science Quarterly, 23*(2), 224-253.

Schaufeli, W. B. (2017). The job demands-resources model: a 'how to' guide to increase work engagement and prevent burnout. *Organizational Dynamics, 46*, 120-132.

Smith, A. (1996). Of the division of labour. In J. M. Shafritz, & J. S. Ott (Eds.), *Classics of organization theory* (4th ed., pp. 40-45). Belmont: Wadsworth.

Spector, P. E. (1992). A consideration of the validity and meaning of self-report measures of job conditions. *International Review of Industrial and Organizational Psychology, 7*, 123-151.

Taber, T. D., & Taylor, E. (1990). A review and evaluation of the psychometric properties of the Job Diagnostic Survey. *Personnel Psychology, 43*(3), 467-500.

Trist, E. (1981). *The evaluation of sociotechnical systems*. Toronto: Quality of Working Life Center.

Trist, E. L., & Bamforth, K. W. (1951). Some social and psychological consequences of the Longwall Method of coal-getting: an examination of the psychological situation and defences of a work group in relation to the social structure and technological content of the work system. *Human Relations, 4*(1), 3-38.

LEITURAS RECOMENDADAS

Charles, B. (2011). *On the economy of machinery and manufactures*. London: Nabu.

Tannenbaum, A. (2013). *Social psychology of the work organization*. London: Routledge.

14
AVALIAÇÃO EM SELEÇÃO DE PESSOAS

Fabiana Queiroga
Sonia Maria Guedes Gondim

Há uma fase de nossa vida em que estamos aptos a concorrer no mundo do trabalho e ávidos por construir planos de carreira. Passamos, então, a estar atentos a todos os tipos de chamadas de ofertas de vagas via editais de concurso público ou anúncios de diversos setores da economia. Certamente, a nossa qualificação, as condições econômicas e as redes sociais nos posicionam em relação à concorrência por vagas disponíveis no mercado de trabalho. Criamos, então, expectativas sobre nossa capacidade para ocupar tais vagas. Esperamos, também, que o processo seletivo seja elaborado e conduzido corretamente, de modo que possa avaliar nossos conhecimentos, habilidades e atitudes comparativamente aos outros candidatos, para, enfim, concluir quão aptos estamos em relação aos demais.

Tais expectativas sobre o processo seletivo são plenamente justificáveis, visto que candidatos esperam ser avaliados por critérios considerados justos. E quais seriam esses critérios? Aqueles congruentes com as atividades e tarefas que o ocupante da vaga irá desenvolver futuramente. Tais critérios, portanto, devem estar assentados em uma adequada caracterização da vaga. O grande desafio do processo avaliativo para fins de preenchimento de vagas em processos seletivos de trabalho, por-

tanto, é o de planejá-lo, de modo que se avaliem as capacidades do candidato que sejam relevantes para a vaga. Isso se deve pelo fato de ser muito difícil avaliar a pessoa integralmente em somente um momento no tempo. Nisso, distingue-se de outros tipos de processos avaliativos para fins de psicodiagnóstico. É preciso considerar que o processo avaliativo pontual (feito em apenas um momento) se torna mais vulnerável a falhas, oferecendo maiores riscos de diagnóstico dos atributos pessoais do candidato a uma vaga do que a avaliação processual (feita ao longo do tempo), uma vez que, nesta última modalidade, consegue-se visualizar, na prática cotidiana, as diversas facetas do desempenho individual no contexto em que ele ocorre.

Por trás de um processo seletivo responsável está um cuidadoso planejamento de todos os passos necessários, de modo a reduzir ao máximo o risco de se cometer injustiças por erros de procedimentos e de inadequação de instrumentos de avaliação. Daremos alguns exemplos para que fique mais claro ao leitor nossa linha argumentativa sobre a importância da qualificação do profissional de gestão de pessoas.

Na região centro-oeste do País, o jornal da capital de um dos estados registra algo curioso no início do ano. Uma pequena loja de aviamentos anuncia em uma rede social que seis vagas estão abertas para trabalho imediato. O processo seletivo virou notícia na cidade, visto que a quantidade de candidatos às vagas de emprego fez a fila dobrar a esquina da loja. Diante desse número surpreendente de candidatos, a loja precisou reorganizar suas estratégias de seleção. Para atender a todos de maneira mais prática e rápida, realizaram-se entrevistas coletivas com 40 pessoas por vez.

Observe que esse exemplo deixa em evidência que o profissional responsável pela seleção foi surpreendido pelo número de candidatos. No entanto, um processo seletivo bem planejado deveria estimar o número provável de candidatos, e, caso se presuma haver grande concorrência, seria recomendável definir e divulgar critérios de inclusão justificáveis para pleitear a vaga. A divulgação de tais critérios ajuda na autosseleção, evitando que candidatos que não reúnam as condições mínimas se inscrevam, dificultando o desenvolvimento do processo seletivo. É fundamental que o profissional de gestão de pessoas tenha claro que o subsistema de entrada de pessoas na organização deve estar articulado a diversos outros subsistemas de pessoas, que envolvem treinamento, desenvolvimento e avaliação de desempenho, haja vista seus impactos nos resultados organizacionais e no bem-estar do trabalhador (Gondim & Queiroga, 2015; Queiroga, 2015; Salgado, 2001).

Se uma vaga for fácil de ser preenchida, por exigir poucas competências do trabalhador, certamente a concorrência será grande, e, assim, torna-se dispensável o treinamento. Se, ao contrário, a vaga possui um desenho de trabalho mais complexo, exigindo maior domínio de competências do trabalhador, será previsível a dificuldade de encontrar um bom candidato para ocupá-la. Torna-se, então, recomendável refletir se não seria o caso de diminuir as exigências, focando o processo de seleção em critérios que permitam avaliar aquele candidato que reúne maior potencial para ser treinado em pouco tempo. A opção por esse caminho só se torna viável se a organização dispõe de condições para oferecer tal treinamento. Caso não haja essa possibilidade, o recomendável é ampliar as fontes de recrutamento externo, para tentar obter candidatos com chances de virem a ocupar a vaga. Daí a importância de não tratar o processo seletivo como algo independente dos outros subsistemas de gestão de pessoas (Gondim & Queiroga, 2015).

Retomemos o nosso exemplo. Diante do número de candidatos não previsto no planejamento, a solução técnica usada pelo profissional foi a de realizar entrevistas coletivas com 40 candidatos. Será que a loja de aviamentos conseguiu encontrar uma operadora de bordado competente – uma das seis vagas oferecidas – utilizando-se da estratégia de entrevista coletiva? Os repositores e vendedores – demais vagas pretendidas – foram adequadamente selecionados entre o grupo de 40 pessoas? E, se não, quais deveriam ter sido os procedimentos e instrumentos mais apropriados? Eram necessárias ferramentas de seleção diferenciadas?

Essas duas últimas perguntas são orientadoras de qualquer processo seletivo e nos levam a concluir que uma seleção é, via de regra, um processo de avaliação que faz uso de ferramentas para diagnosticar as capacidades do candidato à luz das exigências e dos requisitos do trabalho. E, desse modo, como qualquer procedimento de avaliação, uma seleção adequada deve lançar mão de ferramentas em quantidade e qualidade, para que elas se complementem e tragam resultados avaliativos mais confiáveis. Será possível obter informações das diferenças individuais em termos de capacidades para o trabalho entrevistando ao mesmo tempo 40 pessoas? Entrevistas grupais contribuem para avaliar comportamentos e respostas individuais em contexto de influência social. Certamente, são mais econômicas em termos temporais do que entrevistas individuais, mas nem sempre são aplicáveis a toda situação de avaliação. Se o que se almeja é avaliar a capacidade de o trabalhador ouvir os demais e oferecer contribuições para a solução de problemas que integrem as diversas opiniões dos outros membros do grupo, a entrevista coletiva pode ajudar a diagnosticar essa capacidade. Mas, se o desenho do trabalho requer somente domínio técnico, talvez seja mais apropriado submeter o candidato a uma prova prática ou situacional. Esse tipo de prova permite avaliar o candidato nos domínios do fazer (habilidades práticas), mais próximo da situação de trabalho real.

Como se pode depreender do que foi dito até então, o número de ferramentas ou técnicas em sua qualidade e quantidade deve ser fruto da reflexão crítica sobre o melhor ajuste entre requisitos a serem preenchidos e as habilidades e capacidades a serem avaliadas do provável ocupante da vaga. Isso é avaliar.

Considerando que se trata de um complexo processo, as etapas de uma avaliação devem ser planejadas e executadas com a atenção e o cuidado necessários, para que não se produzam inferências diagnósticas equivocadas que aumentem o risco de prognósticos falhos a respeito do desempenho futuro no trabalho. Alguns dos problemas podem decorrer de erros na escolha dos procedimentos e da má qualidade psicométrica dos instrumentos de medida selecionados.

A título de ilustração de inferências equivocadas que podem prejudicar a avaliação apropriada do candidato, imagine a seguinte situação: um homem jovem e bonito, junto com várias mulheres jovens, está concorrendo a uma vaga para professor de 1º ano do ensino fundamental. Que inferências poderiam ser feitas sobre ele a partir dessa simples informação? Ainda que o profissional de gestão de pessoas não fosse preconceituoso, dificilmente lhe escaparia indagar por que um homem jovem e bonito se candidataria a uma vaga que, em geral, é ocupada por mulheres e, tradicionalmente, oferece baixos salários. A adoção de procedimentos de entrevistas em substituição às provas práticas e situacionais poderia contribuir para inferências equivocadas sobre o potencial do candidato. Aí temos dois problemas: os vieses ocupacionais do profissional, passíveis a qualquer ser humano, e os procedimentos e as ferramentas adotados para a seleção da vaga. No primeiro caso, a solução para lidar com os vieses subjetivos presentes em todos nós seria recorrer a critérios avaliativos que evitassem o peso desses vieses, não dispensando a entrevista, mas incluindo critérios objetivos na avaliação do candidato, como a prova prática, medida por um protocolo de observação, apoiado em parâmetros técnicos. Medidas mais adequadas seriam aquelas que pudessem avaliar as competências em termos de conhecimentos sobre os processos educativos envolvendo crianças, de habilidades para lidar cotidianamente com demandas infantis e as atitudes favoráveis à educação infantil. Tais medidas ofereceriam menos riscos de prognósticos sobre o desempenho futuro de um candidato homem a uma vaga que, majoritariamente, vem sendo ocupada por mulheres.

Esse exemplo ilustra que a qualidade do resultado de uma avaliação depende da escolha das ferramentas a serem utilizadas. Informações distorcidas por vieses decorrentes da má qualidade das ferramentas geram diagnósticos equivocados e imprecisos, com impactos na tomada de decisão. No caso de processos seletivos, erros na decisão de contratação de pessoas podem gerar consequências negativas para os demais subsistemas de gestão de pessoas, como absenteísmo, desadaptação, desempenho ineficaz e ineficiente, desengajamento e falta de comprometimento afetivo com o trabalho.

Ao se considerar a seleção de um processo de avaliação que se diferencia dos demais tipos de avaliação pelo seu propósito de identificar pessoas aptas para atuarem com competência em uma determinada função ou cargo, os cuidados com a escolha das ferramentas e dos parâmetros de comparação devem ser rigorosamente observados. E quais instrumentos devem ser adotados em uma seleção de pessoas? Essa resposta pode ser obtida com uma cuidadosa análise do trabalho e do contexto organizacional. Com a primeira, ficam esclarecidos os objetos que devem ser avaliados ao longo da seleção, e, com a segunda, se esclarecem os parâmetros a serem adotados para uma adequada retenção dos candidatos com potenciais.

São muitos os instrumentos que podem ser contemplados em um processo seletivo. A decisão de qual conjunto é mais pertinente para a seleção envolve uma análise complexa por parte do profissional, que inclui: (i) as características; (ii) os atributos e (iii) as competências do candidato que serão avaliadas, com base em uma criteriosa análise do desenho do trabalho e do contexto em que as atividades serão realizadas; (iv) o tempo e os recursos disponíveis para que o processo tenha curso; e (v) a previsão do número de candidatos (Queiroga, 2015; Salgado, 2001). A Figura 14.1 organiza e sintetiza as etapas envolvidas nessa análise, destacando os elementos a serem ponderados até a decisão final sobre o desenho do processo seletivo.

O cuidado na análise da caracterização da vaga para definir quais atributos o candidato deve ter para ser selecionado é de grande importância para a escolha dos procedimentos e das ferramentas mais adequadas. Além disso, quando se trata de um processo seletivo, uma ferramenta será tão mais adequada quanto maior for o seu valor preditivo (Pacico & Hutz, 2015; Urbina, 2007), isto é, quanto maior for seu potencial para antecipar um evento futuro. Nesse caso, o desempenho esperado do candidato no dia a dia de seu trabalho seria tanto o desempenho de resultado (produtividade no trabalho) quanto o desempenho extrapapel ou contextual (i.e., comportamental e atitudinal) (Bendassolli, 2012; Borman & Motowidlo, 1993; Sonnentag & Frese, 2002). Dessa forma, para se estabelecer o potencial da ferramenta, é necessário ter claro *o que* deve ser predito.

Via de regra, é comum em organizações privadas que a primeira etapa da seleção de pessoas seja a análise do currículo. Em alguns processos seletivos, contudo, o currículo pode ser utilizado como uma etapa final para classificar os candidatos. Isso ocorre principalmente em concursos públicos. No entanto, o mais comum é a análise curricular servir como um filtro pré-seletivo, com o intuito de verificar o nível instrucional, a formação e a experiência profissional do candidato. No caso de ser classificatória, a análise do currículo tende a valorizar a titulação e a experiência profissional. Em se tratando de pré-seleção curricular, o objetivo, em geral, é reduzir o número de candidatos no início do processo seletivo, decisão respaldada na ausência de evidências de que o número elevado de candidatos assegura a melhor escolha.

Entretanto, um dos aspectos críticos de se usar a análise curricular como um filtro do recrutamento para iniciar o processo seletivo é que essa decisão se baseia em uma falsa crença de que a formação e a experiência profissional asseguram um melhor desempenho no cargo. A análise curricular retrata, de modo estático, a vida profissional e educacional pregressa do

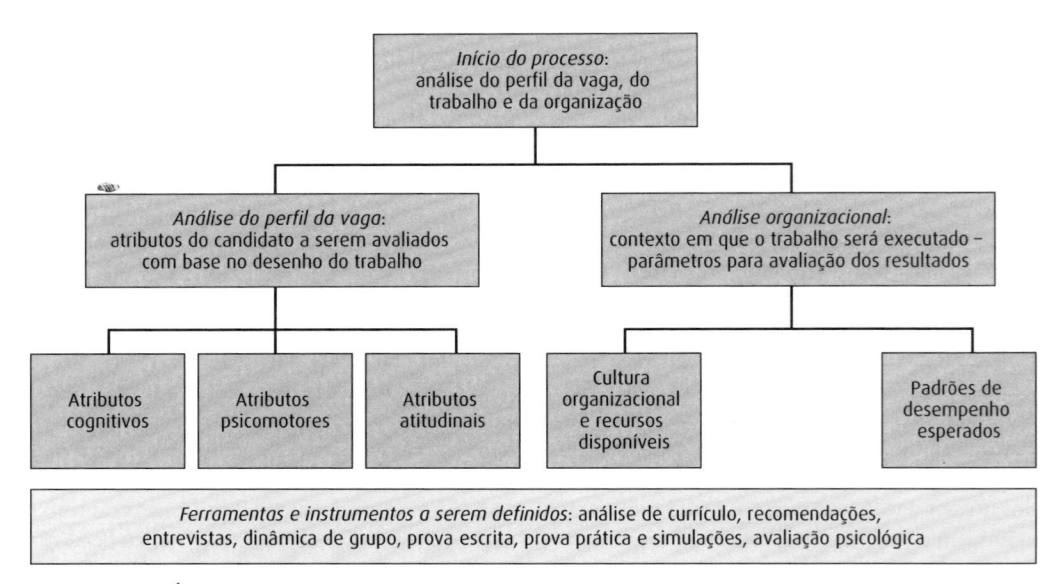

Figura 14.1 Processo de análise para escolha das ferramentas do processo seletivo.

possível candidato, e não o seu potencial de desempenho futuro no exercício da função, o que exigiria a avaliação de suas competências (articulação de conhecimentos, habilidades e atitudes) (Boyatzis, 1982; Campos & Abbad, 2015; Carbone, Brandão, Leite, & Vilhena, 2005; Gondim, Morais, & Brantes, 2014; Zarifian, 2008) para atender às demandas do trabalho.

Além da análise curricular, a entrevista é uma das ferramentas mais usadas em processos seletivos, principalmente no setor privado. Entretanto, em uma organização pública, principalmente quando o número de candidatos é muito grande, a seleção nem sempre inclui esses dois instrumentos clássicos (análise curricular e entrevista), uma vez que as ferramentas mais comuns nas seleções públicas são provas escritas (Gondim & Queiroga, 2013; Queiroga, 2009). Ou seja, se um administrador participar de um processo seletivo para atuar em uma organização privada, ele, possivelmente, passará por uma triagem de currículos e, em seguida, será convidado a realizar uma entrevista. Se o mesmo administrador participar de um processo seletivo para atuar em uma organização pública, ele, possivelmente, prestará um concurso com provas escritas de conhecimentos gerais e específicos, que poderá ter etapas eliminatórias e classificatórias.

Ao se levar em consideração que os processos seletivos podem ter desenhos distintos, decorrentes do tipo de cargo ou função, ser de grandes ou pequenas empresas, públicas ou privadas, cabe uma pergunta: será que, por exemplo, a rotina de atividades do administrador em ambientes público e privado justifica diferenciações no desenho do processo seletivo, incluindo procedimentos, critérios de eliminação e demais ferramentas? Possivelmente, não. Uma das razões para essa diferenciação são as exigências legais para conduzir processos seletivos em organizações públicas nas suas diversas esferas (municipal, estadual e federal). A dificuldade em criar filtros de entrada mediante recrutamento acaba fazendo o principal procedimento usado ser a prova de conhecimentos gerais ou específicos.

No entanto, não há evidências empíricas robustas de que o desempenho em uma prova de conhecimentos consiga predizer o desempenho futuro na tarefa e o desempenho contextual. Conforme assevera Queiroga (2009), os candidatos com bom desempenho no concurso (provas escritas) não são necessariamente os que apresentam o melhor desempenho no cargo. As consequências disso para outros subsistemas de gestão de pessoas são inevitáveis, como a necessidade de investir em ações de treinamento e educação, para alinhar os atributos e as competências do candidato ao desempenho esperado no cargo. Outra possibilidade é ter de lidar com a desmotivação do recém-ingresso na organização, caso suas atividades estejam muito aquém ou além de suas expectativas.

O reconhecimento dos diferentes contextos em que ocorre a seleção de pessoas para o trabalho torna ainda mais relevante a escolha adequada de métodos e técnicas a serem utilizados. Alguns critérios devem ser levados em conta nessa escolha, como o tipo de trabalho a ser feito, o contexto organizacional em que este será desenvolvido e os recursos humanos, materiais e logísticos disponíveis para levar a cabo o processo no tempo estimado. Além disso, é preciso estar atento a estudos que apontam, de modo mais claro, as evidências de validade preditiva dos instrumentos a ser utilizados. Conforme apontam diversos estudos na literatura internacional (ver mapeamento apresentado em Gondim & Queiroga, 2013), entrevistas, dinâmicas de grupo, testes de inteligência ou de personalidade (aplicados nas avaliações psicológicas) têm seu valor preditivo associado ao critério que se pretende antecipar. As entrevistas tendem a ser mais eficazes, à medida que são mais estruturadas do que abertas (Salgado & Moscoso, 2001). A estruturação deve estar apoiada nos conhecimentos, nas habilidades e nas atitudes que se espera do futuro ocupante da vaga. A entrevista, porém, só ajuda a fazer inferências sobre conhecimentos, habilidades e atitudes a partir do que a pessoa diz, de como organiza o seu pensamento e de como reage a questionamentos em situações de interação social. A entrevista, portanto, não autoriza inferências sobre o fazer, ou seja, a habilidade prática do candidato.

Alguns profissionais de gestão de pessoas defendem também o uso da entrevista como meio para conhecer características psicológicas do candidato, explorando um pouco a sua vida pessoal. Entretanto, dificilmente uma pessoa que se candidata a uma vaga, estando, de fato, altamente motivada para ocupá-la, exporia de modo sincero suas fragilidades e realidades pessoais, visto que essa é uma ferramenta que tende a instigar o gerenciamento de impressão (Araújo & Pilati, 2008). Assim, perguntas gerais, como "diga duas de suas qualidades" ou "quais são os seus defeitos", além de serem clichês encontrados em manuais amadores de orientação de processos seletivos, não servem a propósitos sérios para proceder a inferências seguras sobre atributos de personalidade de candidatos ou candidatas. É preciso ter claro, ainda, que as entrevistas de seleção são processos interativos, e, do mesmo modo que o entrevistador tenta formular perguntas para avaliar o candidato, este formula inferências sobre as expectativas do entrevistador, procurando gerenciar as impressões dele para que lhe sejam favoráveis (Ferreira & Gondim, 2011, 2014; Ferreira, Gondim, & Pilati, 2014).

Outra ferramenta bastante desejada nos processos seletivos é a avaliação psicológica. Muitas vezes, ela é vista como uma ferramenta que não apenas incrementa o processo, mas o legitima, imprimindo mais confiança à seleção de pessoas. O processo de avaliação psicológica é definido como um conjunto de procedimentos que visa à coleta e à análise de informações das diversas características psicológicas de um indivíduo em termos de traços pessoais e de atributos cognitivos, sensório-motores, socioemocionais, motivacionais, atitudinais e valorativos (Chiodi & Wechsler, 2008; Parpinelli & Lunardelli, 2006; Wechsler, 1999). Na perspectiva de Primi (2003, 2010), a avaliação psicológica só se desenvolve na articulação entre a produção teórica do funcionamento psicológico e a operacionalização dos parâmetros da dimensão psicológica que se quer medir. Em síntese, a avaliação psicológica pode ser definida como um processo sistemático de coleta e análise de informações que é consubstanciado por determinados parâmetros previamente definidos (Anastasi & Urbina, 2000; Rust & Golombok, 2017) e que tem por objetivo produzir diagnósticos e hipóteses sobre atributos e características pessoais ou grupais relevantes (Hutz, 2015) – no caso, para o desempenho no trabalho.

Os testes de inteligência geral, historicamente utilizados em processos seletivos, apresentam poder preditivo, sobretudo quando avaliam habilidades específicas (Bertua, Anderson, & Salgado, 2005). A suposição é de que a capacidade de raciocinar logicamente em termos verbais, numéricos e espaciais oferece pistas mais seguras sobre o potencial individual de vir a lidar com situações-problema futuras, encontrando soluções adequadas na prática. Contudo, na avaliação de atributos atitudinais, esses testes não mostram o mesmo poder. Embora as atitudes se apresentem como disposições afetivas pró ou contra um objeto social e se encontrem associadas a uma tendência comportamental congruente com o afeto, são inúmeros os exemplos na prática diária de pessoas que, apesar de manifestarem atitudes contrárias à discriminação, são flagradas em atos discriminatórios.

Além dos testes de inteligência, os testes de personalidade do tipo projetivos ou inventários são bastante empregados nas avaliações psicológicas. As medidas de personalidade que gozam de grande reconhecimento são as que se baseiam no modelo dos cinco grandes fatores de personalidade (*big five*). Trata-se de um modelo sustentado em estudos realizados por diversos pesquisadores do tema. Os cinco grandes fatores são: instabilidade emocional, extroversão, abertura para a experiência, agradabilidade e consciensiosidade. Um estudo de metanálise aponta que a consciensiosidade é um dos melhores preditores de desempenho no trabalho (Dudley, Orvis, Lebiecki, & Cortina, 2006), ao passo que a agradabilidade e a instabilidade emocional funcionam como bons preditores do desempenho no setor de serviços (Frei & McDaniel, 1998). Ainda que seja defensável lançar mão de testes de personalidade para projetar o desempenho individual futuro do candidato, tais testes não oferecem insumos para se avaliar como é de fato a sua atuação no dia a dia do trabalho. Provas situacionais e práticas de simulação possuem maior poder heurístico para inferências sobre o fazer profissional, caso isso seja central para o desenho do trabalho e o contexto organizacional.

Nosso objetivo, ao fazer todas essas considerações sobre o planejamento e os procedimentos de escolha de instrumentos e ferramentas, é alertar para os seus limites e possibilidades, visando a dar mais credibilidade e confiabilidade à importante atividade profissional de psicólogos organizacionais e do trabalho de selecionar pessoas para uma organização. Recrutamento e seleção, historicamente, é considerado o subsistema de gestão de pessoas de menor importância, o que contribuiu para o pouco investimento das organizações e dos próprios pesquisadores nos estudos e testes de instrumentos de medida e procedimentos avaliativos. Mais recentemente (Anderson, Salgado, & Hülsheger, 2010; Moscoso, Salgado, & Anderson, 2017; Thadeu, Ferreira, & Faiad, 2012), a situação tem mudado, com novas publicações sobre seleção de pessoas, o que está contribuindo para melhorar a formação e a competência dos profissionais.

O profissional de gestão de pessoas precisa ter claro o que é possível medir e avaliar em processos de seleção de pessoas. Isso envolve ter conhecimento dos limites e das potencialidades das ferramentas do campo da psicologia. Os testes de personalidade, por exemplo, deveriam ser utilizados com parcimônia, visto que nem sempre oferecem melhor potencial de predição. Certamente, em processos de avaliação para fins de porte de armas, por exemplo, um teste de personalidade com boas propriedades psicométricas pode oferecer grande potencial de inferência sobre a capacidade de autocontrole do indivíduo em situações de forte tensão e de conflito, nas quais a explosão de raiva pode culminar na perda da capacidade de discernimento e na incapacidade de controlar reações impulsivas excessivamente intensas (Thadeu et al., 2012). No entanto, para a maioria das vagas de trabalho, tais testes não se fazem necessários, podendo ser substituídos por outros instrumentos e procedimentos mais pertinentes ao que está sendo exigido pelo trabalho.

Se, de um lado, é preciso incentivar os estudos sobre processos seletivos visando à melhoria de processos, de outro é preciso envidar esforços para vencer a falta de preparo profissional daqueles que se dedicam às atividades de recrutamento e seleção. Isso já havia sido apontado anteriormente por outros pesquisadores. No *survey* realizado por Pereira, Primi e Cobêro (2003) com 33 profissionais de seleção, apesar de a amostra ter sido pequena e regionalizada, os instrumentos e as ferramentas mais utilizados na época eram Wartegg (N = 20), dinâmica de grupo (N = 20), entrevista estruturada (N = 15), entrevista não estruturada (N = 10), teste de atenção concentrada (N = 9), grafologia (N = 9) e teste palográfico (N = 8). Atualmente, a dinâmica de grupo e a entrevista seguem tendo grande importância, embora sem respaldo de evidências empíricas de sua validade para subsidiar tomadas de decisão em seleção de pessoas.

Um aspecto-chave da formação profissional é o desenvolvimento de competências que permitam ao profissional ter uma visão crítica de sua atuação prática, pois somente assim poderá aperfeiçoar processos. Nossa longa experiência em supervisão de estágios curriculares na área de gestão, principalmente de estudantes de psicologia inseridos em consultorias especializadas em recrutamento e seleção de pessoas, permite afirmar que existe uma reprodução acrítica de procedimentos e usos de testes psicológicos sem qualquer avaliação criteriosa da sua eficácia no processo de seleção. Duas alegações parecem ser as mais frequentes: a de haver exigências prévias das empresas contratantes a respeito dos testes a serem usados e o tempo entre o surgimento da demanda e o estimado para a finalização do processo. A concorrência com outras empresas de consultoria leva à aquiescência do profissional diante das demandas da empresa, o que aumenta o risco da validade do processo. Além disso, a urgência em atender à empresa no prazo demandado leva à escolha apressada por atalhos (simplificações) pouco justificáveis cientificamente, o que torna o processo de seleção vulnerável e desacreditado.

Ao adotar o ponto de vista da organização, um dos primeiros desafios do processo seletivo é assegurar o seu alinhamento com outros subsistemas de gestão de pessoas, tendo em vista as suas consequências para a gestão organizacional (Gondim, Janissek, & Peixoto, 2013), pois, lamentavelmente, os subsistemas de gestão de pessoas trabalham de modo desarticulado. Conforme mencionamos, as organizações fazem uso frequente de consultorias especializadas para realizar seus processos seletivos, e isso limita a adoção de uma política integrada de gestão de pessoas, bem como dificulta o alinhamento da seleção de pessoas às demandas e às necessidades futuras da organização. As consultorias, por vezes, adotam procedimentos padronizados, nem sempre adequados a todo tipo de vaga. Isto é, a despeito das exigências do trabalho, faz-se uso dos mesmos procedimentos e instrumentos, sem nenhum controle de efetividade e eficácia da seleção. Outros grandes desafios são a pressão temporal e a pouca disponibilidade de recursos humanos e materiais, que, muitas vezes, levam a uma redução do processo seletivo, com prejuízos para a avaliação dos candidatos que concorrem no mesmo pleito. Uma das principais repercussões negativas de processos excessivamente acelerados é a elaboração de laudos deficientes em termos de qualidade e quantidade de informações sobre os atributos avaliados e sua pertinência quanto à real competência do candidato para assumir o posto de trabalho.

Os testes psicológicos, a seu turno, também são colocados como desafiantes nesse processo. Resultados do estudo de Pereira e colaboradores (2003) apontam que, ao selecionar um teste, os recrutadores escolhem aquele de fácil aplicação e correção, nem sempre o mais válido e apropriado para o que se está planejando medir. Uma vez mais, ressaltamos a importância do preparo profissional para atuar em seleção. É fundamental que, antes de fazer a escolha, os profissionais responsáveis por processos seletivos avaliem as qualidades psicométricas dos instrumentos utilizados, e não apenas dos testes. Ainda que os testes psicológicos sejam instrumentos de medida desenvolvidos mediante fundamentação teórica e rigor metodológico, certamente um processo seletivo não precisa incorporá-los, uma vez que nem todo atributo importante para o desempenho do trabalho se mede por meio deles. Aliás, o uso indevido de testes psicológicos coloca em risco a qualidade do processo seletivo. Desse modo, a má prática de profissionais que atuam na seleção ajuda a disseminar o preconceito em relação a psicólogos e seus instrumentos.

Sobre essa temática, cabe dizer que a sociedade está cada vez mais atenta aos excessos, equívocos e danos advindos da avaliação psicológica, principalmente em processos seletivos, o que tem gerado processos judiciais que colocam em xeque a validade de instrumentos e procedimentos. O psicólogo que atua na área precisa estar mais bem preparado para enfrentar questionamentos sobre a validade do processo, portanto, precisa ter, ao menos, noções sobre os procedimentos de construção e validação de instrumentos psicológicos, deixando de ser um mero aplicador de testes e medidas, o que aumenta sua capacidade crítica sobre sua atuação profissional. Na perspectiva de Waldman (2014), tem crescido a preocupação sobre as atuais práticas realizadas com testes psicológicos, havendo necessidade de elaboração de testes, indicadores e critérios cada vez mais específicos a cada contexto.

O Conselho Federal de Psicologia (CFP) vem atuando no sentido de adotar medidas que disciplinem a construção e o uso de testes psicológicos válidos e fidedignos, atendendo a critérios técnicos e da ética profissional. A criação do Sistema de Avaliação dos Testes Psicológicos (SATEPSI), no fim de 2001, é um exemplo dessa atuação. O SATEPSI, composto por uma comissão consultiva e um grupo de pareceristas (pesquisadores e profissionais), certifica os instrumentos de avaliação psicológica para uso profissional (Reppold & Gurgel, 2015). O Brasil é pioneiro na implementação de um sistema de certificação apoiado em critérios internacionais de qualidade de testes (Primi & Nunes, 2010).

Estamos cientes de que este é apenas um capítulo sobre avaliação psicológica em processos seletivos, o qual não oferece condições de aprofundamento para habilitar psicólogos a atuar em seleção de pessoas. No entanto, esperamos ter destacado aspectos-chave que despertem a motivação e a curiosidade de estudantes e de profissionais iniciantes em atividades de seleção de pessoas para seguir buscando trilhas de aprendizagem que os habilitem a se tornar melhores tomadores de decisão.

Com o intuito de oferecer orientações práticas para o planejamento de processos seletivos de profissionais iniciantes ou de estagiários, serão apresentados dois exemplos, em diferentes setores de atuação (público e privado) e níveis de qualificação exigidos pela vaga (maior e menor nível instrucional). Nosso objetivo é ilustrar como é possível planejar processos seletivos de modo simplificado, mas válidos, para consubstanciar a tomada de decisão. Lembre-se de que todo processo seletivo está sujeito a erros, e o nosso compromisso profissional e ético é assegurar procedimentos e uso de ferramentas que diminuam o tamanho do erro e a injustiça que possamos vir a cometer.

EXEMPLOS DE DESENHO DE SELEÇÃO QUE PODEM SER UTILIZADOS EM FUNÇÃO DO TIPO DE VAGA

Serviços gerais: cargo com baixa exigência de qualificação[1]

A área de serviços gerais costuma apresentar elevada rotatividade. Em geral, as condições de trabalho e as próprias características das tarefas a serem desenvolvidas estão entre as razões que explicam a baixa fixação dos profissionais no cargo. Por um lado, o trabalho a ser realizado é de baixa complexidade e não exige formação específica. Por outro, trata-se de um trabalho pesado, que, muitas vezes, é executado em longas jornadas de trabalho, ainda que alternado com horários especiais de descanso.

Em um contexto como o do Brasil, ainda carente de profissionais especializados, a baixa exigência de qualificação faz o recrutamento desses profissionais parecer fácil. De fato, encontrar pessoas com as características técnicas para atuar em serviços gerais não é complicado. A alta rotatividade se observa porque o mais complexo é garantir o alinhamento desses profissionais com a cultura organizacional do seu local de atuação. Sobre essa questão, deve-se pontuar, ainda, que, atualmente, esses profissionais são, na sua maioria, terceirizados. Isso significa dizer que eles vão, efetivamente, vivenciar a cultura organizacional do lugar em que serão alocados, e não da empresa contratante. Portanto, é pertinente que tais condições também sejam levadas em consideração na seleção.

Análise do trabalho

Em geral, os profissionais da área de serviços gerais são solicitados a executar trabalhos de limpeza e conservação de dependências internas e externas da unidade em que estão lotados, bem como de utensílios, móveis e equipamentos, para mantê-los em condições de uso. Entre as suas atividades, podem estar incluídas separar materiais recicláveis para descarte (vidraria, papéis, resíduos laboratoriais), controlar o estoque e sugerir compras de materiais pertinentes à sua área de atuação.

É esperado que esse profissional desenvolva suas atividades utilizando normas e procedimentos de biossegurança e/ou segurança do trabalho que zelem pela guarda, conservação, manutenção e limpeza dos equipamentos, instrumentos e materiais utilizados, bem como do local de trabalho, e, ainda, que execute o tratamento e o descarte dos resíduos de materiais provenientes do seu local de trabalho e outras tarefas correlatas, conforme necessidade ou a critério de seu superior.

Sugestões de canais de recrutamento

Para a divulgação de vagas, podem-se utilizar jornais impressos, *sites* de emprego e órgãos públicos que cuidem da intermediação de recursos humanos, como o Sistema Nacional de Emprego (SINE), do Governo Federal. Algu-

---

[1] Este exemplo foi baseado no relatório final de estágio curricular obrigatório de Juliana Amorim de Souza, de 2016-1, na época estudante de Psicologia da Universidade Federal da Bahia.

mas empresas mantêm continuamente abertos sistemas de cadastro de currículos. Para os cargos de maior rotatividade, o cadastro pode servir como ponto de partida, embora seja recomendável que o profissional responsável pelo recrutamento e pela seleção crie um formulário para ser preenchido pelos candidatos apropriado às vagas mais frequentemente oferecidas pela empresa, contemplando requisitos considerados fundamentais para a contratação.

Sugestões para o desenho do processo seletivo

Recomenda-se iniciar com a análise do currículo dos candidatos, realizar uma dinâmica de simulação que envolva situações do seu trabalho real e conduzir uma entrevista individual com aqueles que atenderem aos requisitos da vaga (ver Figura 14.2).

Essa é uma vaga que, em geral, costuma agregar muitos candidatos na fase de recrutamento. O desenho de seleção indicado prevê que a análise do currículo seja utilizada para fazer a triagem dos candidatos, eliminando aqueles que não apresentarem os requisitos demandados para a vaga, tais como disponibilidade para o tipo de trabalho que será realizado (p. ex., algo relacionado à jardinagem) ou a jornada de trabalho exigida (p. ex., o trabalho precisar ser feito de madrugada). Portanto, essas especificidades devem ser indicadas no recrutamento, a fim de orientar e aumentar a efetividade da triagem de currículos.

O cargo de auxiliar de serviços gerais demanda a realização de tarefas essencialmente psicomotoras. Ainda que o trabalhador tenha de reconhecer os produtos e instrumentos, a maior exigência está na aplicação prática, no manuseio de tais materiais. Portanto, é essencial que uma das etapas do processo seletivo busque avaliar as habilidades práticas dos candidatos. Para isso, pode ser conduzida uma dinâmica de simulação com grupos de candidatos, com a apresentação de fotografias de algumas instalações da instituição (sala de aula, laboratório, recepção do ambulatório, consultório dentário, escritório, banheiro e pátio) com algumas situações-problema. Devem ser apresentadas, também, gravuras de materiais e equipamentos de proteção individual que serão usados para realizar a limpeza desses ambientes.

O objetivo do candidato é escolher as gravuras dos materiais e equipamentos de proteção individual (EPIs) e montar um passo a passo de como realizar a atividade de limpeza nos ambientes. Os materiais devem ser escolhidos após uma pesquisa sobre quais produtos e EPIs são utilizados na instituição em que os candidatos serão alocados. Ao concluir a atividade, o candidato deve compartilhar o seu passo a passo com o grupo e chegar a uma conclusão única.

Para a realização dessa atividade, é necessário estarem claros os critérios de avaliação para a apresentação do passo a passo, para que seja possível pontuar a proficiência do candida-

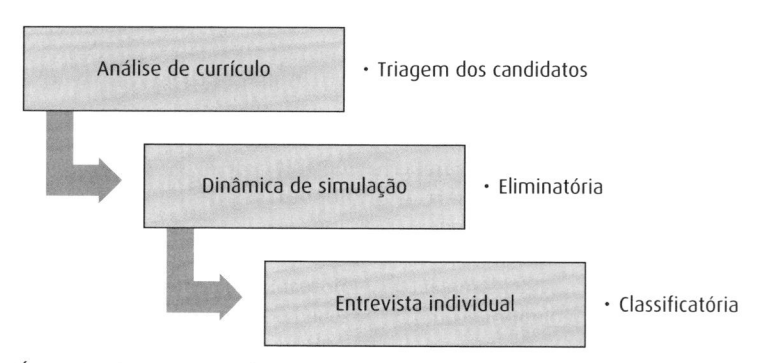

Figura 14.2 / Desenho de processo seletivo para retenção de candidatos para auxiliar de serviços gerais.

to (p. ex., em escala de 0 a 10). O avaliador também pode explorar um pouco mais a técnica do candidato, fazendo perguntas, formuladas previamente, sobre qual seria sua atuação em determinadas situações.

Por fim, a entrevista individual é útil e importante para avaliar outras características que favoreçam a adesão do candidato à empresa, tais como postura cordial e respeitosa com colegas e clientes, além de outros itens relacionados à cultura organizacional e às especificidades do local de trabalho dos candidatos. Também é possível investigar a relação do candidato com questões contratuais, como pontualidade e assiduidade.

Produtor de conteúdo para *sites* de entretenimento em agência de publicidade: cargo com alta exigência de qualificação[2]

O mundo do trabalho vem se transformando bastante nos últimos anos. O trabalho em *home office* (escritório em casa), hoje, se alterna com o trabalho presencial nas empresas, bem como diversos serviços são prestados por meio de aplicativos e *sites* (p. ex., alimentação, transporte e compras). Não é só a modalidade do trabalho que vem se modificando, a sua natureza também. Há um perfil de trabalhador com habilidades específicas que torna possível o funcionamento de todo esse mundo virtual.

Nas agências de publicidade, os profissionais são demandados a atualizar a linguagem de comunicação, para aumentar a eficiência do seu trabalho. Além disso, os espaços virtuais são lugares onde as pessoas adquirem produtos e serviços, bem como consomem cultura e entretenimento. Por isso, os produtores de conteúdo das agências de publicidade necessitam de formação adequada e vêm ganhando mais espaço no mercado de trabalho.

Análise do trabalho

Os produtores de conteúdo podem ter diferentes formações (Letras, Comunicação Social, Jornalismo, etc.), mas devem ter domínio da escrita em língua portuguesa e habilidade para fazer revisão de textos. No caso da vaga especificada, os candidatos devem estar aptos a trabalhar com variados estilos de linguagem, sobretudo a utilizada na internet, e acompanhar regularmente lançamentos de filmes, séries e músicas.

Para ocupar essa vaga, é necessário um elevado grau de autonomia e disciplina para trabalhar em *home office*, ter visão sistêmica da tarefa – para perceber que o seu trabalho precisa da atuação de outros profissionais para alcançar seu objetivo –, ter potencial para liderar e atuar como liderado. Deve ser considerada, ainda, a experiência com a produção de conteúdo para grandes públicos, a capacidade de trabalhar em equipe multidisciplinar, a habilidade com redes sociais e o grau de envolvimento com aspectos culturais e atualidades em geral.

Sugestões de canais de recrutamento

É importante preparar a descrição do perfil com as questões centrais para a vaga e usar as próprias redes sociais para divulgação. Os *sites* de captação de talentos também podem ser úteis, assim como indicações de profissionais da própria agência ou de outras.

Sugestões para o desenho do processo seletivo

Sugerimos iniciar com a análise do currículo dos candidatos, realizar uma entrevista individual com aqueles que atenderem aos requisitos da vaga e fazer uma prova prática, solicitando aos candidatos que apresentem uma peça relacionada ao trabalho que será realizado (ver Figura 14.3).

Com o desenho de seleção sugerido, a análise do currículo seria útil para fazer uma primeira triagem dos candidatos e eliminar aqueles com menor experiência na área, já que a

---

[2]Este exemplo foi descrito a partir do processo seletivo que efetivamente é empregado em uma agência de inteligência em rede, situada em Brasília (DF).

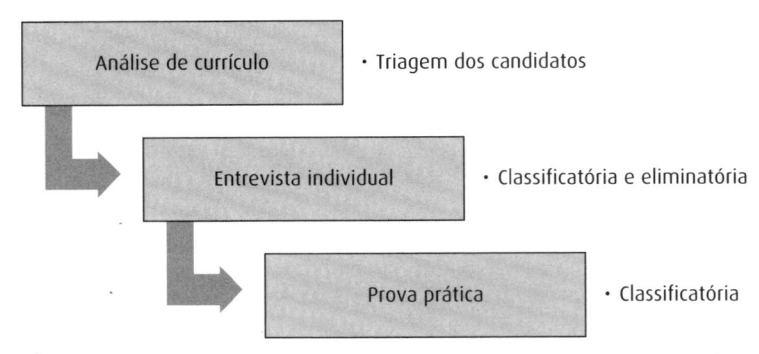

```
┌─────────────────────┐
│ Análise de currículo│  • Triagem dos candidatos
└──────────┬──────────┘
           ↓
    ┌─────────────────────┐
    │ Entrevista individual│  • Classificatória e eliminatória
    └──────────┬──────────┘
               ↓
        ┌─────────────┐
        │ Prova prática│  • Classificatória
        └─────────────┘
```

Figura 14.3 Desenho de processo seletivo para retenção de candidatos para produtor de conteúdo on-line.

experiência se mostra um critério importante para essa vaga. Observar a forma como o candidato apresenta as informações profissionais e pessoais no currículo pode ser uma boa maneira de analisar seu potencial criativo e, também, seu domínio dos estilos de linguagem.

Os aspectos técnicos e comportamentais podem ser analisados em uma boa entrevista semiestruturada. Para produzir conteúdo para *sites* de entretenimento, é necessário que o candidato seja consumidor regular de filmes, séries, livros e música. Assim, perguntas sobre o tempo gasto com esse tipo de atividade, bem como sobre o gênero musical e literário de preferência, são bem-vindas. É fundamental que os candidatos apresentem o padrão comportamental esperado nesse aspecto, de modo a viabilizar sua justa classificação.

Os primeiros classificados devem desenvolver uma peça relacionada à função que desempenharão. O produto solicitado deve viabilizar a análise do domínio da língua portuguesa e da capacidade de compreender comandos semelhantes àqueles que serão requeridos no trabalho. Como o profissional precisará trabalhar em *home office*, é adequado que essa etapa do processo seletivo ocorra com o uso de ferramentas eletrônicas e com o apoio da internet. Assim, é possível avaliar se o candidato acompanha agilmente o que é solicitado de modo não presencial.

REFERÊNCIAS

Anastasi, A., & Urbina, S. (2000). *Testagem psicológica* (7. ed.). Porto Alegre: Artmed.

Anderson, N., Salgado, J., & Hülsheger, U. R. (2010). Applicant reactions in selection: comprehensive meta-analysis into reaction generalization *versus* situational specificity. *International Journal of Selection and Assessment, 18*, 291-304.

Araújo, M. E. B., & Pilati, R. (2008). Gerenciamento de impressão nas entrevistas de seleção: proposição de uma agenda de pesquisa. *Revista rPOT, 8*(22), 21-138.

Bendassolli, P. (2012). Desempenho no trabalho: revisão da literatura. *Psicologia e Argumento, 30*(68), 171-184.

Bertua, C., Anderson, N., & Salgado, J. F. (2005). The predictive validity of cognitive ability tests: a UK meta-analysis. *Journal of Occupational and Organizational, 78*(3), 387-409.

Borman, W. C., & Motowidlo, S. J. (1993). Expanding the criterion domain to include elements of contextual performance. In N. Schmitt, & W. C. Borman (Eds.), *Personnel selection in organizations* (pp. 71-98). San Francisco: Jossey-Bass.

Boyatzis, R. E. (1982). *The competence management: a model of effective performance*. New York: John-Wiley.

Campos, E. B. D., & Abbad, G. S. (2015). Competência no trabalho. In P. F. Bendassolli, & J. E. Borges-Andrade (Orgs.), *Dicionário de psicologia do trabalho e das organizações* (pp. 191-198). São Paulo: Casa do Psicólogo.

Carbone, P. P., Brandão, H. P., Leite, J. B. D., & Vilhena, R. M. P. (2005). *Gestão por competências e gestão do conhecimento*. Rio de Janeiro: FGV.

Chiodi, M. G., & Wechsler, S. M. (2008) Avaliação psicológica: contribuições brasileiras. *Boletim Academia Paulista de Psicologia, 28*(2), 197-210.

Dudley, N. M., Orvis, K. A., Lebiecki, J. E., & Cortina, J. M. (2006). A meta-analytic elements of contextual performance. In N. Schmitt, & W. C. Borman (Eds.), *Personnel selection in organizations* (pp. 71-98). San Francisco: Jossey-Bass.

Ferreira, A. S. M., & Gondim, S. M. G. (2011). Gerenciamento de impressão e comportamento não-verbal em entrevistas de emprego. *Quaderns de Psicología, 14*(1), 1-14.

Ferreira, A. S. M., & Gondim, S. M. G. (2014). *Gerenciamento de impressões em entrevistas de emprego na prática profissional*. Salvador: EDUFBA.

Ferreira, A. S. M., Gondim, S. M. G., & Pilati, R. (2014). Gerenciamento de impressões e tomada de decisão em entrevistas de emprego. *Psicologia, Ciência e Profissão, 34*(1), 66-79.

Frei, R. L., & McDaniel, M. A. (1998). Validity of customer service measures in personnel selection: a review of criterion and construct evidence. *Human Performance, 11*(1), 1-27.

Gondim, S. M. G., & Queiroga, F. (2013). Recrutamento e seleção de pessoas. In L. O. Borges, & L. Mourão (Orgs.), *O trabalho e as organizações: atuações a partir da psicologia* (pp. 376-405). Porto Alegre: Artmed.

Gondim, S. M. G., Janissek, J., & Peixoto, A. (2013). Gestão de pessoas. In L. O. Borges, & L. Mourão (Orgs.), *O trabalho e as organizações: atuações a partir da psicologia* (pp. 343-375). Porto Alegre: Artmed.

Gondim, S. M. G., Morais, F. A. de, & Brantes, C. dos A. A. (2014). Competências socioemocionais: fator-chave no desenvolvimento de competências para o trabalho. *Revista Psicologia Organizações e Trabalho, 14*(4), 394-406.

Hutz, C. S. (2015). O que é avaliação psicológica: Métodos, técnicas e testes. In C. S. Hutz, D. R. Bandeira, & C. M. Trentini. *Psicometria*. Porto Alegre: Artmed.

Moscoso, S., Salgado, J. F., & Anderson, N. (2017). How do I get a job, what are they looking for? In N. Chmiel, F. Fraccaroli, & M. Sverke. *An introduction to work and organizational psychology: an international perspective* (pp. 25-47). New Jersey: Wiley Blackwell.

Pacico, J. C., & Hutz, C. S. (2015). Validade. In C. S. Hutz, D. R. Bandeira, & C. M. Trentini. *Psicometria* (pp. 71-95). Porto Alegre: Artmed.

Parpinelli, R. F., & Lunardelli, M. C. F. (2006). Avaliação psicológica em processos seletivos: contribuições da abordagem sistêmica. *Estudos de Psicologia (Campinas), 23*(4), 463-471.

Pereira, F. M., Primi, R., & Cobêro, C. (2003). Validade de testes utilizados em seleção de pessoal segundo recrutadores. *Psicologia: Teoria e Prática, 5*(2), 83-98.

Primi, R. (2003). Inteligência: Avanços nos modelos teóricos e nos instrumentos de medida. *Avaliação Psicológica, 2*(1), 67-77.

Primi, R. (2010). Avaliação psicológica no Brasil: fundamentos, situação atual e direções para o futuro. *Psicologia: Teoria e Pesquisa, 26*(n. especial), 25-35.

Primi, R., & Nunes, C. H. S. S. (2010). O SATEPSI: propostas de aprimoramento. In Conselho Federal de Psicologia (Org.), *Avaliação psicológica: diretrizes na regulamentação da profissão* (pp. 129-148). Brasília: CFP.

Queiroga, F. (2009). *Seleção de pessoas e desempenho no trabalho: um estudo sobre a validade preditiva dos testes de conhecimentos* (Tese de doutorado, Universidade de Brasília, Brasília).

Queiroga, F. (2015). Recrutamento e seleção. In P. F. Bendassoli, & P. F. Borges-Andrade (Orgs.), *Dicionário de psicologia do trabalho e das organizações* (pp. 557-564). São Paulo: Casa do Psicólogo.

Reppold, C. T., & Gurgel, L. G. (2015). O papel do teste na avaliação psicológica. In C. S. Hutz, D. R. Bandeira, & C. M. Trentini. *Psicometria* (pp.147-164) Porto Alegre: Artmed.

Rust, J., & Golombok, S. (2017). *Modern psychometrics: The science of psychological assessment* (3rd ed.). New York: Routledge.

Salgado, J. F. (2001). Some landmarks of 100 years of the scientific personnel at the beginning of the new century. *International Journal of Selection and Assessment, 9*(1-2), 3-8.

Salgado, J. F., & Moscoso, S. (2001). *Entrevista conductual estructurada de selección de personal: Teoría, práctica y rentabilidad*. Madrid: Psicología Pirámide.

Sonnentag, S., & Frese, M. (2002). Performance concepts and performance theory. In S. Sonnentag (Ed.), *Psychological management of individual performance* (pp. 3-25). London: John Wiley e Sons.

Thadeu, S. H., Ferreira, M. C., & Faiad, C. (2012). A avaliação psicológica em processos seletivos no contexto da segurança pública. *Avaliação Psicológica, 11*(2), 229-238.

Urbina, S. (2007). *Fundamentos da testagem psicológica*. Porto Alegre: Artmed.

Waldman, A. (2014). *Avaliação psicológica e seleção de recursos humanos: produção científica no Brasil entre 2003 e 2013* (Monografia de especialização em Psicologia, Universidade Federal do Rio Grande do Sul, Porto Alegre).

Wechsler, S. M. (1999). Guia de procedimentos éticos para a avaliação psicológica. In S. M. Wechsler, & R. L. Guzzo (Orgs.), *Avaliação psicológica: perspectiva internacional* (pp. 133-141). São Paulo: Casa do Psicólogo.

Zarifian, P. (2008). *Objetivo competência: por uma nova lógica*. São Paulo: Atlas.

15

AVALIAÇÃO DE VALORES HUMANOS NO TRABALHO E NAS ORGANIZAÇÕES

Valdiney V. Gouveia
Rildésia Silva Veloso Gouveia
Thiago Medeiros Cavalcanti
Flávia Marcelly de Sousa Mendes da Silva

O estudo dos valores humanos nas ciências humanas e sociais tem uma longa história, mas um passado recente (Ros & Gouveia, 2006). De fato, foi no início do século XX que se reconheceu a contribuição desse construto para entender o comportamento humano (Thomas & Znaniecki, 1918). Não obstante, apenas a partir da segunda metade desse século desenvolveu-se uma concepção próxima ao que hoje se entende por valores humanos, tendo como referência inicial a obra *Toward a general theory of action* (Parsons & Shils, 1951). Destacam-se as contribuições de Clyde Kluckhohn e Talcott Parsons, mas, sobretudo, os trabalhos de Milton Rokeach, condensados em seu livro *The nature of human values* (Rokeach, 1973). Nesse cenário, conceberam-se os valores como princípios do desejável e tendo origem motivacional, isto é, estariam pautados em necessidades humanas (Gouveia, Fonsêca, Milfont, & Fischer, 2011; Gouveia, Milfont, Fischer, & Santos, 2008). Esse é o ponto de partida deste capítulo, que pretende acentuar a perspectiva motivacional dos valores, tratando-os dentro de um sistema cognitivo que pode explicar atitudes, comportamentos, crenças e ideologias, o que tem sido assumido por diversos modelos e teorias (p. ex., Gouveia, 2013; Hofstede, 1984; Inglehart, 1977; Rokeach, 1973; Schwartz, 1992).

Abordaremos a avaliação dos valores que tem sido feita nos contextos organizacional e do trabalho. Trataremos, inicialmente, de resumir os principais modelos teóricos sobre os valores, diferenciando dois conjuntos de teorias, com foco no coletivo (grupo, cultura) ou no indivíduo. Posteriormente, procuraremos conceituar o que são valores do trabalho e das organizações, introduzindo alguns questionamentos e sugerindo soluções ou estratégias para concebê-los. A seguir, descreveremos mais detalhadamente a teoria funcionalista dos valores humanos (Gouveia, 2013, 2016), que pode ser uma ferramenta adequada para embasar os estudos dos valores, proporcionando solidez teórica e parcimônia nas explicações. Por fim, abordaremos a avaliação dos valores no contexto laboral, discutindo formas de fazê-la e instrumentos e recursos disponíveis, reforçando a alternativa da teoria funcionalista dos valores, que poderá ser útil a estudos e intervenções na área.

PERSPECTIVAS MOTIVACIONAIS DO ESTUDO DOS VALORES

Não nos deteremos a tratar o tema historicamente, o que tem sido feito em outras obras (Gouveia, 2013; Gouveia et al., 2008; Ros, 2006). Aqui, consideraremos, resumidamente, seis modelos teóricos principais na contemporaneidade, igualmente distribuídos segundo o nível de análise: cultural (Hofstede, Inglehart e Schwartz) e individual (Rokeach, Schwartz e Gouveia). Esses dois níveis são tratados como diferentes, inclusive Schwartz desenvolveu um modelo em cada nível. Entretanto, Gouveia (2016) sugere que não são necessárias duas teorias dos valores, podendo uma única ser empregada para explicar resultados individuais ou de agregados de pessoas, grupos ou sociedades. Esse aspecto será detalhado mais adiante. Comecemos, então, por modelos no nível cultural.

Modelos culturais dos valores

Embora não existam apenas os três modelos descritos a seguir, não resta dúvida de que eles são os mais conhecidos, sobretudo no âmbito da psicologia. Todos têm em comum o fato de terem partido de evidências sobre indivíduos, pois consideraram necessidades humanas, sobretudo desde a perspectiva maslowniana, derivando itens que pudessem ser utilizados para se referir a culturas, grupos ou organizações. Além disso, assumem que a pontuação do país (grupo), correspondendo à média do conjunto de indivíduos por unidade participante do estudo, expressa algo diferente da média individual das pessoas isoladamente. A seguir, são descritos esses modelos, respeitando-se sua cronologia.

Dimensão materialista/ pós-materialista. Inglehart (1977), considerando o conjunto de necessidades de Maslow (1954), propôs que as sociedades eram orientadas em um contínuo, que variava de materialista (necessidades mais básicas, focando na escassez; p. ex., sobrevivência, segurança) à pós-materialista (necessidades mais elevadas, predominando o desenvolvimento do ser; p. ex., estética, autorrealização). Inicialmente pensados como polos de uma mesma dimensão, os estudos foram, aos poucos, evidenciando que poderiam existir sociedades que apresentavam um padrão misto, possuindo as orientações materialista e pós-materialista ao mesmo tempo (Gouveia, 2013). Seu modelo foi mais proeminente nas áreas de ciências sociais e políticas, tendo aparentemente menos repercussão em psicologia. Contudo, sua utilidade pareceu evidente no âmbito organizacional, uma vez que contribuiu para entender as prioridades que os trabalhadores de certos grupos ou culturas davam a princípios mais materialistas (orientação mais concreta, pragmática, focando em salário, estabilidade) ou pós-materialistas (orientação dirigida a priorizar ideais e princípios mais abstratos, repercutindo na expressão de ideias, no desenvolvimento de capacidades).

Dimensões de variação cultural. Hofstede (1984) foi seguramente o principal nome dos anos 1980 quanto aos estudos culturais dos valores, marcando presença em diversas áreas e configurando-se como um marco na psicologia transcultural. Ele considerou um conjunto de metas que foram respondidas por milhares de trabalhadores de uma multinacional instalada em 50 países, chegando a identificar quatro dimensões bipolares de variação cultural: evitação de incerteza (baixa/alta); masculinidade/feminilidade; distância do poder (baixa/alta); e individualismo/coletivismo. Esta última foi a dimensão que mais despertou o interesse dos pesquisadores no mundo todo. Popularizou-se imediatamente, substituindo categorias de análises ou orientações antigas, como tradição *versus* modernidade e associação *versus* comunidade. Ela enfatiza a prioridade dada aos interesses pessoais (individualismo) em oposição aos interesses do endogrupo/grupo de pertencimento (coletivismo). Essas metas claramente representavam as necessidades do modelo maslowniano, tendo impacto no contexto laboral (Ronen, 1994). Por exemplo, favoreceram a seleção de dirigentes que tivessem valores próximos àqueles das culturas de destino, evitando choque ou conflito de princípios axiológicos ou metas laborais.

Tipos motivacionais culturais. Schwartz (1999) elaborou seu modelo sobre valores culturais uma década após ter proposto uma teoria a respeito do nível individual (Schwartz & Bilsky, 1987). Beneficiou-se dos estudos de Hofstede (1984), tentando consolidar um marco que cobrisse os valores tanto pessoais quanto grupais (culturais). Segundo afirma, ele partiu de três questões fundamentais, que embasaram seus sete tipos motivacionais (Schwartz, 1999): a relação entre indivíduo e sociedade, que define as dimensões axiológicas de autonomia intelectual e autonomia afetiva em oposição ao conservadorismo; a responsabilidade de preservar o tecido social, que se traduz nas dimensões contrapostas de hierarquia e igualitarismo; e a relação da humanidade com os ambientes natural e social, que contrapõe as dimensões domínio e harmonia. Testou-se esse modelo em 49 países, considerando um conjunto de 45 valores específicos do Schwartz Value Survey, usado para testar sua teoria no nível individual. Seu estudo mostrou a pertinência de identificar tais dimensões e suas relações de compatibilidade e conflito, sugerindo a utilidade desse modelo no contexto laboral ao menos em três aspectos: a centralidade do trabalho, as normas societais sobre o trabalho e as metas laborais. Por exemplo, ele sugere que o trabalho é mais central em sociedades em que as dimensões valorativas de domínio e hierarquia são mais enfatizadas, ao passo que recebe menos importância naquelas em que se priorizam a autonomia intelectual, o igualitarismo e a harmonia.

Em resumo, essas teorias "culturais" dos valores consideram que a unidade de análise para avaliar as dimensões valorativas no nível cultural é a sociedade ou o grupo, não as pessoas individualmente. Desse modo, indicam que tais modelos precisam ser considerados quando se pretende explicar os valores no âmbito cultural, sugerindo que, se o propósito é entender diferenças individuais em princípios axiológicos, devem ser tidas em conta teorias como as descritas a seguir. Entretanto, cabe ressaltar que todas essas teorias culturais partem de respostas de indivíduos, apenas tomando como base de análise suas respostas agregadas por país, o que resulta em estruturas fatoriais ou dimensões diferentes, sobretudo quando têm em conta análises eminentemente exploratórias, considerando-se o número reduzido de países.

Modelos individuais dos valores

Embora exista um ou outro modelo teórico sobre os valores humanos no nível individual de análise que não tenha sido contemplado (p. ex., Kohn, 1977), os que se apresentam são, possivelmente, os mais reconhecidos na atualidade (Rodrigues, Assmar, & Jablonski, 2012). Por exemplo, os modelos de Schwartz e Gouveia receberam atenção em uma recente publicação internacional, intitulada *Psychology of human values* (Maio, 2017). Portanto, justifica-se levá-los em consideração para traçar um panorama das teorias sobre os valores.

Valores instrumentais e terminais. Rokeach (1973) foi o nome principal que impulsionou o interesse pelos valores; tudo o que se sabe a respeito, de algum modo, derivou de suas contribuições. Não obstante, ele não se preocupou em mostrar a adequação de sua teoria, não tendo a pretensão de testá-la em múltiplos países, além de ter pautado seus estudos mais em valores específicos do que em uma estrutura subjacente (Gouveia, 2013). A propósito, admitiu dois tipos principais de valores, cada um com dois tipos mais específicos de valores que os representavam: valores instrumentais (competência [p. ex., autocontrole, lógica] e moral [p. ex., honestidade, perdão]) e valores terminais (pessoais [p. ex., autorrespeito, harmonia interna] e sociais [p. ex., igualdade, segurança nacional]). Ele procurou relacionar seus valores específicos com diversas atitudes e condutas, contemplando o contexto laboral e as profissões. Por exemplo, observou que policiais estadunidenses priorizaram mais os valores autocontrole, capacidade e intelectual do que o fizeram as pessoas da população geral; estas, por sua vez, deram mais importância à igualdade e à felicidade do que aqueles.

Tipos motivacionais dos valores. Talvez como tentativa de integrar todas as possibilidades (Gouveia, Milfont, & Guerra, 2014a), o modelo de Schwartz tem sofrido modificações ao longo do tempo, passando de 7 a 10, 11 e, atualmente, 19 tipos motivacionais (Schwartz et al., 2012). Entretanto, seu modelo com 10 tipos motivacionais é o mais conhecido. Esses 10 tipos são reagrupados em quatro dimensões de ordem superior (Schwartz, 1992):

1. Autopromoção (hedonismo, poder e realização).
2. Autotranscendência (benevolência e universalismo).
3. Abertura à mudança (autodeterminação, estimulação e hedonismo).
4. Conservação (conformidade, segurança e tradição).

Excetuando-se o hedonismo, que é parte de duas dimensões de ordem superior, os demais tipos se agrupam cada um em uma única dimensão. O autor sugere que os valores mantêm relações de compatibilidade e conflito entre eles, resultando em uma estrutura circumplexa que prevê uma curva sinusoidal para explicar a relação dos valores com variáveis externas. Contudo, por vezes, se admitem apenas as dimensões de ordem superior dos valores, correlacionando-as com variáveis do trabalho. Por exemplo, Ros, Schwartz e Surkis (1999) observaram que conservação e autotranscendência se correlacionaram ($p < 0,001$) com o valor do trabalho social; abertura à mudança, com extrínseco; e autopromoção, com prestígio.

Funções dos valores. Essa teoria surgiu no contexto em que se discutia a necessidade de modelos individuais e culturais dos valores, fomentada pela percepção de carência teórica de outros modelos, cujo número de valores ou dimensões parecia resultar de ensaios especulativos (Gouveia et al., 2014a). Gouveia (2003, 2013) identificou duas funções principais dos valores: guiar a conduta humana (tipo de orientação: pessoal, central e social; Rokeach, 1973) e representar cognitivamente as necessidades humanas (tipo de motivador: materialista e idealista; Inglehart, 1977), derivando seis subfunções valorativas: experimentação (pessoal e idealista), realização (pessoal e materialista), existência (central e materialista), suprapessoal (central e idealista), interativa (social e idealista) e normativa (social e materialista). Essa teoria integra contribuições de modelos teóricos prévios (p. ex., Inglehart, 1977; Schwartz, 1999), tendo sido utilizada nos contextos da psicologia organizacional e do trabalho, mostrando como os valores se correlacionam com as metas laborais, o desempenho autopercebido, o clima e o comprometimento organizacionais, os afetos no ambiente de trabalho e a abertura à mudança organizacional (Freires, Mendes, Araújo, Melo, & Cavalcanti, 2016; Gouveia, Milfont, Fischer, & Coelho, 2009).

Em resumo, esses três modelos têm representado adequadamente a concepção sobre os valores a partir de uma perspectiva motivacional, entendendo-se que eles existem para além de grupos específicos. Certamente, guardam similaridades, mas também diferenças (Gouveia, 2013, 2016). A propósito, um embate recente entre Schwartz e Gouveia ilustra algumas convergências, bem como especificidades de seus modelos (ver Gouveia, Milfont, & Guerra, 2014b; Schwartz, 2014). Não resta dúvida, entretanto, de que ambos podem aportar à compreensão dos valores e seus correlatos nas organizações, embora exista uma perspectiva específica para os valores neste contexto, como se verá a seguir.

VALORES DO TRABALHO E DAS ORGANIZAÇÕES

Em termos conceituais, os valores humanos podem ser compreendidos como princípios de orientação desejáveis e pessoais. Embora se fale em valores culturais, grupais ou organizacionais (Hofstede, 1984; Inglehart, 1977;

Schwartz, 1999), os valores, ao menos como têm sido avaliados, retratam respostas de indivíduos, as quais são pessoais em essência. Além disso, parece consensual que os valores não são uma propriedade de um objeto (p. ex., dinheiro, carro, casa) ou correspondem a uma instituição (p. ex., família, igreja, empresa); são, na realidade, transituacionais, princípios-guias gerais, sendo centrais no sistema cognitivo das pessoas (Gouveia, 2013; Rokeach, 1973; Schwartz, 1992). Entretanto, mesmo que se reconheça essa perspectiva, tem sido recorrente falar em valores do trabalho e das organizações (Paiva, Peixoto, & Luz, 2014; Ros et al., 1999). Então, o que são esses valores?

Certamente, ao menos no Brasil, Álvaro Tamayo e colaboradores têm sido os que mais se dedicaram a estudar tais valores (Estivalete, Andrade, Gomes, & Costa, 2012). Esses autores entendem que os valores do trabalho traduzem os fatores que são importantes para as pessoas no ambiente de trabalho, possibilitando aos gestores a identificação de metas importantes para seus empregados (Tamayo, 2008). Os valores do trabalho e das organizações são princípios ou crenças sobre metas ou recompensas desejáveis, hierarquicamente organizados, que as pessoas buscam por meio do trabalho e que guiam as suas avaliações sobre os resultados e o contexto laboral, bem como o seu comportamento e a escolha de alternativas de trabalho (Porto & Tamayo, 2003). Portanto, esses valores são percebidos como um conjunto de crenças a respeito do que é desejável, ou não, no trabalho, refletindo desejos e interesses dos indivíduos. Assim, são avaliados conforme a relevância que o trabalhador atribui a cada um deles (Porto, 2005; Porto & Tamayo, 2003). Por exemplo, podem ser considerados valores do trabalho os valores extrínsecos, intrínsecos, sociais e de prestígio (Ros et al., 1999).

Os valores das organizações, ou organizacionais, como costumam ser nomeados, compreendem crenças que orientam o comportamento dos empregados, priorizando os objetivos coletivos em detrimento dos individuais, resultando não apenas de políticas organizacionais, mas, sobretudo, de práticas de gestão da organização (Porto, 2005; Tamayo, 2008). Eles podem ser considerados como uma direção comum para todos os trabalhadores de uma empresa, influenciando seus comportamentos no contexto laboral e revelando-se, ainda, como formas de reconhecer a realidade organizacional (Tamayo, 2008). Partindo do modelo de valores pessoais (Schwartz), Oliveira e Tamayo (2004) sugeriram oito valores organizacionais: autonomia, bem-estar, realização, domínio, prestígio, tradição, conformidade e preocupação com a coletividade.

Cabe, aqui, um esclarecimento: há quem entenda os valores organizacionais como atributos ou princípios que se valorizam na organização, inclusive procurando diferenciar os setores público e privado. Nessa direção, van der Wal, Graaf e Lasthuizen (2008) descrevem mais de uma dúzia desses valores. Por exemplo, indicam que legalidade, imparcialidade e incorruptibilidade são valores organizacionais associados ao setor público, ao passo que honestidade, lucratividade e inovação corresponderiam ao setor privado; eles também identificam valores compartilhados por esses setores (p. ex., prestação de contas, *expertise* e confiabilidade), além de ter em conta um conjunto que denominam de outros valores organizacionais (p. ex., colegiabilidade, obediência, transparência). Não obstante, apesar de alguns desses poderem ser pensados como valores (p. ex., honestidade, obediência) (Gouveia, 2013; Rokeach, 1973), outros são princípios gerais das organizações (p. ex., colegibilidade, prestação de contas), não se encaixando, portanto, na concepção de valores como princípios-guias desejáveis, que representam as necessidades humanas. Desse modo, é preciso ter cautela e não pensar que tudo o que é valorizado em uma instituição é um valor organizacional.

Apesar de haver tentativas de separar os valores do trabalho e da organização – e também dos valores pessoais e culturais –, por vezes estas se reduzem a procedimentos conceituais ou, quando muito, a propostas de medidas diferentes (Oliveira & Tamayo, 2004; Tamayo & Gondim, 1996; Tamayo, Mendes, & Paz, 2000). Também é comum partir do mesmo conjunto de itens empregados para medir valores pessoais/individuais e realizar análises exploratórias para identificar as dimensões subjacentes dos valores culturais (Schwartz, 1999), derivando aqueles organizacionais (Porto & Ferreira, 2016). No entanto, isso introduz confusão na área, além de tornar difícil condensar as diversas dimensões resultantes dos estudos, limitando a comparabilidade dos achados e o desenvolvimento de propostas aplicadas ou intervenções teoricamente fundamentadas.

Diante desse contexto, embora se procurem conceituar de forma diferente, os valores relativos ao trabalho – isto é, os do trabalho e das organizações – são, na realidade, valores pessoais, ainda que o instrumento para avaliá-los tenha sido fundamentado em modelos culturais, como o fizeram Porto e Ferreira (2016). Esse quadro parece evidente na literatura, principalmente quando alguns autores assumem que os valores relativos ao trabalho correspondem à importância dada pelos indivíduos a resultados obtidos no contexto laboral (Elizur & Sagie, 1999), ou quando se consideram os valores organizacionais como reflexo dos valores individuais considerados em conjunto (Delfino, Land, & Silva, 2010).

Neste ponto, é importante introduzir uma diferença entre os termos "valores organizacionais" e "valores das organizações". Embora empregados como sinônimos, parece coerente com o que se viu até aqui descartar os valores organizacionais como um tipo específico de valores, o que rompe sua condição de princípios-guias desejáveis, gerais e transcendentes. Portanto, pode ser mais adequado falar em valores da organização. A esse conceito, é inerente a ideia de que cada organização pode anunciar ou fomentar, explícita ou implicitamente, um conjunto de valores, que pode definir sua cultura axiológica. Isso sugere que os valores funcionam como um *software of the mind*, que programa indivíduos de determinada cultura ou organização a apresentar padrões similares de crenças e condutas, por exemplo (Hofstede, Hofstede, & Minkov, 2010).

A ideia anteriormente apresentada parece relevante, situando os valores no contexto da cultura, mas sem a necessidade de mapear tipos específicos de valores, nomeados de organizacionais; se assim fosse, deveriam ser elaborados valores familiares, religiosos, etc., quase reduzindo o conceito valor a uma predisposição frente a um objeto ou a uma instituição específica – concepção mais próxima de atitudes. Claramente, é preciso diferenciar valores de atitudes, o que pode ser feito em razão de maior abrangência dos valores, sua natureza transituacional e desejável (Gouveia, 2013; Rokeach, 1973). Os valores organizacionais são aqueles que integram a cultura de uma organização, setor de atividade ou grupo, sendo compartilhados de tal modo que implicam maneiras comuns de se comportar no âmbito laboral (Bilhim & Correia, 2016). Esses valores orientam a vida das organizações, compondo a estrutura da cultura organizacional. Os membros das organizações tendem a assimilá-los e aplicá-los no espaço laboral, servindo como linha mestra a seguir e possibilitando uma integração geracional de trabalhadores (Paiva et al., 2014).

Assim, parece claro que os valores assumem um papel central no âmbito das organizações, visto que eles atuam como elementos integradores e orientadores à medida que influenciam o comportamento dos indivíduos e as interações sociais, tendo potencial de pautar a vida da empresa em todos os níveis, isto é, da direção aos cargos operacionais, passando por postos intermediários e de liderança. Portanto, os valores no âmbito organizacional se configuram como componentes importantes para nortear as práticas e o comportamento dos membros da organização, contribuindo para formar e expressar sua identidade (Estivalete et al., 2012).

Em resumo, os valores têm um papel preponderante no contexto do trabalho e da organização. Eles podem explicar escolhas dos trabalhadores, a centralidade que dão ao trabalho, a satisfação com o trabalho, a abertura a aceitar mudanças laborais, etc. Além disso, quando compartilhados, esses valores conferem identidade à organização, inclusive podem explicar a similaridade de atitudes, crenças e práticas por parte de seus membros. No entanto, talvez o maior desafio seja entender que valores são esses; rejeitamos a ideia de um conjunto específico de valores para descrever as organizações, bem como estimamos como vazia a proposta de modelos de valores nos níveis individual e cultural. Contrariamente, pensamos que os valores são endossados por membros da organização, em seus diversos níveis de responsabilidade, não sendo organizacionais no sentido de se apresentarem de forma diferente ou terem estrutura diversa dos valores pessoais. A respeito desse ponto, antes de passar à avaliação dos valores no contexto laboral, detalhamos, a seguir, um modelo teórico que poderá ser útil, evitando falar de valores pessoais e culturais, organizacionais e das organizações.

TEORIA FUNCIONALISTA DOS VALORES

Quando tratamos das teorias de valores no nível individual de análise, procuramos resumir a abordagem funcionalista. Embora Rokeach (1973) trate das funções dos valores, nenhuma implicação é retirada de seu ensaio, que é especulativo; Schwartz (2014) pretendeu reivindicar a abordagem funcionalista para a sua teoria, mas parece evidente que jamais tenha pensado a respeito (Gouveia et al., 2014b). Portanto, a teoria funcionalista dos valores é a primeira a tratar formalmente das funções axiológicas; nela, tais funções são definidas como aspectos psicológicos que os valores cumprem ao guiar os comportamentos e representar cognitivamente as necessidades humanas (Gouveia, 2013; Gouveia, Milfont, Vione, & Santos, 2015). Formalmente, os valores são definidos como categorias de orientação desejável, baseada em necessidades humanas e pré-condições para satisfazê-las, adotados por atores sociais, podendo variar sua magnitude e seus elementos constitutivos. Portanto, pode-se contar com diferentes medidas ou valores específicos sem afetar a estrutura dos valores (Gouveia, 2003).

Apesar de Gouveia (2003, 2013) admitir outras funções dos valores, considera duas principais: guiar o comportamento das pessoas e expressar cognitivamente suas necessidades. Essas funções correspondem a dois eixos, ou duas dimensões funcionais: a primeira define os círculos de metas, fundamentados no tipo de orientação que os valores cumprem quando guiam a conduta humana (metas pessoais, centrais ou sociais); a segunda delineia os níveis de necessidades, pautados no tipo de motivador a que os valores servem quando representam cognitivamente as necessidades humanas – de sobrevivência (materialista, concreta) ou de desenvolvimento (idealista, humanitária). Desse modo, essa teoria estabelece um novo marco no estudo dos valores, reconciliando as tradições representadas pelos modelos de Schwartz (1992, 1999) e Inglehart (1977). Essas duas funções explicam o universo dos valores, independentemente do modelo teórico (ver Gouveia et al., 2014ab), inclusive da unidade de análise, isto é, se é o indivíduo ou a cultura (Soares, 2015). Portanto, embora o conteúdo dos valores possa ser representado por distintos itens ou elementos específicos (Gouveia, 2013; Gouveia et al., 2014b), estima-se que a estrutura destes seja a mesma, independentemente do nível de análise, tomando como referência os dois eixos funcionais anteriormente descritos. Essa estrutura está representada na Figura 15.1.

Conforme se observa na Figura 15.1, os dois eixos funcionais são combinados para dar origem a seis subfunções valorativas, ou valores básicos. Por exemplo: a subfunção experimentação cumpre uma meta pessoal, representando necessidade de desenvolvimento e implicando um sentido idealista, humanitário. É o indivíduo por si mesmo, procurando vivenciar situações em que possa sentir adrenalina, desfrutar da vida, aproveitar as oportunidades para conhecer o mundo, apreciar novos contextos. No caso da subfunção normativa, esta cumpre uma meta social e representa necessidade de sobrevivência, que é mais materialista, pragmática. O indivíduo se realiza em comunidade, procurando seguir padrões convencionais, cumprir suas obrigações e preservar o *status quo*.

Cada subfunção é representada na figura por três valores específicos. Contudo, essa é apenas uma amostra possível de itens, podendo ser incorporados outros ou, inclusive, substituídos os aqui descritos. Isso favorece, por exemplo, que se tenha uma medida com a mesma estrutura dirigida ao público infantil (Gouveia, Milfont, Soares, Andrade, & Lauer-

		Valores como guias de ações (círculo de metas)		
		Metas pessoais (o indivíduo por si mesmo)	Metas centrais (o propósito geral da vida)	Metas sociais (o indivíduo na comunidade)
Valores como expressão de metas (níveis de necessidades)	Necessidades de florescimento (a vida como fonte de oportunidades)	**Subfunção experimentação**	**Subfunção suprapessoal**	**Subfunção interativa**
		Emoção Prazer Sexualidade	Beleza Conhecimento Maturidade	Afetividade Apoio social Convivência
	Necessidades de sobrevivência (a vida como fonte de ameaças)	**Subfunção realização**	**Subfunção existência**	**Subfunção normativa**
		Êxito Poder Prestígio	Estabilidade Saúde Sobrevivência	Obediência Religiosidade Tradição

Figura 15.1 / Dimensões, subfunções e exemplos de valores específicos.

-Leite, 2011) ou com fins diagnósticos (Souza, Gouveia, Lima, & Santos, 2015). Depreende-se, então, que as duas dimensões funcionais são referentes fixos, imutáveis na estruturação dos valores; as subfunções têm condição similar, porém, em contextos em que se vivenciam condições de escassez com oportunidades de se desenvolver, por exemplo, é possível que as subfunções existência e suprapessoal se mesclem; e, por fim, os valores específicos podem perfeitamente ser substituídos em razão do interesse da pesquisa, das características dos participantes e da cultura em que estão inseridos.

Apesar de Schwartz e colaboradores terem a pretensão de propor um modelo "completo" dos valores (Schwartz et al., 2012; Torres, Schwartz, & Nascimento, 2016), cometem o mesmo equívoco de teóricos da personalidade dos anos 1950 a 1970, que tentavam chegar a uma lista exaustiva dos traços de personalidade; logo, se mostrou mais adequado e parcimonioso considerar apenas as cinco dimensões principais (Digman, 1990). De fato, as seis subfunções propostas parecem cobrir a gama de valores específicos e os tipos motivacionais do modelo de Schwartz (1992), possivelmente fazendo o mesmo com respeito ao seu "refinamento". Por certo, Gouveia e colaboradores (2014b) demonstraram a adequação de empregar sua teoria funcionalista para explicar dados obtidos com uma das medidas de Schwartz, o Questionário de Perfis de Valores, 21 itens (PVQ-21) (Schwartz et al., 2001). O desejo por contemplar todas as possibilidades no âmbito da avaliação dos valores pode levar o pesquisador a confundir valores específicos com dimensões, chegando a modelos complexos e pouco plausíveis, cuja testagem se faz por partes, na tentativa de justificar o insustentável.

A teoria funcionalista, diferentemente do modelo que propõe Schwartz (1992), não admite uma estrutura de conflitos dos valores. Os valores são todos positivos, coerentemente com a visão de homem como um ser benévolo (Gouveia, 2003, 2013); alguns valores podem ser mais importantes do que outros para determinadas ações, apresentando padrões de correlações contrários frente a algum critério externo. Por exemplo, as pessoas que endossam valores de experimentação costumam ter alta pontuação no fator despersonalização (cinismo) do *burnout*, padrão inverso ao observado para quem endossa os valores da subfunção normativa (Gouveia et al., 2009). Essas subfunções são as que apresentam a menor congruência entre si, mas não necessariamente uma é contrária à outra (ver hipótese de congruência em Gouveia, 2016). Portanto, não se admite conflitos de valores, mas a maior congruência entre pares de valores nos faz esperar que estes possam apresentar padrão de correlação parecido com alguma variável externa (ver hipótese de compatibilidade em Gouveia, 2016). Por exemplo, as subfunções interativa e normativa, que apresentam congruência alta ao compartilhar o critério de orientação, estão similarmente correlacionadas com metas sociais no contexto laboral, caracterizadas pela busca de relações interpessoais no trabalho, como amizades e colaborações com os pares (Freires et al., 2016).

Em resumo, a teoria funcionalista dos valores humanos é uma ferramenta conceitual útil no âmbito do trabalho e das organizações. Apresenta uma estrutura de dimensões que tem sido observada quando se consideram os indivíduos ou as culturas como unidades de análise (Soares, 2015), evitando dispor modelos diferentes, em razão do nível de análise. Levando-se em consideração as duas funções principais dos valores, essa teoria deriva seis subfunções ou valores básicos que contemplam os presentes em outros modelos (p. ex., Inglehart, 1977; Rokeach, 1973; Schwartz, 1992). Por fim, conta com um instrumento padrão, composto por 18 itens (três para cada subfunção; ver Figura 15.1), bem como com adaptações para contextos específicos, inclusive uma versão de medida implícita (Pimentel, Athayde, Monteiro, & Barbosa, 2016), preservando sua estrutura hexafatorial (Gouveia, 2013).

AVALIAÇÃO DE VALORES NO ÂMBITO ORGANIZACIONAL: POSSIBILIDADE DE MEDIDAS

Comumente, assumem-se duas abordagens principais para identificar e/ou avaliar os valores das organizações (Tamayo et al., 2000): ter documentos oficiais da empresa (p. ex., relatórios anuais, pronunciamentos sobre missão, visão e princípios) e considerar a média dos valores pessoais dos membros da organização, estimando, assim, os "valores organizacionais". Uma terceira alternativa é ter em conta a percepção dos colaboradores da organização acerca de quais são os valores que ela assume implícita ou explicitamente (Estivalete et al., 2012). As duas últimas estratégias têm sido as mais recorrentes no contexto brasileiro, desenvolvendo-se algumas medidas a respeito.

Nosso propósito, com este capítulo, não é oferecer uma lista exaustiva de medidas de valores humanos, discutindo-as ou apontando problemas e soluções específicos; outros autores já têm dado contribuições importantes nessa direção (Braithwaite & Scott, 1991; Pimentel et al., 2016). O interesse, aqui, é mais restrito; a ênfase é em instrumentos que podem ser úteis para medir valores do trabalho e das organizações. Assim, apresentamos o Questionário dos Valores Básicos, que tem se mostrado útil nesse contexto, bem como seus fundamentos e um resumo de suas propriedades métricas.

Como já mencionado, embora, por vezes, sejam tratados como sinônimos, valores do trabalho e valores organizacionais (ou das organizações) são presumivelmente distintos. Os valores do trabalho dizem respeito aos fatores que são importantes para as pessoas no contexto laboral, isto é, o que elas buscam por meio do trabalho; por outro lado, os valores organizacionais se referem a crenças que pautam o comportamento de empregadores e empregados, focando em objetivos coletivos e não individuais. Portanto, são valores mais voltados ao indivíduo ou à coletividade. A escolha por valores específicos, sobretudo se não for teoricamente fundamentada, corre o risco de ter listas que incluam valores, princípios gerais e outros atributos, como se encontra em alguns estudos (p. ex., ver van der Wal et al., 2008). Felizmente, em geral, esse viés é comumente descartado no contexto brasileiro, no qual existem instrumentos que consideram a perspectiva dos valores humanos, partindo de teorias de âmbito individual ou cultural. A seguir, revisaremos alguns desses instrumentos.

Escala de Valores Organizacionais

A primeira medida específica para avaliar valores organizacionais no Brasil foi, provavelmente, a que propuseram Tamayo e Gondim (1996). Embora se contasse, à época, com teorias sobre valores, esses autores partiram de um embasamento empírico para construir tal medida. Aplicou-se um questionário em que se solicitou a 113 funcionários de organizações públicas e privadas que indicassem cinco valores de sua organização. Foi apresentada como definição de valores "[...] princípios ou crenças que guiam e orientam a vida na organização" (Tamayo & Gondim, 1996, p. 64). Disso resultaram 565 valores, que foram analisados em termos de similaridade, reduzindo a lista a 48 valores que conformaram a medida, como eficácia (fazer as tarefas de forma a atingir os objetivos esperados) e abertura (promoção de clima propício às sugestões e ao diálogo). Esses valores foram pontuados pelos respondentes em uma escala de 0 (nada importante para a organização) a 6 (máxima importância para a organização). Ofereceram-se, ainda, os escores –1 (o valor oposto aos princípios que orientam a organização) e 7 (o valor de suprema importância para a vida da organização).

Com uma amostra de 537 trabalhadores de 16 empresas, visando a conhecer as dimensões avaliadas por esse instrumento, realizou-se uma análise fatorial (análise dos eixos principais), utilizando-se rotação oblimin e fixando a extração de fatores com valor próprio igual ou superior a 1,5 e carga fatorial mínima de 0,40 para definir o item como pertencente ao fator. Então, observou-se uma estrutura com cinco fatores (explicaram 52,8% da variância total), cujo número de item e alfa de Cronbach estão entre parênteses: eficácia/eficiência (nove itens; $\alpha = 0{,}91$), interação no trabalho (dez itens; $\alpha = 0{,}90$), gestão (sete itens; $\alpha = 0{,}84$), inovação (quatro itens; $\alpha = 0{,}70$) e respeito ao servidor (oito itens; $\alpha = 0{,}90$). Portanto, a versão final do instrumento ficou composta por 38 itens, respondidos individualmente pelos trabalhadores, para indicar o quão importantes esses valores são para a organização.

Em resumo, embora heurístico, esse instrumento, como os autores reconhecem, tem base eminentemente empírica e apenas reproduz itens apontados pelos trabalhadores para indicar o que era importante para sua organização, claramente não se limitando a valores. A propósito, existem conteúdos que parecem revelar mais procedimentos ou estratégias organizacionais, como fiscalização (controle do serviço executado) e postura profissional (promover a execução das funções ocupacionais de acordo com as normas da organização).

Inventário de Valores Organizacionais

Tamayo e colaboradores (2000) desenvolveram esse inventário. Embora tenham reconhecido a adequação dos parâmetros psicométricos da Escala de Valores Organizacionais, sobretudo a consistência interna de seus fatores, criticaram a forma empírica empregada para desenvolvê-la. Por isso, decidiram pensar este novo instrumento a partir da teoria de valores de Schwartz (1999) no nível cultural, tentando encontrar seis polos de três dimensões: harmonia-domínio, igualitarismo-hierarquia e conservadorismo-autonomia. Entretanto, partiram do conjunto de itens do estudo de Tamayo e Gondim (1996), procurando adicionar itens que cobrissem melhor as dimensões igualitarismo e autonomia, chegando a um instrumento formado por 37 itens respondidos em uma escala de sete pontos, variando de 0 a 7. Realizou-se sua análise semântica, considerando três grupos de seis a oito participantes, demandando mudanças de palavras para tornar os itens mais familiares aos participantes.

Com o objetivo de conhecer a estrutura e a consistência interna dos fatores, tomou-se em conta uma amostra de 1.010 empregados de cinco organizações do Distrito Federal. Por meio de escalonamento multidimensional (MDS; algoritmo Alscal), avaliou-se a adequação de representar os itens em espaços bi e tridimensionais, sendo esta última a configuração mais adequada (RSQ = 0,89 e S-stress = 0,18). Inspecionando a figura produzida pelo MDS, os autores afirmaram existirem os seus polos, calculando seus respectivos alfas de Cronbach, como seguem: autonomia (quatro itens; α = 0,83), conservadorismo (cinco itens; α = 0,77), hierarquia (dez itens; α = 0,87), igualitarismo (sete itens; α = 0,85), domínio (oito itens; α = 0,84) e harmonia (dois itens; α = 0,85).

Em resumo, esse inventário representa um avanço teórico em relação ao instrumento anterior. Não obstante, apesar da crítica de seus autores àquela escala, estes utilizaram seus itens, alguns dos quais não parecendo se referir a valores. Além disso, o procedimento estatístico (MDS) empregado para identificar os fatores (polos) foi claramente exploratório, sem qualquer critério objetivo para discernir sua existência. Destaca-se, ainda, que, diferentemente do modelo de Schwartz (1999), que diferencia as autonomias intelectual e afetiva, neste instrumento, essas dimensões são reunidas em um único fator.

Escala de Valores Relativos ao Trabalho

Essa escala foi proposta por Porto e Tamayo (2003), e a elaboração de seus itens contou com entrevistas com dez trabalhadores e instrumentos prévios sobre o construto do objeto de interesse. Elaboraram-se, incialmente, 95 itens, logo reduzidos a 62, após análise de dez juízes (acordo mínimo de 80%), pesquisadores da psicologia, quanto à adequação para avaliar os quatro tipos motivacionais de segunda ordem do modelo de Schwartz (1992). A seguir, nove itens foram acrescidos. Após a validação semântica, sugeriu-se um novo item, totalizando 72 itens, utilizando-se a escala de resposta de cinco pontos, variando de 1 (nada importante) a 5 (extremamente importante).

Visando a conhecer a estrutura fatorial dessa medida, considerou-se um grupo de 394 trabalhadores, que responderam ao questionário. Por meio de análise fatorial dos eixos principais (rotação *promax*), identificaram-se quatro fatores (alfas de Cronbach, número de itens e exemplos entre parênteses): realização no trabalho (α = 0,88, 15 itens; p. ex., ter prazer no que faço; trabalho intelectualmente estimulante), relações sociais (α = 0,88, 12 itens; p. ex., ajudar os outros; colaborar para o desenvolvimento da sociedade), prestígio (α = 0,87, 11 itens; p. ex., obter posição de destaque; ter prestígio) e estabilidade (α = 0,81, 7 itens; ter melhores condições de vida; suprir necessidades materiais). Embora com nomes diferentes, seus autores procuram relacionar conceitualmente esses fatores com os de ordem superior de Schwartz (1992), admitindo, no entanto, que essa associação precisa ser comprovada.

Em resumo, Porto e Tamayo (2003) concluem que sua medida corrobora a estrutura de ordem superior dos valores pessoais do modelo de Schwartz, reforçando também o modelo observado por Ros e colaboradores (1999). Entretanto, isso não parece claro, inclusive em razão de nomes diferentes para os fatores adotados por esses autores, sugerindo abordagem exploratória e intuitiva, restrita ao empirismo evidenciado, inclusive, na seleção dos itens.

Inventário de Perfis de Valores Organizacionais

Mais recentemente, Oliveira e Tamayo (2004) procuraram desenvolver uma medida diferente de valores organizacionais, o Inventário de Perfis de Valores Organizacionais (IPVO). Pautados na teoria dos tipos motivacionais de valores (Schwartz, 1992), considerando observações e dados da realidade organizacional disponíveis, os autores elaboraram itens para representar cada um dos dez tipos motivacionais, apresentados como uma descrição breve do perfil de uma organização hipotética. Cada perfil indicou metas, aspirações ou desejos que, implicitamente, apontavam para a importância de um valor organizacional (p. ex., "Esta organização busca o domínio do mercado"; "Esta organização preserva os costumes antigos"). As respostas deveriam ser dadas em uma escala de seis pontos, variando de 0 (não se parece em nada com minha organização) a 6 (muito parecida com minha organização). Após análise de dez juízes, que deveriam classificar os itens em um dos tipos motivacionais, admitindo concordância mínima de 80%, foram eliminados 36 itens, restando 120 para serem submetidos à análise fatorial.

A pesquisa contou com 809 participantes, de organizações públicas e privadas, que responderam ao IPVO. Efetuou-se uma análise fatorial dos eixos principais (rotação oblimin), adotando-se carga fatorial mínima de |0,35| para retenção do item; inicialmente, foram identificados até 22 fatores com valores próprios iguais ou superiores a 1, porém foram definidos os oito primeiros, que explicaram conjuntamente 45,6% da variância total, como seguem: realização (cinco itens; α = 0,80), conformidade (sete itens; α = 0,75), domínio (seis itens; α = 0,80), bem-estar do empregado (seis itens; α = 0,87), tradição (cinco itens; α = 0,75), prestígio (quatro itens; α = 0,81), autonomia (oito itens; α = 0,87) e preocupação com a coletividade (sete itens; α = 0,86). Seus autores mostraram correspondência semântica/conceitual desses fatores com os dez tipos motivacionais, dos quais quatro se reagruparam em dois fatores: por um lado, autodeterminação e estimulação no fator autonomia, e, por outro, benevolência e universalismo em preocupação com a coletividade. A nova versão dessa medida ficou composta por 48 itens.

Em resumo, parece evidente o avanço em relação às medidas prévias, inclusive incorporando a ideia de perfis valorativos, como presente no instrumento mais recente de Schwartz para o nível individual de análise, o PVQ (Schwartz et al., 2001). No entanto, segue sendo uma prática exploratória, centrando-se em análises fatoriais para identificar o que avalia o instrumento, sem testar o modelo de acordo com a teoria e, inclusive, considerando modelos alternativos. Essa prática recorrente dificulta a comparação de resultados de estudos, pois a própria amostra pode definir a estrutura identificada, fazendo cada estudo parecer um caso específico, o que é contraproducente em termos de acúmulo de evidências.

Escala de Valores Organizacionais

Essa escala foi elaborada por Porto e Ferreira (2016), reunindo itens de instrumentos mais citados (p. ex., Oliveira & Tamayo, 2004; Tamayo et al., 2000), além de outros, elaborados para cobrir as dimensões de valores culturais de Schwartz (1999). Inicialmente, os autores quiseram contar com, ao menos, nove itens por dimensão, totalizando 55 itens respondidos em escala de 11 pontos, variando de 0 (nada importante) a 10 (extremamente importante). Três estudos foram realizados, predominantemente com trabalhadores de empresas públicas e privadas. No primeiro (N = 207), foi realizado um MDS bidimensional (S-Stress = 0,12), que permitiu identificar as seis dimensões, embora 17 itens tenham aparecido em regiões diferentes das esperadas; estes e mais 14 itens foram eliminados, restando quatro itens por dimensão, realizando um novo MDS (S-Stress = 0,06), com configuração mais interpretável, com os seguintes lambdas 2 de Guttman: autonomia ($\lambda^2 = 0,82$), conservadorismo ($\lambda^2 = 0,83$), hierarquia ($\lambda^2 = 0,75$), igualitarismo ($\lambda^2 = 0,87$), harmonia ($\lambda^2 = 0,85$) e domínio ($\lambda^2 = 0,74$).

No segundo estudo (N = 460), foi comprovada a adequação da estrutura de seis fatores de valores culturais [p. ex., *TLI* = 0,91, *CFI* = 0,92, *RMSEA* = 0,05 (*IC90%* = 0,05-0,06)], que foi mais adequada do que aquela com quatro fatores de valores individuais de segunda ordem [p. ex., *TLI* = 0,85, *CFI* = 0,86, *RMSEA* = 0,07 (*IC90%* = 0,06-0,08)]. Os autores relataram evidência de validade de critério dos valores culturais com relação a variáveis organizacionais (p. ex., comprometimento organizacional, engajamento laboral, bem-estar no trabalho), mas a maioria dos coeficientes teve magnitude moderada, e outros não foram significativos. Finalmente, no terceiro estudo (N = 168), as dimensões dessa escala foram correlacionadas com quatro tipos de valores competitivos (validade de critério), que avaliam a cultura organizacional: clã (foco interno e flexibilidade), adocracia (foco externo e flexibilidade), mercado (foco externo e estabilidade) e hierarquia (foco interno e estabilidade). Em geral, os achados corroboraram suas quatro hipóteses, embora os coeficientes de correlação tenham sido, em média, baixos (M_r = 0,34; variado de 0,22 a 0,50).

Em resumo, esse instrumento foi mais cuidadosamente elaborado do que os demais, oferecendo evidências exploratórias e confirmatórias da estrutura hexadimensional de valores culturais das organizações, sendo coerente com o modelo de Schwartz (1999). As evidências de validade de critério foram também outro aspecto favorável dessa medida, além da consistência interna de suas dimensões. Contudo, seguem alguns problemas que não se limitam a esta escala: por exemplo, como ocorreu com Tamayo e colaboradores (2000), ela não diferenciou as autonomias intelectual e afetiva, como sugere Schwartz (1999), e suscitou a concepção da necessidade de modelos de valores nos níveis individual e cultural, embora seus autores utilizem itens de instrumentos que avaliam valores em ambos os níveis. Talvez parte desses problemas possam ser superados com medidas que têm sido elaboradas a partir da teoria funcionalista dos valores humanos.

Questionário dos Valores Básicos

O Questionário dos Valores Básicos (QVB) começou a ser delineado nos anos 1990 (Gouveia, 1998), consolidando-se em anos subsequentes (Gouveia, 2003; Gouveia et al., 2008). Sua versão recente conta com 18 itens/valores específicos, que reúnem uma descrição breve, distribuídos em seis funções valorativas (ver Figura 15.1), por exemplo: apoio social (obter ajuda quando for necessário; sentir que não está só no mundo); poder (ter poder para influenciar os outros e controlar decisões; ser o chefe de uma equipe). O questionário é respondido em uma escala de sete pontos, variando de 1 (totalmente não importante) a 7 (extremamente importante), indicando sua importância como princípio-guia. Entretanto, sem prejuízo à estrutura hexafatorial, têm sido desenvolvidas versões alternativas, como para crianças e pessoas surdas. O questionário também foi empregado nos níveis individual e cultural de análise (Soares, 2015), além de ter sido elaborada uma versão para associação implícita (Pimentel et al., 2016).

O QVB reúne evidências de validades fatorial, convergente, discriminante e critério, além daquelas de consistência interna (homogeneidade e alfa de Cronbach) condizentes com medidas de valores (Gouveia, 2013, 2016). Sua adequação foi testada na realidade brasileira (Gouveia et al., 2015; Medeiros et al., 2012) e em contexto internacional, considerando amostras de mais de 50 países (Gouveia et al., 2010; Soares, 2015). Por exemplo, o modelo com seis subfunções valorativas (experimentação, realização, existência, suprapessoal, interativa e normativa) se mostrou mais adequado do que os modelos unifatorial (todos os itens saturando em um único fator), bifatorial (separando os valores em materialistas e idealistas), trifatorial (os valores definidos segundo o critério de orientação: pessoal, central e social) e pentafatorial (os itens das subfunções existência e suprapessoal formando um único fator) (hipótese de conteúdo), tendo sido observada a representação espacial da Figura 15.1 (hipótese de estrutura) (Gouveia et al., 2014a), inclusive quando foram levadas em consideração na medida desenvolvida a partir do modelo de valores pessoais de Schwartz (Gouveia et al., 2014b).

Em resumo, o QVB se mostra um instrumento promissor para medir valores. Não obstante, se for admitida a necessidade de valores específicos do contexto organizacional, ele pode ser descartado. Vale salientar, no entanto, que seu uso tem revelado resultados no contexto do trabalho consistentes com a literatura, incluindo, por exemplo, a explicação de clima organizacional, resistência à mudança na organização, avaliação de desempenho autopercebido (Freires, 2012), comprometimento organizacional, satisfação com o trabalho (Silva, 2017) e bem-estar afetivo no trabalho (Gouveia et al., 2009).

Os instrumentos previamente revisados dão uma ideia das possibilidades de avaliar valores do trabalho e das organizações. É preciso considerar as limitações de cada um, escolhendo o mais adequado para situações de pesquisa e/ou diagnóstico. É importante, não obstante, superar o estrito empirismo que embasa alguns deles, apoiando-se em modelos já consolidados sobre esses valores (p. ex., Gouveia, 2013; Inglehart, 1977; Schwartz, 1992). Deve-se, igualmente, fazer um esforço por evitar especulações sobre modelos nos âmbitos individual e coletivo (cultural, organizacional), cuja diferenciação não parece se sustentar (Fischer, Vauclair, Fontaine, & Schwartz, 2010; Soares, 2015). Por fim, escolher uma teoria facilita a decisão sobre o instrumento que será utilizado para avaliar os valores no âmbito laboral e fornece uma ferramenta útil para mapear tais valores a partir do discurso das organizações.

CONSIDERAÇÕES FINAIS

É provável que o maior desafio, hoje, para avaliar os valores humanos no trabalho e nas organizações não seja a falta de instrumentos. Diversos instrumentos foram elaborados na realidade brasileira com esse fim específico, estando ainda disponíveis outras medidas mais genéricas, que podem igualmente ser empregadas, como o Questionário de Perfis de Valores (Schwartz et al., 2001) e o Questionário dos Valores Básicos (Gouveia et al., 2014a). Portanto, talvez o maior desafio diga respeito ao marco teórico, pautando os estudos e as intervenções em práticas que tenham fundamentação sólida, que permitam conhecer a realidade de forma sistemática e tornem possível acumular e comparar achados, de modo a avançar no conhecimento. Contrariamente, ainda vemos medidas sendo elaboradas unicamente a partir de respostas das pessoas para temas ou questões concretas (Tamayo e Gondim, 1996; van der Wal et al., 2008).

O problema não é a inexistência de teoria, mas saber o que se pretende medir e, sobretudo, como se concebem os valores humanos. É certo que existe uma literatura sobre valores culturais, produzida principalmente a partir de estudos que tiveram lugar nos anos 1970 (Hofstede, 1984; Inglehart, 1977), chegando ao ponto de um mesmo autor desenvolver teorias nas esferas individual (Schwartz, 1992) e cultural (Schwartz, 1999), fundamentadas em análises empíricas, isto é, na emergência de dimensões de um conjunto comum de itens a partir de análises estatísticas exploratórias (p. ex., escalonamento multidimensional, análise fatorial). Não obstante, quando foram realizadas análises confirmatórias, testando e comparando tais modelos, apesar do entendimento que os autores procuraram extrair (Fischer et al., 2010), pareceu evidente que é possível contar com um modelo único, cujo conteúdo dos valores e sua estrutura tenha correspondência não atribuível ao acaso. Nessa direção, Soares (2015) comprovou que é possível empregar indistintamente a teoria funcionalista dos valores humanos nos níveis individual e cultural, algo que Gouveia (2013) já anunciava.

É pouco producente a diversidade de instrumentos que se pautam em modelos de valores nos níveis individual (Oliveira & Tamayo, 2004) e cultural (Porto & Ferreira, 2016; Tamayo et al., 2000). É mesmo dispensável focar em um modelo cultural dos valores organizacionais, a fim de evitar a redução do conceito de valor a algo concreto, situacional e restrito a uma instituição, o que parece condizer mais com a concepção de atitudes ou interesses (Gouveia, 2013; Rokeach, 1973). Então, como estudar os valores da cultura organizacional?

Gouveia (1998) não descarta a existência de valores específicos que caracterizam uma cultura (instituição, grupo), mas que não são valores da cultura, no sentido de serem específicos, próprios, exclusivos; os valores básicos – em seu modelo, as subfunções valorativas (Gouveia, 2013) – são os mesmos, independentemente de pessoa ou grupo. Os valores específicos podem variar ou o modo como representá-los, criando-se possíveis diferentes instrumentos e mantendo-se a mesma estrutura fundamentada nas duas funções principais dos valores (Gouveia, 2016): guiar o comportamento e representar cognitivamente as necessidades humanas.

Conforme observam Oliveira e Tamayo (2004), a maioria dos estudos publicados no exterior sugere a verificação de valores pessoais e organizacionais com um único instrumento, aplicado duas vezes. Na primeira vez, são avaliados os valores pessoais do indivíduo, ao passo que, na segunda, se avaliam os valores organizacionais. Esse procedimento, entretanto, pode não ser confiável, como alertam os autores, pois os resultados podem ser afetados pelo viés cognitivo, decorrente de as pessoas terem dificuldade para diferenciar os valores pessoais dos organizacionais. Esse argumento é comumente empregado para desenvolver medidas específicas para avaliar valores no trabalho (dos trabalhadores) e na organização (na empresa, instituição). Entretanto, talvez essa não seja a estratégia mais adequada. Existem dois grupos em qualquer organização: os integrantes da direção e do comando, que estão (ou deveriam estar) mais intimamente comprometidos com os valores da organização, e os trabalhadores (empregados, colaboradores, operadores). Não é preciso que se tenham em conta as respostas das mesmas pessoas; pode-se avaliar os valores dos trabalhadores e verificar aqueles percebidos pela direção da empresa como refletindo os valores da organização. Espera-se que a maior correspondência entre tais valores contribua para o clima organizacional e o bem-estar no trabalho (Freires, 2012; Gouveia et al., 2009; Silva, 2017).

Todavia, uma estratégia que tem sido reconhecida, porém pouco explorada, é avaliar documentos, informes e anúncios da organização como meio para acessar seus valores (Tamayo et al., 2000). É possível, por exemplo, avaliar esses textos de forma automatizada, empregando um dos programas disponíveis (p. ex., Alceste, Iramuteq), de modo a capturar as dimensões de valores subjacentes. Não obstante, é recomendado que se conte com uma teoria que fundamente a análise, evitando interpretar qualquer semântica como valor. A propósito, partindo da teoria funcionalista dos valores humanos, estamos desenvolvendo um aplicativo para análise do discurso em redes sociais, que poderá ser útil também na avaliação de valores no âmbito organizacional. Especificamente, considerando-se a gramática da língua portuguesa, classificamos *a priori* os substantivos que poderiam ser considerados valores humanos, excluindo conteúdos similares, formas negativas e aqueles que não digam respeito a princípios do desejável ou representem potencialmente uma necessidade humana. Desse modo, a partir da leitura do discurso, poderemos conhecer os valores básicos (as subfunções valorativas) que mais descrevem determinada organização laboral. Esse achado poderá ser comparado com o que os trabalhadores indicam como seus valores, inclusive com o significado que atribuem ao trabalho (Borges & Tamayo, 2001).

Finalmente, concordando com Bilhim e Correia (2016), o estado da arte revela que há dificuldade em estudar os valores organizacionais, pois, por vezes, estes não são diretamente acessados, considerando-se, ainda, instrumentos diferentes que se pautam em conceitos pouco ou nada consolidados. Não obstante, já foram dados passos importantes no Brasil, merecendo registro um agradecimento ao professor Álvaro Tamayo (*in memoriam*). Sua contribuição no âmbito dos valores humanos no contexto organizacional foi notória; a maior parte do que se sabe decorreu de estudos seus e/ou de seus colaboradores (Oliveira & Tamayo, 2004; Porto & Ferreira, 2016; Porto & Tamayo, 2003; Tamayo & Gondim, 1996; Tamayo et al., 2000). Contudo, talvez tenhamos que repensar nosso percurso, rediscutindo se precisamos de modelos nos níveis individual e cultural, contando com diferentes instrumentos para avaliar os valores organizacionais. O empirismo proporciona estruturas fatoriais diferentes, o que dificulta ter uma base sólida de achados que permita conhecer os valores e seus correlatos. Certamente, haverá um avanço a partir do modelo de Schwartz (1992), embora tenhamos objeções decorrentes da carência teórica acerca da origem dos tipos de valores, que têm variado de um estudo a outro (comparar Schwartz, 1992; Schwartz et al., 2012), mas também no que diz respeito ao pressuposto de compatibilidade e conflito dos valores (Gouveia et al., 2014a). Nessa conjuntura, a teoria funcionalista dos valores (Gouveia, 2013, 2016) pode ser uma alternativa, integrando, inclusive, contribuições prévias (p. ex., Inglehart, 1977; Schwartz, 1992).

REFERÊNCIAS

Bilhim, J. A. F., & Correia, P. M. A. R. (2016). Diferenças nas percepções dos valores organizacionais dos candidatos a cargos de direção superior na Administração Central do Estado. *Sociologia, Revista da Faculdade de Letras da Universidade do Porto, 31*, 81-105.

Borges, L. O., & Tamayo, Á. (2001). A estrutura cognitiva do significado do trabalho. *Revista Psicologia Organizações e Trabalho, 1*(2), 11-44.

Braithwaite, V. A., & Scott, W. A. (1991). Values. In J. P. Robinson, P. Shaver, & L. Wrightsman (Eds.), *Measures of personality and social psychological attitudes* (pp. 661-753). New York: Academic Press.

Delfino, I. A. L., Land, A. G., & Silva, W. R. (2010). A relação entre valores pessoais e organizacionais comparados aos princípios do cooperativismo. *Gerais: Revista Interinstitucional de Psicologia, 3*(1), 67-80.

Digman, J. M. (1990). Personality structure: emergence of the five-factor model. *Annual Review of Psychology, 41*, 417-440.

Elizur, D., & Sagie, A. (1999). Facets of personal values: a structural analysis of life and work values. *Applied Psychology: An International Review, 48*(1), 73-87.

Estivalete, V. F. B., Andrade, T., Gomes, T. C., & Costa, V. F. (2012). Valores organizacionais no Brasil: uma análise da produção científica na área da administração nos últimos 10 anos. *Gestão Contemporânea, 9*(12), 43-68.

Fischer, R., Vauclair, C. M., Fontaine, J. R., & Schwartz, S. H. (2010). Are individual-level and country-level value structures different? Testing Hofstede's legacy with the Schwartz Value Survey. *Journal of Cross-Cultural Psychology, 41*(2), 135-151.

Freires, D. A. N. (2012). *Resistência à mudança organizacional: correlatos valorativos e organizacionais* (Tese de doutorado não publicada, Departamento de Psicologia, Universidade Federal da Paraíba, João Pessoa).

Freires, D. A. N., Mendes, L. A., Araújo, M. R. M., Melo, R. L. P., & Cavalcanti, T. M. (2016). Os valores na psicologia organizacional e do trabalho. In V. V. Gouveia (Ed.), *Teoria funcionalista dos valores humanos: áreas de estudo e aplicações* (pp. 113-122). São Paulo: Vetor.

Gouveia, V. V. (1998). *La naturaleza de los valores descriptores del individualismo y del colectivismo: una comparación intra e intercultural* (Tese de doutorado não publicada, Departamento de Psicologia Social, Universidade Complutense de Madri, Espanha).

Gouveia, V. V. (2003). A natureza motivacional dos valores humanos: evidências acerca de uma nova tipologia. *Estudos de Psicologia, 8*(3), 431-443.

Gouveia, V. V. (2013). *Teoria funcionalista dos valores humanos: fundamentos, aplicações e perspectivas*. São Paulo: Casa do Psicólogo.

Gouveia, V. V. (2016). *Teoria funcionalista dos valores humanos: áreas de estudo e aplicações*. São Paulo: Vetor.

Gouveia, V. V., Fonsêca, P. N., Milfont, T. L., & Fischer, R. (2011). Valores humanos: Contribuições e perspectivas teóricas. In C. V. Torres, & E. R. Neiva (Eds.), *A psicologia social: principais temas e vertentes* (pp. 296-313). Porto Alegre: Artmed.

Gouveia, V. V., Milfont, T. L. Fischer, R., & Santos, W. S. (2008). Teoria funcionalista dos valores humanos. In M. L. Mendes Teixeira (Org.), *Valores humanos e gestão: novas perspectivas* (pp. 47-80). São Paulo: Senac.

Gouveia, V. V., Milfont, T. L., & Guerra, V. M. (2014a). Functional theory of human values: testing its content and structure hypotheses. *Personality and Individual Differences, 60*, 41-47.

Gouveia, V. V., Milfont, T. L., & Guerra, V. M. (2014b). The functional theory of human values: from intentional overlook to first acknowledgement: a reply to Schwartz (2014). *Personality and Individual Differences, 68*, 250-253.

Gouveia, V. V., Milfont, T. L., Soares, A. K. S., Andrade, P. R., & Lauer-Leite, I. D. (2011). Conhecendo os valores na infância: evidências psicométricas de uma medida. *PsicoPUCRS, 42*, 106-115.

Gouveia, V. V., Milfont, T. L., Vione, K. C., & Santos, W. S. (2015). Guiding actions and expressing needs: on the psychological functions of values. *Psykhe, 24*(2), 1-14.

Gouveia, V. V., Santos, W. S., Milfont, T. L., Fischer, R., Clemente, M., & Espinosa, P. (2010). Teoría funcionalista de los valores humanos en España: comprobando sus hipótesis de contenido y estructura. *Interamerican Journal of Psychology, 44*(2), 203-214.

Gouveia, V. V., Milfont, T. L., Fischer, R., Coelho, J. A. P. M. (2009). Teoria funcionalista dos valores humanos: aplicações para organizações. *Revista de Administração Mackenzie, 10*(3), 34-59.

Hofstede, G. (1984). *Culture's consequences: international differences in work-related values*. Beverly Hills: Sage.

Hofstede, G., Hofstede, G. J., & Minkov, M. (2010). *Cultures and organizations: software of the mind* (3rd ed.). New York: McGraw-Hill.

Inglehart, R. (1977). *The silent revolution: changing values and political styles among Western publics*. Princeton: Princeton University.

Kohn, M. L. (1977). *Class and conformity: a study in values*. Chicago: University of Chicago.

Maio, G. R. (2017). *Psychology of human values*. New York: Routledge.

Maslow, A. H. (1954). *Motivation and personality*. New York: Harper and Row.

Medeiros, E. D., Gouveia, V. V., Gusmão, E. É. S., Milfont, T. L., Fonsêca, P. N., & Aquino, T. A. A. (2012). Teoria funcionalista dos valores humanos: evidências de sua adequação no contexto paraibano. *Revista de Administração Mackenzie, 13*(3), 18-44.

Oliveira, A. F., & Tamayo, A. (2004). Inventário de perfis de valores organizacionais. *Revista de Administração, 39*(2), 129-140.

Paiva, K. C. M., Peixoto, A. F., & Luz, T. R. (2014). Valores organizacionais e do trabalho: um estudo com professores de uma escola filantrópica e confessional de Belo Horizonte (MG). *Revista Eletrônica de Ciência Administrativa, 13*(1), 89-113.

Parsons, T., & Shils, E. A. (1951). *Toward a general theory of action*. New York: Harper.

Pimentel, C. E., Athayde, R. A. A., Monteiro, R. P., & Barbosa, L. H. G. M. (2016). Avaliação e medida psicológicas dos valores. In V. V. Gouveia (Ed.), *Teoria funcionalista dos valores humanos: áreas de estudo e aplicações* (pp. 175-191). São Paulo: Vetor.

Porto, J. B. (2005). Mensuração de valores no Brasil. In A. Tamayo, & J. B. Porto (Eds.), *Valores e comportamento nas organizações* (pp. 96-119). Petrópolis: Vozes.

Porto, J. B., & Ferreira, M. C. (2016). Uma escala de valores organizacionais com base na toeria de valores culturais de Schwartz. *Psicologia: Teoria e Pesquisa, 32*(n. especial), 1-10.

Porto, J. B., & Tamayo, A. (2003). Escala de Valores Relativos ao Trabalho – EVT. *Psicologia: Teoria e Pesquisa, 19*(2), 145-152.

Rodrigues, A., Assmar, E. M. L., & Jablonski, B. (2012). *Psicologia social* (30. ed.). Petrópolis: Vozes.

Rokeach, M. (1973). *The nature of human values*. New York: Free Press.

Ronen, S. (1994). An underlying structure of motivational need taxonomies: a cross-cultural confirmation. In H. C. Triandis, M. D. Dunnette, & L. M. Hough (Eds.), *Handbook of industrial and organizational psychology* (vol. 4, pp. 241-269). Palo Alto: Consulting Psychologists.

Ros, M. (2006). Psicologia social dos valores: Uma perspectiva histórica. In M. Ros & V. V. Gouveia (Eds.), *Psicologia social dos valores humanos: desenvolvimentos teóricos, metodológicos e aplicados* (pp. 23-54). São Paulo: Senac.

Ros, M., & Gouveia, V. V. (2006). Valores, atitudes e comportamento: uma nova visita a um tema clássico. In M. Ros, & V. V. Gouveia (Eds.), *Psicologia social dos valores humanos: desenvolvimentos teóricos, metodológicos e aplicados* (pp. 87-114). São Paulo: Senac.

Ros, M., Schwartz, S. H., & Surkis, S. (1999). Basic individual values, work values, and the meaning of work. *Applied Psychology: An International Review, 48*(1), 49-71.

Schwartz, S. H. (1992). Universals in the content and structure of values: Theory and empirical tests in 20 countries. In M. Zanna (Ed.),

Advances in experimental social psychology (vol. 25, pp. 1-65). New York: Academic Press.

Schwartz, S. H. (1999). Cultural values and some implications for work. *Applied Psychology: An International Review, 48*(1), 23-47.

Schwartz, S. H. (2014). Functional theories of human values: comment on Gouveia, Milfont, and Guerra (2014). *Personality and Individual Differences, 68*, 247-249.

Schwartz, S. H., & Bilsky, W. (1987). Toward a universal psychological structure of human values. *Journal of Personality and Social Psychology, 53*(3), 550-562.

Schwartz, S. H., Cieciuch, J., Vecchione, M., Davidov, E., Fischer, R., Beierlein, C. ... Konty, M. (2012). Refining the theory of basic individual values. *Journal of Personality and Social Psychology, 103*(4), 663-688.

Schwartz, S. H., Melech, G., Lehmann, A., Burgess, S., Harris, M., & Owens, V. (2001). Extending the cross-cultural validity of the theory of basic human values with a different method of measurement. *Journal of Cross Cultural Psychology, 32*(5), 519- 542.

Silva, C. F. L. S. (2017). *Comprometimento organizacional: correlatos valorativos e organizacionais* (Tese de doutorado não publicada, Departamento de Psicologia, Universidade Federal da Paraíba, João Pessoa).

Soares, A. K. S. (2015). *Valores humanos nos níveis individual e cultural: um estudo pautado na teoria funcionalista* (Tese de doutorado não publicada, Departamento de Psicologia, Universidade Federal da Paraíba, João Pessoa).

Souza, L. E. C., Gouveia, V. V., Lima, T. J. S., & Santos, W. S. (2015). Questionários dos Valores Básicos – Diagnóstico (QVB-D): Evidências de validade de construto. *Psicologia: Reflexão e Crítica, 28*(2), 292-301.

Tamayo, A. (2008). Valores organizacionais. In M. M. Siqueira (Ed.), *Medidas do comportamento organizacional: Ferramentas de diagnóstico e de gestão* (pp. 302-333). Porto Alegre: Artmed.

Tamayo, A., & Gondim, M. G. C. (1996). Escala de valores organizacionais. *Revista de Administração, 31*(2), 62-72.

Tamayo, A., Mendes, A. M., & Paz, M. G. T. (2000). Inventário de valores organizacionais. *Estudos de Psicologia (Natal), 5*(2), 289-315.

Thomas, W. I., & Znaniecki, F. (1918). *The polish peasant in Europe and America*. Boston: University of Chicago.

Torres, C. V., Schwartz, S. H., & Nascimento, T. G. (2016). A teoria de valores refinada: associações com comportamento e evidências de validade discriminante e preditiva. *Psicologia-USP, 27*(2), 341-356.

van der Wal, Z., Graaf, G., & Lasthuizen, K. (2008). "What's valued most? Similarities and differenes between the organizational values of the public and private sector. *Public Administration, 86*(2), 465-482.

16
AVALIAÇÃO DO ENGAJAMENTO NO TRABALHO

Ana Claudia S. Vazquez
Wilmar Schaufeli

Avaliar o engajamento no trabalho é uma medida que muitas organizações estão implantando em suas práticas na gestão de pessoas, principalmente pelo componente motivacional desse construto. Não obstante, alguns cuidados precisam ser tomados para que essa mensuração atinja as finalidades a que se propõe. Primeiro, é preciso compreender de modo aprofundado o conceito de engajamento e diferenciá-lo de outros construtos que tratam de outras facetas do vínculo do trabalhador com seu trabalho.

Schaufeli (2018), em seu capítulo sobre o que é o engajamento no trabalho, discute suas diferentes definições e apresenta sua evolução conceitual, demonstrando que o modelo teórico Job-Demand Resources (RDT, Recursos e Demandas de Trabalho) é a base epistemológica que apresenta evidências científicas mais robustas, com verificação de suas proposições em 24 países, incluindo o Brasil. Com base na psicologia positiva, a teoria RDT caracteriza o engajamento no trabalho como um estado mental positivo de direcionamento da energia laboral das pessoas em prol de atuar produtivamente naquilo que mais as realiza e que lhes gera o mais elevado prazer (Schaufeli & Bakker, 2004; Schaufeli, Djistkra, & Vazquez, 2013; Vazquez, 2018). A compreensão clara desse construto, de sua fundamentação teórica e dos avanços científicos na área é o fator primário para que sua avaliação seja efetiva no cotidiano das práticas profissionais e organizacionais.

Como todo conhecimento é construído ao longo do tempo, há diferentes elaborações científicas que foram sendo aprimoradas à medida que as evidências emergiram das pesquisas e dos modelos teóricos que foram testados para avaliar o engajamento no trabalho. Assim, é preciso que quem vai realizar o processo de avaliação desse construto se aproprie do sentido teórico atribuído a ele nos instrumentos de mensuração que decide aplicar. Evidentemente, devem-se usar as escalas que tenham sido validadas com qualidade psicométrica adequada para o Brasil. O ponto central é que há diferentes ferramentas que avaliam engajamento no trabalho, porém é preciso estar atento às suas definições e bases teóricas, visto que elas não tratam do mesmo conceito, efetivamente.

Existem medidas denominadas engajamento organizacional, engajamento do trabalhador ou engajamento laboral, por exemplo, que estão baseadas em teorias distintas do construto de engajamento no trabalho mensurado pela Escala Utrech de Engajamento no

Trabalho (UWES) – teoria que será tratada neste capítulo, a qual tem como base epistemológica o modelo RDT e a psicologia positiva. Essa clareza teórica é importante para que os processos de avaliação do engajamento no trabalho sejam robustos e cientificamente específicos aos conhecimentos e às intervenções que se deseja desenvolver na prática. Neste capítulo, não serão tratadas as diferenças entre os construtos de engajamento no trabalho, o comprometimento organizacional e o envolvimento nas tarefas, nem as diferentes bases epistemológicas e o desenvolvimento dos conceitos desde sua concepção; há literatura científica disponível, de fácil acesso, sobre esses temas (Hakanen, Schaufeli, & Ahola, 2008; Hallberg & Schaufeli, 2006; Salanova, Llorens, & Schaufeli, 2011; Schaufeli, 2018; Vazquez, 2018).

Tendo em mente tais considerações, o objetivo deste capítulo é apresentar o processo de avaliação do engajamento no trabalho com normas brasileiras para o instrumento psicométrico UWES-9, que é a versão reduzida para o Brasil da UWES (Schaufeli & Bakker, 2004). Neste capítulo, portanto, trataremos da UWES-9, visto que a escala completa e os dados gerais de validade psicométrica da UWES estão publicados no artigo de Vazquez, Pacico, Magnan, Hutz e Schaufeli (2016) e que as normas de aplicação e interpretação da UWES-17 estão em Magnan, Vazquez, Pacico e Hutz (2016). Cabe destacar que é possível aplicar a versão reduzida sem prejuízos à avaliação realizada pela UWES-17 (Vazquez et al., 2016).

Serão apresentados, aqui, o conceito, o modo de levantamento e as normas de interpretação da UWES-9 validadas para o Brasil. O uso de medidas reduzidas para a realização de diagnóstico organizacional e laboral tem como vantagem a possibilidade de aumentar o escopo de variáveis que podem ser avaliadas nesse processo, permitindo uma compreensão sistêmica e com foco na complexidade desse fenômeno. Com dados acurados, do ponto de vista psicométrico, e que tenham possibilidade de realização de análises cruzadas e de maior amplitude, é mais provável que se obtenham informações relevantes para a prática.

A compreensão aprofundada do engajamento no trabalho e de seus antecedentes e consequentes traz dados para a promoção de intervenções mais adequadas à saúde do trabalhador, ao desenvolvimento profissional e à gestão das pessoas nas organizações.

A ESCALA UTRECHT DE ENGAJAMENTO NO TRABALHO

O construto

A teoria de Recursos e Demandas no Trabalho (RDT) define o engajamento como um vínculo de intenso prazer e autorrealização com aquilo que a pessoa produz, independentemente da organização em que ela esteja atuando (Schaufeli et al., 2013). É importante diferenciá-lo do comprometimento organizacional, visto que o engajamento no trabalho se refere às motivações intrínsecas da pessoa por tudo aquilo que lhe dá intenso prazer em termos de produção laboral. O quanto isso está vinculado com as metas da organização, que lhe são extrínsecas, é algo que deve ser avaliado de modo diferenciado, verificando-se, no comportamento dos trabalhadores daquela organização, se há relação entre comprometimento e engajamento em seu trabalho cotidiano (Hallberg & Schaufeli, 2006; Muller & Vazquez, 2018).

Estar engajado em seu trabalho significa que há um vínculo de prazer e autorrealização com a atuação profissional. São estes os elementos centrais do construto do engajamento: prazer e energia, que conduzem ao elevado bem-estar laboral e estão sempre relacionados às condições de trabalho e a seus recursos e demandas disponíveis para o trabalhador. Lembre-se de que o engajamento é um fenômeno sempre situado, e seu desenvolvimento no contexto organizacional é sempre dependente da estruturação dos processos laborais e da rede que se forma ao redor do trabalhador. Por isso, para que o avaliador faça uso correto e adequado da avaliação do engajamento no trabalho, é necessário conhecer em profundidade o modelo teórico em que esse construto está embasado (i.e., RDT) pela via da psicologia positiva (Schaufeli, 2018; Vazquez, 2018).

O construto do engajamento no trabalho se caracteriza como um estado mental positivo, composto por dimensões que se referem à intensidade do esforço laboral da pessoa e do prazer atrelado às suas atividades produtivas. O vigor identifica o quanto de energia e força a pessoa coloca em seu trabalho, de modo disposicional (i.e., aquele esforço que é persistente mesmo em situações adversas). Na mesma linha, a dedicação refere-se ao significado e propósito que ela atribui às suas atividades profissionais, ao passo que a concentração reflete a absorção no modo como executa suas tarefas, que conduz a um estado mental de prazer e imersão, ao ponto de perder a noção do tempo quando está trabalhando em suas funções laborais.

A UWES-9

A versão completa da UWES-17 foi originalmente elaborada por Schaufeli e Bakker (2004) para mensurar o engajamento no trabalho, com estrutura fatorial tridimensional: vigor, dedicação e concentração (para mais detalhes sobre seus itens e sua validação para o Brasil, ver Magnan et al., 2016; Vazquez et al., 2016). A versão reduzida, com nove itens (UWES-9), composta pelos itens 1, 4, 5, 7, 8, 9, 10, 11 e 14 da UWES-17, mantém as três dimensões, com índices de consistência interna satisfatórios: α = 0,93 para engajamento no trabalho, α = 0,86 para vigor (itens 1, 4 e 8), α = 0,79 para dedicação (itens 5, 7 e 10) e α = 0,83 para concentração (itens 9, 11 e 14).

Conforme o estudo de Magnan e colaboradores (2016), não há diferenças entre respostas *on-line* e presenciais (papel e caneta), porém é possível controlar os *missings* (itens em branco ou com mais de uma opção marcada), tornando uma única resposta obrigatória para todas as frases nas aplicações *on-line*, o que não ocorre nas presenciais. Por isso, é preciso ter o cuidado de verificar se os participantes preencheram todos os itens de modo adequado nas aplicações presenciais.

Aplicação e levantamento

Na mesma lógica da UWES-17 (Vazquez et al., 2016), a versão brasileira da UWES-9 tem seus itens respondidos em uma escala Likert de 7 pontos, sendo 0 para nunca e 6 para sempre. As instruções para aplicação do instrumento são breves e pedem para que o respondente leia cada item e assinale a alternativa que melhor expressa como se sente no trabalho, sem deixar nenhum item em branco. Não há respostas certas ou erradas, nem tempo mínimo ou máximo para o preenchimento.

O escore bruto para avaliar o engajamento é a soma das respostas dadas dividida pelo número total de itens (N = 9). Não há itens invertidos na escala; eles são sempre diretos. Para o escore de cada uma das dimensões do engajamento (vigor, dedicação e concentração), somam-se separadamente as respostas de cada uma e divide-se esse resultado por seu número total de itens (N = 3). Vigor, dedicação e concentração são medidos pela soma de seus itens, cujo resultado é dividido por 3. Com esses dados, o avaliador passa à análise dos achados.

Interpretação

Como demonstrando por Vazquez e colaboradores (2016) e Magnan e colaboradores (2016), há correlações significativas entre engajamento no trabalho e faixa etária laboral nos brasileiros. Assim, para a interpretação adequada dos resultados, é necessário considerar-se sempre em que momento da carreira o indivíduo ou o grupo avaliado se encontra e qual o impacto disso em seu engajamento. As faixas etárias laborais nesse instrumento ficaram divididas desta forma: entre 18 e 28 anos, ocorre o início da vida laboral; entre 29 a 39 anos, é o período de aprendizado e desenvolvimento da vida profissional; e, a partir dos 40 anos, considera-se que há uma consolidação na formação e no desenvolvimento – a pessoa já tem experiência e *background* suficientes até mesmo para mudar, se desejar, o eixo de sua carreira profissional.

É esperado que, quanto maior a faixa etária laboral, maior seja o grau de engajamento no trabalho que a pessoa realiza e que este lhe dê intenso prazer e autorrealização. Não se trata apenas da faixa etária em si, sendo importante que o avaliador compreenda que o que impacta o engajamento no trabalho no Brasil é o momento da carreira profissional, de acordo com a faixa etária laboral. A relação entre carreira profissional e engajamento no trabalho tem características específicas do modo como as pessoas de diferentes gerações entendem sua autogestão e avaliam suas expectativas pessoais de que sejam criadas trilhas ou linhas para crescimento profissional na organização em que atuam (Magnan et al., 2016; Oliveira, Vazquez, & Souto, 2018).

Após o levantamento do escore bruto do engajamento no trabalho, o resultado deve ser interpretado de acordo com a distribuição percentílica da Tabela 16.1. Se não encontrar o número exato do escore bruto obtido em seu levantamento, considere o valor mais próximo ao seu resultado.

Ressalta-se que o avaliador deve ter em mente que são esperados escores medianos de engajamento no trabalho para a maioria dos trabalhadores, pois isso, de modo geral, indica seu bem-estar. Certamente, alguns trabalhadores serão altamente engajados, ao passo que, outros, muito pouco. Deve-se dar atenção a isso, elaborando intervenções específicas para os de menor engajamento. Olhar para o escopo geral desse tipo de avaliação permite, assim, compreender aspectos motivacionais e de demandas estressoras nas pessoas que atuam em determinada profissão, grupo ocupacional ou organização.

Pessoas com engajamento mediano no trabalho (percentil entre 45 e 55) sentem mais prazer do que insatisfação com suas atividades

TABELA 16.1
Normas para engajamento no trabalho segundo a faixa etária laboral

Percentil	Entre 18 e 28 anos	Entre 29 e 39 anos	Mais de 40 anos
10	2,22	2,67	3,11
20	3,11	3,44	4,22
30	3,67	4,00	4,67
40	4,22	4,56	5,00
50	4,55	4,78	5,11
60	4,89	5,00	5,33
70	5,11	5,22	5,55
80	5,33	5,44	5,78
90	5,67	5,67	5,89
95	6,00	5,89	6,00
Média	4,23	4,44	4,13
DP	1,36	1,17	1,22

laborais e direcionam uma quantidade de energia suficiente para atuar de forma competente e com desempenhos desejados. Já pessoas com alto engajamento (percentil entre 60 e 70) investem uma quantidade grande do seu esforço no trabalho, com desempenho maior, devido ao intenso prazer em realizar suas atividades profissionais. Cabe ressaltar que a orientação de sua força laboral para as metas organizacionais depende das práticas em gestão de pessoas e da capacidade destas de integrar as motivações intrínsecas desses trabalhadores com as metas extrínsecas da organização.

Escores elevados em engajamento (percentil 75 ou mais) indicam um intenso e elevado dispêndio de esforço laboral, que gera altos índices de prazer e autorrealização para a pessoa, mas também produz desgaste de energia, que precisará ser renovada. A vinculação altamente prazerosa com os objetivos do seu trabalho e a maior intensidade de esforço são características da pessoa que se sente inspirada em sua prática profissional e que tem elevada probabilidade de ir além do que é esperado, pelo simples prazer de realizar. Pessoas altamente engajadas combinam de forma diferenciada e produtiva seus recursos pessoais com aqueles que lhe são disponibilizados no trabalho, para dar conta das demandas e se inspirar por meio de ações de redesenho do trabalho, gerando uma espiral positiva ascendente em seu desempenho (Devotto & Machado, 2018; Taris & Schaufeli, 2016). Essa combinação ótima,[1] evidentemente, depende, de forma crucial, da qualidade dos recursos disponibilizados pela organização e sua liderança, e não apenas de a pessoa estar engajada em seu trabalho.

Pessoas com baixo engajamento no trabalho (percentil menor do que 40) indicam que há problemas em seu vínculo laboral que podem estar afetando sua saúde ocupacional e seu desempenho profissional. Quando as demandas que tensionam e conduzem ao estresse negativo (*distress*) ou ao *burnout* se coadunam com recursos de trabalho escassos ou inadequados, ocorre uma combinação nada favorável ao desafio, à inspiração ou às entregas profissionais de desempenho adequado. É preciso que o avaliador busque também, no contexto laboral, quais as causas para que a combinação entre recursos e demandas laborais seja desfavorável ao engajamento no trabalho. Essa dinâmica produz uma espiral descendente de energia e prazer no trabalho, cujas situações práticas aumentam a probabilidade de adoecimentos, absenteísmos, outros afastamentos ou menor desempenho (Muller & Vazquez, 2018; Rongen, Robroek, Schaufeli, & Burdorf, 2014; Schaufeli, Bakker, & Van Rhenen, 2009).

Ademais, é necessário que o avaliador tenha em mente que o engajamento é afetado por variáveis psicossociais das mais diversas, tais como violência no trabalho, assédio laboral, controle do trabalho, carga de trabalho, suporte social, entre outros, que são fatores importantes para explicar casos de menor engajamento (percentil 40 ou menos). Portanto, é fundamental que se busque compreender a dinâmica do fenômeno do engajamento no trabalho por meio de:

1. Caracterização de condições de trabalho que têm probabilidade de promover um contexto laboral motivacional (positivo) ou estressor (negativo, adverso).
2. Identificação dos antecedentes do engajamento no trabalho, que é um desfecho positivo da combinação ótima entre recursos e demandas de trabalho.

No que diz respeito aos antecedentes do engajamento no trabalho, é importante observar sua relação com o desenvolvimento de recursos pessoais (autoeficácia, esperança, personalidade, conhecimentos técnicos, etc.) e o modo de combinação dos recursos e das demandas de trabalho, que caracteriza as condições de trabalho na organização. Pode-se identificar antecedentes do engajamento no trabalho testados nos estudos de Schaufeli e Salanova (2014), Schaufeli (2018) e Vazquez (2018). Há pesquisas que apontam tanto

---

[1] Na psicologia positiva, chama-se de funcionamento ótimo ou combinação ótima o processo que atinge sua máxima potencialidade, dadas as condições de trabalho, com desfechos positivos.

para o impacto positivo dos recursos pessoais no desenvolvimento de profissionais engajados e felizes no trabalho (Freitas & Teixeira, 2019) como para a associação direta com fatores de desajustamento psicossocial na preservação do engajamento por profissionais que atuam sistematicamente em contextos adversos que geram sofrimento e distresse (Dalanhol, Freitas, Hutz, & Vazquez, 2016).

Outra forma de investigar com maior profundidade o processo de engajamento no trabalho é avaliar suas dimensões em separado e buscar entender qual é o papel de cada uma delas. As normas para a interpretação dos escores de vigor, dedicação e concentração na UWES-9 estão apresentadas nas Tabelas 16.2, 16.3 e 16.4. Níveis menores ou mais elevados de engajamento no trabalho também podem ser explicados pelo impacto de cada dimensão no resultado obtido.

Os escores obtidos para as dimensões vigor, dedicação e concentração devem ser interpretados de acordo com as Tabelas 16.2, 16.3 e 16.4, respectivamente. Esse tipo de análise comparativa permite ao avaliador verificar quais dimensões se diferenciam e impactam os resultados de engajamento no trabalho, sejam eles menores ou maiores. A compreensão do processo de engajamento no trabalho traz informações relevantes para a análise de sua dinâmica situada e local, permitindo que sejam elaboradas intervenções mais adequadas para sua elevação no contexto de trabalho.

Verificar quais dimensões têm escores menores ou maiores permite que sejam identificados pontos fortes e potencialidades que caracterizam os modos pelos quais as pessoas se engajam na prática de trabalho, em uma determinada organização ou grupo ocupacional. Pessoas engajadas no trabalho com baixa concentração, por exemplo, podem necessitar de recursos físicos de trabalho que sejam mais adequados para sua imersão nas atividades profissionais ou de técnicas que lhe ajudem a desenvolver essa capacidade (por exemplo, *mindfulness*). Por outro lado, um ambiente com ruídos ou compartilhado (*coworking*) pode gerar dificuldades para o desenvolvimento de sua

TABELA 16.2
Normas para interpretação dos escores de vigor segundo a faixa etária laboral

Percentil	Entre 18 e 28 anos	Entre 29 e 39 anos	Mais de 40 anos
10	2,33	2,33	2,67
20	3,00	3,33	3,67
30	3,33	3,67	4,33
40	4,00	4,33	5,00
50	4,33	4,67	5,00
60	4,67	5,00	5,33
70	5,00	5,00	5,33
80	5,33	5,33	5,67
90	5,67	5,67	6,00
95	6,00	6,00	6,00
Média	4,07	4,30	4,67
DP	1,35	1,27	1,30

TABELA 16.3
Normas para interpretação dos escores de dedicação segundo a faixa etária laboral

Percentil	Entre 18 e 28 anos	Entre 29 e 39 anos	Mais de 40 anos
10	2,33	2,67	3,33
20	3,33	3,33	4,33
30	4,00	4,00	4,70
40	4,33	4,67	5,00
50	4,67	5,00	5,33
60	5,00	5,33	5,67
70	5,33	5,33	6,00
80	5,67	5,67	6,00
90	6,00	6,00	6,00
95	6,00	6,00	6,00
Média	4,45	4,57	4,97
DP	1,66	1,30	1,31

TABELA 16.4
Normas para interpretação dos escores de concentração segundo a faixa etária laboral

Percentil	Entre 18 e 28 anos	Entre 29 e 39 anos	Mais de 40 anos
10	2,00	2,67	3,33
20	3,13	3,67	3,67
30	3,67	4,00	4,67
40	4,00	4,33	5,00
50	4,67	4,67	5,00
60	5,00	5,00	5,33
70	5,00	5,33	5,67
80	5,33	5,33	5,67
90	5,67	5,67	6,00
95	6,00	6,00	6,00
Média	4,21	4,47	4,81
DP	1,41	1,19	1,23

capacidade de absorção nas tarefas, mesmo que seu desempenho seja adequado.

Um diagnóstico que indica escores baixos de engajamento pode ter, nos resultados de suas dimensões, as informações necessárias para compreender aspectos que diminuem o bem-estar laboral. Pessoas em situação de assédio laboral, por exemplo, podem ser muito dedicadas ao trabalho, porém não ter energia para agir com o vigor e a concentração de que são capazes devido à situação de violência no trabalho que estão vivenciando em sua prática diária. É preciso, portanto, que se faça um diagnóstico sistêmico e que se objetive a compreensão da complexidade do fenômeno do engajamento no trabalho no contexto laboral e das organizações. Ou seja, os aspectos específicos do contexto de trabalho e da organização dos processos laborais devem ser relacionados com as informações sobre engajamento no trabalho e suas dimensões específicas. Informações sobre afastamentos no trabalho, adoecimentos que afetam o desempenho laboral, entre outros, são fatores que devem ser avaliados para se compreender como as pressões e exigências laborais, frente aos recursos disponibilizados, impactam o engajamento no trabalho.

CONSIDERAÇÕES FINAIS

O presente capítulo teve como objetivo demonstrar como o processo de avaliação do engajamento no trabalho deve ser realizado na perspectiva da teoria RDT, da psicologia positiva. Foram apresentados o construto, os modos de aplicação e as normas brasileiras de interpretação, conforme os estudos científicos mais recentes. A principal contribuição deste capítulo é demonstrar que a avaliação do engajamento no trabalho não se limita apenas à aplicação de uma escala com características psicométricas adequadas para obter seus escores. O essencial é a compreensão da avaliação como um processo dinâmico, sistêmico e complexo. Assim, é fundamental que quem avalia se aprofunde na compreensão do conceito, suas dimensões, seus antecedentes e as variáveis contextuais, psicossociais ou laborais que têm a probabilidade de impactar o engajamento no trabalho. Antes de avaliar, deve-se ter em mente o que significa estar engajado, a teoria que explica sua dinâmica e qual é o seu papel para os desfechos de desempenho e saúde do trabalhador.

A compreensão aprofundada da teoria RDT e do conceito de engajamento no trabalho pressupõe, inclusive, que as propostas de intervenção que se queira realizar devem ultrapassar as estratégias motivacionais mais imediatistas. Avaliar o engajamento no trabalho, nessa perspectiva, significa poder intervir positivamente nas práticas profissionais e organizacionais, visando à elevação do bem-estar laboral, da felicidade no trabalho e da saúde do trabalhador. O desempenho alto, portanto, é uma consequência do elevado prazer e da autorrealização profissional.

Uma competência essencial para quem se propõe a avaliar o engajamento no trabalho é ter clareza de que esse é um fenômeno que não pode ser desenvolvido diretamente. Isso significa que técnicas ou treinamentos para elevar a motivação dos trabalhadores não são efetivos por si mesmos no desenvolvimento do engajamento. A teoria RDT demonstra, com dados científicos robustos, que, para tanto, faz-se necessária a criação customizada de programas específicos para o desenvolvimento do engajamento no trabalho. Estes devem ser realizados com foco na promoção de espirais ascendentes de energia e prazer nos ambientes laborais, na capacitação de lideranças, para inspirar seus colaboradores e equipes, e na elaboração de desafios cujas demandas sejam adequadas para impulsionar nos trabalhadores a combinação ótima de seus recursos pessoais e laborais. Não há, portanto, uma fórmula única para desenvolver o engajamento no trabalho; o que já está estabelecido é que ele se inicia no processo de avaliação. Com o diagnóstico adequado sobre as condições laborais e organizacionais frente aos níveis de engajamento no trabalho, relacionado com variáveis psicossociais relevantes e de características específicas dos trabalhadores, a avaliação permite pensar em ações, intervenções e estratégias singulares (customizadas, únicas), duradouras e efetivas para aumentar o nível de engajamento no trabalho.

REFERÊNCIAS

Dalanhol, N. S., Freitas, C. P. P., Hutz, C.S., & Vazquez, A. C. S. (2017). Engajamento no trabalho, saúde mental e personalidade em oficiais de justiça. *PsicopUCRS, 48*(2), 109-119.

Devotto, R. P., & Machado, W. L. (2018). Job Crafting: a agência do indivíduo para mudanças positivas (pp. 85-108). In A. C. S. Vazquez, & C. S. Hutz (Orgs.), *Aplicações da psicologia positiva: trabalho e organizações*. São Paulo: Hogrefe.

Freitas, C. P. P., & Teixeira, M. R. (2020). Recursos pessoais no trabalho: definição, impacto e estratégias para avalia-lo. In C. S. Hutz, C. T. Bandeira, & A. C. S. Vazquez (Orgs.), *Avaliação psicológica no contexto organizacional e do trabalho*. Porto Alegre: Artmed.

Hakanen, J., Schaufeli, W. B., & Ahola, K. (2008). The job demands-resources model: a three-year cross-lagged study of burnout, depression, commitment, and work engagement. *Work & Stress, 22*, 224-241.

Hallberg, U., & Schaufeli, W.B. (2006). "Same same" but different?: can work engagement be discriminated from job involvement and organizational commitment? *European Psychologist, 11*(2), 119-127.

Magnan, E. S.,Vazquez, A. C. S., Pacico, J. C., & Hutz, C. S. (2016). Normatização da versão brasileira da Escala Utrecht de Engajamento no Trabalho. *Avaliação Psicológica, 15*(2),133-140.

Muller, C., & Vazquez, A. C. S. (2018). Engajamento no trabalho, comprometimento organizacional e desempenho individual: um estudo com profissionais de vendas brasileiros (pp. 171-186). In A. C. S. Vazquez, & C. S. Hutz (Orgs.), *Aplicações da psicologia positiva: trabalho e organizações*. São Paulo: Hogrefe.

Oliveira, M. Z., Vazquez, A. C. S., & Souto, R. (2018). Trabalho com sentido: carreira profissional e engajamento no trabalho (pp. 145-160). In A. C. S. Vazquez, & C. S. Hutz (Orgs.), *Aplicações da psicologia positiva: trabalho e organizações*. São Paulo: Hogrefe.

Rongen, A., Robroek, S. J. W., Schaufeli, W. B., & Burdorf A. (2014). The contribution of work engagement to perceived health, work ability, and sickness absence beyond health behaviors and work-related factors. *Journal of Occupational and Environmental Medicine, 56*(8), 892-897.

Salanova, M., Llorens, S., & Schaufeli, W. B. (2011). "Yes, I can, I feel good, and I just do it!" On gain cycles and spirals of efficacy beliefs, affect, and engagement. *Applied Psychology: An International Review, 60*(2), 255-285.

Schaufeli, W. (2018). O que é engajamento? (pp. 33-62). In A. C. S. Vazquez, & C. S. Hutz (Orgs.), *Aplicações da psicologia positiva: trabalho e organizações*. São Paulo: Hogrefe.

Schaufeli, W. B., & Bakker, A. B. (2004). Job demands, job resources, and their relationship with burnout and engagement: a multi-sample study. *Journal of Organizational Behavior, 25*(3), 293-315.

Schaufeli, W. B., & Salanova, M. (2014). Burnout, boredom and engagement at the workplace. In M. Peeters, J. Jonge, & T. Taris (Eds.), *People at work: an introduction to contemporary work psychology* (pp. 293-320). Chichester: Wiley-Blackwell.

Schaufeli, W. B., Bakker, A. B., & Van Rhenen, W. (2009). How changes in job demands and resources predict burnout, work engagement, and sickness absenteeism. *Journal of Organizational Behavior, 30*, 893-917.

Schaufeli, W. B., Dijkstra, P., & Vazquez, A. C. S. (2013). *O engajamento no trabalho*. São Paulo: Casa do Psicólogo.

Taris, T. W., & Schaufeli, W. B. (2016). The job demands-resources model. In S. Clarke, T. M. Probst, F. Guldenmund, & J. Passmore (Eds.), *The Wiley Blackwell handbook of the psychology of occupational safety and workplace health* (pp. 157-180). Chichester: John Wiley.

Vazquez, A. C. S. (2018). A psicologia positiva organizacional e do trabalho (PPOT): fundamentos e aplicações (pp. 5-32). In A. S. Vazquez, & C. S. Hutz (Orgs.), *Aplicações da psicologia positiva: trabalho e organizações*. São Paulo: Hogrefe.

Vazquez, A. C. S., Pacico, J. C., Magnan, E. S., Hutz, C. S., & Schaufeli, W. B. (2016). Avaliação do engajamento das pessoas com seu trabalho: a versão brasileira da escala Utrecht de engajamento no trabalho (UWES) (pp. 75-90). In C. S. Hutz (Org.), *Avaliação em psicologia positiva: técnicas e medidas*. São Paulo: Hogrefe.

17

AVALIAÇÃO EM TREINAMENTO, DESENVOLVIMENTO E EDUCAÇÃO CORPORATIVA

Gardênia da Silva Abbad
Aline de Sousa Nascimento
Fernanda Drummond Ruas Gaspar

AVALIAÇÃO EM TREINAMENTO, DESENVOLVIMENTO E EDUCAÇÃO

As avaliações de treinamento, desenvolvimento e educação (TD&E), ao longo do tempo, ganharam forte relevância no cenário organizacional, devido ao crescimento do investimento financeiro em ações de TD&E. Logo, tornou-se necessário aferir o retorno desse investimento, o qual se justificava como parte da estratégia de crescimento e consolidação da organização no mercado de trabalho. Este, no atual contexto da Terceira Revolução Industrial, vem exigindo constantemente das empresas capacidade de inovação e de aperfeiçoamento profissional e organizacional. A Figura 17.1 apresenta como o subsistema Avaliação está integrado no sistema de TD&E.

O sistema de TD&E é composto por avaliação de necessidades de treinamento (ANT), planejamento instrucional, execução do programa e avaliação, considerando-se os contextos interno e externo nos quais a organização está inserida. A ANT tem a finalidade de identificar as necessidades de aprendizagem no âmbito do indivíduo, das equipes e da organização, de modo que seja possível definir e planejar estrategicamente ações educacionais, considerando-se os contextos interno e externo da organização (Abbad, Freitas, & Pilati, 2006).

O planejamento instrucional é o caminho a ser percorrido entre a avaliação de necessidades e os resultados almejados pela organização. É composto por: descrição dos objetivos instrucionais; escolha da modalidade de entrega; estabelecimento da sequência de ensino; escolha dos procedimentos, das estratégias, dos recursos e dos meios instrucionais; e definição de critérios e medidas de avaliação (Abbad, Zerbini, Carvalho, & Menezes, 2006). O processo de execução consiste na implementação dos programas instrucionais, que devem ser previamente validados, por meio de teste-piloto, e avaliados, com base nos resultados almejados.

A avaliação em TD&E consiste em um processo que inclui coleta, mensuração, análise de dados e emissão de juízo de valor sobre a eficiência, a eficácia e a efetividade de uma ação instrucional. Ou seja, consiste na mensuração e no julgamento de valor sobre determinado programa ou projeto instrucional/educacional. Para compreender a distinção entre mensuração e julgamento de valor, pode-se usar como exemplo a verificação da temperatura corporal de uma criança. Para verificar a temperatura, é necessário um instrumento de medida (o termômetro), uma unidade de medida (graus cen-

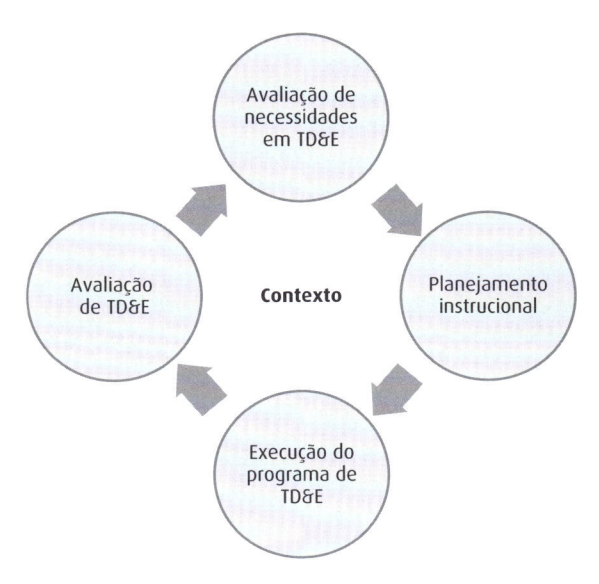

Figura 17.1 Sistema integrado de TD&E.

tígrados), procedimentos de aplicação (colocar o termômetro embaixo de um dos braços da criança e mantê-la quieta por três minutos enquanto é feita a mensuração) e a leitura e a interpretação das informações coletadas por meio do termômetro. Até o momento da leitura da temperatura da criança, está sendo realizada uma mensuração (verificação de quanto a criança possui do atributo temperatura). Caso o resultado seja 39,2 graus Celsius, afirmar que essa criança tem febre é emitir um julgamento de valor, feito a partir de uma medida e de um critério de avaliação (temperaturas iguais ou superiores a 37,5 graus Celsius indicam febre), que servem de referência para que o julgamento de valor possa ser emitido. Dessa forma, pode-se verificar que a avaliação, último componente do sistema de TD&E, é um processo integrado e sistêmico, que envolve construção e aplicação de instrumentos de medida, mensurações e critérios ou normas para emissão de juízo de valor, perpassando todas as demais etapas de forma cíclica e objetivando a melhoria e o aperfeiçoamento do sistema de TD&E.

Além disso, a avaliação em TD&E tem as seguintes finalidades: (1) verificar o cumprimento de objetivos das ações instrucionais e seus efeitos sobre desempenhos de pessoas e instituições (Tyler, 1949); (2) julgar o mérito de ações instrucionais (Hamblin, 1978; Scriven, 1991); (3) analisar os processos e observar situações a partir do olhar de agentes externos (Worthen, Sanders, & Fitzpatrick, 2004); (4) reconhecer o nexo causal entre ações e eventos (McLauglin & Jordan, 2010; Oston, 2007); (5) julgar e aplicar padrões de qualidade, utilidade, eficácia e efetividade àquilo que foi avaliado (Bloom, Hastings, & Madaus, 1983; Khandker, Koolwal, & Samad, 2010; Vianna, 2000); (6) suscitar reflexões sobre ações (Hoffmann, 1991); e (7) fomentar a comunicação entre atores sociais diversos (Guba & Lincoln, 1989), entre eles os *stakeholders* (Knowlton & Phillips, 2009; McLaughlin & Jordan, 2004, 2010).

CONCEITOS IMPORTANTES: EFICIÊNCIA, EFICÁCIA E EFETIVIDADE EM TREINAMENTO, DESENVOLVIMENTO E EDUCAÇÃO

As organizações esperam que as ações de TD&E sejam eficientes, eficazes e efetivas. Um treinamento eficiente é aquele que produz o máximo de resultados com o mínimo de fontes humanas, recursos financeiros e materiais. Para a elaboração de um treinamento eficiente, a ANT tem grande importância na identificação das reais demandas de aprendizagem – no nível individual, grupal e organizacional –, essenciais para o alcance de resultados organizacionais almejados, evitando o dispêndio indevido de recursos. Portanto, um treinamento será eficiente se for capaz de desenvolver no público-alvo as competências necessárias ao trabalho e ao desenvolvimento profissional com o menor custo possível.

Um treinamento é considerado eficaz quando alcança os objetivos para os quais foi desenhado, capacitando adequadamente o público-alvo nas competências necessárias ao trabalho. A avaliação da eficácia depende dos seguintes fatores:

1. Definição prévia dos resultados esperados (reações e aprendizagem).
2. Análise do desenho instrucional em termos de sua adequação ao público-alvo (repertório de entrada, demandas de aprendizagem, estilos e estratégias cognitivas, motivação, trajetória profissional, hábitos de estudo, gênero, idade, entre outros).
3. Aferição do quanto os objetivos e as estratégias educacionais adotadas são compatíveis com a natureza e com o grau de complexidade das necessidades de treinamento.
4. O quanto o desenho instrucional está adequado ao contexto organizacional.

Em muitos casos, as ações educacionais podem ser eficientes (ter qualidade e baixo custo), mas não ser eficazes, em virtude de não estarem alinhadas ao contexto, às características do público-alvo e não terem sido bem-sucedidas no alcance dos resultados esperados.

Um treinamento será efetivo à medida que o público-alvo conseguir aplicar no trabalho os conhecimentos, as habilidades e as atitudes (CHAs) aprendidos no treinamento, de modo a gerar resultados para a organização. Portanto, para que um treinamento seja efetivo, é necessário que ele atenda às necessidades de capacitação individuais, de tarefas e organizacionais em termos de aprendizagem e transferência de treinamento para o trabalho (Alvarez, Salas, & Garofano, 2004). Essa avaliação é muito importante, uma vez que o treinamento pode ser eficiente e eficaz, mas, se não houver transferência, ele não será efetivo no plano individual, tampouco nos níveis de tarefas e organizacional. Dessa forma, é necessário que os modelos e instrumentos de avaliação das ações de TD&E sejam capazes de prever a avaliação da eficiência, da eficácia e da efetividade do treinamento, conforme será apresentado na próxima seção.

MODELOS DE AVALIAÇÃO

A avaliação de ações de TD&E possibilita que se obtenha informações valiosas, que viabilizam o aperfeiçoamento contínuo de sistemas instrucionais em contextos de educação corporativa, de formação e de qualificação profissional. Nas últimas décadas, os modelos de avaliação têm sido elaborados para facilitar o processo avaliativo, podendo ser classificados como modelos tradicionais de avaliação de ações de TD&E e modelos integrados de avaliação de ações de TD&E. Ambos podem ser adotados em avaliações formativas e somativas.

Avaliações formativas são as que ocorrem durante o processo de treinamento e que possibilitam testar materiais, estratégias e recursos de ensino, ajustando-os ao perfil do público-alvo – suas demandas, características individuais, expectativas e motivações. Esse tipo de avaliação tem como finalidade validar o desenho instrucional e aperfeiçoar o treinamento durante o processo de ensino-aprendizagem, possibilitando a otimização dos resultados de aprendizagem dos participantes.

A avaliação somativa, por outro lado, é aquela realizada após o treinamento e que visa a aferir a eficiência, a eficácia e a efetividade, bem como aprimorar o curso para turmas subsequentes.

As avaliações mais frequentemente adotadas em TD&E são as de caráter somativo, porém os modelos de avaliação também podem ter caráter formativo quando os programas educacionais ou de treinamento estão em fase inicial de desenvolvimento e implantação, principalmente no caso de cursos de média ou longa duração, como especialização e mestrados profissionais.

Modelos tradicionais de avaliação

Os modelos tradicionais de avaliação têm foco nos resultados. Entre eles estão as avaliações de reação, que captam as opiniões dos participantes sobre o treinamento, e as avaliações de aprendizagem, as quais avaliam o quanto os participantes adquiriram conhecimentos, habilidades e atitudes no treinamento.

Kirkpatrick (1976) e Hamblin (1978) propõem modelos que definem dois tipos de efeitos advindos de ações instrucionais: os imediatos e os de longo prazo, ou mediatos.

Quanto aos efeitos mediatos, Kirkpatrick (1976) definiu dois níveis: comportamento no cargo e resultados organizacionais.

O comportamento no cargo se refere ao efeito do treinamento sobre o desempenho do egresso e inclui os conceitos correlatos de transferência de treinamento e impacto do treinamento no trabalho. O nível de resultados organizacionais, que se refere aos efeitos do treinamento sobre a organização, foi desdobrado em dois níveis por Hamblin (1978): mudança organizacional e valor final.

Mudança organizacional refere-se aos efeitos das ações de TD&E nos processos organizacionais, entre os quais: mudanças em processos internos de trabalho, aquisição de recursos (novos clientes, aquisição de outras organizações) e variações no clima e nos níveis de eficiência organizacional. Valor final, por outro lado, refere-se aos efeitos do treinamento nos resultados organizacionais, como retorno social, retorno financeiro de investimentos, alcance de metas de produtos e serviços, entre outros.

Os modelos tradicionais pressupõem que os níveis individuais de avaliação, principalmente a aprendizagem e a transferência de treinamento, são condições necessárias à ocorrência de mudanças organizacionais e ao valor final de um programa de treinamento. Há evidências de correlações positivas entre esses níveis, o que torna recomendável a avaliação conjunta de aprendizagem, transferência, mudança organizacional e valor final. Vale ressaltar que nem todos os treinamentos são avaliáveis nos dois últimos níveis, os quais são aplicáveis a programas de treinamento de caráter estratégico, desenhados especialmente para produzir mudanças em processos internos e resultados em organizações que possuem indicadores objetivos de desempenhos individuais, grupais e organizacionais, sensíveis aos efeitos desse tipo de programa instrucional.

Modelos integrados de avaliação

Os modelos tradicionais, ao enfatizarem essencialmente os resultados de treinamentos, não possibilitam a análise de explicações alternativas aos efeitos, como as características individuais do público-alvo, as características do desenho instrucional e as variáveis de contexto (suporte, clima e restrições situacionais). Já os modelos integrados de avaliação possibilitam, além da avaliação de resultados, a análise de variáveis que predizem ou interferem no alcance desses resultados. Entre os principais modelos de avaliação integrada de treinamento, citam-se quatro deles: CIPP, de Stufflebeam (1978); MAIS, de Borges-Andrade (1982); IMPACT, de Abbad (1999) e Abbad, Souza, Laval e Souza (2012); e IMTEE, de Alvarez e colaboradores (2004). Esses modelos são apresentados na Figura 17.2.

CIPP

O primeiro modelo, o CIPP (Stufflebeam, 1978), foi criado como resposta às necessidades de avaliação, a fim de suprir as limitações dos modelos tradicionais e nortear as organizações nas tomadas de decisão. Para tanto, Stufflebeam (1978) propõe quatro níveis de avaliação:

- Contexto: qualidade da avaliação de necessidades de treinamento e de sua contribuição para a construção de objetivos educacionais.

Modelo CIPP (Stufflebeam, 1978)	Contexto	Insumos	Processo	Produto
Modelo MAIS (Borges-Andrade, 1982) (Borges-Andrade, Abbad & Mourão, 2012)	Ambiente: necessidades	Insumos	Processos / Procedimentos	Resultados	Ambiente: resultados
		Ambiente: apoio e disseminação		
Modelo IMPACT (Abbad, 1999) (Abbad, Borges de Souza, Laval & Souza, 2012)	ANT Percepção de suporte organizacional	Características da clientela	Características da clientela	Reação Aprendizagem	Impacto do treinamento no trabalho e na organização
	Suporte à transferência de treinamento			
Modelo IMTEE (Alvarez, Salas & Garofano, 2004)	Análise de necessidades	Características individuais	Características do treinamento	Reações Transferência Resultados

Figura 17.2 Modelos integrados de avaliação.

- Insumo: qualidade do planejamento orçamentário e dos procedimentos para definir os recursos necessários à implementação do programa.
- Processo: qualidade da implementação do programa e análise das razões para eventuais modificações no programa.
- Produto: resultados positivos e negativos, intencionais ou não intencionais do programa, de acordo com o julgamento de *stakeholders* sobre o valor e o mérito dos resultados e sobre o quanto as necessidades do público-alvo foram atendidas.

MAIS

O modelo MAIS (Borges-Andrade, 1982; Borges-Andrade, Abbad, & Mourão, 2012) é uma abordagem de avaliação somativa genérica, que aprofunda a definição dos componentes da avaliação, viabilizando uma interpretação integrada das informações obtidas, a fim de facilitar os processos decisórios, a produção de conhecimentos e a construção de medidas de avaliação de sistemas de treinamento. O modelo é constituído por diversos componentes e subcomponentes, os quais são frutos de um levantamento de dados essenciais e inerentes a qualquer organização: insumos, procedimentos, processos, resultados e ambiente (necessidades, suporte, disseminação e efeitos a longo prazo). Cabe salientar que esse modelo envolve a avaliação nos planos individual, de equipe e da organização.

IMPACT

O modelo IMPACT (Abbad, 1999; Abbad et al., 2012) surge como proposta mais específica de avaliação, recomendando a investigação de diversas variáveis associadas ao indivíduo, ao treinamento, à organização e aos resultados do treinamento (imediatos e a longo prazo). Utilizam-se sete componentes avaliativos: percepção de suporte organizacional; características do treinamento; características da clientela; reação; aprendizagem; suporte à transferência; e impacto do treinamento no trabalho. Nas versões mais recentes do modelo, foram acrescentadas variáveis relacionadas à ANT, aos contextos externo e interno, à organização e aos efeitos de mudança e valor final (Abbad et al., 2012).

IMTEE

O modelo IMTEE (Alvarez et al., 2004), o qual emergiu da análise de pesquisas norte-americanas, propõe cinco conjuntos de variáveis que agrupam componentes presentes em outros modelos integrados: análise de necessidades;

características dos indivíduos; características do treinamento; características da organização; e efeitos do treinamento (reações, transferência e resultados), sendo as variáveis dos três primeiros conjuntos consideradas antecedentes ou preditoras dos resultados do treinamento.

Por fim, é importante destacar que todos os modelos integrados de avaliação apresentam abordagem sistêmica, contemplando os componentes contexto, insumos, processos e produtos, diferindo apenas na ênfase e no grau de detalhamento dos componentes. Esses modelos são mais abrangentes para a avaliação de programas de TD&E, pois não avaliam apenas os resultados, mas também incluem as variáveis que podem interferir nos efeitos das ações de TD&E. Na seção a seguir, os níveis de avaliação serão apresentados com mais detalhes.

NÍVEIS DE AVALIAÇÃO EM TREINAMENTO, DESENVOLVIMENTO E EDUCAÇÃO

Os modelos de avaliação possibilitam a construção de instrumentos de medida específicos para cada componente de sistemas de TD&E, visando à mensuração de preditores de resultados de treinamento (características individuais do público-alvo, características do treinamento e características do contexto) e dos diferentes níveis de avaliação: individuais imediatos (reação e aprendizagem) e mediatos (comportamento no cargo/transferência de treinamento/ impacto do treinamento no trabalho – amplitude/profundidade) e os efeitos organizacionais mediatos (mudança organizacional e valor final). O Quadro 17.1 apresenta níveis de avaliação identificados na literatura da área de avaliação de TD&E.

O primeiro nível (reação), um dos mais utilizados em avaliações de TD&E, mensura a opinião dos egressos sobre a qualidade instrucional dos treinamentos em diversos aspectos, entre os quais estão o desempenho do instrutor ou tutor (didática, relacionamento com os treinandos e domínio de conteúdo), a infraestrutura de apoio, as estratégias educacionais, a carga horária, a qualidade dos objetivos, a aplicabilidade e a utilidade do treinamento. As fontes de avaliação mais utilizadas são os próprios participantes dos treinamentos e os instrutores. Além dessas fontes, são utilizadas fontes documentais e arquivísticas para análise de materiais didáticos e informações sobre o rendimento dos participantes e dos instrutores durante o treinamento. Os instrumentos de medida mais utilizados são os questionários, aplicados em formato impresso ou digital, com instruções padronizadas. Esses instrumentos podem ser aplicados coletiva ou individualmente. Há instrumentos específicos para a avaliação de reação ao desempenho de instrutores de cursos presenciais (Abbad, Zerbini, & Borges-Ferreira, 2012) e a distância (Zerbini, Borges-Ferreira, & Abbad, 2012), com evidências de validade disponíveis na íntegra para utilização em avaliações de TD&E. Ao final, recomenda-se a triangulação de informações obtidas por meio de diferentes fontes humanas e documentais, de modo a ampliar a validade dos julgamentos de valor sobre os programas avaliados.

Estudos de Brown (2005) e Zerbini e Abbad (2010) evidenciaram que reações favoráveis ao treinamento nem sempre estão positivamente correlacionadas com aprendizagem e transferência positiva para o trabalho. São necessárias mais pesquisas que possibilitem a análise mais aprofundada das relações entre reação e os demais níveis de avaliação. Reações favoráveis ao treinamento não garantem a aprendizagem, tampouco a aplicação no trabalho, dos conhecimentos, das habilidades e das atitudes adquiridos no evento instrucional. Tendo em vista esses achados, recomenda-se aos profissionais da área de TD&E que não se limitem às avaliações de reações e façam avaliações de aprendizagem e de impacto do treinamento no trabalho, de modo a aferir com maior segurança a eficácia e a efetividade dos treinamentos.

A avaliação de reação deve ser aplicada ao final da ação de TD&E, antes que o participante retorne ao seu posto de trabalho. Recomenda-se, também, que a aplicação seja feita sem a presença do instrutor, por um profissional que não tenha participado do planejamento ou da

QUADRO 17.1
Níveis de avaliação

Níveis de avaliação	Autores
Reação	Abbad (2012), Alliger e colaboradores (1997); Borges-Andrade (1992); Cheung (1998, 2000); Dean e Webster (2000); Drisskell, Willis e Cooper (1992), Hamblin (1978); Kaufmann e Keller (1994); Lima e Borges-Andrade (1982); Kirkpatrick (1976, 1977); Phillips (2007); Reiser e Dick (1996), Stufflebeam (2003); Van Lehn (1996); Warr, Bird e Rackham (1970); Zerbini e Abbad (2009).
Aprendizagem	Borges-Ferreira (2005); Borges-Ferreira e Abbad (2009); Kirkpatrick (1976); Hamblin (1978); Kaufmann e Keller (1994); Nogueira (2006); Phillips (2007).
Comportamento no cargo/transferência de treinamento/impacto do treinamento no trabalho	Abbad (1999); Abbad e colaboradores (2001); Abbad e Mourão (2006); Carvalho (2003); Meneses (2002); Meneses e Abbad (2003); Mota (2002); Mota e Borges-Andrade (2003); Mourão (2004); Mourão e Borges-Andrade (2004); Neto (2009); Pereira (2009); Pilati (2004); Pilati e Abbad (2005); Rodrigues (1999); Tamayo (2002); Zerbini (2007).
Mudança organizacional e valor final	Abbad, Borges de Souza, Laval e Souza (2012); Abbad, Meneses e Gondim (2017), Ávila e colaboradores (1983); Borges de Souza, Abbad e Gondim (2017), Dyer e Reeves (1995); Hamblin (1978); Kaplan e Norton (1992); Kaufmann e Keller (1994); Kirkpatrick (1976); Kushner e Poole (1996); Mitchell (2002); Mourão e Borges-Andrade (2005); Phillips (2007); Stufflebeam (2003); Warr, Bird e Rackham (1970).

execução do treinamento, de modo a evitar respostas enviesadas pela desejabilidade social.

Os itens da avaliação de reação devem ser de fácil compreensão, descritos de forma objetiva, de forma que seu preenchimento não exceda 10 a 15 minutos. As escalas de pontuação e as instruções contidas nos instrumentos devem estar alinhadas à redação dos itens do questionário, e estes devem ser construídos de acordo com a definição dos componentes e subcomponentes da medida. Nesse caso, recomenda-se a adaptação de escalas nacionais ao contexto da organização que oportuniza os treinamentos. Os dados do instrumento devem ser tratados de forma agrupada, possibilitando ilustrações de percentuais, médias, desvios-padrão e outras estatísticas que se fizerem necessárias para a interpretação clara dos resultados da avaliação. Para além da análise dos dados, é imprescindível que ocorra o compartilhamento desses dados, sobretudo com o tutor do treinamento, como forma de *feedback*, assim como com as áreas demandantes da ação de treinamento, a fim de verificar o cumprimento dos seus objetivos, melhorias dentro do contexto organizacional e possíveis adequações nos próximos treinamentos (Zerbini et al., 2012).

A avaliação de reação pode ser aplicada também em treinamentos realizados a distância, por meio de plataformas virtuais de aprendizagem. Há inúmeras vantagens funcionais na aplicação da avaliação nessa modalidade de ensino, mas é necessário um planejamento prévio mais detalhado do que no modelo presencial, em virtude das suas especificidades tecnológicas e instruções autoexplicativas. Zerbini e colaboradores (2012) propuseram um instrumento específico de avaliação de reação para cursos a distância, o qual contém itens relativos a desempenho do instrutor, procedimentos instrucionais, interface gráfica, ambiente de estudo, procedimentos de interação entre participantes e destes com o tutor e reações aos resultados.

O segundo nível, formado pela avaliação de aprendizagem, consiste na verificação do quanto o egresso assimilou do conteúdo abordado no treinamento. O modelo de cinco níveis de resultados de treinamento, proposto por Pilati e Abbad (2005), define três níveis de avaliação de aprendizagem que requerem medidas distintas: a aquisição, a retenção e a generalização (Queiroga, Andrade, Borges-Ferreira, Nogueira, & Abbad, 2012). A aquisição em TD&E mede o grau de assimilação dos conhecimentos, das habilidades e das atitudes pelos participantes em eventos instrucionais, verificado imediatamente após o ensino dos conteúdos. A retenção refere-se à memorização de conhecimentos, habilidades e atitudes, mensurável após o treinamento. A generalização avalia a capacidade do participante de aplicar as novas aprendizagens em tarefas similares às adquiridas durante o treinamento. Nesses casos, é recomendável a construção de testes que apresentem ao participante diversas situações-problema, nas quais possa demonstrar a aplicação das habilidades aprendidas no treinamento. Na avaliação dos três níveis de aprendizagem, os processos de escolha e de construção dos instrumentos de medida devem ser minuciosos, sendo necessária a elaboração de itens compatíveis com a natureza (cognitiva, afetiva, psicomotora) dos objetivos instrucionais e com os graus de complexidade, internalização ou automatização, associados à aprendizagem dos conteúdos abordados no treinamento.

Os critérios de uma avaliação da aprendizagem devem ser extraídos diretamente dos objetivos educacionais, a fim de serem criados testes ou provas compatíveis com as características do resultado de aprendizagem almejado. Após as etapas e respectivas subetapas de análise da demanda educacional e a escolha da modalidade de ensino e de desenho das situações de aprendizagem, é preciso verificar se as estratégias, os meios e os demais recursos instrucionais foram eficazes para o público-alvo, identificando se os participantes do treinamento aprenderam e atingiram os objetivos educacionais ou se são capazes de exibir os CHAs transmitidos e desenvolvidos pelo curso. A validade de inferências de causalidade entre o treinamento e os resultados de aprendizagem atingidos pelos participantes exigem a adoção de pré e pós-testes com grupos-controle (sem treinamento). As avaliações devem ocorrer pelo menos no início do treinamento (pré-teste), ao final (pós-teste 1) e após o treinamento (pós-teste 2), com testes equivalentes, a fim de aferir a aprendizagem em momentos diferentes e a duração dos efeitos dos treinamentos.

As fontes humanas mais utilizadas são os participantes do treinamento, que têm o seu rendimento avaliado por meio de testes de conhecimentos, e os instrutores ou tutores, que participam desse processo como avaliadores da aprendizagem. Além dessas fontes primárias, são utilizadas fontes arquivísticas e documentais sobre o comportamento dos participantes durante o treinamento. Em cursos a distância, ofertados por meio de ambientes virtuais de aprendizagem, é possível coletar informações valiosas sobre a participação dos treinandos em fóruns, tempo de acesso aos materiais e de estudo, erros e acertos em exercícios, entre outros (Abbad, Borges-Ferreira, & Nogueira, 2012). Os meios mais utilizados em avaliações de aprendizagem são os questionários impressos (cursos presenciais), seguidos dos virtuais (cursos a distância), mediados por tecnologias da informação. A aplicação pode ser coletiva ou autoaplicável e se dá com a presença do instrutor ou tutor.

O pré-teste informa o nível de ingresso ou repertório de entrada do participante no que diz respeito ao conteúdo do treinamento, sendo um ponto de referência para julgar o nível de desempenho do participante ao fim do curso. As avaliações feitas durante a instrução medem a aquisição dos objetivos instrucionais. A avaliação final ou os pós-testes informam se houve a aprendizagem dos objetivos e se os meios e as estratégias instrucionais utilizados foram eficazes ou não.

Conforme já foi dito, a avaliação de aprendizagem pode ser formativa ou somativa. Denomina-se formativa quando é aplicada para testar os materiais e as estratégias de ensino e/ou durante a implementação do curso, para modificá-los, ajustando-os às necessidades do alunado. Uma avaliação formativa completa compreende pré-teste, testes durante a instrução e pós-teste, bem como é utilizada como recurso educacional para oferecer *feedback* informativos sobre o rendimento no curso.

No caso da avaliação somativa, todas as avaliações do aluno são somadas e analisadas ao fim do curso. O julgamento sobre a efetividade das situações de aprendizagem é emitido *pós-facto*, visando a avaliar o rendimento final atingido pelo aprendiz com a instrução e aprimorar o desenho do curso para aplicações futuras. A aprendizagem em treinamento é uma condição necessária à aplicação das novas habilidades no trabalho, porém não é suficiente para garantir os efeitos de longa duração no desempenho dos egressos e da organização. Em função disso, a eficácia dos treinamentos deve ser medida também em relação ao comportamento no cargo/impacto do treinamento no trabalho.

A avaliação no terceiro nível (comportamento do cargo) também é denominada transferência de treinamento/aprendizagem ou impacto de treinamento no trabalho, expressões frequentemente usadas como sinônimos pelos estudiosos da área de psicologia organizacional. De modo geral, as expressões transferência de treinamento e aprendizagem têm sido empregadas para investigar o efeito de sessões de treinamento sobre o desempenho subsequente dos participantes em tarefas similares às ensinadas no treinamento. O conceito de transferência de treinamento, adotado por Wexley e Baldwin (1986), Baldwin e Ford (1998) e Ford e Kraiger (1995), refere-se ao grau com que um indivíduo treinado aplica de maneira eficaz, no contexto de trabalho, conhecimentos, habilidades e atitudes adquiridos por meio do evento instrucional.

Para Baldwin e Ford (1998), o conceito de transferência inclui os conceitos de generalização das habilidades treinadas para o trabalho e de grau de manutenção ou retenção dos conhecimentos e habilidades aprendidas. Ford e Kraiger (1995) definem "generalização" como a extensão com que as habilidades e os comportamentos obtidos por meio de treinamentos são exibidos no ambiente de transferência e aplicados a situações e condições diferentes daquelas a que os treinamentos estiveram submetidos durante o evento instrucional. Para Ford, Baldwin e Prasad (2018), a generalização envolve mais do que uma simples repetição do que ocorreu no treinamento, pois o foco está

no quanto os treinandos são capazes de exibir novos comportamentos no trabalho como resposta a situações, pessoas e contextos distintos daqueles apresentados durante o treinamento. Por mais que os programas de treinamento criem situações que se aproximam da realidade do trabalho, não conseguem abranger toda a diversidade de situações presentes no ambiente laboral. Então, a generalização refere-se às habilidades do egresso do treinamento para aplicar adequadamente princípios e conhecimentos-chave adquiridos durante o evento instrucional a uma grande variedade de contextos, situações e pessoas.

Manutenção em longo prazo é definida por Ford e Kraiger (1995) como a quantidade de tempo em que as habilidades e os comportamentos treinados continuam a ser usados no trabalho após o término do treinamento. Retenção, de acordo com Ford e colaboradores (2018), é definida como as mudanças ocorridas na forma (aumento, manutenção ou decréscimo) ou no nível de expressão de conhecimentos, habilidades e comportamentos exibidos pelo egresso no ambiente de transferência em função do tempo transcorrido desde o término do evento. O decréscimo no uso das habilidades treinadas ocorre em contextos nos quais são inadequadas no trabalho as oportunidades de expressão de conhecimentos, habilidades ou comportamentos treinados ou quando a motivação para transferir a aprendizagem diminui em função da falta de consequências favoráveis (recompensas) associadas à aplicação de novas aprendizagens no ambiente de trabalho.

No caso de efeitos do treinamento no ambiente de transferência, as medidas de retenção e generalização adotadas referem-se a efeitos observados diretamente nos comportamentos dos egressos do treinamento no trabalho. Quando o foco principal é a aprendizagem, entretanto, esses efeitos são aferidos por meio de testes de conhecimentos, habilidades e atitudes. A transferência de treinamento pode ser medida em amplitude ou em profundidade. Os efeitos específicos do treinamento sobre o comportamento do egresso são denominados impacto em profundidade, medidos em termos de resultados diretos e específicos de uma ação de TD&E, avaliados por meio de instrumentos construídos diretamente a partir dos objetivos instrucionais do programa. Esse tipo de medida deve ser construído para cada treinamento, após uma cuidadosa análise de materiais instrucionais, dados arquivísticos e fontes humanas de informação sobre todas as etapas do planejamento e da execução do treinamento.

As estratégias de construção de itens de avaliação de impacto em profundidade estão descritas no trabalho de Zerbini e colaboradores (2012). Essa medida depende diretamente da qualidade dos objetivos e da documentação sobre o desenho instrucional. Esse tipo de medida demanda uma análise profunda de todo o material do curso, visando à definição dos comportamentos ou resultados de desempenho esperados dos egressos após o treinamento. Com frequência, é necessário realizar entrevistas com os envolvidos, a fim de compreender de que modo as necessidades de treinamento foram transformadas em objetivos educacionais relevantes e aplicáveis ao contexto e ao perfil do público-alvo (Zerbini et al., 2012).

O conceito de impacto do treinamento no trabalho, medido em amplitude, tem sido o mais utilizado em pesquisas nacionais para avaliação do terceiro nível, com o objetivo de avaliar os efeitos mediatos do treinamento sobre o desempenho, a motivação e as atitudes do público-alvo. Medidas em amplitude, por serem genéricas, podem ser aplicadas para avaliar diversos treinamentos, possibilitando a comparação entre eles. Existem dois principais tipos de itens de avaliação de impacto de amplitude: os gerais, aplicáveis a qualquer tipo de treinamento, e os de avaliação de desempenho funcional, correlacionados aos efeitos de treinamentos (Zerbini et al., 2012). Há um instrumento de impacto em amplitude desenvolvido por pesquisadores brasileiros que possui evidências de validade e se encontra disponível para uso pelos profissionais da área de TD&E (Abbad, 1999; Abbad, Pilati, Borges-Andrade, & Sallorenzo, 2012; Pilati & Abbad, 2005). Instrumentos de avaliação de desempenho funcional nem sempre são aplicáveis ou sensíveis a efeitos de treinamentos, principalmente quando os escores indicam a presença de vieses de julgamento, como a leniência.

De forma geral, as medidas de amplitude viabilizam a avaliação de um conjunto de ações de TD&E que possuem objetivos e resultados convergentes. Quando isso não ocorre, é necessário considerar as demais avaliações, a fim de procurar os motivos para o não cumprimento dos objetivos instrucionais (Abbad et al., 2012). As avaliações de impacto em profundidade, por outro lado, por serem específicas, servem para julgar o mérito de ações típicas de treinamento.

As avaliações de impacto em amplitude e em profundidade são realizadas sob a forma de autoavaliações (feitas pelos egressos do treinamento) e heteroavaliações (feitas por colegas e chefes imediatos dos egressos). Pesquisas da área têm indicado correlações positivas entre auto e heteroavaliações, porém o uso de múltiplas fontes humanas de avaliação tem sido recomendado, para ampliar as evidências de validade das medidas e diminuir os vieses decorrentes da desejabilidade. Além das fontes humanas de avaliação, podem ser utilizados indicadores de resultados individuais de desempenho do egresso antes, durante e após o treinamento, a fim de verificar efeitos diretos da ação educacional. Recomenda-se, também, a utilização de grupo-controle (sem treinamento), visando a aumentar a validade da inferência de causalidade do efeito do treinamento sobre o desempenho subsequente do egresso. Nesses casos, os indicadores do desempenho do grupo-controle também devem ser medidos antes, durante e após o treinamento, para fins de comparação entre o grupo treinado e o grupo não treinado e para a identificação de eventuais explicações alternativas aos resultados.

As avaliações de impactos em profundidade e amplitude têm sido aplicadas em um ou mais momentos após o treinamento, porém há uma grande variação na definição desses intervalos de tempo entre as medidas, que podem variar em dias, meses ou anos. O que define esse intervalo é o tempo entre o término do treinamento e a oportunidade de transferir a aprendizagem para o trabalho. Essas oportunidades variam de acordo com o tipo de CHAs desenvolvidos pelo treinamento. Recomenda-se aos profissionais de TD&E que planejem a oferta de treinamentos aplicáveis imediatamente após a sua realização, pois, se não houver oportunidades de aplicação dessas novas habilidades no trabalho, a tendência é que o egresso "esqueça" as aprendizagens por falta de prática ou diminua a qualidade (eficácia) com que transfere as habilidades para o contexto de trabalho. Se isso não for possível, recomenda-se a utilização de estratégias pós-treinamento de retenção (p. ex., exercícios de recordação de conteúdos) e de acesso contínuo e aberto aos materiais instrucionais, de modo que sirvam como suporte à aplicação de habilidades na resolução de problemas de trabalho.

A avaliação no quarto nível (mudança organizacional) mensura o efeito do treinamento sobre processos internos de trabalho, aquisição de novos recursos organizacionais (p. ex., conquista de novos clientes, fusão com outras organizações), níveis de eficiência (p. ex., adoção de novas tecnologias, índices de absenteísmo, tempo para completar as tarefas, sistemas de comunicação interna, índice de desperdício de materiais, gestão de estoques) e suporte organizacional (Birdi, 2005; Freitas & Mourão, 2012).

A avaliação no quinto nível (valor final) mensura o efeito de programas de TD&E sobre resultados organizacionais e sobre os beneficiários ou público-alvo, enfoca o quanto esses programas afetam indicadores de desempenho organizacional e contribuem para o alcance de objetivos estratégicos e para o cumprimento da missão organizacional. Entre os efeitos avaliados nesse nível estão os retornos sociais de programas públicos educacionais de capacitação e de formação de profissionais para, por exemplo, geração de novos empregos, qualificação de mão de obra externa à organização, diminuição de níveis de doenças endêmicas e de taxas de mortalidade, melhoria do rendimento escolar de estudantes do ensino fundamental e/ou retornos financeiros (p. ex., lucratividade, produtividade, retorno de investimentos financeiros, melhoria da qualidade e da variedade de produtos e serviços, diminuição da rotatividade, do absenteísmo e de acidentes de trabalho, melhoria do clima).

Esses níveis de avaliação são aplicáveis principalmente para treinamentos corporativos estratégicos e para programas públicos educacionais de grande abrangência, voltados para a formação e a qualificação de mão de obra, visando ao desenvolvimento social e econômico do País. Além disso, a mensuração de mudanças organizacionais e valor final dependem da existência de informações confiáveis sobre os processos e resultados organizacionais antes, durante e após o treinamento e de indicadores afetados pelo treinamento, disponíveis em série histórica.

A avaliação de mudança e valor final inclui múltiplas fontes humanas de informação (*stakeholders*, instrutores, professores, agentes de governança, público-alvo) e fontes documentais e arquivísticas. A consulta a essas fontes viabiliza a construção, a escolha de medidas e instrumentos de avaliação desses efeitos, bem como o modo de coleta e análise de dados. Além disso, esse tipo de avaliação reforça o caráter estratégico da área de TD&E nas organizações. Estudiosos da área afirmam que não há medidas nem modelos padronizados que possibilitem avaliar resultados no nível do valor final. Entre as dificuldades presentes nesse tipo de avaliação, existem algumas que são comuns a outros tipos de avaliação, a exemplo dos cuidados metodológicos na construção de instrumentos. Nesse caso específico, é recomendável o uso de modelos e marcos lógicos associados aos modelos de avaliação, pois estes têm sido adotados com êxito em avaliações de programas educacionais, como relatado por Mourão e Borges-Andrade (2005), Abbad, Zerbini e Souza (2010), Souza, Abbad e Gondim (2017), Mamede e Abbad (2018) e Nascimento (2018). Entre os grandes desafios enfrentados pelos profissionais de avaliação para medir mudança e valor final estão a dificuldade de acesso de avaliadores externos a informações estratégicas da organização, a inexistência de informações confiáveis e sistemáticas sobre processos internos e resultados organizacionais, a falta de definição prévia de efeitos esperados de programas de TD&E que indiquem critérios de avaliação desses resultados e a inexistência de equipes multiprofissionais capacitadas para delinear uma pesquisa avaliativa mista (qualitativa e quantitativa), baseada em múltiplas fontes de informação, em diversas estratégias e instrumentos de coleta de dados, que exigem grande esforço de análise e interpretação dos resultados pelos avaliadores e demais *stakeholders*.

Entre as estratégias metodológicas de coleta de dados estão a aplicação de entrevistas individuais e coletivas e a análise de dados arquivísticos e documentais. Para a construção de medidas de avaliação de mudança e valor final, deve-se, inicialmente, selecionar o programa de treinamento, levantar seus objetivos e os objetivos organizacionais, reunir indicadores de desempenho já monitorados na organização, escolher aqueles passíveis de mensuração e estabelecer metas para eles, isolar variáveis externas ao programa de treinamento, definir o delineamento que será utilizado, coletar os dados pré e pós-treinamento e, por fim, analisar os dados, discutindo limitações metodológicas para posterior elaboração de relatórios de avaliação (Mourão & Meneses, 2012).

Em suma, para medir impactos nos níveis de mudança organizacional e valor final, é necessário ter indicadores objetivos de desempenho organizacional, foco no comportamento da organização e nas mudanças a serem detectadas em cultura, valores, metas, estruturas de equipes e da organização. No que tange à construção dessas medidas, torna-se relevante atentar-se para a clareza dos itens, além da validação semântica, exploratória e confirmatória dos instrumentos. Dessa maneira, é possível realizar uma análise profunda dos dados e, posteriormente, emitir relatórios que sejam úteis para melhorias organizacionais e no sistema de treinamento (Abbad et al., 2012). Para além da compreensão dos modelos e dos níveis de avaliação, torna-se importante conhecer como esse processo é conduzido e como os instrumentos de medida são construídos, conforme apresentado na seção a seguir.

PRINCIPAIS PONTOS CRÍTICOS DA AVALIAÇÃO EM TREINAMENTO, DESENVOLVIMENTO E EDUCAÇÃO

Antes de iniciar o processo de construção de instrumentos de medida, é necessário definir o que será medido, com o que e como será realizada a mensuração de cada nível de avaliação. O Quadro 17.2 resume algumas respostas importantes a essas questões.

O Quadro 17.2 sintetiza as decisões teóricas e metodológicas que o profissional de TD&E precisa tomar para planejar e executar avaliações. A construção e a escolha de instrumentos, fontes, avaliadores e estratégias de coleta e análise de dados dependem fundamentalmente da escolha de um modelo teórico que possibilite a elaboração de definições de quais variáveis ou construtos serão mensurados. Em seguida, devem ser escolhidas as ações educacionais a ser avaliadas, decidindo-se quais níveis de resultados devem ser mensurados para cada tipo de treinamento, uma vez que nem todos os treinamentos são avaliáveis nos níveis de mudança e valor final.

O Quadro 17.2 mostra também que, apesar de semelhantes, as decisões, as etapas e as estratégias metodológicas são distintas. Em linhas gerais, pode-se elencar 11 etapas presentes em todo o processo de planejamento da avaliação:

1. Elaboração de definições constitutivas das variáveis de interesse.
2. Construção de itens após consulta a literatura científica, análises documentais, entrevistas e outras estratégias de coleta de dados.
3. Investigação de evidências de validade de construto e validade semântica da escala.
4. Formatação do instrumento, com instruções, escolha de escalas de pontuação e modalidade de aplicação (presencial ou *on-line*).
5. Definição do público-alvo da pesquisa e de fontes secundárias de informação.
6. Teste-piloto de aplicação do instrumento de medida.
7. Definição das estratégias de aplicação do instrumento.
8. Análise e interpretação dos resultados.

QUADRO 17.2
Resumo de decisões sobre medidas, instrumentos, fontes e avaliadores

Nível de avaliação	Definição: o que medir?	Indicadores dos construtos: o que avaliar?	Instrumentos: com o que medir?	Fontes e avaliadores: quem avalia?
Reação	Opinião dos participantes sobre o treinamento e o desempenho de instrutores.	Apoio ao treinamento: qualidade das salas de aula, instalações, equipamentos, etc. Procedimentos instrucionais: objetivos instrucionais, sequência, adequação de estratégias, meios e métodos, etc.	Questionários de avaliação de reações.	Avaliadores: participantes, tutores, desenhistas instrucionais, autores de conteúdos, profissionais de TD&E, etc.
		Processos ocorridos durante o treinamento: resultados de testes, interações, dedicação ao estudo, participação nas discussões, absenteísmo, evasão e abandono.	Roteiros de análise de materiais instrucionais e dados arquivísticos.	Avaliadores: profissionais de TD&E. Fontes secundárias: dados de arquivos, materiais didáticos e registros contidos em ambientes virtuais de aprendizagem.
Aprendizagem	Grau de assimilação de conhecimentos, habilidades e atitudes, tal como expressos nos objetivos instrucionais.	Habilidades do domínio cognitivo: conhecimento, compreensão, aplicação, análise, síntese e avaliação.	Testes objetivos, testes de respostas construídas.	Avaliadores humanos: professor, instrutor ou tutor. Avaliador virtual: sistema eletrônico de correção. Avaliados: os participantes do treinamento. Fontes secundárias: respostas do treinando aos testes.
		Habilidades do domínio afetivo: recepção, resposta, valorização, organização e caracterização.	Teste direto do desempenho esperado; observação do comportamento por meio de roteiros; avaliação por meio de questionários e escalas, entrevistas, testes psicológicos e inventários.	
		Habilidades do domínio psicomotor: percepção, posicionamento, execução acompanhada, mecanização e domínio completo.	Teste direto do desempenho esperado, análise de indicadores objetivos de resultados disponíveis no contexto de trabalho, avaliação baseada em observação direta ou indireta.	

Continua

QUADRO 17.2
Resumo de decisões sobre medidas, instrumentos, fontes e avaliadores

Nível de avaliação	Definição: o que medir?	Indicadores dos construtos: o que avaliar?	Instrumentos: com o que medir?	Fontes e avaliadores: quem avalia?
Transferência ou impacto do treinamento no trabalho (profundidade)	Aplicação eficaz no trabalho de conhecimentos, habilidades e atitudes aprendidos durante o treinamento, medida em termos de desempenhos específicos, extraídos diretamente dos objetivos instrucionais do treinamento.	Descrições de comportamentos do egresso no cargo, sob a forma de conhecimentos, habilidades e atitudes observáveis no ambiente de trabalho.	Questionário de auto e heteroavaliação aplicado em um ou mais momentos após o treinamento. Uso de medidas objetivas de desempenho individual antes, durante e após o treinamento.	Avaliadores: participantes do treinamento, colegas e chefes dos egressos. Fontes secundárias: dados de arquivos, materiais didáticos, registros contidos em ambientes virtuais de aprendizagem e em sistemas de informação sobre o desempenho individual no trabalho. Avaliadores: profissionais de TD&E.
Transferência ou impacto do treinamento no trabalho (amplitude)	Efeito do treinamento sobre o desempenho global do egresso. Trata-se de medida genérica, aplicável a qualquer tipo de treinamento ou a conjuntos de treinamentos com objetivos convergentes.	Efeitos sobre a qualidade do desempenho (p. ex., diminuição dos erros, melhoria da qualidade do trabalho, aumento da rapidez, utilização frequente das habilidades aprendidas no trabalho e retenção dos conteúdos aprendidos no treinamento), das atitudes e motivação dos egressos (p. ex., aumento da autoconfiança, motivação para o trabalho, receptividade a mudanças).	Questionário de auto e/ou heteroavaliação composto por 12 itens com evidências de validade psicométrica (Abbad, 1999; Abbad et al., 2012; Pilati & Abbad, 2005). Resultados de avaliação de desempenho funcional obtidos pelos egressos, disponíveis na organização.	Avaliadores: participantes do treinamento, colegas e chefes dos egressos. Fontes secundárias: registros dos escores recebidos pelo egresso contidos em sistemas de informação. Avaliadores: profissionais de TD&E.
Mudança organizacional	Efeito do treinamento sobre processos internos de trabalho.	Aquisição de novos recursos organizacionais. Níveis de eficiência (p. ex., tempo para completar as tarefas, índice de desperdício de materiais). Suporte organizacional.	Questionários e indicadores de eficiência de processos internos de trabalho, disponíveis na organização.	Avaliadores: participantes do treinamento, colegas, chefes dos egressos, desenhistas instrucionais, profissionais de planejamento estratégico da

Continua

QUADRO 17.2
Resumo de decisões sobre medidas, instrumentos, fontes e avaliadores

Nível de avaliação	Definição: o que medir?	Indicadores dos construtos: o que avaliar?	Instrumentos: com o que medir?	Fontes e avaliadores: quem avalia?
Valor final	Efeito de programas de TD&E sobre resultados organizacionais e sociais, medidos junto a beneficiários externos.	Impactos nos resultados organizacionais, retornos financeiros e/ou sociais de programas educacionais de capacitação e de formação de profissionais.		organização e demais *stakeholders*. Fontes secundárias: registros de desempenho de egressos, equipes e organização. Avaliadores: profissionais de TD&E.

9. Investigação de evidências de validade psicométrica das escalas.
10. Elaboração de relatório técnico de retroalimentação do sistema instrucional, contendo recomendações de aprimoramento do programa.
11. Elaboração de relatório científico.

Essas fases fazem parte da construção de medidas de resultados de treinamentos e de seus preditores. Os instrumentos precisam ser submetidos a testes para investigação de evidências psicométricas de validade nas amostras pesquisadas (Borges-Andrade, 2002; Pilati & Abbad, 2005; Pilati & Borges-Andrade, 2004; Silva, 2008). Para conhecer mais profundamente o processo de construção e validação de instrumentos de avaliação em TD&E, sugere-se a leitura da obra de Abbad e colaboradores (2012). Análises do conceito de validade psicométrica podem ser encontradas nos trabalhos de Damásio (2012), Pasquali (2010) e Toffoli, Andrade, Bornia e Quevedo-Camargo (2016).

Alguns aspectos devem ser analisados ao longo do processo de construção e aplicação de um instrumento de medida. A etapa de procedimento de coleta de dados, por exemplo, é uma das fases que suscita questionamentos e decisões. Em uma organização de trabalho, é importante definir quem será o público-alvo de aplicação do instrumento (participantes dos treinamentos, instrutores, chefes e colegas dos egressos, entre outros); o momento de realizar a avaliação (logo após ao treinamento ou depois de um período específico); os procedimentos e instrumentos utilizados (entrevistas individuais e em grupo, questionários, testes, observações, análises documentais e arquivísticas, entre outros); e a forma de aplicação dessa avaliação (individual, coletiva, *on-line*, em meio impresso). A análise de dados e a devolução de resultados se configuram como etapas finais de toda a ação instrucional, objetivando, assim, a elaboração de relatórios com pareceres e recomendações práticas sobre como aprimorar o sistema de TD&E e alinhá-lo às estratégias organizacionais de mudança de processos internos e de melhoria de resultados (Borges-Andrade et al., 2012).

PRINCIPAIS PREDITORES DE EFETIVIDADE NO IMPACTO DE AÇÕES DE TREINAMENTO, DESENVOLVIMENTO E EDUCAÇÃO NO TRABALHO E NA ORGANIZAÇÃO

O nível de avaliação mais estudado é o de comportamento no cargo/transferência/impacto do treinamento no trabalho. Os três principais preditores de efetividade em nível de impacto das ações de TD&E no trabalho são as características da clientela ou público-alvo, as características do treinamento e o contexto organizacional, que envolve variáveis, como suporte e clima organizacional.

As características do público-alvo são aquelas relacionadas ao repertório de entrada do participante, dados sociodemográficos, psicossociais, motivacionais e cognitivo-comportamentais. Há evidências empíricas de que características individuais, como nível de escolaridade, gênero, idade, cargo ocupado na organização, valores, interesses pessoais, traços de personalidade (sobretudo a conscienciosidade), habilidades cognitivas, atitudes, emoções, motivação para aprender e para transferir a aprendizagem no trabalho, autoeficácia e *locus* de controle, estão correlacionadas com transferência de treinamento e que a magnitude dessas relações é apenas moderada (Araújo, Abbad, & Freitas, 2017; Bell, Tannenbaum, Ford, Noe, & Kraiger, 2017; Ford, Baldwin, & Prasad, 2018). Resultados semelhantes foram encontrados em pesquisas nacionais (Mourão, Abbad, & Zerbini, 2014; Zerbini & Abbad, 2010; Vitória, 2014). Há sugestões dos autores para mensurar autoeficácia em três momentos: antes, durante e após o treinamento. Essa estratégia de coleta de dados é recomendável quando o aumento da percepção de autoeficácia do participante em alguma atividade é um dos objetivos almejados pelo programa instrucional e quando se pretende investigar eventuais mudanças nas relações de autoeficácia com os resultados de aprendizagem e transferência ocorridas em função da passagem do tempo. Em alguns modelos, as variáveis relativas às características individuais dos treinandos são preditoras indiretas de transferência e diretas de aprendizagem.

O segundo conjunto de preditores de efetividade de programas de TD&E refere-se a características do treinamento, como duração, horários, dias do treinamento, qualidade dos objetivos instrucionais de aprendizagem, diversificação de estratégias, meios e métodos educacionais, uso de modelos humanos para demonstração de desempenhos positivos e negativos, uso de estratégias de ensino que estimulam aprendizagem baseada na gestão de erros, definição de espaçamento temporal entre as tarefas práticas de aprendizagem em diferentes graus de complexidade, oportunidades diversas de participar de atividades de fixação e recordação de conteúdos que possibilitem a repetição ativa de tarefas pelos aprendizes, grau de participação dos treinandos nas atividades do treinamento e apresentação de um conjunto de objetivos de transferência de treinamento, que deverão ser expressos pelo egresso do treinamento no trabalho, na simulação de situações de trabalho com demonstrações, nas discussões de caso e em outras metodologias ativas de ensino (Araújo et al., 2017; Bell et al., 2017; Ford et al., 2018).

Estudos sobre retenção de habilidades psicomotoras em contexto de treinamento de tarefas militares operacionais mostraram que o aumento na quantidade de repetições de tarefas, na quantidade de testes de habilidades aplicados durante o treinamento e o espaçamento temporal entre as atividades práticas, bem como a incorporação de diversos equipamentos nas atividades de treinamento, tiveram correlação positiva com a retenção, medida em termos de tempo para completar as tarefas e quantidade de erros cometidos pelos participantes. A repetição de práticas, denominada prática adicional, tem sido eficaz para manter a aprendizagem a longo prazo. Esse método consiste em oportunizar muita prática da habilidade, mesmo após o participante ter demonstrado que já a adquiriu.

A ampla revisão de literatura realizada por Ford e colaboradores (2018) apresentou resultados de estudos sobre o efeito de diversas características do desenho de treinamentos sobre transferência, que indicaram, entre outros resultados importantes, que há maior transferência quando há espaçamento temporal de pelo menos um dia entre atividades práticas do que quando as práticas ocorrem no mesmo dia. Esses efeitos positivos da distribuição das atividades são mais fortes para tarefas abertas (p. ex., atividades de gestão) do que para tarefas fechadas (p. ex., uso de recursos de comunicação). Quanto aos métodos de treinamento, os resultados de metanálises indicaram que a modelação comportamental produz efeitos mais positivos sobre a transferência quando emprega modelos mistos (comportamentos positivos e negativos) do que os treinamentos baseados em demonstrações de comportamentos apenas positivos, e treinamentos ofertados conjuntamente para os treinandos e para os seus chefes são mais eficazes do que treinamentos tradicionais. Há pesquisas indicando a importância de informar os participantes sobre a utilidade do treinamento e de cobrar a avaliação do efeito do treinamento no retorno do egresso para o trabalho. Treinamentos baseados em gestão de erros foram mais eficazes do que treinamentos baseados no ensino de procedimentos de trabalho e resultaram em impactos mais fortes e positivos em tarefas adaptativas (que requerem desempenhos diferentes dos ensinados durante o treinamento) do que em tarefas rotineiras. Estudos sobre métodos de treinamento aplicados em contexto de ensino de medicina baseados em simulação mostraram que o fator-chave para predizer efeitos no comportamento do egresso foi a adoção de múltiplas estratégias instrucionais, entre as quais análise de casos clínicos, apresentação de exemplos e discussões.

Entre os fatores do desenho instrucional que mais produzem generalização da aprendizagem de um contexto para outro estão práticas de recordação de conteúdos (p. ex., aplicação de testes) que estimulem a repetição ativa da aprendizagem pelos participantes e promovam a transferência de aprendizagem e o uso de diversas situações-problema, seguidas de reflexão e explicações, bem como de variação de tipos de problemas e soluções.

O terceiro conjunto de preditores de efetividade do treinamento está relacionado ao contexto organizacional, medido em termos de suporte ou clima para a transferência e condições de trabalho. As revisões de literatura de Aguinis e Kraiger (2009), Bell e colaboradores (2017) e Ford e colaboradores (2018), após análise da produção de conhecimentos sobre a influência de oportunidades de aplicação imediata de novas aprendizagens no cargo, suporte e clima para transferência, encontraram que essas variáveis têm sido as mais fortes preditoras de resultados de treinamento em diferentes contextos organizacionais e públicos-alvo. Resultados de pesquisas nacionais confirmam esses achados. Percepções favoráveis de suporte e clima para transferência estão positivamente relacionadas à transferência de treinamento para o trabalho. Essas avaliações de suporte, entretanto, têm sido baseadas em uma única avaliação, apesar das recomendações de que o suporte seja aferido antes, durante e após o treinamento.

Nas pesquisas nacionais, esse construto de suporte é bidimensional e tem sido avaliado por meio de duas escalas: Suporte Psicossocial e Suporte Material à Transferência, sendo a primeira voltada para avaliação do apoio recebido pelo egresso de gerentes e colegas para a aplicação de novas habilidades no trabalho, bem como as consequências associadas às tentativas do egresso de aplicar as aprendizagens no ambiente de trabalho. A segunda escala, por sua vez, avalia a disponibilidade e a adequação dos recursos materiais e financeiros ofertados pela organização para a aplicação eficaz do treinamento no trabalho, em aspectos relativos aos equipamentos, ao ambiente físico e ao local de trabalho do aprendiz.

Além disso, esse tipo de suporte viabiliza uma análise de diversos elementos situacionais na organização, a exemplo das manifestações de encorajamento dos colegas e chefes, *feedback*, elogios, indiferença, entre outras reações favoráveis e desfavoráveis à transferência. Os conceitos de clima e suporte psicossocial para transferência referem-se, pois, a variáveis do contexto que podem inibir ou facilitar a aplicação no trabalho daquilo que foi aprendido no treinamento.

Ao avaliar os aspectos relacionados ao instrumento de suporte à transferência, desenvolvido por Abbad e colaboradores (2012), percebeu-se grande utilidade na escala, sobretudo por facilitar o entendimento das relações entre distintos aspectos do trabalho que afetam a aplicação do aprendizado no trabalho.

Em avaliações de impacto de treinamentos nos níveis de mudança e valor final, é necessária a construção de instrumentos específicos para cada nível de análise. Os estudos de Abbad e colaboradores (2012), Bell e colaboradores (2017), Souza e colaboradores (2017) e Ford e colaboradores (2018) mostram que as variáveis de suporte mudam de acordo com os níveis de análise: indivíduo, equipe, organização e sociedade. As variáveis de contexto, como suporte e clima, são consideradas explicações alternativas para os resultados de um programa educacional. Nos estudos nacionais mencionados, foi possível elaborar definições constitutivas para suporte nos níveis intermediários (para unidades organizacionais) e macro-organizacionais de análise, distintas daquelas comumente adotadas para mensuração de suporte à transferência no âmbito do indivíduo.

DESAFIOS E TENDÊNCIAS

Um dos maiores desafios da área de TD&E é disseminar os conhecimentos científicos gerados por centenas de pesquisas realizadas nos últimos 100 anos, como revelam as amplas revisões de literatura feitas por Aguinis e Kraiger (2009), Blume, Ford, Baldwin e Huang (2010), Ford e colaboradores (2018), Vitória (2014), Koslowski, Chen e Salas (2017), Zerbini e Abbad (2010).

As publicações e os instrumentos de medida relacionados à área de avaliação de TD&E avançaram muito nas últimas décadas, porém ainda são necessários esforços para adaptação das medidas existentes aos contextos de treinamento estudados, bem como para aprimorar os procedimentos de investigação de evidências psicométricas dos questionários, adotando-se métodos mais sofisticados de análises fatoriais confirmatórias e teoria de resposta ao item, que já estão sendo adotados em pesquisas de avaliação educacional.

Todavia, para que essas técnicas de análise possam ser aplicadas por profissionais de TD&E, será necessário que estes já detenham conhecimentos sobre técnicas de construção de instrumentos para cada nível de avaliação, bem como para escolher e adaptar medidas de preditores de resultados de treinamento.

São mais escassas as pesquisas sobre avaliação de aprendizagem (aquisição, retenção e generalização), provavelmente em função dos desafios e das dificuldades enfrentados pelos pesquisadores para construir testes compatíveis com a natureza e o grau de complexidade dos objetivos educacionais dos treinamentos em versões equivalentes para aplicação em pelo menos dois momentos: antes e ao final do treinamento. Estudos experimentais ou quase experimentais de caráter longitudinal têm sido considerados os mais robustos para a formulação de testes de hipóteses de causalidade entre o treinamento e seus efeitos. A adoção desse tipo de delineamento experimental com pré-teste e, pelo menos, um pós-teste tem sido empregada com êxito em estudos das áreas de ensino em saúde. Ainda são raros os estudos longitudinais com pelo menos três momentos de mensuração nas áreas de psicologia organizacional e TD&E (Abbad & Carlotto, 2016).

Há desafios relacionados às medidas de efeitos de treinamentos no nível de comportamento no cargo, pois existem diversos conceitos correlatos e instrumentos distintos avaliando o mesmo contexto, o que dificulta as comparações entre os resultados de pesquisas. É preciso esforço para analisar e comparar as definições constitutivas desses construtos correlatos (comportamento no cargo, transferência de treinamento, impacto do treinamento no trabalho) e os respectivos instrumentos de medidas, visando à análise de evidências de validade convergente dessas escalas.

Entre os preditores de resultados pós-treinamento estão as variáveis de contexto (suporte, clima e restrições situacionais), que se caracterizam por definições constitutivas semelhantes, porém as medidas delas decorrentes enfocam diferentes agentes de suporte. Alguns instrumentos mensuram suporte gerencial, outros, suporte de pares e colegas, e outros, suporte organizacional à unidade de trabalho do egresso. Nesse caso, também são necessários mais estudos sobre a validade convergente dessas medidas. Além disso, há escassez de pesquisas que definam suporte à transferência como um construto multidimensional, cujas definições podem variar com o contexto de análise (indivíduo, equipes, unidades organizacionais, organização). Há evidências de que são distintas as variáveis contextuais que afetam os efeitos do treinamento no comportamento do egresso, no desempenho de equipes de trabalho e nos processos e resultados organizacionais. Recomenda-se, portanto, a construção de medidas de suporte com base em abordagem multinível.

A revisão de Aguinis e Kraiger (2009) mostra que ações de treinamento voltadas para a melhoria do desempenho individual podem não surtir efeito no nível coletivo, uma vez que os efeitos envolvem conceitos como sinergia, interdependência, modelos mentais compartilhados, cooperação, entre outros, que se referem a processos e resultados coletivos. Nesse sentido, é válido pensar nas inúmeras e desafiantes estratégias de capacitação no contexto coletivo e de construção de medidas para captar os efeitos nesse contexto (Zanelli, Borges-Andrade, & Bastos, 2014).

Há uma quantidade relativamente pequena de organizações que aplicam instrumentos de avaliação de impacto do treinamento no trabalho, apesar das inúmeras publicações contendo descrição de instrumentos, procedimentos de aplicação e interpretação de resultados. Dada a relevância dos resultados de treinamentos para as organizações e para a sociedade e os vultosos investimentos financeiros feitos por organizações em programas de capacitação e desenvolvimento profissional, recomenda-se a oferta de cursos voltados ao preparo desses profissionais para atuar em avaliações de eficiência, eficácia e efetividade de treinamento nas organizações, com base nos conhecimentos científicos existentes (Zerbini et al., 2012).

No que se refere às novas tendências e aos desafios da área de avaliação de TD&E, torna-se relevante investigar outras formas de mensuração das ações instrucionais, a fim de atender às necessidades das organizações de trabalho, a exemplo da avaliação da aprendizagem autônoma do trabalhador dentro e fora do local de trabalho (Ellingson & Noe, 2017). Nos últimos anos, diversos métodos inovadores de ensino foram aplicados. As novas tecnologias de informação e comunicação (NTICs), por exemplo, ganharam espaço no contexto educacional. Gamificação, simulações realísticas, robótica, inteligência artificial, *e-learning, mobile learning*, aprendizagem baseada em problemas, internet das coisas, entre outras estratégias, sobretudo em cenários práticos (reais e simulados) de ensino, são alguns dos exemplos de metodologias ativas de aprendizado que estão sendo utilizados nos últimos anos.

Alguns estudos já evidenciaram maior aprendizagem e satisfação com treinamentos baseados em NTICs em contextos de ensino superior do que com treinamentos tradicionais. Apesar do uso crescente de tecnologias sofisticadas e metodologias ativas no ensino superior e na educação corporativa, existem poucos estudos avaliando seus efeitos nos níveis de aprendizagem e transferência de treinamento (Cao & Hong, 2011; Newhouse, 2002). Dessa forma, mais pesquisas são necessárias para construir medidas sensíveis aos efeitos desses métodos e recursos educacionais.

REFERÊNCIAS

Abbad, G. D. S., Borges-Ferreira, M. F., & Nogueira, R. S. F. (2006). Medidas de aprendizagem em avaliação de TD&E. In J. E. Borges-Andrade, G. S. Abbad, & L. Mourão. *Treinamento, Desenvolvimento e Educação em organizações e trabalho: fundamentos para a gestão de pessoas* (pp. 469-488). Porto Alegre: Artmed.

Abbad, G. D. S., & Carlotto, M. S. (2016). Analyzing challenges associated with the adoption of longitudinal studies in Work and Organizational Psychology. *Revista Psicologia Organizações e Trabalho*, 16(4), 340-348.

Abbad, G. D. S., Souza, D. B. L. D., Laval, A. D. S., & Souza, S. C. P. (2012). Modelos lógicos em avaliação de sistemas instrucionais: dois estudos de caso. *Revista Psicologia Organizações e Trabalho*, 12(2), 185-201.

Abbad, G. D. S., Zerbini, T., & Souza, D. B. L. D. (2010). Panorama das pesquisas em educação a distância no Brasil. *Estudos de Psicologia (Natal)*, 15(3), 291-298.

Abbad, G. D. S., Zerbini, T., Carvalho, R. S., & Meneses, P. P. (2006). Planejamento instrucional em TD&E. In J. E. Borges-Andrade, G. S. Abbad, & L. Mourão. *Treinamento, desenvolvimento e educação em organizações e trabalho: fundamentos para a gestão de pessoas* (pp. 289-321). Porto Alegre: Artmed.

Abbad, G. S. (1999). *Um modelo integrado de avaliação do impacto do treinamento no trabalho – IMPACT* (Tese de doutorado não publicada, Universidade de Brasília, Brasília).

Abbad, G. S., Freitas, I. D., & Pilati, R. (2006). Contexto de trabalho, desempenho competente e necessidades em TD&E. In J. E. Borges-Andrade, G. S. Abbad, & L. Mourão. *Treinamento, desenvolvimento e educação em organizações e trabalho: fundamentos para a gestão de pessoas* (pp. 231-254) Porto Alegre: Artmed.

Abbad, G. S., Mourão, P. P. M, Meneses, T. Zerbini, J. E. Borges-Andrade & R. Vilas-Boas (Orgs.) (2012). Medidas de Avaliação em Treinamento, Desenvolvimento e Educação: ferramentas para gestão de pessoas. Porto Alegre: Artmed.

Abbad, G. S., Pilati, R., Borges-Andrade, J. E., & Sallorenzo, L. H. (2012). Impacto do treinamento no trabalho–medida em amplitude. In G. S. Abbad, L. Mourão, P. P. M. Meneses, T. Zerbini, J. E. Borges-Andrade, & R. Vilas-Boas (Orgs.), *Medidas de avaliação em treinamento, desen-*

volvimento e educação: ferramentas para gestão de pessoas (pp. 231-254). Porto Alegre: Artmed.

Abbad, G. S., Sallorenzo, L. H., Coelho Jr, F. A., Zerbini, T., Vasconcelos, L., & Todeschini, K. (2012). Suporte à transferência de treinamento e suporte à aprendizagem. In G. S. Abbad, L. Mourão, P. P. M. Meneses, T. Zerbini, J. E. Borges-Andrade, & R. Vilas-Boas (Orgs.), *Medidas de avaliação em treinamento, desenvolvimento e educação: ferramentas para gestão de pessoas* (pp. 244-263). Porto Alegre: Artmed.

Abbad, G. S., Zerbini, T., & Borges-Ferreira, M. F. (2012). Medidas de reação a cursos presenciais. In G. S. Abbad, L. Mourão, P. P. M, Meneses, T. Zerbini, J. E. Borges-Andrade, & R. Vilas-Boas (Orgs.), *Medidas de avaliação em treinamento, desenvolvimento e educação: ferramentas para gestão de pessoas* (pp. 78-90). Porto Alegre: Artmed.

Aguinis, H., & Kraiger, K. (2009). Benefits of training and development for individuals and teams, organizations, and society. *Annual review of psychology*, 60, 451-474.

Alvarez, K., Salas, E., & Garofano, C. M. (2004). An integrated model of training evaluation and effectiveness. *Human resource development Review*, 3(4), 385-416.

Araújo, M. C. D. S. Q., Abbad, G. D. S., & Freitas, T. R. D. (2017). Avaliação qualitativa de treinamento. *Revista Psicologia Organizações e Trabalho*, 17(3), 171-179.

Araújo, M. C. S. Q. (2015). *Avaliação de treinamento em uma agência reguladora: aprendizagem, reação e impacto* (Dissertação de mestrado, Universidade de Brasília, Brasília).

Baldwin, T. T., & Ford, J. K. (1988). Transfer of training: a review and directions for future research. *Personnel Psychology*, 41(1), 63-105.

Bell, B. S., Tannenbaum, S. I., Ford, J. K., Noe, R. A., & Kraiger, K. (2017). 100 years of training and development research: what we know and where we should go. *Journal of Applied Psychology*, 102(3), 305-323.

Birdi, K. S. (2005). No idea? Evaluating the effectiveness of creativity training. *Journal of European Industrial Training*, 29(2), 102-111.

Bloom, B. S., Hastings, J. T., Madaus, G. F., Florez, M. C. F., Patto, M. H. S., Quintão, L. R., & Vanzolini, M. E. (1983). *Manual de avaliação formativa e somativa do aprendizado escolar*. São Paulo: Biblioteca Pioneira de Ciências Sociais.

Blume, B. D., Ford, J. K., Baldwin, T. T., & Huang, J. L. (2010). Transfer of training: a meta-analytic review. *Journal of management*, 36(4), 1065-1105.

Borges-Andrade, J. E. (1982). *Avaliação somativa de sistemas institucionais: integração de três propostas*. Brasília: EMBRAPA.

Borges-Andrade, J. E. (2002). Desenvolvimento de medidas em avaliação de treinamento. *Estudos de Psicologia*, 7(n. especial), 31-43.

Borges-Andrade, J. E., Abbad, G. S., & Mourão, L. (2012). Modelos de avaliação e aplicação em TD&E. In G. S. Abbad, L. Mourão, P. P. M, Meneses, T. Zerbini, J. E. Borges-Andrade, & R. Vilas-Boas (Orgs.), *Medidas de avaliação em treinamento, desenvolvimento e educação: ferramentas para gestão de pessoas* (pp. 20-35). Porto Alegre: Artmed.

Brown, T. C. (2005). Effectiveness of distal and proximal goals as transfer-of-training interventions: a field experiment. *Human Resource Development Quarterly*, 16(3), 369-387.

Cao, Y., & Hong, P. (2011). Antecedents and consequences of social media utilization in college teaching: a proposed model with mixed-methods investigation. *On the Horizon*, 19(4), 297-306.

Damásio, B. F. (2012). Uso da análise fatorial exploratória em psicologia. *Avaliação Psicológica*, 11(2), 213-228.

Ellingson, J. E., & Noe, R. A. (Eds.). (2017). *Autonomous learning in the workplace*. New York: Routledge.

Ford, J. K., & Kraiger, K. (1995). The application of cognitive constructs and principles to the instructional systems design model of training: implications for needs assessment, design, and transfer. *International Review of Industrial and Organization Psychology*, 10, 1-48.

Ford, J. K., Baldwin, T. T., & Prasad, J. (2018). Transfer of training: the known and the unknown. *Annual Review of Organizational Psychology and Organizational Behavior*, 5, 201-225.

Freitas, I. A., & Mourão, L. (2012). Medidas de impacto de TD&E: O nível da mudança organizacional. In G. S. Abbad, L. Mourão, P. P. M, Meneses, T. Zerbini, J. E. Borges-Andrade, & R. Vilas-Boas (Orgs.), *Medidas de avaliação em treinamento, desenvolvimento e educação: ferramentas para gestão de pessoas* (pp. 163-176). Porto Alegre: Artmed.

Guba, E. G., & Lincoln, Y. S. (1989). *Fourth generation evaluation*. London: Sage.

Hamblin, A. C. (1978). *Avaliação e controle de treinamento*. São Paulo: McGraw-Hill.

Hoffmann, J. (1991). Avaliação e construção do conhecimento. *Educação e realidade*, 16(2), 53-58.

Khandker, S. R., Koolwal, H. A., & Samad, H. A. (2010). *Handbook on impact evaluation: quantitative methods and practices*. Washington: The World Bank.

Kirkpatrick, D. L. (1976). Evaluation of training. In R. L. Craig (Ed.), *Training and development handbook: a guide to human resource development* (2nd ed.). New York: McGraw-Hill.

Knowlton, L. W., & Phillips, C. C. (2009). *The logic model guidebook: better strategies for great results*. Los Angeles: Sage.

Mamede, W., & Abbad, G. S. (2018). Objetivos educacionais de um mestrado profissional em saúde coletiva: avaliação conforme a taxonomia de Bloom. *Educação e Pesquisa*, 44, 169805.

McLaughlin, J. A., & Jordan, G. (2004). Using logic models. In J. S. Wholey, H. P. Hatry, & K. E. Newcomer (Eds.), *Handbook of practical program evaluation* (2nd ed, pp. 5-33). San Francisco: Jossey-Bass.

McLaughlin, J. A., & Jordan, G. (2010). Using logic models. In J. S. Wholey, H. P. Hatry, & K. E. Newcomer (Eds.), *Handbook of practical program evaluation* (pp. 55-80), San Francisco: Jossey-Bass.

Mourão, L., & Borges-Andrade, J. E. (2005). Avaliação de programas públicos de treinamento: um estudo sobre o impacto no trabalho e na geração de emprego. *Organizações & Sociedade*, 12(33), 13-38.

Mourão, L., & Meneses, P. R. M. (2012). Construção de medidas em TD&E. In J. E. Borges-Andrade, G. S. Abbad, & L. Mourão. *Treinamento, desenvolvimento e educação em organizações e trabalho: fundamentos para a Gestão de Pessoas* (pp. 50-53). Porto Alegre: Artmed.

Mourão, L., Abbad, G. S., & Zerbini, T. (2014). Avaliação da efetividade e dos preditores de um treinamento a distância em uma instituição bancária de grande porte. *Revista de Administração*, 49(3), 534-548.

Nascimento, A. S. (2018). *Efeitos de treinamento no desempenho de gestores: o caso das cooperativas de crédito* (Dissertação de mestrado, Universidade de Brasília, Brasília).

Newhouse, P. (2002). Literature review: the impact of ICT on learning and teaching. *Perth: Western Australian Department of Education*, 32(3), 16-22.

Oston, R. (2007). Models and methods for evaluation. In J. M. Spector, M. D. Merrill, J. van Merrienboer, & M. P. Driscoll, *Handbook of research on educational communications and technology* (3rd ed., pp. 605-618). Bloomington: AECT.

Pasquali, L. (2010). Testes referentes a construto: Teoria e modelo de construção. In L. Pasquali, *Instrumentação psicológica: fundamentos e práticas* (pp. 165-198). Porto Alegre: Artmed.

Pilati, R., & Abbad, G. (2005). Análise fatorial confirmatória da escala de impacto dos treinamentos no trabalho. *Psicologia: Teoria e Pesquisa*, 21(1), 43-51.

Pilati, R., & Borges-Andrade, J. E. (2004). Estudo empírico dos antecedentes de medidas de impacto do treinamento no trabalho. *Psicologia: Teoria e Pesquisa*, 20(1), 31-38.

Queiroga, F., Andrade, J. M., Borges-Ferreira, M. F., Nogueira, R., & Abbad, G. S. (2012). Medidas de aprendizagem em TD&E: fundamentos teóricos e metodológicos. In G. S. Abbad, L. Mourão, P. P. M., Meneses, T. Zerbini, J. E. Borges-Andrade, & R. Vilas-Boas (Orgs.), *Medidas de avaliação em treinamento, desenvolvimento e educação: ferramentas para gestão de Pessoas* (pp. 108-126). Porto Alegre: Artmed.

Scriven, M. (1991). Beyond formative and summative evaluation. In M. McLaughlin, & D. C. Phillips (Eds.), *Evaluation and education: at quarter century*. Chicago: University of Chicago.

Silva, W. (2008). *O impacto de ações de capacitação na atuação gerencial: um estudo de caso no setor público* (Tese de doutorado não publicada, Universidade de Brasília, Brasília).

Souza, D. L. B., Abbad, G. S., & Gondim, S. M. G. (2017). Modelos lógicos na avaliação de um mestrado profissional: um exemplo de aplicação. *Revista Brasileira de Pós-Graduação*, 14, 1-19.

Stufflebeam, D. (1978). Alternativas em avaliação educacional: um guia de autoensino para educadores. In M. Scriven, & D. Stufflebeam (Eds.), *Avaliação educacional II: Perspectivas, procedimentos e alternativas*. Petrópolis: Vozes.

Toffoli, S. F. L., Andrade, D. F., Bornia, A. C., & Quevedo-Camargo, G. (2016). Avaliação com itens abertos: validade, confiabilidade, comparabilidade e justiça. *Educação e Pesquisa*, 42(2), 343-358.

Tyler, R. (1949). *Principles of curriculum and instruction*. Chicago: University of Chicago.

Vianna, H. M. (2000). *Avaliação educacional e o avaliador: teoria, planejamento, modelos*. São Paulo: IBRASA.

Vitória, D. M. (2014). *Avaliação do impacto do treinamento no trabalho* (Dissertação de mestrado, Universidade de Brasília, Brasília).

Wexley, K. N., & Baldwin, T. T. (1986). Posttraining strategies for facilitating positive transfer: An empirical exploration. *Academy of Management Journal*, 29(3), 503-520.

Worthen, B. R., Sanders, J. R., & Fitzpatrick, J. L. (2004). *Avaliação de programas: procedimentos e alternativas*. Petrópolis: Vozes.

Zanelli, J. C., Borges-Andrade, J. E., & Bastos, A. V. B. (2014). *Psicologia, organizações e trabalho no Brasil*. Porto Alegre: AMGH.

Zerbini, T., & Abbad, G. S. (2010). Transferência de treinamento e impacto do treinamento no trabalho: análise crítica da literatura. *Revista Psicologia Organizações e Trabalho*, 10(2), 97-111.

Zerbini, T., Borges-Ferreira, M. F., & Abbad, G. S. (2012). Medidas de reação a cursos a distância. In G. S. Abbad, L. Mourão, P. P. M, Meneses, T. Zerbini, J. E. Borges-Andrade, & R. Vilas-Boas (Orgs.), *Medidas de avaliação em treinamento, desenvolvimento e educação: ferramentas para gestão de pessoas* (pp. 91-107). Porto Alegre: Artmed.

Zerbini, T., Coelho Jr, F. A., Abbad, G. S., Mourão, L., Alvim, S., & Loiola, E. (2012). Transferência de treinamento e impacto do treinamento em profundidade. In G. S. Abbad, L. Mourão, P. P. M, Meneses, T. Zerbini, J. E. Borges-Andrade, & R. Vilas-Boas (Orgs.), *Medidas de avaliação em treinamento, desenvolvimento e educação: ferramentas para gestão de pessoas* (pp. 127-146). Porto Alegre: Artmed.

LEITURAS RECOMENDADAS

Abbad, G. S., Borges-Ferreira, M. F., Nogueira, R. S. F., Borges-Andrade, J. E., Abbad, G. S., & Mourão, L. (2006). Medidas de aprendizagem. In J. E. Borges-Andrade, G. S. Abbad, & L. Mourão. *Treinamento, desenvolvimento e educação em organizações e trabalho: Fundamentos para a gestão de pessoas* (pp. 469-488). Porto Alegre: Artmed.

Abbad, G. S., Meneses, P. P. M., & Gondim, S. M. G. (2017). Modelos lógicos na avaliação de um mestrado profissional: um exemplo de aplicação. *Revista Brasileira de Pós-graduação*, 14, 1-19.

Alliger, G. M., & Janak, E. A. (1989). Kirkpatrick's levels of training criteria: thirty years later. *Personnel psychology*, 42(2), 331-342.

Birdi, K., Allan, C., & Warr, P. (1997). Correlates and perceived outcomes of 4 types of employee development activity. *Journal of Applied Psychology*, 82(6), 845-757.

Bloom, B. S., Engelhart, M. D., Furst, E. J., Hill, W. H., Kratwohl, D. R. (1972). *Taxionomia de objetivos educacionais: compêndio primeiro: domínio cognitivo*. Porto Alegre: Globo.

Borges-Andrade, J. E. (2006). Avaliação integrada e somativa em TD&E. In J. E. Borges-Andrade, G. S. Abbad, & L. Mourão. *Treinamento, desenvolvimento e educação em organizações e trabalho: fundamentos para a gestão de pessoas* (pp. 343-358). Porto Alegre: Artmed.

Courtright, S. H., Colbert, A. E., & Choi, D. (2014). Fired up or burned out? How developmental challenge differentially impacts leader behavior. *Journal of Applied Psychology*, 99(4), 681-696.

Moreira, R. M. C. (2017). *Motivação e suporte psicossocial como preditores de impacto de treinamentos no trabalho* (Dissertação de mestrado, Universidade de Brasília, Brasília).

Salas, E., & Cannon-Bowers, J. A. (2001). The science of training: a decade of progress. *Annual review of psychology*, 52(1), 471-499.

Scriven, M., & Stufflebeam, D. (1981). *Avaliação educacional II: perspectivas, concepções e práticas*. São Paulo: Gente.

Souza, D. B. L. (2013). *Avaliação do impacto de mestrado profissional multidisciplinar em Desenvolvimento e Gestão Social* (Tese de doutorado, Universidade de Brasília, Brasília).

Tannenbaum, S. I., & Yukl, G. (1992). Training and development in work organizations. *Annual review of psychology*, 43(1), 399-441.

18
ESCALA DE SILÊNCIO NAS ORGANIZAÇÕES

Antonio Virgílio Bittencourt Bastos
Rayana Santedicola Andrade
Laila Leite Carneiro
Carolina Villa Nova Aguiar
Adriana D'Almeida

No dia a dia das organizações, indivíduos decidem a todo momento se falam ou permanecem em silêncio, se compartilham ou guardam suas ideias, opiniões e preocupações relacionadas ao trabalho. Na maioria das vezes, a escolha é pela resposta mais segura – o silêncio –, e, com isso, eles acabam guardando para si *inputs* que seriam valiosos para os outros ou para a organização e/ou pensamentos que simplesmente desejariam expressar livremente. Esse fenômeno tem sido chamado por pesquisadores de silêncio do empregado (Morrison & Milliken, 2000; Pinder & Harlos, 2001), ou silêncio do trabalhador, como preferimos tratar aqui. Contudo, esse silêncio não se constitui na mera ausência de voz ou em permanecer calado quando não há nada a dizer: ele consiste na "[...] retenção consciente de informações, sugestões ou preocupações acerca de questões potencialmente úteis. Refere-se especificamente à falha em comunicar tais informações a pessoas que estariam habilitadas a resolvê-las, como supervisores, gestores ou líderes organizacionais"[1] (Pinder & Harlos, 2001; Van Dyne, Ang, & Botero, 2003 apud Morrison & Rothman, 2009, p. 112). Essa delimitação, assim como sua ocorrência em contextos de trabalho, traz consigo algumas especificidades, das quais trata este capítulo.

A primeira delas refere-se ao caráter predominantemente negativo atribuído ao silêncio. Três aspectos contribuem para que o silêncio seja tratado como algo negativo ou indesejável nas organizações: os seus motivos ou causas, a importância atribuída à voz e as suas consequências ou efeitos nas organizações e nos trabalhadores. Os conteúdos que têm sido silenciados pelos trabalhadores são muitos, e isso vem ocorrendo por uma série de motivos, sendo o medo de ser punido e o interesse em manter a coesão e consenso no grupo razões bastante comuns. Dessa forma, o silêncio pode ser causado por medo, pelo desejo de evitar compartilhar más notícias ou ideias que não seriam bem-vindas e pela pressão social e normativa que existe nos grupos (Morrison & Milliken, 2000). O segundo aspecto é a importância crítica atribuída à comunicação ascendente (voz do trabalhador) para o desempenho nas organizações (Morrison & Rothman, 2009), pois ela traz para a cúpula organizacional informações que fazem a diferença na tomada de decisões, principalmente em mercados mais competitivos e dinâmicos. O terceiro e último aspecto reforça ainda mais o caráter negativo do silên-

---
[1] Tradução dos autores.

cio, pois está relacionado às repercussões que ele pode gerar. Entre os efeitos do silêncio, merece atenção especial o fato de ele privar os líderes organizacionais das informações essenciais para uma tomada de decisões apropriada, com a correção dos problemas existentes naquela organização. Assim, os problemas não se resolvem, tendendo a aumentar e a se espalhar, causando uma série de efeitos e, por fim, minando a confiança, a motivação e até mesmo o comprometimento dos trabalhadores naquela organização (Morrison & Milliken, 2000). Esses aspectos, juntos, têm chamado a atenção de pesquisadores e trazido à tona a necessidade crescente de identificação e combate ao silêncio nas organizações de trabalho.

Percebe-se, assim, que, de forma geral, o silêncio é considerado negativo. Contudo, é importante registrar que tal conotação é, em grande medida, herança de uma visão tradicional do conceito, inicialmente investigado na literatura como um fenômeno unidimensional. Atualmente, já há outras formas de se conceituar e, consequentemente, investigar o silêncio, o que traz um maior grau de complexidade ao conhecimento desse fenômeno e das suas consequências práticas.

O campo de estudos sobre o silêncio nas organizações caracteriza-se por uma escassez de pesquisas, sendo que alguns autores apontam até mesmo para certa negligência em se pesquisar o tema (Pinder & Harlos, 2001), que acaba por não receber a atenção necessária por parte dos pesquisadores (Morrison & Milliken, 2000). A natureza complexa, misteriosa e "invisível" do fenômeno pode ser considerada um motivo para que o silêncio tenha, por assim dizer, passado despercebido nas pesquisas e intervenções, em meio a uma variedade de outros aspectos psicossociais mais acessíveis à observação. Assim, os primeiros estudos que abriram a possibilidade de se compreender o silêncio do trabalhador datam do fim da década de 1990 (Peirce, Smolinski, & Rosen, 1998), porém foi só no início dos anos 2000 que ele se tornou um foco de pesquisa nas organizações (Morrison & Milliken, 2000; Pinder & Harlos, 2001).

Inevitavelmente, alguns questionamentos emergem ao se pensar na avaliação de uma dimensão como essa: é possível acessar o silêncio como uma dimensão do comportamento do trabalhador? Como podemos abordá-lo e mensurá-lo? O que o silêncio pode nos dizer sobre o trabalhador e as organizações?

Com o intuito de oferecer respostas, ainda que iniciais, a tais questionamentos, este capítulo está organizado em três partes: a primeira se dedicará à apresentação, à problematização e à evolução do conceito de silêncio em uma abordagem multidimensional; a segunda abordará o processo de validação da Escala de Silêncio nas Organizações (ESO); por fim, na última seção, serão discutidas as possibilidades de utilização da escala em processos de diagnóstico organizacional e análise do trabalho, como subsídio para intervenções que visem a compreender os comportamentos de silêncio dos trabalhadores nas organizações, objetivando a minimizar os comportamentos de silêncio que prejudicam a organização e a fomentar aqueles que podem trazer benefícios para a dinâmica organizacional.

SILÊNCIO NAS ORGANIZAÇÕES: BASES TEÓRICAS

Alguns conceitos precederam a delimitação do construto de silêncio do empregado, tal como o estudamos hoje. Um primeiro conceito relacionado ao silêncio nas organizações foi a "síndrome do ouvido surdo" (*deaf-ear syndrome*), trazida por Peirce e colaboradores (1998), que se refere a normas organizacionais que desencorajam os empregados a expressar abertamente a sua insatisfação, mesmo sendo vítimas de assédio sexual. Tais normas seriam percebidas em aspectos como políticas organizacionais inadequadas, racionalização e reações gerenciais (p. ex., negar a seriedade do assédio) e características organizacionais (p. ex., empresas familiares e/ou rurais). Outro conceito associado ao estudo do silêncio é o de ostracismo social (Williams, 2007; Williams, Bernieri, Faulkner, Grahe, & Gada-Jain, 2000), que consiste em dar ao outro um tratamento de silêncio na organização. O caráter proposital do ostracismo e a intenção de ignorar ou excluir algum indivíduo, no entanto, distanciam-se muito da concepção de silêncio que se desenvolveu em seguida e que é contemplada nos estudos atuais.

O silêncio organizacional, termo cunhado por Morrison e Milliken (2000), descreve um tipo de silêncio que ocorre em um nível coletivo da organização, sendo mantido por um clima de silêncio. Este se caracteriza, por sua vez, por uma série de fatores, que vão desde aspectos da estrutura organizacional até processos de interpretação coletivos. O modelo de antecedentes e consequentes do silêncio organizacional proposto por esses autores recebeu suporte empírico na pesquisa realizada por Vakola e Bouradas (2005), e, desde então, é considerado uma base seminal para o campo de estudos do silêncio.

Dois trabalhos destacam-se por explorar as possíveis dimensões do silêncio, extrapolando a abordagem unidimensional e baseando-se naquilo que motiva a escolha do trabalhador por calar-se. O primeiro é o de Pinder e Harlos (2001), que apresentam, pela primeira vez, a noção de silêncio no campo individual e adotam uma abordagem bidimensional. Os autores examinaram o silêncio em resposta à injustiça percebida e enfatizaram que este significa mais do que a simples ausência da voz, sendo também uma forma de comunicação que envolve um espectro de cognições, emoções e intenções. O silêncio pode significar coisas diferentes, dependendo do que o motiva, podendo ser quiescente, quando o trabalhador propositadamente retém as informações, opiniões ou preocupações sobre o trabalho, por medo de consequências indesejáveis que poderiam advir da sua voz, ou aquiescente, quando a retenção proposital advém da aceitação submissa das circunstâncias organizacionais, sendo caracterizado por apatia e indiferença (Brinsfield, Edwards, & Greenberg, 2009).

O segundo trabalho é o de Van Dyne, Ang e Botero (2003), que desenvolveram um modelo tridimensional para a voz[2] e o silêncio. No modelo proposto, as dimensões trazidas por Pinder e Harlos (2001) foram mantidas; o silêncio aquiescente conservou a mesma nomenclatura e o mesmo significado, e o silêncio quiescente manteve o seu significado, mas sofreu uma alteração na nomenclatura, que passou a ser silêncio defensivo. Além das duas dimensões previamente existentes, os autores propuseram uma nova dimensão para o fenômeno, denominada silêncio pró-social. Essa é uma dimensão inovadora, por agregar uma conotação mais positiva do silêncio, até então visto como apenas negativo.

Com base em linhas de pesquisa de fora da gestão, como a comunicação e a ética, Van Dyne e colaboradores (2003) trazem à tona algumas concepções de silêncio como algo desejável, apropriado e positivo. Relacionam o silêncio aos segredos organizacionais e a decisões éticas e filosóficas associadas com a retenção consciente de informações relevantes e ressaltam que dizer a verdade em todos os momentos não é somente irrealista como também inviável. Mais que isso, um grau razoável de omissão é essencial para relacionamentos interpessoais de qualidade, pois, de outra forma, haveria uma avalanche de percepções sendo compartilhadas, principalmente em se tratando de críticas ou pensamentos negativos a seu respeito (Bok, 1983; Nyberg, 1993 apud Van Dyne et al., 2003). Com base na literatura e nos comportamentos de cidadania organizacional (OCB), Van Dyne e colaboradores (2003) propõem a nova noção de silêncio pró-social. A dimensão pró-social propõe que o silêncio também pode comunicar uma intenção proposital do trabalhador em beneficiar outras pessoas ou a organização, com base em motivos cooperativos. Isso inclui, por exemplo, o comportamento de não revelar segredos organizacionais a terceiros, não expor informações pessoais de colegas ou não quebrar o sigilo existente em seu trabalho (Brinsfield et al., 2009).

Assim, é possível encontrar, nos comportamentos de silêncio, formas de retenção que se diferenciam pela motivação, conforme afirmam Van Dyne e colaboradores (2003). Ao considerar a decisão deliberada de calar-se, assim como os motivos ligados a essa decisão

---

[2] Ver Capítulo 19 deste livro, que trata, especificamente, da mensuração do comportamento de voz nas organizações e que apresenta uma estrutura conceitual similar à proposta pelos autores para a medida de silêncio.

racional, os autores propuseram a seguinte tipologia: silêncio aquiescente (os indivíduos são passivamente silenciosos porque não acreditam que farão diferença), silêncio defensivo (um indivíduo tem medo de falar proativamente) e silêncio pró-social (uma forma ativa de guardar informação confidencial). Com base nessa tipologia, a escala de silêncio do trabalhador foi construída e validada, conforme descrito na seção a seguir.

CONSTRUÇÃO E VALIDAÇÃO DA ESCALA DE SILÊNCIO NAS ORGANIZAÇÕES

A construção da Escala de Silêncio nas Organizações (ESO) foi feita, inicialmente, com base na proposição teórica de Van Dyne e colaboradores (2003), que consideram que a retenção intencional de ideais, informações e opiniões relativas ao trabalho pode ser motivada pela percepção de autoeficácia do indivíduo, pela intenção do indivíduo de se proteger de possíveis ameaças/riscos pessoais ou, ainda, pela avaliação do indivíduo de que se calar pode ser uma maneira de proteger a organização na qual trabalha. Assim, segundo os autores, o comportamento de silêncio pode ser classificado em três categorias, conforme exposto na Figura 18.1.

Foram encontradas algumas escalas no contexto internacional que apresentavam itens condizentes com a proposta teórica de Van Dyne e colaboradores (2003), como a de Brinsfield (2013) e a de Knol e Van Dick (2013). Esses itens foram traduzidos e adaptados para melhor compreensão da escala pelo público-alvo, utilizando-se a perspectiva da autoavaliação. Além disso, foram elaborados novos itens pelos autores, totalizando uma versão inicial de 29 itens, distribuídos teoricamente entre os três tipos de comportamento de silêncio: aquiescente (11 itens), defensivo (10 itens) e pró-social (8 itens) (D'Almeida, 2016). Para responder aos itens, o trabalhador deveria se basear em uma

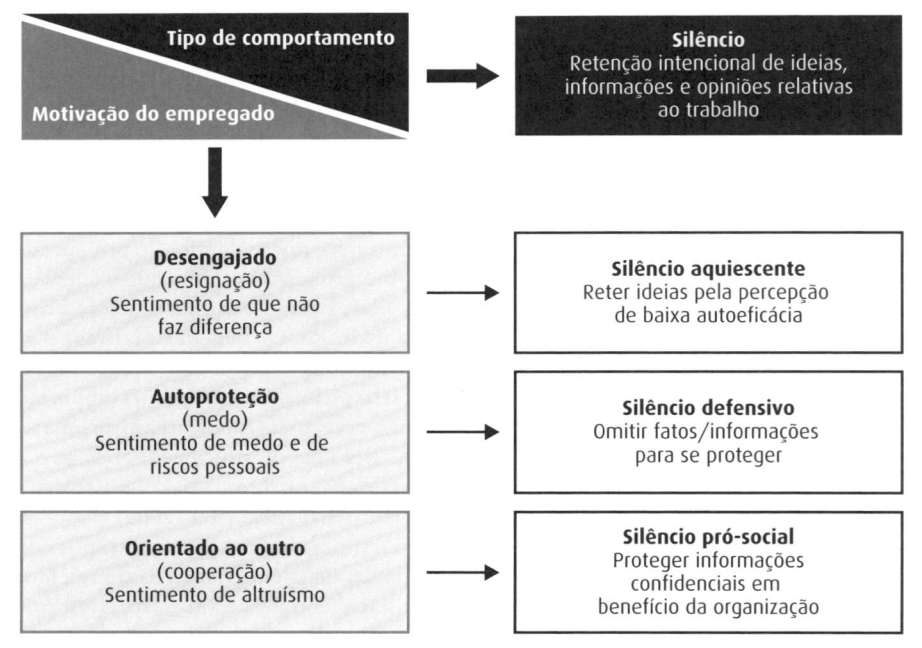

Figura 18.1 / Composição teórica do fenômeno silêncio nas organizações.
Fonte: com base em Van Dyne e colaboradores (2003).

escala Likert de frequência de 5 pontos, a qual variava de 1 (nunca) a 5 (sempre).

Essa primeira versão da escala foi aplicada a uma amostra de 252 trabalhadores de diversas regiões do País, com maior concentração de participantes da cidade de Salvador (BA) (88,9%) (D'Almeida, 2016). Após a condução das análises paralelas e das análises fatoriais exploratórias, que visavam a verificar a estrutura adequada da escala, concluiu-se que havia indícios de uma solução de dois fatores, e não de três, como hipotetizado no momento da construção dos itens.

Considerando-se as limitações relativas ao tamanho e à diversidade da amostra que respondeu à primeira versão da escala, uma nova coleta de dados foi conduzida, desta vez com um total de 281 trabalhadores de cidades do interior da Bahia e utilizando apenas os 24 itens que apresentaram melhor desempenho nas análises anteriores. O objetivo da nova coleta foi reunir mais evidências de validade para a estrutura psicométrica da escala proposta. A média de idade dos trabalhadores participantes foi de 35,44 anos (DP = 11,22), variando de 18 a 68 anos, a maioria do sexo feminino (61,6%), atuando em organizações públicas (57,8%) no momento da coleta de dados. Em termos de escolaridade, foi possível acessar trabalhadores de diferentes níveis: fundamental (5,7%), médio (39,0%), superior (29,8%) e pós-graduação (25,5%).

Com a segunda versão da escala, foram realizadas novas análises paralelas e fatoriais exploratórias, bem como análises fatoriais confirmatórias. Diante dos novos dados, confirmou-se que a solução mais adequada para a mensuração dos comportamentos de silêncio nas organizações no Brasil está estruturada em duas dimensões. Conforme pode ser conferido na Figura 18.2, a dimensão silêncio pró-social permaneceu coerente com a proposta de Van Dyne e colaboradores (2003), designando os comportamentos de silêncio que são motivados pelo desejo de cooperar com o outro, ao passo que a dimensão silêncio pró-indivíduo foi resultado da junção dos dois tipos de comportamentos de silêncio, que são motivados por questões mais pessoais: o silêncio aquiescente, motivado pela baixa autoeficácia, e o silêncio defensivo, motivado pela intenção de defesa do trabalhador. Cabe ressaltar que o silêncio pró-social, dimensão ainda pouco explorada no campo, traduz uma perspectiva positiva a respeito do comportamento de silêncio, fruto de uma decisão ativa e consciente do trabalhador de se engajar em uma ação com vistas a trazer benefícios, cooperação e proteção para a organização. Por outro lado, o silêncio pró-indivíduo reflete a concepção mais clássica e negativa do silêncio, entendido como um conjunto de comportamentos advindos de uma posição de medo e/ou apatia do trabalhador.

A versão final da ESO, aqui apresentada, demonstra índices satisfatórios de ajuste do modelo (X^2/gl = 2,46; GFI = 0,90; CFI = 0,92; TLI = 0,91; RMSEA = 0,06), sendo composta por um total de 17 itens, entre os quais 6 representam a dimensão silêncio pró-social (α = 0,79), com cargas fatoriais entre .541 e .821, e 11 representam a dimensão silêncio pró-indivíduo (α = 0,89), com cargas fatoriais que variam de .596 a .768.

APLICAÇÃO, APURAÇÃO E INTERPRETAÇÃO DA ESCALA DE SILÊNCIO NAS ORGANIZAÇÕES

A aplicação da ESO pode ser feita tanto de maneira individual quanto coletiva, de forma presencial ou *on-line*, conquanto que, qualquer que seja o contexto de aplicação, garanta-se um ambiente tranquilo e confortável. O tempo de resposta é livre, e, em geral, os participantes levam entre 5 e 10 minutos para concluir o questionário.

Antes da aplicação, observa-se a necessidade de prestar esclarecimentos éticos, seja a avaliação feita com finalidades de pesquisa ou de diagnóstico organizacional. Assim, ressalta-se a importância de esclarecer aos participantes aspectos como o motivo da avaliação e a destinação que será dada aos resultados.

Para preservar as propriedades psicométricas da escala, é necessário que a avaliação seja aplicada respeitando suas características fundamentais, como instruções, conteúdo, quan-

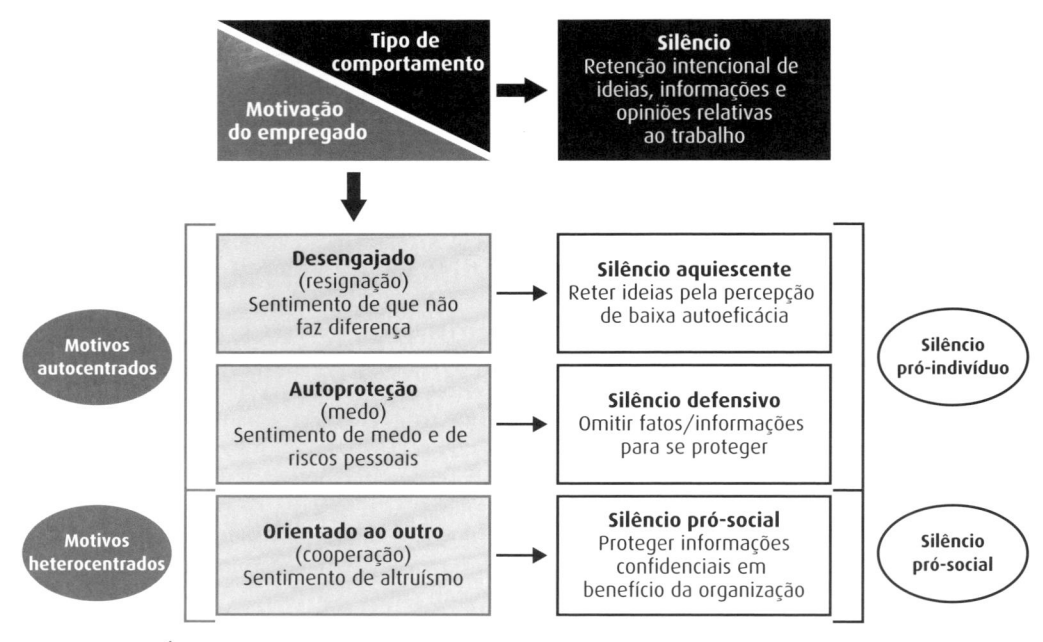

Figura 18.2 / Composição teórica da Escala de Silêncio nas Organizações (ESO).

tidade de itens e escalonamento de resposta. O formato recomendado para aplicação geral da ESO pode ser visto no Quadro 18.1. Em casos de necessidades específicas, ressalta-se que é possível utilizar as subescalas de silêncio pró-social e de silêncio pró-indivíduo de maneira independente, sem prejuízo para a qualidade dos indicadores de validade do instrumento.

Destaca-se que o público-alvo dessa escala é restrito a pessoas que têm o seu trabalho desenvolvido de maneira formalmente vinculada a uma organização, seja por meio de contrato firmado a partir da Consolidação das Leis do Trabalho (CLT), contrato estatutário ou de prestação de serviços. Desse modo, não convém utilizar essa escala na avaliação do comportamento de empresários, trabalhadores domésticos e/ou informais, uma vez que estes não se enquadram nos quesitos mencionados. Além disso, recomenda-se que a escala seja aplicada apenas a trabalhadores que possuem pelo menos três meses de vinculação com a organização. Embora esse período não seja rígido, considera-se que representa um tempo razoável para a integração e a socialização do trabalhador em seu ambiente de trabalho, permitindo, assim, um acesso mais fidedigno ao seu padrão de comportamento dentro desse contexto.

Após a aplicação, seguem-se dois passos principais para a apuração do resultado. Primeiro, devem-se somar os valores das respostas dadas aos itens de cada fator. Assim, para calcular a soma correspondente à dimensão silêncio pró-indivíduo, consideram-se os valores marcados nos itens de 1 a 11, ao passo que a soma correspondente à dimensão silêncio pró-social deve considerar os valores marcados nos itens de 12 a 17. Para maior clareza, os itens condensados por fator, assim como os valores mínimos e máximos possíveis para o resultado das somas, podem ser consultados no Quadro 18.2.

O segundo passo consiste no cálculo de média por fator, alcançado a partir da divisão da soma dos itens dividida pela quantidade de itens. Portanto, no caso do cálculo da média de silêncio pró-social, deve-se dividir a soma dos valores desse conjunto de itens por 6, ao passo

QUADRO 18.1
Escala de Silêncio nas Organizações

Gostaríamos de saber como você costuma se comportar no seu trabalho. Para tanto, considere os últimos três meses e avalie com que frequência você apresentou os comportamentos listados a seguir, usando a escala de 1 a 5 detalhada abaixo, na qual quanto mais perto de 1, menor é a frequência do comportamento, e quanto mais perto de 5, maior é a frequência do comportamento descrito.

1	2	3	4	5
Nunca	Raramente	Às vezes	Frequentemente	Sempre

Nº	Item	Nível de frequência				
1	Calo-me, pois tenho medo de sugerir ideias para propor mudanças e sofrer retaliações.	1	2	3	4	5
2	Fico em silêncio no trabalho, pois meus superiores não estão abertos a ouvir propostas ou compartilhar preocupações.	1	2	3	4	5
3	Permaneço calado, pois sinto que eu não seria levado a sério ao me expressar.	1	2	3	4	5
4	Evito expressar ideias para melhoria da organização, pois acredito que elas não farão diferença.	1	2	3	4	5
5	Guardo para mim soluções para os problemas, pois tenho medo da reação de outros colegas.	1	2	3	4	5
6	Escolho reter ideias e sugestões para não parecer vulnerável diante de colegas e superiores.	1	2	3	4	5
7	Evito falar, pois expressar minhas ideias nesta organização pode ser arriscado.	1	2	3	4	5
8	Evito expressar opiniões, pois os gestores não parecem interessados em ouvi-las.	1	2	3	4	5
9	Quando penso em propor uma sugestão, prefiro calar-me, por medo de consequências negativas.	1	2	3	4	5
10	Retenho minhas ideias, pois expressá-las poderia trazer impactos negativos à minha carreira.	1	2	3	4	5
11	Procuro não compartilhar sugestões no trabalho, pois sei que nada vai mudar.	1	2	3	4	5
12	Protejo informações confidenciais, mantendo-me calado(a) a respeito.	1	2	3	4	5
13	Prefiro não compartilhar informações que possam expor a organização.	1	2	3	4	5
14	Protejo informações estratégicas, mantendo-me em silêncio, a fim de beneficiar a organização.	1	2	3	4	5
15	Recuso-me a divulgar informações que possam vir a prejudicar a organização.	1	2	3	4	5
16	Guardo informações referentes ao trabalho para preservar meus colegas, evitando que tenham problemas.	1	2	3	4	5
17	Consigo resistir à pressão de contar segredos organizacionais.	1	2	3	4	5

QUADRO 18.2
Itens da Escala de Silêncio nas Organizações distribuídos por fator

Itens de silêncio pró-social

Protejo informações confidenciais, mantendo-me calado(a) a respeito.

Prefiro não compartilhar informações que possam expor a organização.

Protejo informações estratégicas, mantendo-me em silêncio, a fim de beneficiar a organização.

Recuso-me a divulgar informações que possam vir a prejudicar a organização.

Guardo informações referentes ao trabalho para preservar meus colegas, evitando que tenham problemas.

Consigo resistir à pressão de contar segredos organizacionais.

Soma mínima = 6
Soma máxima = 30

Itens de silêncio pró-indivíduo

Calo-me, pois tenho medo de dar ideias para mudanças e sofrer retaliações.

Fico em silêncio no trabalho, pois meus superiores não estão abertos a ouvir propostas ou compartilhar preocupações.

Permaneço calado, pois sinto que eu não seria levado a sério ao me expressar.

Evito expressar ideias para melhoria da organização, pois acredito que elas não farão diferença.

Guardo para mim soluções para os problemas, pois tenho medo da reação de outros colegas.

Escolho reter ideias e sugestões para não parecer vulnerável diante de colegas e superiores.

Evito falar, pois expressar minhas ideias nesta organização pode ser arriscado.

Evito expressar opiniões, pois os gestores não parecem interessados em ouvi-las.

Quando penso em propor uma sugestão, prefiro calar-me, por medo de consequências negativas.

Retenho minhas ideias, pois expressá-las poderia trazer impactos negativos à minha carreira.

Procuro não compartilhar sugestões no trabalho, pois sei que nada vai mudar.

Soma mínima = 11
Soma máxima = 55

que, no cálculo da média de silêncio pró-indivíduo, a divisão da soma dos valores desse conjunto de itens deve ser por 11. O resultado da média é o que deve ser levado em consideração na interpretação, que traduzirá o nível de frequência em que o trabalhador tem emitido comportamentos de silêncio pró-social e pró-indivíduo.

Embora o presente estudo não pretenda oferecer dados abrangentes de normatização, considerou-se importante a apresentação das distribuições dos resultados obtidos pelos 281 participantes em termos de percentis, de modo que o avaliador possua um norteador de comparação e classificação dos resultados obtidos após a aplicação da ESO. A Tabela 18.1 apresenta os percentis de ambos os fatores.

Como pode ser observado na Tabela 18.1, os dados coletados para este capítulo indicaram que os comportamentos de silêncio pró-

-social revelaram-se, em geral, mais predominantes do que os comportamentos de silêncio pró-indivíduo. Tal constatação reforça a ideia de que a interpretação baseada em percentis pode gerar conclusões mais seguras e precisas do que a análise dos escores brutos, sobretudo se a intenção for comparar ambos os fatores.

Para o relato dos resultados em termos de percentis, o avaliador deve localizar, na Tabela 18.1, a média obtida em cada um dos fatores. Se o resultado alcançado estiver no intervalo entre dois percentis apresentados na tabela, deve-se sempre considerar o menor. Por exemplo: um resultado de 3,70 no fator silêncio pró-social deve ser classificado como percentil 50, o que significa dizer que a frequência de emissão do seu comportamento de silêncio pró-social é igual ou superior a 50% do grupo de referência utilizado no estudo de validação dessa escala.

TABELA 18.1
Percentis dos fatores de silêncio pró-indivíduo e de silêncio pró-social

Percentil	Silêncio pró-indivíduo	Silêncio pró-social
5	1,00	1,85
10	1,00	2,33
20	1,09	2,67
30	1,18	2,90
40	1,36	3,17
50	1,54	3,67
60	1,64	3,83
70	1,83	4,17
80	2,09	4,33
90	2,45	4,50
95	2,82	4,83

CONTEXTOS E APLICAÇÕES PRÁTICAS DA ESCALA DE SILÊNCIO NAS ORGANIZAÇÕES

Tradicionalmente, o comportamento de silêncio dos trabalhadores dentro das organizações é enfatizado a partir de características negativas e passivas, sendo compreendido como um fenômeno indesejado. Entretanto, estudos mais recentes demonstram que o comportamento de silêncio pode ser pró-ativo e favorável ao desempenho da organização.

A ESO é uma escala que permite descrever a frequência com que os trabalhadores se engajam em silêncio por motivos autocentrados (baseados no desejo de se proteger ou de não se expor devido a uma baixa percepção de autoeficácia), que não agregam valor à organização, bem como a frequência com que se engajam em comportamentos de silêncio por motivos pró-sociais, baseados na avaliação de que a retenção de informações ou opiniões pode proteger a organização de ameaças externas e/ou evitar a ocorrência de conflitos internos, por exemplo.

Nesse sentido, considera-se que esse instrumento pode trazer contribuições para se compreender e analisar diversos fenômenos do campo organizacional, tanto sob uma perspectiva acadêmica quanto aplicada ou voltada para a avaliação de políticas e práticas organizacionais. Tal instrumento pode gerar informações importantes para a compreensão do clima organizacional, das relações entre chefias e trabalhadores e, especialmente, para subsidiar ações que busquem ampliar a participação dos trabalhadores nas decisões, nos diferentes níveis em que estas ocorrem nos contextos de trabalho.

REFERÊNCIAS

Brinsfield, C. T. (2013). Employee silence motives: Investigation of dimensionality and development of measures. *Journal of Organizational Behavior, 34*(5), 671-697.

Brinsfield, C. T., Edwards, M. S., & Greenberg, J. (2009). Voice and silence in organizations: Historical review and current conceptualizations. In J. Greenberg, & M. S. Edwards. *Voice and silence in organizations* (pp. 3-33). Bingley: Emerald.

D'Almeida, A. S. (2016). *Construção e validação de uma medida brasileira de voz e silêncio nas organizações* (Dissertação de mestrado, Universidade Federal da Bahia, Salvador).

Knoll, M., & Van Dick, R. (2013). Do I hear the whistle…? A first attempt to measure four forms of employee silence and their correlates. *Journal of Business Ethics, 113*(2), 349-362.

Morrison, E. W., & Milliken, F. J. (2000). Organizational silence: a barrier to change and development in a pluralistic world. *Academy of Management Review, 25*(4), 706-725.

Morrison, E. W., & Rothman, N. (2009). Silence and the dynamics of power. In J. Greenberg, & M. S. Edwards (Eds.), *Voice and silence in organizations* (pp. 3-33). Bingley: Emerald.

Peirce, E., Smolinski, C. A., & Rosen, B. (1998). Why sexual harassment complaints fall of deaf ears. *Academy of Management Executive, 12*(3), 41-54.

Pinder, C. C., & Harlos, K. P. (2001). Employee silence: Quiescence and aquiescence as response to perceived injustice. In G. R. Ferris (Ed.), *Research in personnel and human resources management* (vol. 20, pp. 331-339). Greenwich: JAI.

Vakola, M., & Bouradas, D. (2005). Antecedents and consequences of organizational silence: an empirical investigation. *Employee Relations, 27*(5), 441-458.

Van Dyne, L., Ang, S., & Botero, I. C. (2003). Conceptualizing employee silence and employee voice as multidimensional constructs. *Journal of Management Studies, 40*(6), 1359-1392.

Van Dyne, L. & LePine, J. A. (1998). Helping and voice extra-role Behaviors: evidence of construct and predictive validity. *The Academy of Management Journal, 41*(1), 108-119.

Williams, K. D. (2007). Ostracism. *Annual Review of Psychology, 58*, 425-452.

Williams, K. D., Bernieri, F., Faulner, S., Grahe, J., & Gada-Jain, N. (2000). The scarlet letter study: five days of social ostracism. *Journal of Personal and Interpersonal Loss, 5*(1), 19-63.

LEITURAS RECOMENDADAS

Ashford, S. J., Sutcliffe, K. M., & Christianson, M. K. (2009). Speaking up and Speaking out: the leadership dynamics of voice in Organizations. In J. Greenberg, & M. S. Edwards (Eds.), *Voice and silence on organizations* (pp. 175-202). Bingley: Emerald.

Milliken F. J., Morrisson E. W., & Hewlin P. (2003). An exploratory study of employee silence: issues that employees don't communicate upward and why. *Journal of Management Studies, 40*(6), 1453-1476.

Morrison, E. W. (2014). Employee voice and silence. *Annual Review of Organizational Psychology, 1*(7), 173-197.

19
ESCALA DE VOZ NAS ORGANIZAÇÕES

Antonio Virgílio Bittencourt Bastos
Laila Leite Carneiro
Rayana Santedicola Andrade
Carolina Villa Nova Aguiar
Adriana D'Almeida

A avaliação periódica dos comportamentos do trabalhador como subsídio a intervenções em contextos de trabalho é uma atribuição vital da atuação do psicólogo organizacional e do trabalho, a qual tem impactos diretos nas políticas e práticas de gestão de pessoas, em suas diversas fases, principalmente quando frente a situações de mudança. Face à diversidade de aspectos a serem avaliados, cuja escolha requer atenção às demandas associadas à avaliação, assim como a seus desdobramentos (Puente-Palacios & Peixoto, 2015), emergem como objetos de atenção os comportamentos de voz, que se referem à participação voluntária e intencional do trabalhador, quando este deliberadamente expressa a sua opinião, bem como a preocupações e questões relacionadas ao trabalho (Hirschman, 1970; Hoffman, 2006; Milliken, Morrison, & Hewling, 2003; Morrison, 2014; Morrisson & Milliken, 2000; Van Dyne & LePine, 1998; Van Dyne, Ang, & Botero, 2003).

Evidências sugerem que tanto grupos quanto organizações apresentam melhor desempenho quando os trabalhadores compartilham suas ideias e preocupações (Detert & Edmondson, 2011; MacKenzie, Podsakoff, & Podsakoff, 2011; Nemeth, Connell, Rogers, & Brown, 2001), pois os novos *inputs* podem ajudar grupos e organizações a adquirir vantagens em termos de oportunidades. Além disso, informações sobre problemas facilitam a sua correção, assim como opiniões contrárias às da maioria enriquecem os processos de tomada de decisões.

Alguns estilos de gestão de pessoas, principalmente em contextos de mudança e inovação, trazem consigo uma maior necessidade da voz por parte do trabalhador. Práticas como a liderança compartilhada e o *empowerment*, por exemplo, só se operacionalizam adequadamente em ambientes com maiores níveis de participação e abertura à voz. Nesses contextos, há uma tendência crescente para o autogerenciamento, tanto de indivíduos quanto de equipes, o que traz para o trabalhador a responsabilidade cada vez maior de cuidar tanto do resultado do trabalho quanto do impacto deste sobre o seu bem-estar e o de outras pessoas (Knoll, Wegge, Unterrainer, & Silva, 2016). Nesses casos, a voz funciona como elemento essencial ao bom desenvolvimento do trabalho, com impactos na própria qualidade de vida do trabalhador.

Há indicadores de que a voz é, na maioria das vezes, inibida nas organizações, principalmente quando a informação é vista como ameaçadora pelos superiores. Nesses casos, tanto a produtividade quanto o moral do empregado podem sofrer (Morrison, 2014). Por outro lado, o excesso de *inputs* provenientes do nível operacional, principalmente em situações de conflito, pode sobrecarregar os gestores e comprometer a tomada de decisões. Isso suscita questionamentos importantes: como estimular e manter um nível ótimo de participação voluntária do trabalhador na organização? Além disso, que tipos de voz devem ser ou não estimulados? A quais características presentes nos níveis individual, grupal e organizacional a voz está relacionada? Que intervenções podem ser desenvolvidas com vistas a promover comportamentos de voz desejáveis nas organizações de trabalho? Essas e outras questões referentes à voz nas organizações ainda carecem de investigação, sobretudo no contexto brasileiro.

Os processos psicossociais inerentes à inserção do indivíduo em contextos de trabalho não ocorrem em um vácuo social; ao contrário, configuram uma realidade social complexa, mas passível de compreensão. Isso não é diferente para os comportamentos de voz, que possuem um conjunto de antecedentes e consequentes específicos em diversos níveis. O trabalhador que escolhe se engajar em voz geralmente sabe que esse comportamento pode trazer implicações positivas ou negativas, na medida em que, ao trazer à tona problemas, questões ou preocupações relacionadas ao trabalho, o indivíduo assume o risco de sofrer consequências negativas à sua carreira, como represálias ou limitação de promoções, por exemplo. Em muitos casos, o trabalhador opta por reter intencionalmente sua voz (opta pelo silêncio), mesmo tendo algo importante a falar, a fim de preservar sua imagem, deixando, muitas vezes, de contribuir para a solução de problemas e o aperfeiçoamento de processos de trabalho (Morrison, Wheeler-Smith, & Kamdar, 2011).

Essa relação da voz com outros fatores psicossociais a torna um indicador importante de outros aspectos na organização, como o nível de segurança psicológica do grupo (Edmondson & Lei, 2014). Nesse sentido, o trabalhador que utiliza a voz com base no medo, para se defender, está demonstrando a intenção de proteger o *self*. Há evidências de que essa seja uma resposta frequente do trabalhador ao sentimento de perda de liberdade ou ao tratamento injusto (Van Dyne & Ellis, 2004), a qual representa uma maneira de restabelecer o senso de controle pessoal em tais situações. Comportamentos gerenciais abusivos e conflitos com colegas, presentes em contextos de assédio ou *bullying*, requerem respostas do trabalhador, e a voz defensiva é uma das maneiras pelas quais ele tende a responder a esses problemas (Ellis & Van Dyne, 2009). Assim, o conhecimento dos motivos da voz que é praticada pelo trabalhador em determinados contextos organizacionais pode tanto revelar os comportamentos de voz quanto ser indicador de outros aspectos associados.

Neste capítulo, pretende-se contribuir com o entendimento desses aspectos ao apresentar a Escala de Voz nas Organizações (EVO), validada em contexto nacional, que permite avaliar, em uma perspectiva tridimensional, comportamentos de voz de trabalhadores em organizações, com base nas três motivações de voz apresentadas por Van Dyne e colaboradores (2003): pró-social, aquiescente e defensiva. Com essa ferramenta, busca-se viabilizar a avaliação desses comportamentos, que pode integrar diagnósticos em conjunto com outros aspectos, possibilitando a realização de intervenções que incluam a voz do trabalhador. Acredita-se, além disso, dada essa incipiente pesquisa sobre voz no Brasil, que essa escala instrumentalize a identificação de tendências e padrões de voz, assim como de seus antecedentes, correlatos e consequentes em nossas organizações. Com essas considerações, recomenda-se que as avaliações realizadas com esse enfoque não percam também o seu caráter científico, dada a necessidade de identificar as especificidades desses comportamentos no contexto brasileiro.

Este capítulo está estruturado em quatro seções. Inicialmente, são apresentados e problematizados os conceitos de voz, com ênfase no conceito multidimensional proposto por Van Dyne e colaboradores (2003), base para a construção da escala. Em seguida, é apresentado o processo de construção/validação da escala de voz nas organizações, com amostras, indicadores, itens e fatores. Na terceira parte, o processo de aplicação, apuração e interpretação da escala é descrito, e, por fim, na quarta e última parte, são discutidas as possibilidades de utilização da escala em processos de diagnóstico organizacional e análise do trabalho, como subsídio para pesquisas e intervenções em contextos de trabalho.

VOZ DO TRABALHADOR NAS ORGANIZAÇÕES: BASES TEÓRICAS

Os comportamentos de voz, como os entendemos, ocorrem no fluxo contínuo da comunicação humana e constituem-se em via primária de interação no cotidiano do trabalho. Dada a amplitude dessa comunicação, identificamos dois tipos de voz que não integram o nosso escopo: um é a expressão de sentimentos ou troca de informações que ocorre informalmente e é essencial para o convívio social e o exercício das funções; o outro se refere à opinião que o trabalhador emite quando esta é formalmente solicitada pelos seus gestores em programas de incentivo à participação do trabalhador, nos quais, muitas vezes, ele tem garantias, como sua identidade preservada (p. ex., canais de denúncia anônima). Observa-se, nesses dois tipos, a ausência de algumas características importantes: no primeiro, não há a intenção expressa de melhoria, e, no segundo, não há o caráter discricionário (espontâneo) da voz e ainda há garantias para o trabalhador. Esses aspectos, ausentes no escopo geral da comunicação, são essenciais na avaliação da voz do trabalhador tal como a entendemos aqui.

Van Dyne e colaboradores (2003) realizaram a tarefa de limitar esses comportamentos de algumas formas, assumindo que a presença de voz não implica a ausência de silêncio e excluindo instâncias extremas, como comportamentos inconscientes. Além disso, limitam a compreensão do fenômeno a situações nas quais o trabalhador tenha algo a comunicar, a comportamentos que ocorrem em interações face a face e a comportamentos que não são esperados ou solicitados pela organização.

Os autores incluem, assim, a voz no rol de comportamentos discricionários, que acontecem sob a iniciativa do trabalhador, não sendo o resultado de procedimentos organizacionais (i.e., procedimentos que garantem equidade e facilitam a participação do trabalhador na tomada de decisões).

Morrison (2014, p. 174) define voz como "[...] uma comunicação informal e discricionária por um trabalhador de ideias, sugestões, preocupações e informações sobre problemas, ou opiniões sobre questões relacionadas a pessoas que estão habilitadas a tomar ações apropriadas, com a intenção de trazer alguma melhoria ou mudança".[1] O conteúdo das mensagens pode variar muito, indo desde ideias sobre como fazer as coisas de forma diferente até informações sobre problemas graves ou potencialmente sérios. Mesmo considerando-se haver, na literatura, algumas diferenciações de tipos ou alvos para a voz, Morrison (2014) opta por delimitar seu foco a um tipo de voz interna e ascendente, informal, dirigida a um supervisor ou a alguém em uma alta posição organizacional.

Sempre que a voz ocorre, o silêncio é quebrado. Essa aparente dicotomia que existe ao considerar a expressão comportamental desses dois fenômenos, tão intimamente relacionados, faz eles ainda serem superficialmente considerados como polos opostos. Assim, ao considerar apenas a expressão ou não da voz, parece suficiente conceituá-la de forma excludente e unidimensional. Atualmente, entretanto, alguns autores acreditam que muito se perde ao abordar esses fenômenos desse modo. A esse respeito, Brinsfield, Edwards e Greenberg (2009, p. 24) afirmam que "[...] especificações mais detalhadas acerca do conteúdo dos comportamentos são necessárias para promover um entendimento conceitual mais profundo da voz e do silêncio no contexto de trabalho".[2]

Tal entendimento requer que se ultrapasse a visão superficial fundamentada na expressão ou não da voz, considerando-se os motivos

---

[1] Tradução dos autores.
[2] Tradução dos autores.

que subjazem a tais comportamentos. Quando se opta por identificar esses motivos, ultrapassa-se a dicotomia presente na dimensão comportamental, o que possibilita a especificação de tipos diferentes de voz com base em seus diversos motivos, avançando em direção a uma abordagem multidimensional. Essa abordagem foi realizada em um nível conceitual por Van Dyne e colaboradores (2003, p. 1360), que consideram que há três formas de expressão, que se diferenciam pela motivação: "[...] o fator-chave que diferencia voz de silêncio não é a presença ou ausência da fala, mas a motivação do ator para reter ou expressar ideias, informações e opiniões acerca de melhorias relacionadas ao trabalho".[3] Nessa nova base conceitual, as três dimensões de voz são: voz aquiescente (os indivíduos preferem concordar com outras pessoas, pois não acreditam que farão a diferença, mostrando-se apáticos e resignados); voz defensiva (voz autoprotetora, na qual o indivíduo busca proteger o *self*, por medo de retaliações) e voz pró-social (cooperação ativa com ideias e opiniões relacionadas ao trabalho). Esse caráter pró-social da voz do trabalhador faz ela ser considerada por alguns autores como um dos mais desejáveis e nobres comportamentos de cidadania organizacional (Organ, 1988), com consequências já identificadas nos diversos níveis da organização, a exemplo da aprendizagem e da inovação organizacionais (Milliken & Lam, 2009). Acreditamos que uma avaliação que leve em conta essa multiplicidade de motivos certamente possibilita um retrato mais próximo da realidade, frequentemente complexa, do comportamento do trabalhador nas organizações.

CONSTRUÇÃO E VALIDAÇÃO DA ESCALA DE VOZ NAS ORGANIZAÇÕES

A construção da EVO foi feita com base na proposição teórica de Van Dyne e colaboradores (2003), que afirmam que a voz pode ser expressa pelos trabalhadores com base em diferentes motivos, que, conforme já exposto anteriormente e sintetizado na Figura 19.1, são classificados em três categorias principais: os motivos pró-sociais, os motivos aquiescentes e os motivos defensivos.

Como não havia, ainda, nem no contexto internacional nem no nacional, uma medida de voz validada sob essa designação teórica, os itens da primeira versão da escala foram, em parte, inspirados em itens já utilizados por autores internacionais (p. ex., Maynes & Podsakoff, 2014; Van Dyne et al., 2003), traduzidos e adaptados à realidade local, e, em parte, elaborados diretamente pelos autores deste capítulo. Os itens foram construídos com base na premissa de autoavaliação, em que o próprio trabalhador deve informar com que frequência emite os comportamentos de voz descritos, em uma escala Likert de 1 (nunca) a 5 (sempre). A primeira versão testada da escala foi composta por oito itens referentes à voz pró-social, cinco itens relativos à voz aquiescente e oito itens sobre a voz defensiva, os quais foram apresentados a uma amostra de 252 trabalhadores brasileiros, a maioria residente na região de Salvador (BA) (88,9%) (D'Almeida, 2016).

É interessante observar que, embora os itens tenham seguido a proposição teórica tripartite de Van Dyne e colaboradores (2003), o resultado das análises fatoriais exploratórias e paralelas da primeira versão da escala apontou para uma solução de apenas dois fatores (D'Almeida, 2016), um composto exclusivamente pelos itens de voz pró-social e outro composto pelos itens das vozes aquiescente e defensiva.

Como forma de reunir mais evidências de validade, 18 itens retirados da primeira versão da escala foram apresentados a uma nova amostra de 319 trabalhadores. Houve uma maior concentração de participantes do sexo feminino (67,7%) e com elevada escolaridade (70,1% dos participantes possuíam, no mínimo, o ensino superior completo). A média de idade foi de 36 anos (DP = 20,12). Em termos ocupacionais e organizacionais, predominaram os indivíduos que estão inseridos em ins-

---

[3] Tradução dos autores.

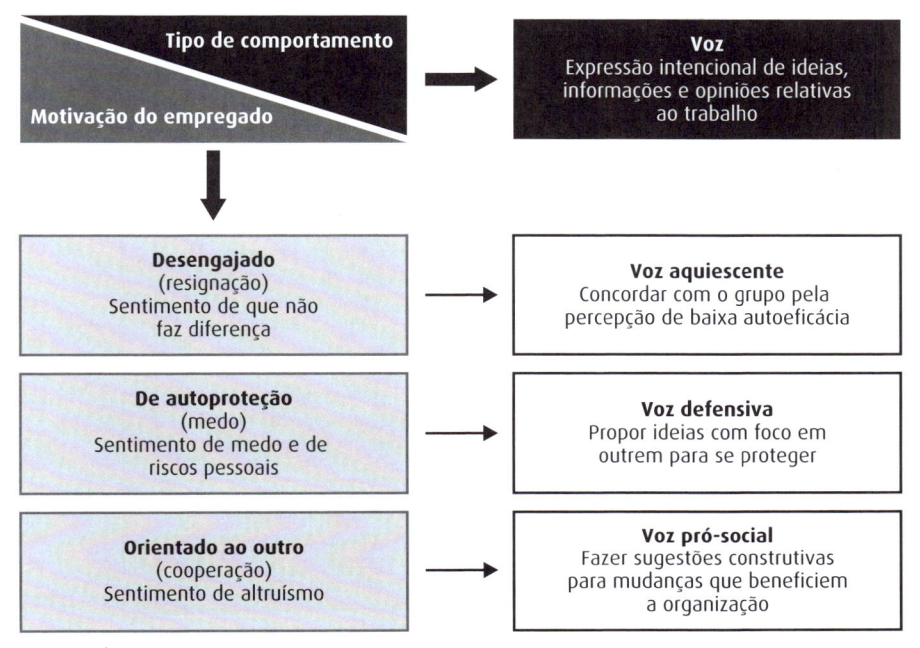

Figura 19.1 — Composição teórica do fenômeno voz nas organizações.

Tipo de comportamento / Motivação do empregado → **Voz**: Expressão intencional de ideias, informações e opiniões relativas ao trabalho

- **Desengajado** (resignação) — Sentimento de que não faz diferença → **Voz aquiescente**: Concordar com o grupo pela percepção de baixa autoeficácia
- **De autoproteção** (medo) — Sentimento de medo e de riscos pessoais → **Voz defensiva**: Propor ideias com foco em outrem para se proteger
- **Orientado ao outro** (cooperação) — Sentimento de altruísmo → **Voz pró-social**: Fazer sugestões construtivas para mudanças que beneficiem a organização

Fonte: com base em Van Dyne e colaboradores (2003).

---

tituições privadas (64,4%) e contratados em regime celetista (59,1%), sem ocupar cargo de chefia (78,5%).

Foram conduzidas análises fatoriais exploratórias e fatoriais confirmatórias, além de análise paralela, que indicaram que o modelo mais adequado para avaliar os comportamentos de voz nas organizações está composto por dois fatores, reforçando a solução encontrada pelos estudos iniciais de D'Almeida (2016). O primeiro, denominado voz pró-social, reuniu oito itens, com cargas fatoriais que variaram de .721 a .845, sendo condizente teoricamente com a proposta de Van Dyne e colaboradores (2003). O segundo fator reuniu nove itens, oriundos teoricamente dos conceitos de voz defensiva e voz aquiescente, com cargas fatoriais entre .506 e .758. Considerando-se que tanto a voz defensiva quanto a aquiescente derivam de motivos autocentrados, esse fator foi denominado voz pró-indivíduo, posto que são comportamentos emitidos com base na avaliação que o indivíduo faz de si próprio: seja da necessidade de se proteger, seja da sua baixa crença no seu próprio desempenho. Comparando as duas dimensões, percebe-se, ainda, que, enquanto a voz pró-social pode ser julgada a partir de uma perspectiva positiva, pois está diretamente associada à intenção de agregar valor à organização e auxiliar na promoção de um melhor ambiente de trabalho (seja na esfera técnica, processual ou relacional), a voz pró-indivíduo pode estar associada a uma perspectiva mais negativa, uma vez que as comunicações realizadas pelo trabalhador não são orientadas para contribuições.

A concepção da dimensionalidade final da EVO a partir das suas bases teóricas pode ser conferida na Figura 19.2.

A formatação final da escala apresentou índices de ajuste satisfatórios ($X^2/gl = 2,79$; GFI = 0,90; CFI = 0,93; TLI = 0,91; RMSEA = 0,06), assim como níveis adequados de consistência interna dos fatores, sendo $\alpha = 0,83$ para o fator voz pró-indivíduo e $\alpha = 0,91$ para o fator voz pró-social.

Figura 19.2 / Composição teórica da Escala de Voz nas Organizações (EVO).

APLICAÇÃO, APURAÇÃO E INTERPRETAÇÃO DA ESCALA DE VOZ NAS ORGANIZAÇÕES

A EVO pode ser aplicada de forma coletiva ou individual, na modalidade presencial ou virtual, desde que seja garantido um ambiente tranquilo e confortável para a resposta do participante. O tempo médio de resposta varia entre 5 e 10 minutos, podendo ser autogerenciado pelo próprio respondente.

Essa é uma escala desenhada para trabalhadores que desenvolvem sua atividade profissional de forma vinculada diretamente a uma organização. Assim, sua aplicação pode ser estendida para trabalhadores celetistas, estatutários ou até profissionais liberais (desde que prestem seus serviços de forma continuada e regular à organização, estando integrados a seus processos e rotina). Exclui-se, portanto, a possibilidade de utilizar esse instrumento para avaliar trabalhadores informais, domésticos e empresários. Também se considera como um fator restritivo da aplicação o tempo de vinculação do trabalhador com a organização, visto que é necessário que ele esteja minimamente integrado e socializado com a realidade da organização para se expressar de maneira livre e genuína. Recomenda-se que a avaliação com essa escala não seja aplicada àqueles que possuem menos de três meses na organização.

É importante que, antes de aplicar a avaliação, o responsável esclareça sua finalidade, que pode variar de acordo com o contexto de uso (pesquisa, diagnóstico coletivo, orientação para desenvolvimento pessoal, entre outros). Embora a EVO possa ser utilizada com finalidades diversas, ressalta-se que a preservação do formato da escala (instruções, conteúdo dos itens, escalonamento) em qualquer contexto é essencial para garantir suas propriedades psicométricas. Em casos específicos, a depender do objetivo da investigação, as subescalas (fatores) da EVO podem ser aplicadas de maneira independente, desde que preservadas as demais características citadas. O formato recomendado para aplicação geral da EVO pode ser visto no Quadro 19.1.

Uma vez realizada a aplicação, o resultado da escala deve ser computado inicialmente a partir da soma dos itens correspondentes a cada fator, separadamente. Desse modo, devem-se somar os valores marcados pelo trabalhador nos itens 8, 9, 10, 11, 13, 14, 15 e 17 para identificar o total da voz pró-social, e os valores marcados nos itens 1, 2, 3, 4, 5, 6, 7, 12 e 16 para identificar o valor total da voz pró-indivíduo. Os itens condensados por fator, assim como os valores mínimos e máximos possíveis para o resultado das somas, estão expostos no Quadro 19.2.

QUADRO 19.1
Escala de Voz nas Organizações

Gostaríamos de saber como você costuma se comportar no seu trabalho. Para tanto, considere os últimos três meses e avalie com que frequência você apresentou os comportamentos listados a seguir, usando a escala de 1 a 5 detalhada abaixo, na qual quanto mais perto de 1, menor é a frequência do comportamento, e quanto mais perto de 5, maior é a frequência do comportamento descrito.

1	2	3	4	5
Nunca	Raramente	Às vezes	Frequentemente	Sempre

Nº	Item	Nível de frequência				
1	Posiciono-me a favor de ideias expostas, pois não conseguiria adesão a uma nova ideia proposta por mim.	1	2	3	4	5
2	Expresso concordância com as ideias da minha equipe de trabalho, pois estou conformado sobre o funcionamento desta organização.	1	2	3	4	5
3	Prefiro expressar concordância com as ideias alheias, pois sei que as minhas não seriam aceitas.	1	2	3	4	5
4	Direciono as discussões em minha equipe para assuntos que não me prejudiquem.	1	2	3	4	5
5	Verbalizo apoio ao meu grupo de trabalho para evitar consequências negativas para mim.	1	2	3	4	5
6	Sou favorável às ideias do meu grupo de trabalho, pois acredito que não tenho boas sugestões para dar.	1	2	3	4	5
7	Para me proteger, expresso ideias que mudam o foco da atenção da equipe para outros assuntos.	1	2	3	4	5
8	Compartilho ideias para novos projetos que possam beneficiar a organização.	1	2	3	4	5
9	Faço sugestões de como fazer as coisas de modo mais efetivo no trabalho.	1	2	3	4	5
10	Apresento soluções para problemas, com o objetivo de beneficiar a organização.	1	2	3	4	5
11	Proponho sugestões para resolver problemas que afetam a organização.	1	2	3	4	5
12	Manifesto concordância com meus superiores, pois tenho medo de expor minhas ideias.	1	2	3	4	5

Continua

QUADRO 19.1
Escala de Voz nas Organizações

Gostaríamos de saber como você costuma se comportar no seu trabalho. Para tanto, considere os últimos três meses e avalie com que frequência você apresentou os comportamentos listados a seguir, usando a escala de 1 a 5 detalhada abaixo, na qual quanto mais perto de 1, menor é a frequência do comportamento, e quanto mais perto de 5, maior é a frequência do comportamento descrito.

1	2	3	4	5
Nunca	Raramente	Às vezes	Frequentemente	Sempre

Nº	Item	Nível de frequência				
13	Sugiro mudanças em projetos do trabalho, para aperfeiçoá-los.	1	2	3	4	5
14	Faço recomendações sobre como resolver problemas relacionados ao trabalho.	1	2	3	4	5
15	Dou opiniões que podem gerar melhorias no trabalho coletivo, mesmo que outros discordem.	1	2	3	4	5
16	Manifesto-me favoravelmente às soluções para os problemas desta organização para não ir contra o posicionamento dos meus colegas.	1	2	3	4	5
17	Faço críticas construtivas, pois me preocupo com a organização.	1	2	3	4	5

QUADRO 19.2
Itens da Escala de Voz nas Organizações distribuídos por fator

Itens de voz pró-social

Compartilho ideias para novos projetos que possam beneficiar a organização.

Faço sugestões sobre como fazer as coisas de modo mais efetivo no trabalho.

Apresento soluções para problemas, com o objetivo de beneficiar a organização.

Proponho sugestões para resolver problemas que afetam a organização.

Sugiro mudanças em projetos do trabalho, para aperfeiçoá-los.

Faço recomendações sobre como resolver problemas relacionados ao trabalho.

Dou opiniões que podem gerar melhorias no trabalho coletivo, mesmo que outros discordem.

Faço críticas construtivas, pois me preocupo com a melhoria da organização.

Soma mínima = 8
Soma máxima = 40

Continua

QUADRO 19.2
Itens da Escala de Voz nas Organizações distribuídos por fator

Itens de voz pró-indivíduo

Verbalizo apoio ao meu grupo de trabalho para evitar consequências negativas para mim.
Manifesto-me favoravelmente às soluções para os problemas dessa organização para não ir contra o posicionamento de meus colegas.
Direciono as discussões em minha equipe para assuntos que não me prejudiquem.
Sou favorável às ideias do meu grupo de trabalho, pois acredito que não tenho boas sugestões para dar.
Para me proteger, expresso ideias que mudam o foco da atenção da equipe para outros assuntos.
Prefiro expressar concordância com as ideias alheias, pois sei que as minhas não seriam aceitas.
Posiciono-me a favor de ideias expostas, pois não conseguiria adesão a uma nova ideia proposta por mim.
Manifesto concordância com meus superiores, pois tenho medo de expor minhas ideias.
Expresso concordância com as ideias da minha equipe de trabalho, pois estou conformado sobre o funcionamento desta organização.

Soma mínima = 9
Soma máxima = 45

Após somarem-se os valores dos itens por fator, deve ser feito o cálculo da média, dividindo-se o resultado da soma pela quantidade de itens do fator. A soma dos itens de voz pró-social deve ser dividida por 8, ao passo que a soma dos itens de voz pró-indivíduo deve ser dividida por 9, para se identificar a média, que é o valor base utilizado para interpretação da escala.

A EVO não possui ponto de corte. Portanto, a sua interpretação deve considerar que, quanto maior o resultado médio obtido pelo indivíduo em cada fator, maior a frequência daquele tipo de comportamentos de voz. É interessante registrar que os dados coletados para a condução das análises das propriedades psicométricas da EVO permitiram a constatação de que os comportamentos de voz pró-social revelaram-se, em geral, mais predominantes do que os comportamentos de voz pró-indivíduo. Tal constatação alerta sobre a necessidade de maior cautela na interpretação dos resultados, uma vez que a comparação dos escores brutos dos fatores pode conduzir a conclusões distorcidas. Nesse sentido, a condução de análises de normatização revela-se uma etapa importante para garantir que o avaliador seja capaz de classificar adequadamente os resultados obtidos.

Embora este capítulo não tenha a pretensão de representar um estudo abrangente de normatização, tendo em vista a necessidade de aplicação da escala em novos contextos e regiões, para se obter um resultado mais seguro e preciso, optou-se por apresentar a distribuição das médias obtidas em termos de percentis, de modo a servirem como um guia complementar para a interpretação dos resultados. A Tabela 19.1 apresenta os percentis de ambos os fatores.

Para o relato dos resultados em termos de percentis, o avaliador deve localizar, na Tabela 19.1, a média obtida em cada um dos fatores. Se o resultado alcançado estiver no intervalo entre dois percentis apresentados na tabela, deve-se sempre considerar o menor. Por exemplo: um resultado de 1,70 no fator voz pró-indivíduo

TABELA 19.1
Percentis dos fatores de voz pró-indivíduo e de voz pró-social

Percentil	Voz pró-indivíduo	Voz pró-social
5	1,22	2,74
10	1,33	3,00
20	1,44	3,37
30	1,67	3,69
40	1,78	3,87
50	2,00	4,00
60	2,22	4,12
70	2,33	4,37
80	2,56	4,62
90	2,89	5,00
95	3,12	5,00

deve ser classificado como percentil 30, o que significa que a frequência de emissão do comportamento de voz pró-indivíduo é igual ou superior a 30% do grupo de referência utilizado no estudo de validação dessa escala.

CONTEXTOS E APLICAÇÕES PRÁTICAS DA ESCALA DE VOZ NAS ORGANIZAÇÕES

A EVO é uma escala de simples manipulação, fácil e rápida de aplicar e de interpretar, com caráter essencialmente descritivo dos comportamentos de voz nas organizações. Ela permite mapear com que frequência os trabalhadores têm expressado sua voz com a intenção de compartilhar ideias e sugestões orientadas para o bem coletivo da organização e com que frequência esses mesmos trabalhadores verbalizam informações ou opiniões pautadas em motivos autocentrados, que podem incluir tanto o desejo de se proteger quanto o de esconder a descrença de que a sua voz fará diferença, sem que essa comunicação implique benefícios para o coletivo de trabalho.

Levando-se em consideração que as organizações têm buscado cada vez mais estimular a participação discricionária do trabalhador na construção de melhores processos, produtos e serviços, esse mapeamento pode ajudar a identificar se os trabalhadores têm se expressado efetivamente com a intenção de contribuir para os resultados organizacionais ou não.

Além de apresentar uma contribuição no sentido de promover a descrição de comportamentos de voz nas organizações, a EVO pode ser utilizada em conjunto com outras medidas de comportamento organizacional para diagnosticar, por exemplo, em que contextos a voz pró-social é mais propícia, por meio da correlação entre os indicadores desse fenômeno com os indicadores de outros fenômenos relevantes da área, como estilos de liderança e segurança psicológica. Isso permite que sejam planejadas intervenções no sentido de fomentar nos trabalhadores os comportamentos mais desejados, por meio da construção de um ambiente de trabalho mais favorável.

REFERÊNCIAS

Brinsfield, C. T., Edwards, M. S., Greenberg, J. (2009). Voice and silence in organizations: Historical review and current conceptualizations. In J. Greenberg, & M. S. Edwards (Eds.), *Voice and silence in organizations* (pp. 3-33). Bingley: Emerald.

D'Almeida, A. S. (2016). *Construção e validação de uma medida brasileira de voz e silêncio nas organizações* (Dissertação de mestrado, Universidade Federal da Bahia, Salvador).

Detert, J. R., & Edmondson, A. C. (2011). Implicit voice theories: taken-for-granted rules of self-censorship at work. *Academy of Management Journal, 54*(3), 461-488.

Edmondson, A., & Lei, Z. (2014). Psychological safety: the history, renaissance, and future of an interpersonal construct. *The Annual Review of Organizational Psychology and Organizational Behavior, 23*, 18-42.

Ellis, J. B., & Van Dyne, L. (2009). Voice and Silence as observer's reactions to defensive voice: Predictions based on communication competence theory. In J. Greenberg, & M. S. Edwards (Eds.), *Voice and silence on organizations* (pp. 37-61). Bingley: Emerald.

Hirschman, A. (1970). *Exit, voice, and loyalty: Responses to decline in firms, organizations, and states*. Cambridge: Harvard University.

Hoffman, E. (2006). Exit and voice: Organizational loyalty and dispute resolution strategies. *Social Forces, 84*(4), 2313-233.

Knoll, M., Wegge, J., Unterrainer, C., & Silva, S. (2016). Is our knowledge of voice and silence in organizations growing? Building bridges and (re) discovering opportunities. *German Journal of Human Resource Management*, 30(3-4), 161-194.

MacKenzie, S. B., Podsakoff, P. M., & Podsakoff, N. P. (2011). Challenging-oriented organizational citizenship behaviors and organizational effectiveness: do challenge-oriented behaviors really have an impact on the organization's bottom line? *Personnel Psychology*, 64(3), 559-592.

Maynes, T. D., & Podsakoff, P. M. (2014). Speaking more broadly: an examination of the nature, antecedents, and consequences of an expanded set of employee voice behaviors. *Journal of Applied Psychology*, 99(1), 87-112.

Milliken, F. J., Morrisson E. W., & Hewlin P. (2003). An exploratory study of employee silence: issues that employees don't communicate upward and why. *Journal of Management Studies*, 40(6), 1453-1476.

Morrison, E. W. (2014). Employee voice and silence. *Annual Review of Organizational Psychology*, 1(7), 173-197.

Morrison, E. W., & Milliken, F. J. (2000). Organizational silence: a barrier to change and development in a pluralistic world. *Academy of Management Review*, 25(4), 706-725.

Morrison, E. W., Wheeler-Smith, S. L., & Kamdar, D. (2011). Speaking up in groups: a cross-level study of group voice climate and voice. *Journal of Applied Psychology*, 96(1), 183-191.

Nemeth, C., Connell, J., Rogers, J., & Brown, K. (2001). Improving decision making by means of dissent. *Journal of Applied Social Psychology*, 31(1), 48-58.

Organ, D. W. (1988). *Organizational citizenship behavior: the good soldier syndrome*. Lexington: Lexington Books.

Puente-Palacios, K., & Peixoto, A. de L. A. (2015). Uso de ferramentas de diagnóstico de gestão. In Puente-Palacios, K., & Peixoto, A. de L. A. (Orgs.), *Ferramentas de diagnostico para organizações e trabalho* (pp. 11-21). Porto Alegre: Artmed.

Van Dyne, L., & Ellis, J. B. (2004). Job creep: A reactance theory perspective on organizational citizenship behavior as over-fullfilment of obligations. In J. C. Shapiro, L. Shore, S. Taylor, & L. Tetrick (Eds.), *The employment relationship: examining psychological and contextual perspectives*. Oxford: Oxford University.

Van Dyne, L., & LePine, J. A. (1998). Helping and voice extra role behaviors: evidence of construct and predictive validity. *The Academy of Management Journal*, 41(1), 108-119.

Van Dyne, L., Ang, S., & Botero, I. C. (2003). Conceptualizing employee silence and employee voice as multidimensional constructs. *Journal of Management Studies*, 40(6), 1359-1392.

LEITURAS RECOMENDADAS

Argyris, C. (2002). Teaching smart people how to learn. *Reflections*, 4(2), 4-15.

Ashford, S. J., Sutcliffe, K. M., & Christianson, M. K. (2009). Speaking up and speaking out: the leadership dynamics of voice in organizations. In J. Greenberg, & M. S. Edwards (Eds.), *Voice and silence on organizations* (pp. 175-233). Bingley: Emerald.

Detert J. R., & Treviño L. K. (2010). Speaking up to higher ups: How supervisor and skip-level leaders influence employee voice. *Organizational Science*, 21(1), 249-270.

Strauss, K., Griffin, M. A., & Rafferty, A. E. (2009). Proactivity directed toward the team and organization: the role of leadership, commitment and role-breadth self-efficacy. *British Journal of Management*, 20(3), 279-291.

ÍNDICE

104ª Conferência Internacional do Trabalho, 22q

A

Absenteísmo, 86, 88, 91, 94
Absenteísmo no trabalho, 86-99
Ações de redesenho da tarefa (*task crafting*), 40
Ações de redesenho das relações (*relational crafting*), 40
Acordo sobre assédio e violência no trabalho, 24q
Acordo sobre autonomia europeia sobre estresse no trabalho, 24q
Administração pública brasileira, 155
Américas, 26q
Assédio moral, 100-113
    aproximações teóricas, 103
    conceito, 100
    critérios de definição, 100
    diferentes expressões, 104
    instrumentos de avaliação, 107
    itens de avaliação, 109q
    situações que requerem a avaliação, 105
Avaliação de desempenho, 146, 160
Avaliação de desempenho individual *ver* Desempenho individual, 142-152
Avaliação de fatores psicossociais no trabalho *ver* Fatores psicossociais no trabalho, 19-37
Avaliação de recursos pessoais positivos *ver* Recursos pessoais positivos, 86-99
Avaliação de talentos *ver* Talentos, 166-177
Avaliação de valores humanos *ver* Valores humanos, 200-216
Avaliação do assédio moral *ver* Assédio moral, 100-113
Avaliação do bem-estar no trabalho *ver* Bem-estar, 68-85
Avaliação do engajamento no trabalho *ver* Engajamento no trabalho, 217-225
Avaliação dos processos de gestão no serviço público *ver* Gestão no serviço público, 153-165
Avaliação em seleção de pessoas *ver* Seleção de pessoas, 187-199
Avaliação em treinamento, desenvolvimento e educação corporativa *ver* Treinamento, desenvolvimento e educação corporativa, 226-246
Avaliação no âmbito organizacional, 208
    escala de valores organizacionais, 209, 211
    escala de valores relativos ao trabalho, 210
    inventário de perfis de valores organizacionais, 210
    inventário de valores organizacionais, 209
    questionário dos valores básicos, 212

B

Bem-estar no trabalho, 68-85
    caraterísticas do trabalho, 73t

como medir, 75
    Escala de Afetos no Trabalho (ESAFE), 75
        construção, 78
        definição dos fatores, 79q
        denominação, 79q
        índices de precisão, 79q
        itens, 79q
        validação, 78
    Escala de Experiências Positivas e Negativas no Trabalho (EPONET), 75
        adaptação, 76
        definição dos fatores, 78q
        denominação, 78q
        índices de precisão, 78q
        itens, 78q
        validação, 76
    Escala de Florescimento no Trabalho (EFLOT), 75
        adaptação, 75
        coeficiente de precisão, 76q
        definição do construto, 76q
        validação, 75
    modelos conceituais, 71
    o que é, 68, 70
Brasil, 29q

C

Canada Labour Code, 26q
Canadian Occupational Health and Safety Regulations, 26q
Cartografando *ver* Mapeamento de competências, 124-141
CIPP, 229
CIPP *ver* modelos de avaliações, 229
Código Civil Brasileiro (CC), 29q
Código del Trabajo, 26q
Código Penal Brasileiro, 29q
Cognitive crafting, 40
Cognitive crafting ver reformulações cognitivas, 40
Consolidação das Leis Trabalhistas (CLT), 29q
Constituição Federal, 29q
Convenção nº 155, 21q
Convenção nº 161, 21q
Cuidados psicométricos, 13-18

D

Declaração de saúde do trabalhador, 23q
Declaração Sociolaboral do Mercosul, 26q
Decreto 586, 26q
Decreto nº 4.552/2002, 29q
Desempenho individual, 142-152
    avaliação de desempenho, 146
    episódio de trabalho, 147f
    para onde vai, 149
    principais etapas, 149f
    subsistemas de recursos humanos, 143f
Desenho do trabalho, 178-186
    avaliação, 184
    contemporaneidade, 183
    fatores centrais nas teorias, 181
    implicações para as organizações, 181
    implicações para as pessoas, 181
    questionário, 182q
    revisão das teorias, 179
Diretiva nº 2003/88, de novembro de 2003, 24q
Diretiva nº 89/391, de 12 de junho de 1989, 24q
Diretiva nº 90/270, de maio de 1990, 24q

E

EART *ver* Escala de Ações de Redesenho do Trabalho, 44, 52
EFLOT *ver* Escala de Florescimento no Trabalho, 75
EMCT-F *ver* Escala Multidimensional de Conflito Trabalho-Família, 114-123, 122
Engajamento no trabalho, 217-225
    escala Utrecht, 218
        aplicação, 219
        construto, 218
        interpretação, 219
        levantamento, 219
        normas para interpretação dos escores de concentração, 223t
        normas para interpretação dos escores de dedicação, 223t
        normas para interpretação dos escores de vigor, 222t
        normas, 220t
        UWES-9, 219
EPONET *ver* Escala de Experiências Positivas e Negativas no Trabalho, 75

ESAFE *ver* Escala de Afetos no Trabalho, 75
Escala de Ações de Redesenho do Trabalho (EART), 44, 52
Escala de Afetos no Trabalho (ESAFE), 75
  construção, 78
  definição dos fatores, 79q
  denominação, 79q
  índices de precisão, 79q
  itens, 79q
  validação, 78
Escala de Comportamentos de Redesenho do Trabalho, 44
Escala de Experiências Positivas e Negativas no Trabalho (EPONET), 75
  adaptação, 76
  definição dos fatores, 78q
  denominação, 78q
  índices de precisão, 78q
  itens, 78q
  validação, 76
Escala de Florescimento no Trabalho (EFLOT), 75
  adaptação, 75
  coeficiente de precisão, 76q
  definição do construto, 76q
  validação, 75
Escala de silêncio nas organizações, 247-256, 253q
  aplicação, 251
  aplicações práticas, 255
  apuração, 251
  bases teóricas, 248
  composição teórica, 250f, 252f
  construção, 250
  contextos, 255
  interpretação, 251
  itens distribuídos por fator, 254q
  silêncio pró-indivíduo, 255t
  silêncio pró-social, 255t
  validação, 250
Escala de voz nas organizações, 257-266, 263q
  aplicação, 262
  aplicações práticas, 266
  apuração, 262
  bases teóricas, 259
  composição teórica, 262f
  composição teórica do fenômeno, 261f
  construção, 260
  contextos, 266
  interpretação, 262
  itens distribuídos por fator, 264q
  validação, 260
  voz pró-indivíduo, 265t
  voz pró-social, 266t
Escala Multidimensional de Conflito Trabalho-Família, 114-123, 122
  adaptação, 117
  aplicação, 120
  apuração, 120
  correlações entre os fatores do modelo, 119t
  dimensões do conflito trabalho-família, 116f
  evidências de validade, 114-123
  índices de ajuste dos modelos, 118t
  interpretação, 120
  recomendações de uso, 114-123
  teoria da fronteira entre trabalho e família, 115f
  validação, 117
Escala Utrecht, 218
  aplicação, 219
  construto, 218
  interpretação, 219
  levantamento, 219
  normas, 220t
  normas para interpretação dos escores de concentração, 223t
  normas para interpretação dos escores de dedicação, 223t
  normas para interpretação dos escores de vigor, 222t
  UWES-9, 219

F

Fatores psicossociais no trabalho, 19-37
  demandas laborais, 32
  documentos de destaque da OIT, 21q
    104ª Conferência Internacional do Trabalho, 22q
    Convenção nº 155, 21q
    Convenção nº 161, 21q
    Lista de Doenças Ocupacionais, 21q
    Recomendação nº 164, 21q
  documentos de destaque da OMS, 23q
    declaração de saúde do trabalhador, 23q
    proteção da saúde do trabalhador, 23q

saúde mental e trabalho: impacto, as questões e as boas práticas, 23q
documentos de destaque da União Europeia, 24q
   Acordo sobre assédio e violência no trabalho, 24q
   Acordo sobre autonomia europeia sobre estresse no trabalho, 24q
   Diretiva nº 2003/88, de novembro de 2003, 24q
   Diretiva nº 89/391, de 12 de junho de 1989, 24q
   Diretiva nº 90/270, de maio de 1990, 24q
   Health and Safety (Offences) Act, 25q
   Health and Safety at Work Act, de 1974, 25q
   Mental health in workplace: situation analysis, United Kingdom, 25q
   Orientação sobre o estresse relacionado com o trabalho, 24q
   Pacto Europeu para Saúde Mental e Bem-Estar, 25q
   Tratado de Amsterdã, 24q
documentos de destaque das Américas, 26q
   Canada Labour Code, 26q
   Canadian Occupational Health and Safety Regulations, 26q
   Código del Trabajo, 26q
   Declaração Sociolaboral do Mercosul, 26q
   Decreto 586, 26q
   National Standard for Psychological Health & Safety in the Workplace, 26q
   Occupational Safety and Health Act, de 1970, 26q
   Resolução nº 2.646, 26q
   Resolução nº 336, 26q
documentos de destaque do Brasil, 29q
   Código Civil Brasileiro (CC), 29q
   Código Penal Brasileiro, 29q
   Consolidação das Leis Trabalhistas (CLT), 29q
   Constituição Federal, 29q
   Decreto nº 4.552/2002, 29q
   Lei nº 8.213/1991, 29q
   normas regulamentadoras, 29q
documentos de destaque do Reino Unido, 24q
   Acordo sobre assédio e violência no trabalho, 24q
   Acordo sobre autonomia europeia sobre estresse no trabalho, 24q
   Diretiva nº 2003/88, de novembro de 2003, 24q
   Diretiva nº 89/391, de 12 de junho de 1989, 24q
   Diretiva nº 90/270, de maio de 1990, 24q
   Health and Safety (Offences) Act, 25q
   Health and Safety at Work Act, de 1974, 25q
   Mental health in workplace: situation analysis, United Kingdom, 25q
   Orientação sobre o estresse relacionado com o trabalho, 24q
   Pacto Europeu para Saúde Mental e Bem-Estar, 25q
   Tratado de Amsterdã, 24q
fatores associados, 32
instrumentos, 30
modelos teóricos, 30
no Brasil, 20
no mundo, 20
recursos de trabalho, 32

G

Gestão de desempenho, 155, 160
Gestão no serviço público, 153-165
   administração pública brasileira, 155
   avaliação de desempenho, 160
   critérios objetivos de avaliação, 162
   gestão de desempenho, 155, 160
   meritocracia, 158
   pressuposto de resistência, 163
   remuneração como foco, 161
   subjetividade, 162

H

Health and Safety (Offences) Act, 25q
Health and Safety at Work Act, de 1974, 25q

I

Identidade positiva, 40
IMPACT, 230

IMTEE, 230
Instrumentos de avaliação psicológica, 13-18
  adaptação, 14
  avaliação da síntese por juízes especialistas, 15
  avaliação do instrumento pelo público-alvo, 15
  estudo-piloto, 15
  síntese das versões traduzidas, 15
  tradução do instrumento, 15
  tradução reversa, 15
  construção, 16

J

Job crafting ver modelos de ações, 41f

L

Lei nº 8.213/1991, 29q
Lista de Doenças Ocupacionais, 21q

M

MAIS, 230
MAPCOM, 132
Mapeamento de competências, 124-141
  cartografando novos rumos (da navegação), 140
  cartografar competências, 130
  modelo de Cheetam e Chivers, 126f
  modelo norteador de competência, 124
  possibilidades de intervenção, 132
    cartografar do cotidiano no trabalho, 134
      condução metodológica, 134
      contrato psicológico, 134
      plano de ação e cronograma, 135
      sensibilização junto aos dirigentes e gestores, 135
      sensibilização junto aos trabalhadores, 135
    como cartografar competências, 132
    como nasce a demanda, 132
    de onde nasce a demanda, 132
    MAPCOM, 132
    por que cartografar competências, 132
    produção de encontros e de dados, 136
      construção da matriz de competências, 139
      divulgação dos resultados, 140
      levantamento de dados, 136
      matriz de competências, 140
      planejamento da coleta de dados, 136
      tratamento dos dados coletados, 139
      validação da matriz de competências, 139
  pressupostos metodológicos, 130
    compreender os fazeres e os dizeres, 131
    conhecer para participar e aplicar, 130
    considerar e respeitar a diversidade, 131
    construir o projeto, um fazer coletivo, 131
    informar para formar, 131
  recomendações, 129
  trabalho, 127
    "fazer" laboral, 127
    âmbito do trabalho, 127
    posto de trabalho, 127
Mental health in workplace: situation analysis, United Kingdom, 25q
Meritocracia, 158
Modelo de ações (*job crafting*), 41f
Modelo de Cheetam, 126f
Modelo de Chivers, 126f
Modelos de avaliação, 228
  CIPP, 229
  IMPACT, 230
  IMTEE, 230
  MAIS, 230
  modelos integrados, 229, 230f
  modelos tradicionais, 229
Modelos culturais, 201
  dimensão materialista, 201
  dimensão pós-materialista, 201
  dimensões de variação cultural, 201
  tipos motivacionais culturais, 202
Modelos individuais, 202
  funções, 203
  tipos motivacionais, 203
  valores instrumentais, 202
  valores terminais, 202

N

National Standard for Psychological Health & Safety in the Workplace, 26q
Normas regulamentadoras, 29q

O

Occupational Safety and Health Act, de 1970, 26q
OIT, 21q
OMS, 23q
Orientação sobre o estresse relacionado com o trabalho, 24q

P

Pacto Europeu para Saúde Mental e Bem-Estar, 25q
Processo seletivo, 190f, 196, 196f, 197, 198f
Proteção da saúde do trabalhador, 23q

R

Recomendação nº 164, 21q
Recursos humanos, 143f
Recursos no trabalho, 32, 43f, 57f
Recursos pessoais, 54-67, 86-99, 88, 91, 94
Recursos pessoais no trabalho, 54-67
    avaliação, 62
        autoeficácia, 64
        autoestima, 63
        esperança, 64
        otimismo, 62
    definição, 58
    demanda no trabalho, 54
    demandas desafiadoras, 56f
    demandas impeditivas, 56f
    dimensão psicossocial, 54
    modelo de recursos, 54
    recursos no trabalho, 57f
    relevância, 58
Recursos pessoais positivos, 86-99, 88
    absenteísmo, 86, 88, 91, 94
    autoeficácia, 89

    avaliação, 90
    engajamento, 90
    engajamento no trabalho, 91, 94
    esperança, 89
    impacto sobre a performance, 86
    otimismo, 89
    proposta de intervenção, 92, 96
        aplicação, 93
        apresentação dos participantes, 97
        avaliação, 98
        avaliação de resultados, 94
        delineamento de expectativas, 97
        encerramento, 98
        levantamento, 93
        organização dos grupos, 96
        planos de ação, 97
        recepção, 97
    recursos pessoais, 91, 94
Redesenho do trabalho, 38-53
    ações, 40, 41f
        ações de redesenho da tarefa (*task crafting*), 40
        ações de redesenho das relações (*relational crafting*), 40
        reformulações cognitivas (*cognitive crafting*), 40
    antecedentes das ações, 45
    antecedentes dos comportamentos, 45
    avaliação, 38-53
    avaliação das ações, 42
    avaliação dos comportamentos, 42
    avaliação no contexto brasileiro, 43
        Escala de Ações de Redesenho do Trabalho (EART), 44, 52
        Escala de Comportamentos de Redesenho do Trabalho, 44
    conceito, 38-53
    demandas no trabalho, 42
    desenvolvimento, 38-53
    desenvolvimento nas organizações, 48
    desfechos, 41f
    desfechos das ações, 45
    desfechos dos comportamentos, 45
    identidade positiva, 40
    modelo de ações (*job crafting*), 41f
    modelo de demandas, 43f
    modelo integrador dos antecedentes e desfechos, 46f

modelo integrador dos desfechos, 46f
moderadores, 41f
motivações, 41f
mudanças, 41f
necessidades básicas, 41f
otimização de recursos, 42
perspectivas proativas de delineamento do trabalho, 38
promoção nas organizações, 48
recursos no trabalho, 43f
surgimento do conceito, 39
trabalho significativo, 40
Reformulações cognitivas (*cognitive crafting*), 40
Reino Unido, 24q
Relational crafting, 40
Resolução nº 2.646, 26q
Resolução nº 336, 26q

S

Saúde mental e trabalho: impacto, as questões e as boas práticas, 23q
Seleção de pessoas, 187-199
    exemplos, 195
        produtor de conteúdo para sites de entretenimento, 197
            análise do trabalho, 197
            canais de recrutamento, 197
            desenho do processo seletivo, 197, 198f
        serviços gerais, 195
            análise do trabalho, 195
            canais de recrutamento, 195
            desenho do processo seletivo, 196, 196f
    ferramentas do processo seletivo, 190f

T

Talentos, 166-177
    características, 169q
    compreensões, 167
    construtos avaliados, 175q
    contexto histórico, 166
    estratégias de avaliação, 173, 174q
    importância de se avaliar, 172
    instrumentos padronizados, 175q
    interação, 171
    organizações talentosas, 170
    pessoa talentosa, 168
Task crafting, 40
Trabalho significativo, 40
Tratado de Amsterdã, 24q
Treinamento, desenvolvimento e educação corporativa, 226-246
    avaliadores, 238q
    decisões sobre medidas, 238q
    desafios e tendências, 243
    desenvolvimento, 227
    educação, 227
    efetividade em treinamento, 227
    eficácia, 227
    eficiência, 227
    fontes, 238q
    instrumentos, 238q
    modelos de avaliação, 228
        CIPP, 229
        IMPACT, 230
        IMTEE, 230
        MAIS, 230
        modelos integrados, 229, 230f
        modelos tradicionais, 229
    níveis de avaliação, 231, 232q
    principais pontos críticos, 237
    principais preditores de efetividade, 240
    sistema integrado, 227f

U

União Europeia, 24q
UWES-9, 219

V

Valores humanos, 200-216
    avaliação no âmbito organizacional, 208
        escala de valores organizacionais, 209, 211
        escala de valores relativos ao trabalho, 210
        inventário de perfis de valores organizacionais, 210

inventário de valores organizacionais, 209
questionário dos valores básicos, 212
dimensões de valores específicos, 207f
exemplos de valores específicos, 207f
modelos culturais, 201
    dimensão materialista, 201
    dimensão pós-materialista, 201
    dimensões de variação cultural, 201
    tipos motivacionais culturais, 202
modelos individuais, 202
    funções, 203
    tipos motivacionais, 203
    valores instrumentais, 202
    valores terminais, 202
perspectivas motivacionais, 201
subfunções de valores específicos, 207f
teoria funcionalista dos valores, 206
valores das organizações, 203
valores do trabalho, 203